서양항해선박사

서양항해선박사

김 성 준

혜안

책을 내며

이 책은 유럽인들이 사용한 배와 항해, 그리고 해양 활동에 관한 저자의 논문을 모아 엮은 논선집이다. 논선집이란 것이 다소 진부한 출판법이긴 하지만, 우리 학계나 저자의 역량으로는 서양해양사에 대한 단일 주제의 책을 내는 데는 아직 한계가 있다는 점을 인정하지 않을 수 없을 것 같다. 한국사와 관련해서는 해양사란 제하의 책들이 다수 출판되었지만, 서양사 와 관련해서는 아직 해양사란 제하의 책이 출판된 적이 없는 것으로 안다. 따라서 논선집이라는 한계가 있지만, 이 책은 해양사 분야의 핵심인 항해선 박사를 다룬 최초의 전문연구서라고 할 수 있다.

저자는 목포해양대학교에 개설된 '세계해양사' 강좌를 강의할 때『배와 항해의 역사』(혜안, 2010)를 교재로 활용해 왔는데, 이 책이 절판되었다. 『배와 항해의 역사』에는 한국사 관련 논문이 7편, 서양사 관련 논문이 5편 등 총 12편이 수록되어 있었다. 따라서 출판사에서 재판을 요청해 왔을 때 그대로 다시 찍기 보다는 그 동안 발표한 한국사와 서양사 논문을 따로 묶어 각각 한 권의 책으로 엮는 게 좋을 것으로 생각했다. 그 결과 한국사 관련 논문들은『한국항해선박사』(문현, 2014)로 묶고, 서양사 관련 논문들은『서양항해선박사』로 묶어 세상에 내놓게 되었다.

이 책은 총 14개 장으로 구성되어 있는데, 서장에는 해양력과 해양사에 대한 전반적인 이해를 돕기 위해 알프레드 메이헌의 해양력과 해양사에 관한 글을 실었고, 본장 I부에는 배와 항해를 주제로 한 논문 6개, II부에는 해운업과 선원을 주제로 한 논문 6개를 각각 배치하였다. 그리고 종장에 해양 활동과 자본주의 발전간의 연관성에 대한 글을 실음으로써 전체적으로 조망할 수 있도록 했다. 여기에 실린 글 가운데 제1장, 제2장, 제3장, 제10장, 제12장의 글은 『배와 항해의 역사』에 실린 것을 재수록 한 것이고, 제8장, 제9장, 제11장은 저자의 박사학위논문의 일부로 이미 학술지에 발표한 것들이다. 따라서 여기에 새롭게 실린 글은 제4~7장과 종장 등 5개 장이다. 발표된 시기도 1999년에서 2014년까지 15년간의 시차가 있지만, 책을 준비하는 과정에서 일부 문장과 자료는 수정하였다. 물론 오류나 오식이 있다면 그것은 전적으로 저자의 몫이다.

이 책을 준비하는 과정에서 벨기에의 지인이자 해양사학자인 Luc Cuyvers 박사의 도움으로 Mercator Museum의 학예사인 Ward Bohé 씨로부터 메르카토르 관련 여러 자료를 제공받았다. 다큐멘터리를 제작 중인데다 어머님마저 병환 중인 상황에서도 지구 반대편의 친구를 위해 귀중한 시간을 내어주신 Luc Cuyvers 박사와 귀중한 자료를 아무 조건 없이 제공해 주신 Ward Bohé 씨에게 고마움을 전한다.

해양사에 관한 연구자들이 조금씩 늘어나는 시점에서 이 책이 서양의 배와 항해를 알고자 하는 일반인과 연구자들에게 자그마한 도움이 된다면 더 바랄 것이 없겠다. 끝으로 10여 년 동안 저자의 연구결과를 책으로 엮어 주신 혜안의 오일주 사장님과 편집부 직원들에게도 깊은 감사의 말씀을 전한다.

2015년 앞겨울
고하도 앞 海竹軒에서
김성준

차 례

1. 한글로 적는 것을 원칙으로 하되 독자들의 이해를 위해 원어 및 한자원음을 병용하였다.

2. 중국 인명은 신해혁명 이전은 한자 독음으로 적고, 그 이후는 중국 현지 발음으로 적는 것을 원칙으로 하였으며, 현대의 중국 지명 중 널리 알려진 것은 현지 발음으로 적고, 그 밖에는 한자 독음으로 적었다.

3. 숫자는 만 단위로 읽고, 셋째 단위에 쉼표(,)를 찍지 않았다. 예) 1,000 → 1000

4. 단위는 영문 그대로 적는 것을 원칙으로 하되, 문장 속에서 단독으로 쓰일 때는 한글로 적었다. 예) 미터 → m, 몇 백 m → 몇 백 미터

5. 참고문헌은 뒤에 따로 정리해 두었다.

알프레드 메이헌의 해양력과 해양사에 관한 인식

많은 사람들이 21세기가 '해양시대'가 될 것이라고 예측한 바 있다. 그러나 필자가 보기에 서양의 역사는 늘 해양시대였고[1] 근대 이후 현재까지의 세계사도 기본적으로는 해양시대가 계속되고 있다고 해도 지나친 말이 아니다. 서양 문명의 모태라고 할 수 있는 그리스와 로마가 바로 지중해라는 해양을 배경으로 성장했다는 것은 새삼 언급할 필요가 없을 것이다.[2] 흔히 '암흑의 시대'로 잘못 알려져 있는 서양의 중세조차도 한자동맹이 주축이

---

[1] 이에 대해서는 Cuyvers, 『역사와 바다』와 Haws & Hurst, *Maritime History of the World*, Vol.I, II 등을 참조하라.

[2] 헤겔은 『역사철학강의』에서 세계의 지리를 고지, 협곡지대, 연해지방으로 나누고, 구세계를 다시 아프리카, 아시아, 유럽으로 나누고 있다. 헤겔은 협곡지대인 중국, 인도, 바빌로니아 등의 耕地國은 해양의 원리를 체득하지 못했기 때문에 내부에 틀어박혀 버리게 되었다고 지적하면서(Hegel, 『역사철학강의』, pp.155, 166), 연해지방인 지중해 지역과 서부 유럽은 상업과 해운을 영위하여 시민적 자유의 나라가 되었다고 밝히고 있다.(p.153)
또한 막스 베버는 동서양의 정치구조의 차이를 동양의 중앙집권적 가산제와 서양의 봉건제로 구분하고 있는데, 이렇게 동서양의 정치구조가 차이가 나게 된 원인을 막스 베버는 양 문명이 발생하게 된 지리적·환경적 조건의 상이성으로 설명하고 있다. 즉 서양은 해안문명적 조건에서 출발했고, 동양은 하천문명적 조건에서 출발했기 때문에 양 문명의 지배층들의 경제적 바탕이 상이했기 때문이라는 것이다. 이를 달리 말하면, 막스 베버는 동서양의 문명의 성격을 동양은 하천문명, 서양은 해양문명으로 보고 있다고 말할 수 있다. 이에 대해서는 전성우, 『막스 베버 역사사회학 연구』, pp.119~125를 참조하라.

된 발트해 무역과 이탈리아의 여러 도시국가들이 중심이 된 레반트^{levant} 무역이 서양 중세인들의 경제생활에 중요한 역할을 했다는 사실이 점차 인식되어 가고 있다.[3] 또한 서양사를 시대구분할 때 흔히 근대의 출발점의 하나로 들고 있는 지리상의 탐험 시대 이후의 세계사[4]는 진정한 의미의 세계사의 출발점이자[5] 해양시대였다는 것은 두말할 필요가 없겠다.[6]

흔히 해양의 중요성을 언급할 때 빠지지 않고 거론되는 사람이 알프레드 메이헌Alfred Thayer Mahan(1840~1914)이다.[7] 그것은 메이헌이 최초로 해양력 Sea Power이란 개념을 제시하고 이를 토대로 서양의 근대사를 분석하였기 때문이다. 국내에서도 해양력이나 해양의 중요성을 다룬 여러 문헌들과 연구 논문에서도 그의 이름이 빈번히 언급되고 있는 것을 쉽게 찾아볼 수 있다.[8] 그러나 그의 주저인『역사에 미치는 해양력의 영향』[9]이 정식으로

---

3) 이에 대한 가장 고전적인 예가 피렌느의 연구이다. 피렌느는 중세 유럽의 도시가 성장한 배경을 지중해를 주무대로 한 해상무역이었다고 보고 있다.(Pirenne,『중세 유럽의 도시』제4·5장 참조) 물론 피렌느의 이론에 대해서는 많은 반론이 제기되고 있지만, 그에 대한 반론의 대부분은 그가 중세유럽의 도시가 성장한 원인을 상업이 라는 외인적 요인으로 설명하였다는 데 집중되고 있다. 최근에 밝혀진 바에 따르면, 중세 도시는 요새지, 행정 중심지, 상업 중심지 등 다양한 요인에 의해 성립되었다는 사실이 밝혀지고 있다. 이러한 사실을 감안한다하더라도 서양의 중세가 흔히 알려졌던 것처럼 농업중심적인 사회만은 아니었고, 해상무역이 중세인들의 경제 생활에서 중요한 역할을 했다는 사실에는 변함이 없다. 이에 대해서는 Goff,『서양중 세문명』, pp.101~103을 참조하라.

4) 사세이키(謝世輝) 교수는 지리상의 탐험 이후를 근대사의 시작으로 보는 것은 유럽 중심적인 사관 때문이라고 비판하고 있다. 이에 대해서는 謝世輝,『유럽중심사 관에 도전한다』, 제6장을 참조하라.

5) Smith,『국부론』하권, p.123.

6) 모델스키와 톰슨은 근대 이후의 서양을 새로운 시대(new age)이자 '해양의 시 대'(oceanic age)라고 부르고 있다. Modelski & Thompson, *Seapower in Global Politics*, p.4.

7) 이에 대해서는 Modelski & Thompson, *Seapower in Global Politics*, pp.8~11 ; Rodger ed. *Naval Power in the 20th Century*, introduction ; Cuyvers,『역사와 바다 : 해양력의 세계 여행』, 머리말 ; Mark R. Shulman, *Navalism and the Emergence*, pp.77~84 ; 靑木榮 一,『시파워의 세계사 Ⅰ』, pp.23~30 등을 참조하라.

8) 이에 대해서는 이선호,「해상세력과 해전 무기의 발전체계」, pp.107~109 ; 조덕운, 「해군력과 국가발전」, p.94 ; 구옥회,「해군력이 해양개발에 미친 영향」, pp.75~76

한역 출판된 것은 그의 책이 출판된 지 100년이 지나서였고,『프랑스 혁명과 프랑스 제국에 미친 해양력의 영향』은 2014년 현재까지도 번역되지도 않았다.[10] 이러한 현상은 비단 우리나라에서뿐만 아니라 미국의 경우도 마찬가지인 듯하다. 토마스 에졸드Thomas Etzold 교수는 "메이헌의 저술은 읽혀지기 보다는 인용되고 있을 뿐이며, 그의 이론이나 사상도 연구·검토되기보다는 인용·참조되는 것으로 그치고 있다"[11]고 미국 학계의 안이한 연구태도를 비판하고 있다.

이와 같은 현실에서 메이헌이 개진한 주장을 근거로 하여 해양력이 역사 전개에 중요한 영향을 끼쳤다거나 또는 그가 제시한 해양력이란 개념을 원용하여 해양의 중요성을 강조한다는 것은 문제가 있다. 왜냐하면 메이헌이 어떠한 관점에서 해양의 중요성을 파악하였는가, 혹은 그가 제시한 해양력의 개념과 그 의의 및 한계는 무엇인가가 명확하게 규명되지도 않은 채 그의 이론이 광범위하게 원용되고 있기 때문이다. 따라서 먼저 선행되어야 할 일은 메이헌이 해양사maritime history[12]를 어떠한 관점에서

; 임인수, 「해양전략의 기본개념연구」, passim ; 한국해사재단, 「국가안보와 국민경제안정을 위한 한국 상선대의 유지·확보대책에 관한 연구」, 제2장 ; 조정제·강종희, 「해운과 신해양력」, pp.30~32 등을 참조하라.

9) 해군본부에서 교육도서로 1987년에 번역한 것이 있기는 하지만, 오역도 적지 않고 번역자가 누구인지도 명확하지 않을 뿐만 아니라 해군 내부용으로 제작된 것이어서 정식으로 번역 출판되었다고는 볼 수 없을 것 같다. 우리나라에서는 1999년에야 한역본이 출판되었다. 해군본부,『해양력이 역사에 미친 영향』(1987) 참조 ; Mahan, *Influence of Sea Power upon History*/ 알프레드 마한, 김주식 역,『해양력이 역사에 미치는 영향』. 여기에서 메이헌의 원서를 ISPH로 약하여 인용할 것이다.

10) 메이헌을 주제로 한 연구 논문으로는 다음을 참조할 수 있다. 김세응, 「1890년대 미국의 팽창주의에 관한 고찰」 ; 김창국, 「마한의 해양전략 사상 연구」 ; 이주천, 「알프레드 마한의 제국의 전략과 미서 전쟁」.

11) T. H. Etzold, Is Mahan still valid?, *Proceeding*, Jan-Feb.(U.S. Naval Institute, 1915), p.38 ; 임인수, 「해양전략의 기본개념연구」, p.131 재인용.

12) 메이헌은 Maritime History라는 용어는 사용하지 않고 그 대신 Sea History라는 용어를 사용하였다. 그러나 그 빈도는 매우 낮다.(Mahan, *ISPH*, pp.27, 90) 그는 오히려 해군사(Naval History)라는 용어를 더욱 빈번하게 사용하였다.(Mahan, *ISPH*, passim) 따라서 메이헌은 기본적으로 해군사에 중점을 둔 것으로 볼 수 있지만,

파악했으며, 또 그 연구의 의의와 한계는 무엇인가를 명확하게 규명하는 것이다.

필자는 여기에서 메이헌이 연구한 해양사의 의미와 한계를 비판적으로 고찰하고자 한다. 이를 위해 먼저 시론적으로나마 해양사의 범주와 정의를 제시해 볼 것이다. 이어 메이헌이 사용한 해양력의 개념은 무엇이고, 그가 파악하고 있는 해양사는 어떠한 것인지를 그의 주저인 『역사에 미치는 해양력의 영향』을 중심으로 파악해 볼 것이다. 그리고 마지막으로는 메이헌이 해양사를 연구한 의의와 한계를 정리해 볼 것이다.

I. 해양사의 범주와 정의

역사를 구성하는 세 요소인 시간, 인간, 공간을 기준으로 역사학의 각 분야사를 나누어 보면 다음과 같다.

○ 역사학의 분야

• 역사 ┬ 시간 : 고대사, 중세사, 근대사, 최근세사, 현대사, 사건사, 국면사, 구조사 등
　　　├ 인간 : 정치사, 경제사, 사상사, 문화사, 사회사, 심성사, 여성사 등
　　　└ 공간 : 육지사,[13] 해양사 등

위의 구분에서 명확해진 바와 같이, 해양사는 역사를 공간을 기준으로

해군사도 해양사에 포함될 수 있기 때문에 필자는 메이헌의 연구분야를 해양사 범주에 포함시켰다.

13) 이제까지 역사가들은 해양에 대해 이렇다 할 관심을 기울이지 않았고 인간들의 육지에서의 활동에만 주로 관심을 기울여 온 것이 사실이다. 그 결과 일반사(general history)하면 곧 육지사(inland history)를 의미하게 되어 육지사라는 말이 다소 생경하게 들리게 되었다. 그러나 필자가 육지사를 하나의 독립적인 분야사로 상정하고 있는 것은 아니다. 단지 인간이 활동하는 공간을 기준으로 구분해 본다면 육지사와 해양사로 구분할 수 있을 것이라는 사실만 지적해 두고자 한다. 이는 남성사란 분야는 따로 존재하지 않지만, 여성사는 존재하는 것과 같은 이치이다.

구분한 역사학의 한 분야이다. 그렇다면 해양사는 일차적으로 '해양을
무대로 전개되는 인간의 행위를 연구하는 역사학의 한 분야'라고 정의할
수 있을 것이다. 해양사를 이렇게 정의했을 경우 제기되는 문제는 해양을
무대로 전개되는 인간의 행위에는 어떤 것들이 있는가 하는 것이다. 인간이
바다에서 영위하는 행위에는 크게 수산, 해운, 해전, 해양개발, 해양탐험,
해양레저, 해양관광 등이 있을 수 있겠다. 바다를 무대로 전개되는 이들
분야들은 각기 나름대로의 논리와 전개방식을 갖고 역사적으로 진행되어
왔다. 따라서 이들은 해양사 내에서 각기 나름대로의 자체 역사를 갖고
있다고 할 수 있다. 그러므로 해양사는 다음과 같은 분야사를 포괄하고
있다고 할 수 있다.

○ **해양사의 구성**[14)

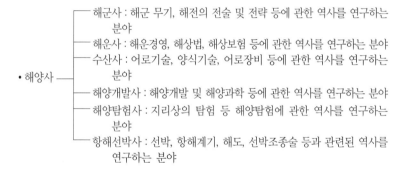

위의 구분에서 알 수 있는 것처럼, 해양사를 구성하는 분야사 가운데
가장 핵심적인 분야는 역시 해군사와 해운사 그리고 수산사라고 할 수
있다. 왜냐하면 위의 세 분야는 인간이 역사 시대에 접어든 이래 긴 역사적인

---

14) 필자와는 달리 靑木榮一은 시파워의 역사, 곧 해양력의 역사를 구성하는 요소로
국제관계사, 해상전투사, 해군기술발달사, 해군사를 들고 있다.(靑木榮一, 『시파워
의 세계사 I』, pp.41~42) 그러나 이는 그가 메이헌의 개념을 받아들여 시파워를
"전세계적인 규모에서의 해양지배력"으로 정의하고(p.25) 시파워에서 가장 중요한
것은 해군력이라고 보았기 때문이다.(p.39)

연원을 갖고 나름대로 발전해 왔기 때문이다. 따라서 위의 세 분야는 그동안 적지 않게 연구되어 왔고, 그에 따라 연구성과도 상당히 축적되어 있다. 이에 반해 해양개발은 최근에야 부각되기 시작한 분야이기 때문에 해양개발 사는 상대적으로 연구가 적은 것이 사실이기는 하지만, 앞으로 해양과학이 더욱 발전하게 되고 해양개발의 역사가 더 진전되어 간다면 해양사에서 두드러진 분야가 될 것이다. 반면 해양탐험사는 과거에는 해양사의 중요한 부분을 점하고 있었으나, 세계의 모든 지역이 탐험되고 난 현재는 그 중요성 이 크게 경감되었다. 해양레저와 해양관광은 비교적 최근에 부각되기 시작 한 분야이므로 자체의 역사를 만들어가고 있는 중이라고 할 수 있다. 마지막 으로 항해선박사는 그 자체로서보다는 인간이 바다를 무대로 하여 영위하는 해전, 해운, 수산, 해양개발, 해양탐험, 해양관광, 해양레저 등을 하기 위한 기본적인 전제라는 면에서 해양사를 구성하는 분야사에 포함시킬 수 있을 것이다.

이상에서 살펴본 바와 같이, 인간이 바다를 무대로 하여 행하는 활동에는 해운, 수산, 해양개발, 해양탐험, 해전, 해양레저, 해양관광 등이 있고, 항해와 선박은 이러한 행위를 원활하게 수행하기 위한 기본전제이다. 그러나 위와 같은 행위들은 그 자체가 목적이라기보다는 육지를 주무대로 생활하는 인간들의 행위와 밀접하게 상호 연관되어 있다. 따라서 해양사는 그 자체 논리로 성립되기 보다는 육지를 무대로 전개되는 여타 역사와 관련지어 파악하지 않으면 안된다.[15] 그렇다면 해양사는 '해양과 육지 역사의 상호관 계'에 초점을 맞춘 역사학의 한 분야사라고 정의할 수 있겠다.[16] 해양과

---

15) 메이헌은 다음과 같이 말하고 있다. "해양력이 역사에 영향을 미친 유일한 요소라고 하는 것이 불합리한 것처럼, 해양력을 역사의 주요한 요소에서 빠뜨리는 것도 불합리하다."(Mahan, *ISPH*, p.22) 모델스키와 톰슨도 "해양력은 비록 세계정치의 유일한 조건은 아니지만, 필수불가결한 조건이었다"고 지적하였다.(Modelski & Thompson, *Sea Power in Global Politics*, p.13) 이는 해양력이 역사 전개에 중요한 요소로 작용하였다는 사실을 주장한 것이지만, 이를 거꾸로 생각하면 해양력은 그 자체가 역사를 이끌고 간 독립인자는 아니었다고 해석할 수도 있다.

관련하여 육지 역사에 가장 큰 영향을 미칠 수 있는 요소는 해양력Sea Power이다. 따라서 해양사는 '해양력이 역사 전개에 미친 영향'을 분석하는 것을 주된 연구 테마로 삼는 분야가 될 것이다.

이제 남은 문제는 해양력이 과연 무엇인가 하는 것이다. 먼저 해양력이란 용어의 역사적인 유래를 살펴보는 것으로부터 논의를 시작하기로 하자. 해양력의 원어는 Sea Power이다. 이 말은 원래 다음과 같은 두 가지 의미로 사용되어 왔다. 즉 첫 번째는 '해양국가 내지는 해양세력Sea Forces'을 가리키는 용어로 사용되어 왔고, 두 번째는 '해양에까지 그 영향력을 행사할 수 있는 한 국가의 힘'을 가리키는 용어로 사용되어 왔다.[17] Sea Power란 용어는 일차적으로 첫 번째 의미로 먼저 사용되었다가[18] 이어서 두 번째 용법으로 그 사용범위가 확대되었다.[19] Sea Power의 개념에 대한 위와 같은 해석은 국내의 여러 사전에서도 그대로 수용되고 있다.[20]

---

16) Haws와 Hurst는 "해양에서 발생한 사건과 육지에서 발생한 경향이나 사건들은 깊이 연관되어 있으며, 둘 가운데 어느 하나를 언급하지 않고서는 나머지를 제대로 이해할 수 없다"고 밝히고 있다. Haws & Hurst, *World Maritime History*, p.ix.

17) *Oxford English Dictionary*, Vol.XIV, p.803 ; *New International Webster's Comprehensive Dictionary*, p.1135 ; *Random House Dictionary of the English Language*, p.1727.

18) 옥스퍼드 영어사전에 의하면 Grote가 그리스사를 개관하면서 "아테네가 육지국가 (land-power)에서 해양국가(sea-power)로 전환되었다"고 서술한 1849년이 Sea Power 의 역사적인 첫 용례인 것으로 나타나 있다. *Oxford English Dictionary*, Vol.XIV, p.803.

19) 1883년 Sir J.R. Seeley는 『영국의 팽창』(*Expansion of England*)에서 "터키의 Sea Power를 무력화시킴으로써 (터키의) 무역을 지중해에서 퇴각시켰다"고 사용한 용법이 그 첫 번째 용례로 나와 있다. *Oxford English Dictionary*, Vol.XIV, p.803.

20) 『동아프라임영한사전』, p.2013 ; 『뉴월드영한대사전』, p.2153 참조. 그러나 2000 년 현재 국내에서 간행된 한글사전 및 한글백과사전에는 아직 '해양력'이란 항목은 없으며, 단지 해군력(『두산백과대사전』), 해상권(『학원사 세계대백과 대사전』)이 란 항목만이 있을 뿐이다. 특히 *New Encyclopaedia Britannica* 백과사전에는 Sea Power란 용어에 대해 자세히 설명되어 있으나, 그 한글판에는 해상력, 해양력, 해양권 등 어떠한 용어로도 번역해 놓고 있지 않다. 『학원사 세계대백과사전』에 설명되어 있는 '해상권'을 보면, '해군력으로써 해상의 전부 또는 일부를 지배할 수 있는 군사적 세력 및 통상, 항해상, 해상을 제패할 수 있는 실권'으로 나와 있으며 제해권 또는 해상지배권이라고도 한다고 부언해 놓고 있다. 또한 메이헌이

Sea Power란 용어에 추상적인 의미를 부여한 이는 누구보다도 알프레드 메이헌이었다. 1896년 일본에서 그의 대표작인 『역사에 미치는 해양력의 영향』을 번역 출간하면서 Sea Power를 '해상권력'(海上權力)으로 번역하였다.[21] 그러나 Sea Power를 '해상권력'으로 번역하는 것이 잘못되었다는 사실을 깨달은 일본 해군대학은 1901년 Sea Power를 '해상무력'으로 번역하였고, Command of the Sea를 '제해권'으로 번역하여 사용하였다.[22] 2차대전 후에는 '해양력'이라는 말이 많이 사용되었으나,[23] 여전히 통일된 용어로 정착되지는 못하였다. 그 결과 1980년대 들어와서 일본의 해양국제문제연구소에서는 Sea Power를 '해상무력'으로 번역하는 것도 지나치게 제한적인 해석이라 하여 '해양지배력'으로 번역하는 것이 타당할 것이라고 주장한 바도 있고,[24] '시파워'를 그대로 사용한 학자들도 있다.[25]

국내에서 Sea Power에 대해 학문적으로 접근하기 시작한 것은 1970년대 이후의 일이다.[26] 1970년대에 들어와서 Sea Power와 관련된 책자들이 번역되

처음으로 사용한 말이라 하여 해상권이 Sea Power의 번역어라는 것을 밝히고 있다. 『학원사 세계대백과사전』, 15권, p.198. 또 『두산 세계대백과사전』의 '해군력' 항목에는 Sea Power를 괄호안에 함께 표기해 놓고 있어 Sea Power를 해군력으로 번역하였음을 알 수 있다. 『두산세계대백과사전』, 27권, p.588. 2014년 현재 naver와 daum 등에 '해양력'은 sea power, maritime power, oceanic force 등으로 표기되고 있고, naver 지식백과의 두산백과와 한국민족문화대백과에는 '해양력' 항목이 없다.

21) 1896년에 일본에서 발간된 『해양력이 역사에 미친 영향』의 일본어판의 책명은 『海上權力史論』(水交社)이다. 北村謙一 譯, 『海上權力史論』, p.1 참조.

22) 이선호, 「해상세력과 해전 무기의 발전체계」, p.107 참조.

23) 北村謙一 譯, 『海上權力史論』, p.3.

24) 이선호, 「해상세력과 해전 무기의 발전체계」, p.107 참조.

25) 시파워를 그대로 사용한 학자로는 靑木榮一, 北村謙一 등이 있다. 특히 北村謙一은 『海上權力史論』 서문에서 Sea Power가 독자에게 주는 포괄적인 어감을 고려하여 원어인 시파워를 그대로 사용하고, 해양력은 maritime power나 maritime strength를 번역한 말임을 밝혀두고 있다. 北村謙一, 『海上權力史論』, p.3.

26) Sea Power에 대한 국내의 연구 동향에 대해서는 이선호, 「해상세력과 해전 무기의 발전체계」, pp.107~109 ; 임인수, 「해양전략의 기본개념연구」, pp.93~94를 참조하라.

기 시작했고 이 과정에서 Sea Power는 '해상력', '해상세력', '해상권력' 등으로 번역되었으며,[27] 이것은 또 '해운력shipping power'이나 '해군력naval power' 등과도 거의 비슷한 개념으로 혼용되기까지 하였다.[28] 그러나 1980년대 중반 이후 해상海上이라는 용어가 지니고 있는 한계성 때문에 해양력이라는 용어가 빈번히 사용되기 시작하여[29] 1990년대 들어와서는 '해양력'이라는 용어로 완전히 정착되었다.[30]

이상에서는 Sea Power가 일본과 국내에 소개되면서 해양력이란 용어로 정착되어 가는 과정을 정리하여 보았다. 다음으로 살펴보아야 할 것은 해양력이 과연 무엇인가 하는 것이다. 먼저 해양력을 역사분석에 처음으로 도입한 메이헌이 해양력을 어떻게 보았는지를 살펴보도록 하자. 흔히 메이헌은 해양력에 대해 명확하게 정의하지 않았다고 주장하고 있지만,[31] 그의 저서를 주의 깊게 읽어보면 그가 해양력을 어떻게 생각하고 있었는지를 파악할 수 있다. 그는 해양력을 협의로는 해군력naval power, 구체적으로는 제해권command of the sea을 의미하는 것으로 보았고,[32] 광의로는 해운력과

---

27) 실제로 위에서 인용한 바 있는 이선호 국방대학원 교수도 1981년 당시 논문에서 Sea Power를 협의의 '해군력'이라는 뜻과 광의의 '국력의 해상에 있어서의 유형적이고, 무형적인 제요소와 군사적 및 비군사적 요소를 통합한 힘'이라는 두 가지 의미를 포괄하여 '해상세력'으로 사용하겠다고 밝히고 있다. 이선호, 「해상세력과 해전 무기의 발전체계」, pp.108~109.

28) 임인수, 「해양전략의 기본개념연구」, p.93 참조.

29) 이에 대한 예는 임인수, 「해양전략의 기본개념연구」, p.93 각주를 참조하라.

30) 해군본부는 대양해군 건설이라는 목표를 달성하기 위하여 1992년부터 함상토론회를 개최하여 왔는데, 1996년 토론회의 대주제를 '해양력과 국가경제'로 내걸고 있는 것을 볼 때 1990년대 들어와서는 Sea Power라는 용어가 '해양력'이라는 용어로 완전히 정착되었음을 알 수 있다. 『해양력과 국가경제』 참조.

31) 靑木榮一, 『시파워의 세계사 I』, p.24 ; 조정제·강종희, 「해운과 신해양력」, p.30. 특히 조정제·강종희의 논문은 靑木榮一의 저서를 인용하고 있기 때문에 靑木榮一이 범한 오류를 그대로 답습하고 말았다. 그러나 서구의 학자들은 메이헌이 해양력에 대해 명확하게 정의하지 않았다고는 보지 않고 있다. Luc Cuyvers, Sea Power, p.xiii ; Modelski & Thompson, Seapower in Global Politics, pp.8~11 참조.

32) Mahan, ISPH, passim ; Modelski & Thompson, Seapower in Global Politics, p.9.

해군력이 결합된 것으로 보았다.[33] 이에 대해 소련의 대전략가인 고르쉬코프Sergei Gorshkov는 해양력은 ① 상선대, ② 어선단, ③ 탐사선단, ④ 대양을 이용하고 개발하는 과학, ⑤ 대양과 연관된 여러 산업들, ⑥ 해양산업과 관련된 과학자·공학자·기술자, ⑦ 해군력 등에 의해 좌우된다고 보았다.[34] 이는 그가 해양력을 해양개발력, 해운력, 수산력, 해군력 등이 종합적으로 결합되어 있는 것이라고 보았다는 것을 의미한다.[35] 해양력이 근대 세계체제modern global system에서 "각국이 세계정치의 주요한 행위자로서 행동하기 위한 필수불가결한 근본조건이었다"[36]는 전제에서 1494년에서 1993년까지의 서양사를 분석한 모델스키와 톰슨은 해양력의 개념을 두 가지로 구분하고 있다. 첫째는 고전적인 용법인데, 이 용법에 따르면 해양력은 "해양을 사용하고 통제하는use and control of the sea" 능력을 의미한다.[37] 두 번째는 현대적인 용법으로, 이 용법에 따르면 해양력은 "해양을 사용하고 통제할 수 있는 대해군력major naval strength을 보유한 국가"를 가리키거나 "해군력naval strength을 사용함으로써 세계체제global system에서 기능을 수행할 수 있는 능력"을 의미한다.[38] 위의 어느 용법으로 사용하거나 모델스키와 톰슨이 생각한 해양력은 곧 해군력이었다.[39] 한편, 해양사학자인 루크

---

33) Mahan, *ISPH*, p.28. 메이헌이 해양력을 협의로는 해군력을, 광의로는 해군력과 해운력이 결합된 것으로 보았다는 데 대해서는 루크 카이버스와 임인수도 필자와 견해를 같이하고 있다.(Curvers, Sea Power, p.xiii ; 임인수, 「해양전략의 기본개념연구」, p.95) 이밖에 해양력을 해군력과 해운력이 결합된 것으로 보는 학자로는 Anthony Sokol, Wiliam Reitzel 등이 있다. 소콜과 라이첼의 해양력 개념에 대해서는 임인수, 「해양전략의 기본개념연구」, pp.95~101를 참조하라.

34) Gorshkov, 국방대학원 역, 『국가의 해양력』, p.14.

35) Gorshkov, 국방대학원 역, 『국가의 해양력』, p.13.

36) Modelski & Thompson, *Seapower in Global Politics*, p.13.

37) Modelski & Thompson, *Seapower in Global Politics*, p.3.

38) Modelski & Thompson, *Seapower in Global Politics*, p.4.

39) Modelski & Thompson, *Seapower in Global Politics*, pp.3, 11. 물론 모델스키와 톰슨은 "근대 세계체제(modern world system)는 곧 대양체제(oceanic system)였기 때문에 새로운 대양의 시대에 적합한 해양의 사용과 통제방식은 해양력(Sea Power)이 아니라 대양력(Ocean Power)이라고 해야 하겠지만, 일반적인 관례에 따라 대양력이

카이버스는 "해양력은 해군력 그 이상의 무엇을 의미한다"고 지적하면서[40], 해양력은 "해군력과 해운력 그리고 해양자원 확보 등이 포함되어 있는 종합적인 능력일 뿐만 아니라"[41], "해양은 경제적인 의미나 정치적인 의미보다는 지구의 활력의 근원이기 때문에 해양력은 해양을 이용하고 통제하는 능력뿐만 아니라 해양을 보존하고 보호하는 능력까지도 포함된 것이어야 한다"[42]고 주장했다.

이상에서는 해양력의 개념을 분석한 대표적인 학자들의 견해를 정리하여 보았다. 그런데 여기서 한 가지 흥미로운 사실을 발견할 수 있다. 그것은 시대가 뒤로 갈수록 해양력의 개념을 보다 넓게 파악하고 있다는 것이다. 1890년에『역사에 미치는 해양력의 영향』을 출판한 메이헌은 해양력을 좁은 의미로는 해군력, 넓은 의미로는 해군력과 해운력의 종합으로 보았고, 1976년에『국가의 해양력』의 러시아어판을 처음 출판한 고르쉬코프는 해양력을 해군력, 해운력, 수산력, 해양개발력의 총합으로 이해하였으며, 1993년에『해양력 ; 지구여행』을 출판한 루크 카이버스는 해양력을 해군력, 해운력, 해양개발력뿐만 아니라 해양을 보호하고 보존하는 능력까지 포함된 개념으로 파악하고 있는 것이다. 물론 1988년에『세계정치에서의 해양력, 1494~1993』을 출판한 모델스키와 톰슨은 해양력을 여전히 해군력이라는 좁은 의미로 파악하고 있는데, 이는 그들이 주로 정치적 관점에서 역사를 분석한 데 따른 한계 때문이었다고 생각된다.[43]

여기서 의문이 드는 것은 왜 동일한 해양력이란 용어의 개념이 시대에

라는 용어 대신 해양력이라는 용어를 사용한다"고 밝히고 있다.(p.4) 그러나 그들이 대양력이란 용어를 사용한다 하더라도 그것은 곧 해군력이었다고 보아도 무방하다.

40) Cuyvers, *Sea Power*, p.xii.

41) Cuyvers, *Sea Power*, pp.xiii~xv.

42) Cuyvers, *Sea Power*, p.xv.

43) Modelski는 워싱턴 대학(Univ. of Washington)의 정치학(Political Science) 교수이고, Thompson은 클레먼트대학원(Claremont Graduate School)에서 국제관계학(International Relations)을 강의하고 있다.

따라 그 범주가 달라지고 있는가 하는 것이다. 필자는 그것은 각 학자들이 처한 시대적 한계 때문이었다고 생각한다. 메이헌 시대에는 아직 해양자원의 중요성이나 해양오염의 심각성 같은 것이 역사 속에서 뚜렷하게 부각되지 않은 때였고, 고르쉬코프 시대 때는 해양오염의 심각성이 두드러지지 않은 때였다. 따라서 그들은 위와 같은 요소들을 간과한 채 해양력의 개념을 파악할 수밖에 없었던 것이다. 따라서 현 시점에서 해양력의 개념을 파악하기 위해서는 이제까지 흘러간 역사 속에서 부각된 해양력의 요소와, 앞으로 다가올 미래 세계에 부각될 것으로 보이는 해양력의 요소들을 모두 염두해 두어야 할 필요가 있다. 이를 감안하고 해양력의 요소들을 정리해 보면 다음과 같다.

○ **해양력의 구성 요소** [44]

• 해양력 ┬ 해군력
　　　　├ 해운력
　　　　├ 수산력
　　　　├ 조선력
　　　　├ 해양개발력
　　　　├ 해양환경보호력
　　　　└ 해양구조력[45]

44) 임인수도 필자와 비슷하게 해양력의 구성요소를 해군력, 해운력, 어획력(fishing power), 해양이용에 대한 제반능력으로 파악하고 있다. 그러나 필자와 임인수는 몇 가지 점에서 차이가 있다. 임인수는 fishing power를 어획력으로 풀이하였지만, 필자는 이를 수산력으로 보았고, 필자는 해양력에 해양환경보호능력을 포함시켰으나 임인수는 이를 제외시켰다는 점에서 차이가 있다.(임인수, 「해양전략의 기본개념연구」, p.109 참조) 필자는 여기에서는 해양력의 각 요소들이 어떻게 구성되는지에 대해서는 언급하지 않았다. 이에 대해서는 이미 다른 연구자들의 훌륭한 연구가 있기 때문에 참조하기 바란다. 특히 임인수는 해양력을 (해군력+해운력+어획력+기타 해양이용능력)×지원체계×의지의 총합으로 보았고(임인수, 「해양전략의 기본개념연구」, pp.106~114 참조), 임봉택은 선천적 속성인 지리적 조건, 영토의 특성, 국민성과, 인위적 속성인 해운력, 해군력, 조선력, 수산력, 해양개발능력, 해양무역의존도, 해양인구의 총합으로 이해하였다. 임봉택·이철영, 「해양력 평가를 위한 해양력의 개념과 속성에 관한 연구」, pp.301~303.

이제까지 해군력이나 해운력, 수산력, 조선력이 해양력에 중요한 역할을 해 왔다는 것은 더 이상 상론이 필요 없을 것이다. 최근에는 해양법과 관련하여 배타적경제수역EEZ, exclusive economic zone과 센카쿠 열도(조어도) 영유권 문제, 사할린 북방 도서 문제, 독도 문제 등과 관련하여 해양 영유권에 대한 관심이 높아지면서 해양자원과 그것을 개발할 수 있는 능력의 중요성이 점점 커져 가고 있고, 토리 캐넌Tore yCanynon 호, 아모코 카디스Amoco Cadiz 호, 애틀랜틱 엠프레스Atlantic Empress 호, 엑슨 발데스Exxon Valdez 호, 씨 프린스Sea Prince 호 등과 같은 대형 유조선의 좌초로 인해 초래된 해양오염의 심각성이 부각되면서 해양환경을 보호하고 보존할 수 있는 능력도 중요한 해양력의 요소로 부각되기 시작하였다. 해양구조력 또한 대형 해양사고시 인명과 재산을 구조하는 데 막대한 인력과 재원, 그리고 첨단장비들이 동원되어야 하기 때문에 이 또한 해양력의 중요 요소가 될 것으로 전망된다.

해양력의 구성요소를 위와 같이 정리할 수 있다면, 해양력은 어떻게 정의할 수 있을까? 먼저 한 국가 차원에서 본다면, 해양력은 '위의 각 구성요소들을 활용하여 국가의 이익을 위해 해양을 이용할 수 있는 총능력'[46]이라고 정의할 수 있을 것이다. 이 경우 전시나 준전시準戰時에 가장 크게 부각되는 요소는 당연히 해군력과 조선력일 것이고, 평시平時에 가장 크게 부각되는 요소는 해운력일 것이다. 또한 앞으로 육지에 매장된 자원이 고갈되고 토지가 부족하게 될 경우에는 해양의 자원을 개발할 수 있는 능력이 해양력에서 가장 중요한 요소로 부각될 것이고, 인구가 증가하게

---

45) 이제껏 해양의 자원을 개발하고 이용하는 능력을 해양력의 중요한 요소로 본 학자들은 많았다. 그러나 해양환경보호능력과 해양구조능력을 해양력의 요소로 평가한 연구자는 필자가 처음인 것으로 생각한다. 현재까지의 역사 전개에서는 아직 해양환경보호능력과 해양구조능력의 중요성이 크게 부각되지 못하였으나, 앞으로는 다른 요소에 못지않게 이 두 요소가 중요하게 될 것이라고 생각했기 때문에 이 두 요소를 해양력의 요소에 포함시켰다.

46) Gorshkov, 국방대학원 역, 『국가의 해양력』, p.13 ; 임인수, 「해양전략의 기본개념 연구」, p.112.

됨에 따라 농토가 감소하게 되어 식량문제가 발생하게 된다면 수산력이 중요한 요소로 부각될 수 있을 것이다.[47] 그러나 이를 국가 차원이 아닌 지구 전체 차원에서 생각해 본다면, 해양력에서 가장 중요한 요소는 단연 해양개발력 그리고 해양환경보호력이 될 것이다. 왜냐하면 지구적인 차원에서 생각한다면 국가 단위의 해군력이나 해운력의 의미는 상대적으로 감소하게 될 것이기 때문이다. 이를 고려할 때 지구적인 차원에서의 해양력은 '인간의 생존과 복지를 위해 해양을 이용하고 보호하며 보존할 수 있는 인간의 총능력'이라고 정의할 수 있을 것이다. 해양력을 이렇게 정의했을 경우 해양구조능력이 중요한 요소로 부각된다. 그러나 해양력이 이와 같이 지구적인 차원에서 행사된 적은 아직 없다. 따라서 해양력을 국가 단위 차원에서 파악하는 것은 아직도 여전히 유효하다고 할 수 있겠다.

II. 메이헌과 해양사

메이헌은 미국 해군사관학교에서 해군사와 해군전략을 강의한 해군전략가였을 뿐만 아니라 해군대학의 총장을 역임하기도 했으며, 미국 역사학회(1902) 회장을 역임한 역사가이기도 했다. 그는 생존 시에도 막대한 영향을 끼쳤는데, 이는 옥스퍼드 대학(1894), 케임브리지 대학(1894), 하버드 대학(1896), 예일 대학(1897), 콜럼비아 대학(1900) 등이 그에게 명예박사 학위를 수여한 사실에서도 확인할 수 있다.[48] 사후 오늘날까지도 그의 영향력은 곳곳에 스며들어 있다.[49] 그는 해양력이란 개념을 사용하여 역사를 분석한

---

47) 2차대전 이후 연안국들이 영해와 배타적 수역을 200해리로 지정하는 등의 조처로 자국연안의 어자원을 확보하려고 노력했던 과정에 대해서는 靑木榮一, 『시파워의 세계사 I』, pp.28~29를 참조하라.

48) 메이헌의 약력에 대해서는 이윤희·김득주 역, Mahan, 『해군전략론』, pp.393~394 ; 김주식 옮김, 『해양력이 역사에 미치는 영향』 2, pp.873~878를 참조하라.

49) Modelski & Thompson, *Seapower in Global Politics*, pp.9~11 참조.

최초의 사람이었다. 따라서 해양의 중요성을 얘기한다거나 해양력을 언급한다거나 또는 해양관련 역사, 이를테면 해군사나 해운사 등을 논의하는 사람이라면 누구나 한 번쯤은 그의 이름을 언급하게 된다. 필자는 여기에서 메이헌이 사용한 해양력의 개념은 무엇이고, 그가 해양력을 근거로 역사를 분석한 목적은 무엇이었는지에 초점을 맞추어 분석함으로써 그가 어떠한 관점에서 해양사를 바라보았는지를 밝혀보고자 한다.

1. 메이헌의 해양력의 개념

메이헌은 해양력을 "바다를 인접하고 있는 또는 바다에 의해 어느 한 민족을 위대하게 만드는 모든 것"[50]이라고 암시하고 있지만, 명확하게 규정해 놓고 있지는 않다. 그 결과 많은 학자들은 메이헌이 사용한 해양력의 개념을 파악하는 데 어려움을 겪게 되었다. 그러므로 메이헌이 사용한 해양력의 개념을 파악하기 위해서는 그의 저술의 행간을 읽어 내려가지 않으면 안 된다. 여기에서는 메이헌이 제시한 해양력의 구성요소들을 구체적으로 분석해 들어감으로써 메이헌이 사용한 해양력의 개념을 추출해 보고자 한다.

1) 지리적 위치

메이헌은 지리적 위치와 해양력과의 상관관계를 다음과 같이 파악하였다.

첫째, "어느 한 나라가 내륙에서 자신을 방어할 수 없거나 내륙을 통해 영토를 확대할 수 없는 지정학적인 위치에 위치한다면, 바다 쪽으로 그 목표를 집중함으로써 그 국경선 가운데 어느 한쪽 면을 대륙과 접하고 있는 민족들과 비교할 때 이점을 가질 수 있다."[51] 메이헌은 그 예로 영국은

---

50) 필자는 이 구절을 다음 문장에서 따왔다. "해양력의 역사는, 비록 그 광범위한 범위 속에는 바다를 인접하고 있는 또는 바다에 의해 어느 한 민족을 위대하게 만드는 모든 것을 아우르고 있지만, 주로 군사(military history)이다." Mahan, *ISPH*, p.1.(강조 필자)

바다 쪽으로만 집중할 수 있었던 데 비해, 프랑스는 대륙 쪽으로만 집중했으며, 네덜란드는 프랑스의 위협에 대비하기 위하여 막대한 육군을 보유해야 했기 때문에 해양 쪽으로 집중할 수 없었다는 점을 들고 있다.[52]

둘째, "한 나라의 지리적 위치는 그 군사력을 집중시키는 데 유리하게 작용할 뿐만 아니라 가상적국에 대항하는 공격적인 작전을 전개하기 위한 좋은 기지와 전략적인 이점을 제공할 수도 있다."[53]

셋째, "지리적으로 적국이나 공격 목표에 가까이 위치하고 있다는 것은 무역파괴전commerce-destroying을 전개하는 데 유리하다."[54] 메이헌은 그 예로 프랑스가 영국에 매우 가까이 위치해 있었기 때문에 영국에 대해 약탈전guerre de course을 전개하는 데 매우 유리했다는 사실을 들고 있다.[55]

넷째, "공격을 위한 편의시설들 외에 자연이 어느 한 나라를 공해open sea로 쉽게 접근할 수 있는 위치를 제공해 주는 경우, 만약 그 나라가 중요한 교통로나 세계 무역로 가운데 하나를 장악하고 있다면 그 지리적 위치가 갖는 전략적인 가치는 매우 높다."[56] 이와 관련하여 메이헌은 스페인과 이탈리아의 예를 들고 있다. 지브롤터Gibraltar를 영국에게 빼앗기지 않았다면 스페인의 지리적 위치는 영국에 버금갔을 것이며, 말타Malta를 영국에, 코르시카Corsica를 프랑스에 상실함으로써 이탈리아는 해양강국으로 성장할 수 있는 지리적인 이점을 상실해 버렸다는 것이다.[57]

메이헌은 여기에다가 "지리적 위치를 현명하고 지속적으로 활용할 줄 아는 능력이 필요하다"[58]는 점을 덧붙이고 있다.

---

51) Mahan, *ISPH*, p.29.
52) Mahan, *ISPH*, p.29.
53) Mahan, *ISPH*, p.30.
54) Mahan, *ISPH*, p.30.
55) Mahan, *ISPH*, p.31.
56) Mahan, *ISPH*, p.32.
57) Mahan, *ISPH*, p.32.
58) Mahan, *ISPH*, p.29.

2) 천연자원과 기후 등을 포함한 물리적 환경

메이헌은 천연자원과 기후 등을 포함한 물리적 환경이 해양력에서 차지하고 있는 의의를 다음과 같이 파악하였다.

첫째, "바다를 통해 용이하게 접근할 수 있으면 있을수록 바다를 통해 세계와 교류하고자 하는 사람들의 성향은 더욱 커지게 된다."[59] 메이헌은 이러한 예로 스페인-오스트리아의 통치를 받았던 1648년 당시의 벨기에의 상황을 들고 있다. 메이헌은 "어느 한 나라가 매우 긴 해안선을 갖고 있지만 전혀 항구가 없는 것으로 가정한다면, 그 나라는 해상무역과 선박, 해군도 갖출 수 없을 것"이라고 전제하면서 "이것이 1648년 당시 벨기에가 처한 상황이었다"고 설명하고 있다.[60]

둘째, "수심이 깊은 항구를 많이 보유하고 있는 것은 국력과 국부의 원천 가운데 하나이며, 특히 이들 항구들이 항해 가능한 하천 출구라면 그 효과는 배가된다. 그러나 이 출구가 적절하게 방어되지 않는다면, 전쟁시에는 결정적인 약점이 된다."[61]

셋째, 천연자원이나 토지 등의 내륙의 물리적 환경도 해양력에 영향을 미친다.[62] 프랑스는 지중해와 대서양 쪽에 훌륭한 양항良港을 많이 보유하고 있지만, 바다로 진출하려 하지 않았다. 메이헌은 프랑스가 이렇게 된 주요한 이유를 토질이 비옥하고 기후가 온화하여 충분한 농산물을 자국 내에서 생산할 수 있었기 때문이라고 설명하고 있다.[63] 이에 반해 영국은 자연의 혜택을 별로 받지 못했고, 해상으로 진출할 유리한 조건을 갖추고 있었기 때문에 해외로 진출하여 비옥하고 넓은 땅을 발견하였다. 그 결과 영국은

---

59) Mahan, *ISPH*, p.35.
60) 당시 네덜란드 연방은 스페인-오스트리아와 강화를 맺는 조건으로 벨기에의 안트베르펜 항이 자리잡고 있는 쉘트(Scheldt)지역을 폐쇄할 것을 요구했다. Mahan, *ISPH*, p.35.
61) Mahan, *ISPH*, p.35.
62) Mahan, *ISPH*, p.36.
63) Mahan, *ISPH*, p.36.

제조업과 해운의 발전을 통해 해양력을 성장시킬 수 있었다.[64]

넷째, "바다가 국경선을 이루고 있거나, 국가를 포위하고 있거나 또는 한 국가를 두 부분으로 나누고 있는 경우에는 반드시 바다를 통제해야 한다."[65] 메이헌은 이와 같은 물리적 조건이 해양력을 창출해 내고, 해양력에 힘을 부여하거나 또는 그 나라를 무력하게 만들 수도 있다고 지적한다.[66]

3) 영토의 크기

메이헌이 해양력의 세 번째 요소로 든 것은 영토의 크기이다. 메이헌은 해양력의 발전에 미치는 영토의 크기를 논할 때는 한 국가의 전체 면적만을 얘기하는 것이 아니라 해안선의 길이와 항구의 특성들이 고려되어야 한다고 밝히고 있다. 특히 메이헌은 해양력과 관련된 해안선의 길이는 인구의 다과에 따라 해양력의 원천이 될 수도 있고, 약점이 될 수 있다는 점을 지적하는 것을 잊지 않고 있다.[67]

4) 인구의 규모

메이헌은 지리적 위치, 물리적 환경, 영토의 크기 등 한 국가의 해양력 발전에 영향을 미치는 자연적 조건을 탐구한 뒤에 인구의 규모, 국민성, 정부의 성격 등을 고찰하고 있다. 메이헌은 해양력에 영향을 미치는 인구와 관련해서는 총 인구뿐만 아니라 해사산업海事産業에 종사하는 사람number following the sea들의 수 또는 적어도 즉시 승선할 수 있고 해군에 복무할 수 있는 사람들의 수를 고려해야 한다고 주장하였다.[68]

메이헌은 해사산업에 종사하는 사람들의 수가 해양력에 미치는 영향을 고찰하기 위하여 예비전력reserve force, reserve strength이란 개념을 도입하고 있다.

---

64) Mahan, *ISPH*, pp.36~37.
65) Mahan, *ISPH*, p.40.
66) Mahan, *ISPH*, p.40.
67) 이상 Mahan, *ISPH*, pp.42~43.
68) Mahan, *ISPH*, p.45.

프랑스는 총인구에서는 영국보다 월등히 많았으나, 해군이나 해운 등 해양력 측면에서 보았을 때는 영국보다 훨씬 약했다. 왜냐하면, 선박을 운용하는 데는 선원들뿐만 아니라 선박을 건조하고 수리하는 데 종사하는 사람들과 바다와 관련된 직종에 종사하는 사람들이 많이 필요한데, 영국은 이와 관련된 사람들을 프랑스보다 많이 보유하고 있었기 때문이다.[69] 즉 메이헌은 해사산업에 종사하는 사람들을 일종의 해양력의 예비전력으로서 유사시 해양력의 핵심인 해군에 투입될 수 있다고 보았던 것이다. 메이헌에 따르면, 해양력의 예비전력에는 ① 조직된 예비전력organized reserve, 곧 해군, ② 해사산업 종사자들의 수reserve of seafaring population, ③ 보유하고 있는 기술의 수준reserve of mechanical skill, ④ 보유하고 있는 국부의 수준reserve of wealth 등이 포함된다.[70]

5) 국민성

메이헌은 해양력에 영향을 미치는 국민성 가운데 무역을 중시하는 경향을 가장 중요한 요소로 들고 있다.[71] 그리하여 메이헌은 해양력이 평화적이고 대규모적인 무역에 기반을 두고 있다면, 무역에 대한 국민들의 태도야말로 해양에서 영향력을 행사했었던 국가들의 가장 두드러진 특징 가운데 하나였다고 주장하였다.[72]

메이헌은 이를 입증하기 위해 스페인, 포르투갈, 영국, 네덜란드, 프랑스의 국민성을 비교하고 있다. 포르투갈인들과 스페인인들은 용감하고 모험심이 강하며 절제할 줄 알며, 열정적이고, 인내심이 강하다는 장점을 보유하고 있어 해양개척을 선도하였지만, 부를 산업이나 무역을 통해서 얻으려고 했던 것이 아니라 금광에서 나오는 금과 은을 통해 일확천금 식으로 얻으려고 했다. 이러한 그들의 국민성은 결국 그들이 무역을 건전하게 육성하고,

---

69) Mahan, *ISPH*, p.46.

70) Mahan, *ISPH*, p.48.

71) Mahan, *ISPH*, p.53.

72) Mahan, *ISPH*, p.50.

산업을 발전시키는 데는 치명적인 약점이 되었다.[73] 이에 반해, 영국인과 네덜란드인들은 성격상 사업가이자 무역업자, 생산업자이자 협상자였다.[74] 그들의 '타고난 상인천품'instinct of the born trader은 무역을 할 새로운 물품들을 끊임없이 추구하였고, 이 과정에서 그들은 또한 생산업자로서도 성공을 거두었다. 따라서 그들이 지배하게 된 해외 식민지는 더욱 비옥해져 갔고, 생산은 증가해 갔으며, 본국과 식민지 간에 무역을 하는 데 필수적인 선박들이 증가해 갔다. 이러한 과정을 통해 그들은 해양력을 발전시켜 갔다.[75]

한편, 프랑스는 훌륭한 국토와 근면한 국민들, 좋은 지리적 위치를 보유하고 있으나, 해양국가로 성장하지 못했다. 메이헌은 프랑스가 해양국가로 성장하지 못한 이유를 다음과 같이 설명하고 있다. 국민성에 한정하여 살펴본다면, 프랑스인들은 검소하고 절약함으로써 부를 축적하려고 하였는데, 이러한 성향은 개인적인 측면에서는 부를 축적하는 현명한 방법이 될 수도 있으나, 국가 전체 차원에서 본다면 무역과 해운을 발전시키는 데는 장해요인이 되었다는 것이다.[76]

일반적인 국민성을 비교한 데 이어 메이헌은 각국의 상류층들이 무역에 대해 어떤 태도를 갖고 있었는지를 비교하고 있다. 메이헌은 유럽의 귀족계급들은 중세 이래로 무역에 대해 경멸하는 태도를 갖고 있었다고 보았다.[77] 스페인의 귀족들은 무역을 경멸함과 동시에 부를 축적하기 위해 노동을 하는 것에 대해 거부감을 갖고 있었고, 프랑스에서는 부유한 상인들과 제조업자들은 프랑스 귀족들이 누리고 있는 명예를 동경하여 그들이 귀족의 명예를 획득한 뒤에는 자신들의 직업을 포기하였다.[78] 그러나 네덜란드와

---

73) Mahan, *ISPH*, pp.50~51. 메이헌은 "멕시코와 페루의 금광이 스페인을 파멸시켰던 것처럼, 브라질의 금광이 포르투갈을 파멸시켰다"고 지적하였다. Mahan, *ISPH*, p.51.
74) Mahan, *ISPH*, p.52.
75) Mahan, *ISPH*, pp.51~52.
76) Mahan, *ISPH*, pp.53~54.
77) Mahan, *ISPH*, p.54.

영국에도 귀족들은 있었지만, 이들 나라에서는 귀족이라는 신분 자체 보다
는 부유함이 사회적인 영향력을 행사하는 기반이 되었다. 따라서 영국과
네덜란드에서는 수입을 많이 올리는 직업은 부 자체에 부여된 명예까지도
함께 부여받았다는 것이다.[79]

　　메이헌은 넓은 의미에서의 국민적 천품national genius도 건전한 식민지를
육성할만한 역량을 소유하고 있는 한에서는 해양력의 성장에 영향을 끼친다
고 보았다.[80] 메이헌은 이제까지 식민지는 본국의 상품판매지이자 무역과
해운을 위한 온상nursery for commerce and shipping으로 간주되어 왔지만,[81] 모든
식민지가 다 그러한 역할을 했던 것은 아니라고 주장한다. 나아가 메이헌은
식민지화와 그에 부수되는 무역과 해양력은 민족성에 의존한다고 밝히고
있다. 왜냐하면 식민지는 본국의 감시를 받지 않고 자유롭게 성장할 때
최대로 성장할 수 있기 때문이다.[82] 메이헌은 프랑스는 국가 주도하에
체계적이고 조직적으로 식민지를 개발하였지만 대식민국가로 성장한 것은
프랑스가 아니라 영국이었다는 사실을 지적하면서 영국이 대식민국가로
발전하게 된 이유를 영국의 민족성에서 찾고 있다. 첫째, 영국의 식민지
정착민들은 자연적이고 자발적으로 이주한 사람들이었고, 본국에 대해
우호적인 감정을 갖고는 있었지만 결코 본국으로 되돌아가려고 하지 않았으
며, 둘째, 영국의 식민지 정착민들은 정착하자마자 식민지를 착취하려
한 것이 아니라 개발하려고 했다.[83] 이에 반해 프랑스의 식민지 정착민들은
식민지에서 돈을 벌어 비옥한 본국으로 되돌아가기를 원하였고, 스페인의
식민지 정착민들은 식민지를 개발하려고 한 것이 아니라 이용하고 착취하려
고 하였으며, 네덜란드의 식민지 정착민들은 식민지를 개발하려 하지 않고

---

78) Mahan, *ISPH*, p.54.
79) Mahan, *ISPH*, p.55.
80) Mahan, *ISPH*, p.55.
81) Mahan, *ISPH*, p.55.
82) 이상 Mahan, *ISPH*, p.56.
83) Mahan, *ISPH*, p.57.

상업과 무역상의 이익만 획득하려고 했다는 것이다.[84]

6) 정부의 성격

메이헌이 해양력의 요소 가운데 가장 중요하게 다루고 있는 것은 정부의 성격이다. 메이헌은 정부의 성격과 관련해서는 첫째, 정부의 특정한 형태와 제도, 둘째, 통치자의 성격이 해양력의 발전에 지대한 영향을 끼친다고 보았다.[85] 메이헌은 민주적인 정부라고 하여 그것이 곧 해양력의 발전으로 직결되는 것은 아니라고 지적하였다. 오히려 전제적인 정부가 자유로운 정부보다 훨씬 더 신속하게 해양력을 배양시킬 수 있다고 밝히고 있다.[86] 그러나 메이헌은 결론적으로 국민정신을 완전히 반영하고 있고, 국민들의 일반적인 성향을 잘 인식하고 있는 정부가 통치할 때 해양력을 최고로 발전시킬 수 있다고 하였다. 메이헌은 이와 같은 정부는 국민들이 해양력을 배양하는 데 공감대를 형성하고 있을 때만이 보증된다고 주장했다.[87] 메이헌은 이를 입증하기 위해 영국, 네덜란드, 프랑스를 비교하고 있다.

영국은 대체적으로 국가정책의 목표를 해양통제력control of the sea을 장악하는 데 초점을 두었다.[88] 영국 정부는 자신들의 지리적 조건을 명확하게 인식하여 해양력을 유지하는 정책을 일관성 있게 추진하였는데, 이처럼 영국이 해양력을 확고하게 유지하는 방향으로 정책을 추진한 것은 정치적으로 토지소유계급들에게 정치적 힘을 부여해 주었던 영국의 정치제도상의 특징 때문이었다.[89] 영국의 지배계급이라고 할 수 있는 젠트리gentry 계급은 세 가지 측면에서 영국이 해양력을 발전시키는 데 기여하였다. 첫째, 젠트리

---

84) 이상 Mahan, *ISPH*, p.57.

85) Mahan, *ISPH*, p.58.

86) Mahan, *ISPH*, p.58.

87) 이상 Mahan, *ISPH*, p.58.

88) Mahan, *ISPH*, pp.59, 63. 메이헌은 이에 대한 예로 크롬웰, 찰스 2세, 제임스 2세, 윌리엄 2세, 윌리엄 피트 등의 정책을 들고 있다. A. Mahan, *ISPH*, pp.59~65 참조.

89) Mahan, *ISPH*, p.66.

계급은 국가적인 영광을 증진시키는 일에 자부심을 갖고 있었으며, 그러한 영광을 유지하기 위해 기꺼이 경제적인 부담을 떠맡으려 했다. 둘째, 젠트리 출신 의원들은 영국의 무역을 보호하고 확장시키는 일을 적극적으로 옹호하였다. 셋째, 영국의 토지귀족들과는 달리 젠트리 계급은 계급간 적대감정class feeling을 덜 갖고 있어서 하층계급 출신들이 해군제독admiral으로 승진하는 것에 대한 거부감을 갖고 있지 않았다.[90] 따라서 영국은 막대한 무역, 기계산업, 광대한 식민지를 바탕으로 해양력을 육성시킬 수 있었다.[91] 그러나 메이헌은 1815년 이후 영국 정부의 권력의 상당부분은 국민들의 손으로 넘어갔기 때문에 평화시에 군사비 지출을 꺼려하는 징후를 보이기 시작하고 있다고 덧붙이고 있다.[92]

메이헌은 영국이 바다로 이끌려 들어갔다면, 네덜란드는 바다로 내쫓겼다고 보았다. 만약 바다가 없었다면 영국은 쇠약해졌겠지만, 네덜란드는 망했을 것이기 때문이다.[93] 그러나 네덜란드 연방이 해양력을 지속적으로 지원하는 데는 영국 보다 미흡했다. 네덜란드 국민들의 상업정신은 정부 깊숙이 침투해 있었기 때문에 그들의 정체는 상인 귀족정commercial aristocracy이라고 부를 수 있을 정도였는데, 이러한 정부형태는 전쟁에 대비하여 필요한 전비를 부담하는 것에 대해 반대하는 경향이 있다고 메이헌은 설명하고 있다.[94] 결국 네덜란드의 해양력은 오렌지공 윌리엄(1650~1702)이 영국의 윌리엄 3세로 즉위하면서 네덜란드의 해양력을 영국의 해양력에 희생시키게 됨에 따라 급속히 쇠퇴하여 갔다.[95]

---

90) Mahan, *ISPH*, pp.66~67.

91) Mahan, *ISPH*, p.67.

92) Mahan, *ISPH*, p.67.

93) "If England was drawn to the sea, Holland was driven to it." Mahan, *ISPH*, p.37.

94) Mahan, *ISPH*, p.68. 메이헌은 네덜란드의 함대사령관을 역임한 해군제독 데 비트 (Johan de Witt, 1625~1672)의 말을 다음과 같이 인용하고 있다. "네덜란드인들은 위험에 직면하지 않는 한 국방을 위해 돈을 내놓으려 하지 않는다." Mahan, *ISPH*, p.49 재인용.

95) 메이헌은 윌리엄이 영국에서 자신에게 필요한 것은 해양력이라는 사실을 깨닫고 육전에는 네덜란드군을 활용하였고, 전쟁위원회와 영란 연합함대의 지휘관에

한편, 프랑스는 리슐리외Armand Jean du Plsssis Richelieu(1585~1642) 시대 때 무역과 어업을 장려하고 해군을 건설하는 등 해양력을 육성하였으나, 마자 랭Jules Mazarin(1602~1661)은 리슐리외의 정책을 이어받긴 했으나 그의 상무 정신은 이어받지 못해 프랑스 해군은 쇠퇴하였다고 메이헌은 보았다.96) 결국 프랑스의 해양력은 콜베르Jean Baptiste Colbert(1619~1683)에 의해 육성되었다. 콜베르는 프랑스를 위대하게 만들기 위해 세 가지 정책을 추진하였다. 콜베르가 추진한 세 가지 정책은 첫째, 생산을 장려하고, 둘째, 해운을 육성하며, 셋째, 식민지와 시장을 확보하는 것이었다.97) 메이헌은 콜베르가 추진한 세 가지 정책 가운데 두 가지가 해양력과 관련된 것이라고 지적하고 있다.98) 그 결과 프랑스의 해군의 전력은 콜베르가 재상으로 재직하고 있는 동안에 급성장하였다.99) 그러나 프랑스의 해양력은 정부의 강력한 후원 하에 이룩된 것이었기 때문에 정부의 후원이 사라지게 되었을 때는 급격하게 쇠퇴하게 되었다.100) 결국 루이 14세가 대륙 쪽으로 경도된 정책을 추진하는 바람에 프랑스의 해양력은 약화되어 프랑스는 영국의 해양력에 패배하여 캐나다, 마르티니끄Martinique, 과들루프Guadeloupe, 인도 등을 영국의 수중으로 넘겨주고 말았다.101)

네덜란드 제독들을 영국 제독들보다 하위에 위치시켜 네덜란드인들의 바다에 대한 관심을 시들게 만들었다고 설명하고 있다. Mahan, *ISPH*, p.68.

96) Mahan, *ISPH*, p.70.
97) Mahan, *ISPH*, p.71.
98) Mahan, *ISPH*, p.70.
99) 1661년 콜베르가 재상으로 등용될 당시에는 프랑스가 보유한 군함은 30척이었으며, 이 가운데 3척만이 60밀리 이상되는 포를 장착하고 있었으나, 1666년에는 군함은 70척으로 증가했고 이 가운데 전열함(ship of the line)이 50척이었고, 포함(砲艦, fire ship)은 20척이었다. 1671년에는 프랑스의 군함은 다시 196척으로 증가하였고, 1683년에는 20밀리포를 장비한 전함만도 107척에 달하였는데, 이 중 12척은 76밀리 포를 장비하고 있었다. Mahan, *ISPH*, p.72 참조.
100) Mahan, *ISPH*, p.72.
101) Mahan, *ISPH*, p.75.

결론적으로 메이헌은 평화기와 전시로 나누어 정부가 해양력에 어떠한 영향을 미치는가를 검토하는 것으로써 해양력의 요소에 관한 논의를 끝마치고 있다. 메이헌은 먼저 평화시에 정부가 해운활동을 조장하느냐 그렇지 못하느냐에 따라 해양력이 발전할 수도 쇠퇴할 수도 있다고 밝히고 있다. 해군은 평화적인 무역에 의존하기 때문에 정부가 평화시에 해운활동을 장려하고 육성하는 정책을 추진하는 것은 아무리 강조해도 지나치지 않다는 것이다.102) 다음으로는 전시를 대비하는 경우인데, 메이헌은 정부는 전쟁에 대비하여 일정 규모 이상의 해군을 유지해야 한다고 주장한다. 그러나 해군의 규모 보다 더 중요한 것은 예비전력을 신속하게 동원할 수 있는 제도를 갖추는 일이다.103) 메이헌은 전쟁을 대비하는 데 가장 중요한 것은 해군기지를 확보하는 것이며, 이때 기지로 활용할 수 있는 식민지를 확보해 두는 것은 매우 중요하다고 보았다. 왜냐하면, 식민지는 해외에서 한 국가의 해양력을 뒷받침해 주는 가장 확실한 수단이기 때문이다.104)

메이헌은 바다의 일차적이고 중요한 역할을 통상로great highway105)로서의 역할이라고 보았다.106) 그가 바다의 일차적인 기능을 통상로로 보았다면 인간이 바다에서 하는 활동 가운데 가장 중요한 일은 당연히 해운이 될 것임에 자명하다. 따라서 메이헌은 "모든 나라들은 해운업shipping business이 자국 선박으로 이루어지기를 바랄 것이며",107) "해상무역sea commerce은 국가의 부와 강대함에 심대한 영향을 미쳤다"108)고 밝히고 있다. 이를 좀 더

---

102) Mahan, *ISPH*, p.82.

103) Mahan, *ISPH*, p.82.

104) Mahan, *ISPH*, p.83.

105) great highway를 해군본부 번역본과 임인수는 '하나의 거대한 고속도로'로 번역하고 있다.(해군본부, 『해양력이 역사에 미친 영향』, p.30 ; 임인수, 앞의 논문, p.95) 그러나 메이헌이 바로 다음 줄에 '항로'와, '교통로'(line of travel), '무역로'(trade route) 등을 언급하고 있다는 사실을 상기하면, great highway를 '통상로'로 번역하는 것이 그리 틀린 것은 아니라고 생각한다.(Mahan, *ISPH*, p.25)

106) Mahan, *ISPH*, p.25.

107) Mahan, *ISPH*, p.26.

108) Mahan, *ISPH*, p.1.

밀고 나가다 보면 해군도 해군 그 자체를 유지하기 위해서 필요한 것이 아니라 "평화적인 해운을 유지하기 위하여" 필요한 것이 된다.109) 따라서 메이헌은 넓은 의미에서 보았을 때, 해양력은 "해양이나 해양의 일부를 무력을 사용하여 지배할 수 있는 해군력military strength afloat뿐만 아니라, 해군이 무리 없이 그리고 건전하게 육성될 수 있도록 해줄 수 있는 평화적인 무역과 해운peaceful commerce and shipping을 아우르고 있다"고 결론짓고 있다.110) 이는 결국 메이헌이 해양력을 해운력과 해군력의 총합으로 보았다는 것을 의미한다. 메이헌에 따르면, "해군은 해운과 무역에 의존해 있는 것이다."111)

III. 메이헌의 해양사의 범주와 정의

앞에서는 메이헌이 해양력을 넓은 의미에서 해군력과 해운력의 총합으로 보았다는 사실을 확인하였다. 그렇다면 '해양력의 역사를 서술하겠다'112) 고 밝힌 메이헌이 자신의 저서를 해운에 대한 내용은 사장시킨 채 해전과 해군전략 등 해군력에 대한 내용을 중심으로 서술한 이유는 어디에 있을까? 그것은 그가 해양사를 어떻게 보고 있느냐 하는 것과 밀접하게 연관되어 있다. 따라서 여기에서는 메이헌이 해양사를 어떻게 보고 있는지를 검토하고자 한다.

메이헌은 "해양에 대한 이용과 통제는 세계사에서 중요한 요소였고, 당대present까지도 여전히 그러하다"113)고 밝히면서, "이제까지 해양과 관련

---

109) 메이헌은 다음과 같이 밝히고 있다. "아주 제한적인 의미에서 보았을 때, 해군의 필요성은 평화적인 해운을 유지해야 하는 것으로부터 유래하고 … 평화적인 해운이 존재함으로 인해 사라지게 된다."(Mahan, *ISPH*, p.26) 이밖에도 해군은 평화를 유지하기 위해서도 필요하다는 점에 대해서도 메이헌은 첨언하고 있다.(Mahan, *ISPH*, p.27)

110) Mahan, *ISPH*, p.28.

111) Mahan, *ISPH*, p.28.

112) Mahan, *ISPH*, passim.

된 일들은 보통 하찮게 취급되어 왔다"[114]고 주장하고 있다. 그 결과, "해양력이라는 것이 대부분의 역사가들에게 이상한 것으로 비쳐지는 것과 같이, 당대의 역사에 미친, 따라서 결과적으로 세계사에 미친 해양력의 결정적인 영향력은 간과되어 버리게 되었다."[115] 메이헌에 따르면, "해양력이 역사전개에 영향을 끼친 유일한 요소라고 주장하는 것이 불합리한 것처럼, 해양력을 역사의 주요 요소에서 빠뜨리는 것도 뭔가 부족한 것이 된다."[116] 그리하여 메이헌은 자신이 『역사에 미치는 해양력의 영향』을 저술하는 목적을 "유럽과 미국의 일반사에 관련하여 해양력이 특별히 역사 전개에 끼친 영향을 탐구하는 것"[117]이라고 밝히면서, "해양력이 역사의 전개와 국가의 번영에 어떠한 영향을 미쳤는가를 탐구한 작품은 아직까지 존재하지 않았다"고 자부하고 있다.[118]

그렇다면 메이헌은 해양사를 어떻게 보고 있을까? 메이헌은 "해양사는, 비록 전적으로는 아니지만, 주로는 국가간의 투쟁과 상호 경쟁, 전쟁에서의 극적인 전투에 관해 서술하는 것"이라고 밝히고 있다.[119] 메이헌 자신이 해양력을 넓은 의미에서 해운력과 해군력의 총합으로 보았다는 사실을 생각하면 이는 다소 의아하기까지 하다. 왜냐하면 메이헌은 해운의 중요성을 다음과 같이 강조하고 있기 때문이다. "해상무역sea commerce이 국가의 부와 강대함에 심대한 영향을 미쳤다는 것은 … 이미 오래 전부터 뚜렷하게 인식되어 왔다."[120] 그렇다면 메이헌이 해양사를 주로 해군사로 본 이유는 어디에 있었을까? 메이헌은 다음과 같은 두 가지 이유를 들고 있다. 첫째, 각국은 해상무역의 이익을 놓고 서로 상이한 이해관계를 갖고 있었고,

---

113) Mahan, *ISPH*, p.iii.
114) Mahan, *ISPH*, pp.14, 22.
115) Mahan, *ISPH*, p.22.
116) Mahan, *ISPH*, p.22.
117) Mahan, *ISPH*, p.iii.
118) Mahan, *ISPH*, p.v.
119) Mahan, *ISPH*, p.1.
120) Mahan, *ISPH*, p.1.

해상무역과 상업지역을 차지하기 위해 경쟁하였으며, 이러한 경쟁은 흔히 전쟁으로 비화되었다. 둘째, 해상무역 이외의 다른 원인에 의해 발발한 전쟁들은 해양통제권을 장악하느냐의 여부에 따라 전황戰況이 결정되곤 하였다.[121] 따라서 메이헌은 해양력을 해운력과 해군력의 합으로 보면서도 해운을 장악하기 위한 각국 간의 경쟁과 투쟁이 흔히 전쟁으로 비화되었기 때문에 해양사를 주로 해군사로 보게 되었던 것이다.

또한 메이헌은 식민지개척사에도 관심을 기울이고 있다. 메이헌에 따르면, 식민지개척사는 "세계사의 상당히 많은 부분a very great part of the history of the world을 차지하고 있으며, 특히 해양사sea history의 많은 부분을 구성하고 있다."[122] 메이헌은 식민지의 의의에 대해 다음과 같이 설명하고 있다.

> 모든 식민지들이 … 자연적으로 태어나고 성장한 것은 아니었다. 많은 식민지들은 보다 공식적이고, 순전히 정치적인more formal and purely political 목적에서 설립되었으며, 개인들에 의해서보다는 국가의 법령에 의해서 설립되었다. … 무역기지trading-station들은 설립 목적과 그 본질 면에서 정교하게 조직되었고 특허를 받은 식민지와 같았다. 자국 상품을 판매하기 위한 새로운 분출구를 찾고 있던 본국은 낯선 땅에서 견고한 발판, 자국 해운을 위한 새로운 영역, 자국민들을 위한 더 많은 일자리와 더 많은 부를 식민지와 무역기지에서 얻게 되었던 것이다.[123]

그러나 메이헌은 식민지와 무역기지가 단순히 무역을 위한 것만은 아니었다는 점을 지적하고 있다. 메이헌에 따르면, 식민지와 무역기지는 상업적인 성격과 군사적인 성격을 동시에 지니고 있었다.[124] 왜냐하면 식민활동이 본격적으로 추진되던 당시의 바다에서는 약탈이 횡행하고 있었고, 해양국

---

121) 이상 Mahan, *ISPH*, p.1.
122) Mahan, *ISPH*, p.27.
123) Mahan, *ISPH*, p.27.
124) Mahan, *ISPH*, p.28.

가 사이에 평화가 정착된 기간도 매우 적었기 때문이다. 따라서 희망봉, 세인트 헬레나, 모리셔스 등과 같은 기지들은 무역을 위해서만이 아니라 방어와 전쟁을 위해서도 필요하게 되었으며, 각국은 주로 전략적인 목적에서 지브롤터, 말타, 미 북동해안의 세인트 로렌스만 입구의 루이스부르그 등과 같은 요새들을 점유하려고 했던 것이다.[125] 그리하여 메이헌은 바다에 면한 국가들이 "교역할 상품을 생산하고, 생산된 물품을 운송할 해운을 육성하며, 해운활동을 촉진하고 확대하며, 다수의 안전한 무역거점을 확보함으로써 해운을 보호하는 역할을 하는 식민지와 관련된 정책을 어떻게 펼치느냐 하는 것이 그들의 역사에서 중요한 역할을 했다"[126]고 지적하고 있다. 이는 메이헌이 해양사에서 해운사도 전혀 도외시하지는 않았다는 사실을 반증하고 있다고 하겠다.

이상에서 살펴본 바와 같이, 메이헌은 해양사를 넓은 의미에서는 "바다에 의해 어느 한 민족을 위대하게 만드는 모든 것에 대해 서술하는 역사"로 보았으나, 좁은 의미에서는 "주로 해군사naval military history"라고 정의하였다.[127] 따라서 그는 해군사를 중심으로 『역사에 미치는 해양력의 영향』을 서술하게 되었던 것이다.

IV. 메이헌의 해양사 연구의 의의

위에서는 메이헌이 해양사를 넓은 의미로는 해운사, 식민지개척사, 해군사를 포괄하는 것으로 보았고, 좁은 의미에서는 주로 해군사로 보았음을 확인하였다. 그러나 메이헌이 해양사를 주로 해군사로 보았다고 해서 전적으로 해군사만 취급하고 있는 것은 아니다. 메이헌은 "해양사sea history는

---

125) Mahan, *ISPH*, p.28.
126) Mahan, *ISPH*, p.28.
127) Mahan, *ISPH*, p.1.

일반적으로 제국가의 흥망성쇠에서의 한 요소에 불과하다"[128]는 사실을 잘 인식하고 있었다. 따라서 메이헌은 "만약 해양사와 밀접한 관계를 맺고 있는 그 밖의 요소에 대해 유념하지 않는다면, 해양사의 중요성을 과장하거나 왜곡할 수 있는 오류를 범할 수 있다"[129]고 경고했던 것이다. 그리하여 메이헌은 "지금까지의 역사서들이 해양 문제를 단지 부수적으로 또한 일반적으로 냉담한 시각에서 다루었기 때문에, 자기는 해양과 관련된 이해관계들maritime interests을 전면에 부각시킬 것이지만, 그렇다고 일반사에서의 원인과 결과로부터 분리시키지는 않을 것"이라고 밝히고 있다.[130] 이로부터 그가 해양사를 탐구하는 목적이 '일반사와 해양사의 상호관계를 밝히는 것'이었다는 사실을 알 수 있다.[131]

그렇다면 메이헌은 자신이 해군사를 서술하는 의의를 어떻게 생각하고 있었을까? 그는 자신이 해군사를 연구하는 것은 전쟁 지도자들이 미래에 있을 전쟁에 대비하고 능숙하게 전쟁을 수행하는 데 필수적인 것이기 때문이라고 밝히고 있다.[132] 메이헌은 군사작전이 성공하기 위해서는 하나의 기준standard, 즉 전략이 가장 중요하다고 보았다.[133] 그런데 메이헌이 보기에는 전략이라는 것은 역사 속에서 그 풍부한 예들을 찾을 수 있다.[134] 메이헌은 이에 대해 다음과 같이 말하고 있다.

해전maritime contest과 군사작전 안에 역사의 항구적인 교훈이 있다. 왜냐하면 다른 조건은 예나 지금이나 동일한 상태로 남아있기 때문이다. 전쟁의 무대는 클 수도 있고 작을 수도 있으며, … 대적하고 있는 군대들이 (과거에 비해)

---

128) Mahan, *ISPH*, p.90.
129) Mahan, *ISPH*, p.90.
130) Mahan, *ISPH*, p.vi.
131) Mahan, *ISPH*, p.iii.
132) Mahan, *ISPH*, p.1.
133) Mahan, *ISPH*, p.7.
134) 메이헌은 다음과 같이 말하고 있다. "역사가 전략적인 연구의 소재를 제공해 주고 있고, 전쟁 원칙을 예증해 주고 있다." Mahan, *ISPH*, p.13.

다소 커졌을 수도 있고, 필요한 기동작전이 (과거에 비해) 다소 용이해졌을
수도 있지만, 이러한 것들은 종류상의 차이가 아니라, 규모와 정도의 차이일
뿐이다.135)

따라서 메이헌은 해군전략을 수립하기 위해서는 역사를 탐구하는 것이
중요하다고 강조하고 있다. 왜냐하면, "역사의 사례들은 다른 상황들이
상대적으로 영속적이기 때문에, 원칙의 실례로서 뿐만 아니라 전례로서도
유용"하기 때문이다.136) 메이헌은 "해군전략은 전시뿐만 아니라 평화시에
도 한 나라의 해양력을 구축하고, 지원하고, 증가시키는 데 목적이 있다"137)
고 전제하면서, "해양력에 대한 연구는 자유로운 국가의 모든 시민들을
위해서도 중요하지만, 외국이나 군사 관련 업무를 책임지고 있는 사람들에
게는 특히 중요하다"138)고 밝히고 있다. 결국 메이헌이 해양사를 연구한
목적은 역사 속에서 해군전략의 모델을 추출해 내기 위한 것이었다고
할 수 있다.139) 이는 그가 『역사에 미치는 해양력의 영향』을 저술하게
된 궁극적인 목적과 밀접하게 연관되어 있다. 메이헌은 자신이 『역사에
미치는 해양력의 영향』을 저술하게 된 동기를 해양력이 역사에 막대한
영향을 미쳤다는 사실을 독자들에게 알림으로써, 미국의 해군 당국과 연방
정부에게 강력한 해군을 건설해야 할 필요성과 당위성을 인식시키기 위한
것이었다고 밝히고 있다.140) 결국 메이헌이 『역사에 미치는 해양력의 영향』
을 저술한 목적은 미국이 해외로 팽창하기 위해서는 강력한 해양력, 곧
대양해군을 건설해야 한다는 것을 논증하기 위한 것이었다고 할 수 있다.

그러면, 메이헌이 해양사를 연구한 의의를 어떻게 평가할 수 있을까?
우선 그가 이제껏 간과되거나 무시되어 왔던 해양의 중요성을 사람들에게

---

135) Mahan, *ISPH*, p.7.
136) Mahan, *ISPH*, p.9.
137) Mahan, *ISPH*, p.23.
138) Mahan, *ISPH*, p.23.
139) Mahan, *ISPH*, pp.2, 7, 89.
140) Mahan, *ISPH*, pp.87~88 ; *ISPFR*, p.iv.

인식(해양 인식maritime awareness)시켜 주었다는 점을 첫 번째로 꼽을 수 있겠다.141) 루크 카이버스가 적절히 지적한 바와 같이, 해양력의 중요성을 강조한 사람이 메이헌이 처음은 아니었으나, 해양력을 처음으로 대중화했다는 점에서 그가 이룩한 업적을 결코 과소평가해서는 안 될 것이다.142) 두 번째로는 그가 해양력을 세계정치의 주요 의제로 올려놓았다는 점이다.143) 이를 다른 관점에서 보았을 때는 그가 건함경쟁을 촉발시킨 한 요인으로 작용하였다는 점에서 역사전개에 부정적으로 작용하였다고도 볼 수도 있는 것이지만, 그것은 어디까지나 결과론일 뿐이다. 어쨌든 메이헌 자신도 적절히 지적한 바와 같이, 해양력은 근대 이후 국제정치 무대에서 강대국의 세력관계를 규정하는 가장 중요한 요소 가운데 하나였다는 것은 이제는 더 이상 부정할 수 없는 역사적 사실이 되었다.144) 세 번째로는 그가 해양력을 결코 독립적인 요소로 보지 않고 일반사와 상호관련 지으면서 파악하려고 했다는 점이다. 흔히 한 분야사에 관심을 갖고 연구하다보면 자기 분야에 매몰되어 여타 분야에는 무관심하거나 다른 분야를 경시하게 되는 것이 보통인데, 메이헌은 해양력의 역사, 구체적으로는 해군사를 심도있게 분석하면서도 일반사와의 관련성을 늘 염두에 두었다. 이런 점을 감안한다면 메이헌은 탁월한 역사감각을 지니고 있었다고 평가할 수 있겠다.145)

---

141) Cuyvers, *Sea Power*, p.xiv.

142) Cuyvers, *Sea Power*, p.xiv.

143) Modelski & Thompson, *Seapower in Global Politics*, p.8.

144) 함대를 먼저 출동시키고 외교적 협상을 벌이는 이른바 '포함외교(gunboat diplomacy)'가 그 대표적인 예이다. 루크 카이버스는 걸프전을 예로 들고 있다. Cuyvers, *Sea Power*, p.xiv 참조.

145) Livezey는 메이헌을 종래의 정치사, 제도사 중심의 역사에서 탈피하여 경제의 중요성을 강조하여 새로운 학파를 창시했다며 높이 평가하였다. William E. Livezey, *Mahan on Sea Power*(Univ. of Oklahoma Press, 1947), p.35/ 김세웅, 「1890년대 미국의 팽창주의에 관한 고찰」, p.69 재인용.

V. 메이헌의 해양사 연구의 한계

이상에서 살펴본 바와 같이, 메이헌은 해군전략 연구와 역사연구, 나아가 역사전개에 큰 영향을 끼쳤다.[146] 그럼에도 불구하고 그는 또한 한계도 지니고 있었던 것이 사실이다. 우선 첫 번째로 지적할 수 있는 것은 그가 해양력을 대단히 좁은 의미로 사용하고 있다는 것이다. 그가 해양력을 넓은 의미에서 해운력과 해군력의 총합으로 보고 있기는 하지만, 그는 여전히 제해권을 중심으로 한 해군력을 해양력의 가장 핵심적인 요소로 보고 있었다. 루크 카이버스가 지적한 바와 같이, 메이헌은 해양 그 자체나 해양자원의 중요성에 대해서는 도외시 했던 것이다.[147]

두 번째는 그가 팽창주의 내지는 제국주의 이론의 선도자 역할을 했다는 것이다. 메이헌은 해군력의 확장을 통해 미국이 해외로 적극적으로 팽창해 나가야 한다고 주장했다.[148] 이는 소콜Anthony Sokol이 적절히 지적한 바와 같이, 그가 "제국주의적 팽창, 특히 세계의 저개발지역을 획득함으로써 영토를 확대시키는 것이 국가의 위대성과 국민복지를 위한 전제조건이 된다고 하는 서구적 사고방식이 지배하던 시대에 살고 있었기 때문이다."[149] 실제로 메이헌은 다음과 같이 말하였다.

---

146) 이윤희는 다음과 같이 말하고 있다. "마한의 해군전략사상은 1950년대까지 약 50년간 세계열강의 국가정책을 좌우했고, 그들의 해군정책과 전략에 결정적인 지침을 주었다. … 세계열강은 1차대전을 전후로 하여 전함을 주력함으로 하는 전투함대를 경쟁적으로 건조하였다. 영국은 대함대(grand fleet), 독일은 대양함대(high sea fleet), 일본은 연합함대(combined fleet), 미국은 백색함대(white fleet) 등을 만들었다. 이러한 전함경쟁시대는 2차대전의 중반기까지 계속되었는데, 이는 실로 메이헌의 전략이론이 낳은 산물이라 해도 과언이 아니다." 이윤희, 「역자의 말」, in: A. Mahan, 『해군전략론』, p.5.

147) Cuyvers, *Sea Power*, pp.xiv~xv.

148) Mahan, *ISPH*, passim.

149) Anthony Sokol, *Sea Power in the Nuclear Age*(Public Affairs Press : Washington, D.C., 1961)/ 이윤희, 『해군전략론』, p.7 재인용.

미국은 원하건 원하지 않건 간에 당장 해외로 시야를 돌려야 한다. … 미국의 공업생산력이 팽창을 요구하고 있으며, 증가일로에 있는 여론이 팽창을 원하고 있으며, 또한 오래된 두 문명세계 가운데 놓여 있고, 두 개의 거대한 대양 사이에 자리 잡고 있는 미국의 지리적 위치가 팽창을 희구하고 있다. 미국은 대서양과 태평양을 새롭게 연결시킴으로써 곧 강력하게 될 것이다. …150)

어떤 견지에서 보았을 때, 우리 미합중국은 오직 방어를 위해서만 해군을 유지해 왔다. … 그러나 만일 우리 해군이 보호해야만 하는 이익들이 해외에 많이 있다면 해군이 연안을 방어하는 것보다 더 많은 일을 수행해야 한다는 것은 당연하다. 그리고 도덕적인 견지에서 보았을 때 전쟁이 아무리 방어를 위해 수행된다 하더라도 전쟁에서 승리하기를 원한다면, 공격적으로 수행해야 한다는 사실은 일반적으로 널리 인정된 군사원칙이다.151)

그가 팽창주의자 내지는 제국주의자라고 비판을 받는 것은 바로 이러한 이유 때문이다.152)

세 번째로 지적할 수 있는 것은 그가 지나간 과거의 역사 속에서 해군전략의 선례를 찾으려고 했기 때문에 그는 불가피하게 범선 시대에 초점을 맞출 수밖에 없었다.153) 메이헌은 자신이 범선 시대에 관심을 집중하게 된 이유를 "증기선 해군이 아직 … 어떠한 교훈을 줄만한 역사도 만들어 내지 못했기 때문"이라고 밝힌 바 있다.154) 그 결과 그의 이론을 핵시대인 오늘날에 적용하기 위해서는 상당 부분 수정해야만 한다.

메이헌이 이상에서 지적한 것과 같은 한계성을 지니고 있었던 것은

---

150) A. Mahan, *The Interest of America in Sea Power ; Present and Future*(Kennikat Press, 1970), pp.21~22/ 김세웅, 「1890년대 미국의 팽창주의에 관한 고찰」, p.12 재인용.

151) Mahan, *Interest of America*, pp.156~157/ 김세웅, 「1890년대 미국의 팽창주의에 관한 고찰」, p.22 재인용.

152) 메이헌이 팽창주의를 주장하게 된 배경에 대해서는 김세웅, 「1890년대 미국의 팽창주의에 관한 고찰」, pp.11~14를 참조하라.

153) Sokol, *Sea Power*/ 이윤희, 『해군전략론』, p.7 재인용.

154) Mahan, *ISPH*, p.2.

상당 부분 그가 살고 있던 시대적 상황과 무관하지 않았다. 메이헌은 중상주의적인 사고방식이 지배적이었던 17세기 중반부터 19세기 초기까지의 역사를 중점적으로 연구하였다. 특히 그가 살았던 19세기 말에는 제국주의적인 팽창의 기운이 전세계를 휩싸고 있었고, 미국은 남북전쟁을 치른 뒤 사회적인 안정을 이루기 시작하면서 해외로 팽창하려는 움직임이 가시화되기 시작하였다.[155] 따라서 메이헌은 자신의 해양력 이론의 근거를 국가의 부의 요소로서 국가의 대규모 해운력과 식민지 통상의 가치를 강조하는 중상주의 경제이론에 두게 되었던 것이다.[156]

이제까지 메이헌은 해양사를 체계적으로 정리한 최초의 사람[157]이라는 견해에서부터 대해군주의Navalism를 바탕으로 국가의 팽창을 주창한 이른바 메이헌주의Mahanism[158]의 창시자이자, 제국주의를 정당화한 제국주의자[159]임과 동시에 역사를 서술하고 해석하는데 그친 것이 아니라 역사를 창조한 사람[160]이라는 등 실로 다양한 평가를 받아 왔다. 그러나 그를 해군확장경쟁을 촉발시킨 인류평화의 공적共敵이라고 혹평하는 것도 정당한 평가가 아니듯이 그의 이론을 지나치게 강조하는 것 또한 그를 정당하게 평가하는 것이 아니다. 왜냐하면, 메이헌의 이론의 근저에는 식민주의와 제국주의가 자리잡고 있었기 때문이다.[161]

---

155) 이에 대해서는 Williams, 『미국외교의 비극』, pp.26~37 참조.
156) 이윤희, 『해군전략론』, p.13.
157) G.p. Gooch, *History and Historians in the 19th Century*(Beacon Press, 1965), p.395/ 김세웅, 「1890년대 미국의 팽창주의에 관한 고찰」, p.69 재인용.
158) *New World Comprehensive English-Korean Dictionary*, p.1376.
159) Samuel Johnson, *An Interpretation of American History*(Baron's Educational Series, Inc., 1968), p.3/ 김세웅, 「1890년대 미국의 팽창주의에 관한 고찰」, p.68 재인용.
160) Gooch, *History and Historians*, p.396/ 김세웅, 「1890년대 미국의 팽창주의에 관한 고찰」, p.69 재인용 ; Cuyvers, *Sea Power*, p.xiii. 특히, 루크 카이버스는 메이헌의 저작이 발표된 뒤 영국, 독일, 일본 그리고 나중에는 미국까지 해양력을 육성하기 위해 건함경쟁에 뛰어들게 되었다고 말하고 있다. 메이헌의 영향을 받아 독일, 영국, 미국이 해양력을 팽창시켜 가는 과정에 대해서는 Modelski & Thompson, *Seapower in Global Politics*, pp.9~10를 참조하라.
161) 이윤희, 『해군전략론』, p.13.

1부

배와 항해

제1장
배의 크기 단위에 대한 역사지리학적 변천

해사 관련 학계나 업계에 종사하는 사람들이 가장 빈번하게 사용하는 용어는 단연 '톤ton'일 것이다. 톤은 무게를 나타내는 단위이자, 배의 크기를 나타내는 단위로서 해사산업계에서 가장 널리 쓰이는 용어이다. 무게 단위로서 톤은 세 가지 용례로 사용되고 있다. 2000lbs를 1ton으로 환산하는 short ton(미국)과, 2240lbs를 1ton으로 환산하는 long ton(영국), 그리고 1000kg을 1ton으로 환산하는 metric ton이 그것이다. 그러나 해양산업계에서 '톤'이란 용어는 무게 단위로서 보다는 배의 크기를 나타내는 단위로서 더 자주 사용되고 있다. 배의 크기를 나타내는 톤수에는 부피를 기준으로 한 국제총톤수·총톤수·순톤수·갑판하톤수·운하톤수 따위가 있고, 무게를 기준으로 한 톤수에는 배수량·재화중량톤수 따위가 있다. 여기에다가 근대 해운·조선업의 발상지라고 할 수 있는 영국에서 이용된 바 있는 측정 톤수measured tonnage와 등록 톤수registered tonnage까지 더해진다면 전문가들조차도 그 용례에 혼란을 느낄 정도이다.

이처럼 시기와 장소, 그리고 용례에 따라 톤은 다양한 용법으로 사용되어 왔다. 따라서 경제사를 전공하는 학자들조차 톤의 용법을 제대로 구분하지 못하는 것도 어쩌면 당연한 일인지 모른다. 영국 해운경제사에서도 사료에 나타난 배의 측정 톤수나 등록 톤수를 오늘날의 톤수로 환산하려는 시도가 꾸준히 이어졌다.[1] 영국의 산업화 과정에서 가장 많은 자본이 투자된 산업

중의 하나가 해운업이었다. 이를테면 18세기 말 영국의 면 공장의 평균 고정자본은 3000~5000파운드였고, 1799년 올드노우Oldknow나 카우프 회사 Cowpe & Co.와 같은 대형 섬유회사들이 약 1만 파운드 정도의 자본금을 보유하고 있었던 것에 비해,[2] 마이클 헨리 앤 썬Michael Henley & Son이라는 선주는 1800년에 약 2만 7000파운드의 고정자본(배)을 소유하고 있었다.[3] 따라서 여러 연구자들은 사료에 남아 있는 선박량의 가치를 재평가함으로써 해운업에 투자된 자본량이 어느 정도였는지를 구하여 해운업이 산업혁명, 나아가 산업화에 기여한 바를 밝혀내려고 시도하였다. 하지만 그 결과는 그리 만족스럽지 못했다. 왜냐하면 현재 사료에 남아 있는 영국의 등록 톤수를 오늘날의 단위로 환산한다는 것이 실질적으로 거의 불가능했기 때문이다.

여기에서는 역사적으로 각 지역에서 배의 크기를 어떻게 나타냈는지와 오늘날 배의 크기를 나타내는 고유명사인 ton의 역사적 유래에 대해 살펴볼 것이다. 이는 배의 크기 단위인 톤의 용례에 대한 이해를 높이는 데 기여할 것이다.

I. 서양에서의 배의 크기 단위

1. 고대 그리스와 로마

역사상 처음으로 배를 이용하여 해상무역을 장악한 민족은 페니키아 인Phoenician이었다. 구약시대의 선지자인 에제키엘도 지중해의 여러 민족들 이 페니키아인들로부터 물자를 공급받았다고 언급하고 있고[4] 기원전 600

---

1) Craig, "Capital Formation in Shipping" ; Feinstein, "Capital Formation in Great Britain" ; Ville, *English Shipowning*.
2) Chapman, *Early Factory Masters,* p.126 ; Chapman, "Fixed Capital Formation in the British Cotton Industry," p.239.
3) Ville, *English Shipowning*, p.28.

년 즈음에는 일단의 페니키아인들이 홍해에서 출발하여 아프리카를 돌아 지중해를 거쳐 3년 만에 이집트로 되돌아 왔다[5]는 얘기가 전해질 정도로 이들의 해상 활동은 왕성하였다. 하지만 이들에 관한 사료라고는 도자기와 부조에 조각된 배 그림 몇 개뿐이다. 페니키아 인들의 경제생활에서 배는 떼려야 뗄 수 없는 생존수단이었음이 확실하지만, 이들이 배의 크기를 어떻게 나타냈는지는 전혀 알 길이 없다.

서양에서 배의 크기를 일정한 단어로 표현한 민족은 그리스 인이 처음이었다. 호메로스는 『오뒤세이아*Odysseia*』에서 그리스의 전형적인 범선으로 노잡이가 30명인 배와 50명인 배를 자주 언급하고 있는데 이를 그리스 사가들은 '트리아콘테레스*triaconteres*'와 '펜테콘토로스*pentekontoros*'라고 부르고 있다. 트리아콘테레스가 1단 갤리선이었다면 길이가 23m 정도, 펜테콘토로스가 1단 갤리선이었다면 34~38m, 2단 갤리선이었다면 대략 20~24m 정도였을 것으로 추정되고 있다.[6] 트리아콘테레스와 펜테콘토로스는 장비한 노의 수를 기준으로 배의 크기를 나타낸 것이다.

그리스·로마인들은 배에 실을 수 있는 화물의 양을 기준으로 하여 배의 크기를 나타내기도 했다. 카슨에 따르면, 기원전 5세기 무렵 지중해를 왕래하는 화물선을 가리키는 용어가 '만 개를 실어 나르는 배'였다. 카슨은 "만 개라는 숫자가 배에 실을 수 있는 항아리*amphora*의 숫자를 뜻하는지 곡물 부대의 숫자를 뜻하는지는 불분명하다"고 밝히면서도, 이 배의 적재량이 대략 400톤 가량 되는 것으로 추정하였다.[7] 그러나 레인은 "고대 지중해에서 가장 중요한 화물 가운데 하나가 포도주였기 때문에 포도주를 담을 수 있는 용기인 항아리의 수로 배의 크기를 나타냈다"고 명확하게 밝히고 있다. 실제로 로마의 철학자 키케로도 '항아리 2000개인 배*2000 jar ship*'에 대해 언급한 바 있다. 하지만 현재까지 발굴된 자료를 보면, 고대 지중해역에서 이용된 항아리

---

4) 『구약성서 : 에제키엘서』, 27 : 12~25.

5) Herodotos, 박광순 역, 『역사』, p.392.

6) Casson, 김훈 역, 『고대의 배와 항해이야기』, p.92 ; 김재근, 『배의 역사』, p.53.

7) Casson, 『고대의 배와 항해이야기』, p.206.

의 크기는 일정하지 않았다. 이를테면 어떤 것은 19~20litre 짜리의 것도 있고, 어떤 것은 26litre 짜리의 것도 있었다. 게다가 항아리의 자체 무게만도 26litre 짜리의 경우 17~18kg이나 나가는 것으로 추산되고 있다.[8]

2. 북유럽의 last

포도주 운송 무역에서 톤이라는 용어가 유래되었다는 것은 널리 알려진 일이다. 톤의 역사적 유래와 변천에 대해서는 뒤에서 상세하게 다룰 것이므로 여기에서는 북유럽에서 사용된 배의 크기 단위에 대해 살펴보기로 한다. 유럽에서 포도주 외에 널리 해상으로 운송된 화물은 곡물이었다. 곡물의 양으로 배의 크기를 나타낸 것은 주로 북유럽이었다. 한자동맹 도시에서는 곡물 단위인 last가 널리 이용되었다. 처음에는 '4마리 말이 끄는 마차나 2마리 말이 끄는 마차 2대에 실려 운송될 수 있는 무게'였던 last는 각 항구마다 용법이 다양했다.[9] 이를테면 단찌히Dantzig에서는 'last of rye'(3.105m³, 2257kg)가 배의 크기를 나타내는 데 이용되었고, 17세기 함부르크에서는 'grain last'(3.159m³, 111.5fit³)가 일반적으로 이용되고 있었지만, 배의 크기를 나타내기 위해 'Schiffslast'(2000Hamburgpounds, 1935kg, 4266.9Eng. lbs)라는 특별한 단위가 사용되었다.[10] 'Lubeck last'는 12세기에 약 4480 또는 4800lbs였다. 중세 한자동맹 도시들이 배의 크기를 last로 표시하였다는 사실은 여러 법률을 통해 확인할 수 있다. 1358년에 공표된 한자동맹의 법에 따르면, 도르트레흐트Dordrecht 근처의 뫼즈Meuse까지 올라가는 해항선에 세금을 부과하는 기준을 60herring last 이상과 그 이하로 나누었다.[11] 그리고 한자동맹 참사회Council of League가 1412년 배에 과적하는 것을 방지하기 위해 공포한 법에는 "청어 100last(1400barrel) 이상을 실을

---

8) Lane, "Tonnage, Medieval and Modern," p.218.

9) Driel, *Tonnage Measurement*, p.22.

10) Lane, "Tonnage, Medieval and Modern," p.224

11) Driel, *Tonnage Measurement*, p.23.

수 있거나, 만재흘수가 6Lubeck ells[12]를 초과하는 배를 지을 수 없으며, 건조감독관은 배를 진수하기 전에 배가 법규에 맞게 건조되었다는 사실을 증명하기 위해 도시의 문장紋章을 배에 새겨야 한다"고 규정하고 있었다.[13]

네덜란드도 여러 가지 화물의 양을 기준으로 배의 크기를 나타냈다. 암스테르담에서는 단찌히 곡물 단위인 'Kornlast'를 사용하여 곡물량을 나타냈지만, 배의 크기는 Schiffslasten(2000Amsterdam pounds, 1976kg, 4356.3lbs)을 사용하였다. 그런데 단찌히의 Kornlast는 부피 단위였던 데 반해, 암스테르담의 Schiffslasten은 배가 실어 나를 수 있는 무게를 나타냈다. 대체적으로 말하면 한자동맹과 네덜란드의 Schiffslast는 약 4480lbs(2032kg)와 같고, Kornlast는 17세기에 부피 단위가 되어 약 112ft³(3.2m³)로 고정되었다.[14] 네덜란드에서도 배의 크기에 따라 세금을 징수하였다. 이를테면 1507년 암스테르담과 그 인근 지역에서 시행되었던 lastage 징수에 관한 법에 따르면, 노르웨이에서 오는 배는 배의 lastage에 따라 세금이 징수되었던 반면, 그 외의 배는 운송되는 화물에 따라 징수되었다. 세금은 70lasts 이하의 배는 10Dutch shilling, 70lasts 이상은 15shilling이었다.[15]

네덜란드에서는 last 이외에 'var'란 단위가 사용되기도 했는데, 이는 네덜란드어 'voer'에서 유래한 것으로, 그 의미는 cart load(마차에 실은 짐)를 뜻했다. var는 이미 1188년 뤼벡에 부여된 황제의 특허장Imperial Charter에서도 사용된 바 있다. 그밖에 vas나 vat라는 단위도 사용되었다. 이 단위는 프랑스 포도주 운송과 관련되어 있었는데, 암스테르담 vat는 931.34litres(4232gallon)를 담을 수 있었다. 16세기에는 Brouge(또는 Bruges)나 Zent라는 단위도 사용되었는데, 이는 프랑스 서해안의 소금을 운송하는 것과 관련되어 있었다. 브루아주Brouage는 프랑스의 로쉐르Rochert 부근의 항구로 중세 때 소금을 많이 수출하는 곳으로 유명했는데, 1brouage는

---

12) 1ell=약 45inch, 6ells=270inch=6.85m

13) Fayle, 『서양해운사』, p.122.

14) Lane, "Tonnage, Medieval and Modern," pp.224~225.

15) Driel, *Tonnage Measurement*, p.25.

약 1/6ton보다 약간 많았다.[16)]

덴마크에서도 last를 사용하였다. 덴마크의 헬싱괴르[Helsingør]에서는 해협을 지나는 배와, 그 해안에서 하부르크[Harburg]의 서쪽 또는 남쪽으로 가는 배들은 통행세를 납부해야 했는데, 통행세 징수 기준은 30lasts 이하, 30~100lasts, 100lasts 이상의 대형선으로 배의 크기를 구분하였다.[17)]

3. 남유럽의 cantara, milliaria, ster, carra, botte, tonelada

라틴 유럽에서는 배의 크기를 나타내는 데 자체의 고유한 단위를 사용하였다. 제노바에서는 14세기에 중량화물이 중요했으므로 무게 단위인 cantar 또는 cantara가 사용되었는데,[18)] 이는 47.6kg(105lbs)에 상당한다. 베네치아에서는 13세기에 무게 단위인 milliaria(단수형 milliarium)가 사용되었으나,[19)] 14세기가 경과하는 동안 경량화물의 중요성이 더 커졌기 때문에 14세기 말에 승무원·무장·세금·용선과 관련한 법에서는 부피 단위인 botte(또는 botta)가 사용되었다. 레인은 베네치아의 botta를 포도주 통 자체의 무게로 약 8%를 포함하여 무게는 총 640kg(1411lbs, 63long ton), 부피는 약 900litres($0.9m^3$, $31.8ft^3$)로 추산하였다.[20)]

베네치아에서는 'ster'(복수형 stera 또는 staia)가 배의 크기를 나타내는 데 자주 이용되었다. 베네치아인들은 밀 1ster를 132litres(138.6Eng. lbs, 62.9kg)로 계산했는데, 배의 크기를 나타낼 때 1ster는 botta의 1/10으로 간주되었다. 10stera가 1botta와 같은 무게나 같은 부피, 또는 둘 다를 의미할

---

16) Driel, *Tonnage Measurement*, pp.16, 22, 30.

17) Driel, *Tonnage Measurement*, p.25.

18) Fayle, 『서양해운사』, p.99.

19) 중세 베네치아 법은 배의 크기에 따라 선원의 수를 명확하게 규정해 놓고 있었다. 200milliaria급의 배는 군인과 요리사를 제외하고 선원 20명을 승선시켜야 했고, 200milliaria 이상의 배들은 10milliaria 마다 선원 한 사람을 추가로 승선시켜야 했다. Fayle, 『서양해운사』, pp.95~96.

20) Lane, "Tonnage, Medieval and Modern," pp.222~223.

수 있었다.[21] 라구사Ragusa와 나폴리에서는 carra 또는 carro가 사용되었다. 이 말은 스페인에서 기원한 둔중한 선형의 배로 네덜란드인들이 오랫동안 사용한 caraques나 kraack 같은 낱말에 그 흔적이 남아 있다.[22]

　스페인에서도 포도주 통으로 배의 크기를 나타냈는데, 이때 사용된 단위가 'tonelada'였다. 16세기 초 tonelada는 세빌랴에서는 1.4m³(49.4cubic ft), 비스케이만 연안에서는 1.7m³(60cubic ft)였다.[23] 스페인은 배의 크기를 일정한 수치로 나타내려고 시도한 최초의 나라였다. 1590년 공포된 스페인의 법률에는 배의 크기를 tonelada 단위로 표시하도록 규정하였는데, 이것이 스페인의 old registered tonnage로 알려진 것이다. 쇼뉘Pierre Chaunu는 이 수치가 배에 포도주 통 tonelada 몇 개를 실을 수 있을지를 의미하는 것이 아니라, 선수미루를 제외한 상부갑판을 포함한 배의 전체 폐쇄공간의 적재용량을 나타내는 것이라고 보아 오늘날의 등록총톤수gross registered tonnage와 같은 것으로 생각했다. 하지만 드리엘과 레인은 이를 입증할 만한 증거가 없다고 반박하였다.[24] 위에서 살펴본 여러 지역에서 사용된 배의 크기를 나타내는 단위를 미터법과 비교해보면 <표 1-1>과 같다.

〈표 1-1〉 배 단위의 환산

	환산 단위	사용 지역과 시기
1metric ton burden	1deadweight	잉글랜드
	1tonneau de mer	프랑스
	1/2last	북유럽
	1tonelada	1520년 세빌랴
	0.6registered tonelada	1620년 스페인
	2/3carro	라구사, 나폴리
	1.6botte	베네치아
	2milliaria	베네치아
	20cantars	제노바

자료 : Lane, "Tonnage, Medieval and Modern," p.229.

---

21) Lane, "Tonnage, Medieval and Modern," p.223.

22) Driel, *Tonnage Measurement*, p.20.

23) Lane, "Tonnage, Medieval and Modern," p.226.

24) Driel, *Tonnage Measurement*, p.21 ; Lane, "Tonnage, Medieval and Modern," p.227.

II. 동양에서의 배의 크기 단위

유럽 각국은 대부분 북해에서부터 지중해에 이르기까지 바다에 면해 있었기 때문에 중세 전성기 이후 해상운송이 활발하게 전개되었다. 그 결과 각 지역에 따라 해상으로 대량 운송되는 화물이 다양했고, 이는 각 지역마다 배의 크기를 나타내는 고유한 용어를 만들어 사용하는 경향을 초래했다. 이에 비해 동양권에서는 해상으로 대량 운송되는 화물이 주로 쌀이었던 탓에 배의 크기 또한 미량 단위로 나타내게 되었다.

중국에서는 고대 이래 선박의 적화량(부피)을 재는 단위로서 '료料'를 사용하였다. 당대唐代에는 곡斛을 사용하여 쌀의 석石을 계산하였으나, 송대宋代에 료料가 사용되기 시작하여 명대明代까지 이어졌다.『송사宋史』식화지食貨誌에는 "호인胡人들은 300근斤을 1파란婆蘭이라 한다. 선박에서 가장 큰 것을 독장獨檣이라 하며, 1000파란婆蘭을 실을 수 있고, 다음 것은 우두牛頭라고 하며 독장 보다 1/3을 적게 싣는다. 다음 것은 목박木舶 또는 료하料河라고 하며, 우두의 1/3을 싣는다"는 기록이 있다.[25] 이로부터 당송唐宋 시대에 가장 큰 배는 30만 근을 실을 수 있었다는 것을 알 수 있다.[26]

료는 단순히 배의 크기를 나타내는 단위로만 사용된 것이 아니었다. 첸지요陳希育의 연구에 따르면, 료는 네 가지 용법으로 사용되었다.[27]

첫째, 용적 단위로서 료는 배의 용골의 길이·너비·화물창의 깊이를 곱하여 구한 수치이다. 이를테면 배의 총 길이 10장丈, 용골의 길이 7장丈, 너비 1.8장, 깊이 0.85장인 배의 적재량은 7×1.8×0.85=10.7장丈을 척尺으로 환산한 107척을, 1척=10료에 대입하여 얻은 수치 1070료가 된다. 따라서 이 배는 정수만 취한 1000료선料船이 된다.

둘째, 적화중량을 나타내기도 했다. 송대에 사용되었던 적화중량은 (길이

---

25)『二十五史·宋史』上, p.588.

26) 白壽彝,『中國交通史』; 최운봉·강상택 옮김,「隋唐宋 時代的 交通」, p.120.

27) 陳希育,『中國帆船與海外貿易』, pp.38~45 ; 崔云峰,「중국 宋代의 조선기술 및 海船 유형에 관한 연구」, pp.27~29.

×너비×깊이) ÷ 4의 식에 따라 구한 값을 석으로 표시하였다. 여기에서 길이·너비·깊이는 모두 척 단위로 계산하여야 한다. 이를테면, 용골의 길이 7장, 너비 1.8장, 깊이 0.85장을 척으로 환산하면 각각 70척·18척·8.5척이 되는데, 이를 곱하여 4로 나누면 2667.5가 된다. 이 수치에서 정수를 취하면 2600석이 되는데, 이 배를 2600료선料船이라고 했다. 『수운기술사전水運技術辭典』에 따르면, 일반적으로 중국에서는 쌀 100석을 실을 수 있는 배를 백료선百料船, 1000석을 실을 수 있는 배를 천료선千料船이라고 불렀는데, 이는 1료가 곧 1석이었음을 의미한다. 중국에서 1석은 오늘날 120근에 상당한다.28)

셋째, 료는 선박 건조시 사용된 조선물료造船物料를 나타내기도 하였다. 관에서 운영하는 조선소에는 전문직인 도료장都料匠 또는 요인장料人匠을 두어 배에 들어가는 물건의 양을 계산하게 했다. 각 조선소에는 『요례문책料例文冊』을 비치하여 두고 각 선박을 건조하는 데 물료가 얼마나 들어갔는지를 기재하였다. 이를테면 원대 100료 하선河船은 판목板木 223개, 저판底板 24개, 선장船匠의 작업일 106일이 소요되어 건조되었고, 명대 1000료 해선海船은 삼목杉木 302개, 잡목雜木 149개, 동유桐油 3012.8근, 석회 9037.8근이 들었다.

관에서 운영하는 조선소에서 건조한 같은 료급料級의 선박도 척수가 같지 않으며 소요된 물료도 동일하지 않았다. 이를테면 200료 과인순선顆印巡船은 전장全長 5.87장, 선폭 1.2장, 선심船深 0.42장이었지만, 200료 순사선巡沙船은 전장 6.1장, 선폭 1.23장, 선심 0.42장이었다. 그리고 400료 첩풍선鉆風船은 석회 3005근, 동유 1001근, 염마捻蔴 929근이 들었지만, 400료 천선淺船은 석회 600근, 동유 30근, 염마 200근이 들었다. 그 외에 조선소에서는 조선造船에 소요되는 재료의 양量을 계산할 때에도 료料라는 단위를 사용하였는데, "선박의 전장全長, 선심船深, 선폭船幅을 측정하여 계산하였다(丈量通長, 深, 闊丈尺揭算)".29)

---

28) 『水運技術辭典』, p.110.
29) 李昭祥, 『龍江船廠志』 卷1.

넷째, 료는 배를 건조할 때 들어간 비용을 나타내기도 했다. 사료에는 민간공료民間工料, 사료私料, 관료官料 따위의 낱말이 나타나는데, 민간공료와 사료는 민간에서 선박을 건조할 때 들어간 비용을 가리켰고, 관료는 관에서 선박을 건조할 때 들어간 비용을 뜻했다. 이를테면 전장이 5장이고, 선폭이 1.2장인 선박을 건조했을 때 든 비용은 사료로 400여 관貫이 든다. 그러나 관료로 계산하면 그 수치가 작아진다. 왜냐하면 관에서 선박을 건조할 때는 경비가 충분하지 못했을 뿐만 아니라 관에서 규정한 저렴한 가격으로 민간으로부터 재료를 구입하여 건조하였기 때문이다.

민료民料의 계산방법은 수선장水線長에 갑판의 선폭船幅을 곱한 값이며, 관료는 선저船底 장長에 선저의 선폭을 곱한 적이다. 『송회요집고宋會要輯稿』에는 다음과 같은 기록이 있다. "첨저해선 6척을 만들었는데 매척의 갑판甲板 선폭은 3장이고 선저의 선폭은 20척尺으로서 약 2000료이다." 이 수치를 일정한 비례30)에 따라 계산하면 다음과 같은 수치를 구할 수 있다. 즉 갑판甲板 선폭이 3장이고 선저 선폭이 2장인 2000료의 해선은 선장船長이 10장, 수선장水線長 7장, 선저장船底長이 5장이다. 수선장 7장과 갑판 선폭 3장을 곱하면 21장이고 이를 다시 척尺으로 환산하면 210척이 된다. '1척은 10료'라는 수식에 의해 정수整數 200에 10을 곱하면 2000료가 나온다. 이것은 민간료民間料에서 사용한 2000료이다. 관료官料의 계산방법에 의해 선저장 5장丈에 선저 선폭 2장을 곱하면 10장이며 척으로 계산하면 100척이 된다. 이것을 다시 료로 계산하면 1000료가 된다. 이것이 관료이다. 두 개의 수치를 비교하면 관료가 민료의 절반이라는 것을 알 수 있다.

원대의 중국 선박은 3개 등급으로 나뉘어져 있었다. 가장 큰 것은 '진극鎭克 Junk, 중간 크기는 '조曹, Zao', 제3급은 '객극모喀克姆, Kakam'라 했다. 진극에는 1000명이 승선할 수 있었는데, 크기에 따라 다시 '일반一半, Half', '삼지일三之一, Third', '사지일四之一, Quarter' 따위로 나뉘어 불렸다. 그밖에 중국에서는 글자

---

30) 船底長의 1.4배가 水線長이며, 水線長의 1.4배가 船長이고 船長의 1.4배가 全長이다. 甲板 船幅과 船底 船幅의 비는 0.7이다(韓振華, 「論中國船的船料及其計算法則」, p.200).

자체로 배의 크기와 종류를 구분하기도 하였다.[31]

일본의 경우도 쌀 적재량을 기준으로 배의 크기를 나타냈다. 일본에서 배의 크기를 석石으로 나타내도록 법제화한 것은 나라奈良 시대부터였다. 일본의 경우 도량형이 통일된 것은 1669년이었는데, 이 당시 1석을 6.4827입방척으로 정하였다. 하지만 나라 시대의 1석은 이것의 40% 정도밖에 안 되었다. 일본에서 배의 크기 단위로 사용되는 석은 적재량을 표시하는 것이 아니라, 적재중량을 나타내는 것이다. 중량단위로서 쌀 1석은 1669년의 도량형 통일령에 따르면 40관貫(0.15톤)에 상당한다. 따라서 천석적千石積 회선廻船은 쌀 1000석을 실을 수 있는 것이 아니라 쌀 1000석의 중량, 즉 4만 관(150톤)을 실을 수 있을 뿐이다.[32]

일본에서도 석수石數를 일정한 계산식에 따라 측정한 것으로 알려지고 있다. 대략 15세기에 이르기까지는 실제로 쌀을 직접 실어서 계산하였다. 그러다가 15세기에 이르러 용골의 길이, 선폭, 선심船深을 곱한 뒤 일정한 정수로 나누어 적석수積石數를 구하는 근사계산법이 고안되었다는 주장이 있다. 이시이 겐지石井謙治는 그 근거로 1467년 출판된 『무자입명기戊子入明記』에 실제 선적한 화물의 양과는 관계없이 배의 크기를 1000 석 또는 1800 석으로 나타내는 기록이 많이 남아 있다는 사실을 들고 있다. 이 근사계산법은 에도 시대 중기에 이르면 나눗수가 10으로 고정되기에 이르렀는데, 이 계산법을 정간척正間尺 또는 대공간척大工間尺으로 불려져 적석수를 계산하는 표준방식으로 널리 보급되었다. 그러다가 1884년(明治 17년) 7월 1일부터 실행된 선박적량측도규칙船舶積量測度規則에 따라 서양형 선박의 적화량은 100입방척을 1톤으로 하고, 일본형 선박은 10입방척을 1석으로 계산하도록 하였다. 이로써 일본의 석과 톤은 10 대 1로 환산할 수 있게 되었다.[33]

우리나라의 경우 이미 "고려 초에 남도수군南道水郡에 12조창을 설치"하여

---

31) 劉熙, 최운봉·허일 역, 『釋舟摘要(註解)』, pp.145~183.
32) 石井謙治, 『江戸海運と弁才船』, pp.246~247.
33) 石井謙治, 『江戸海運と弁才船』, pp.247~248, 252.

조운漕運을 도입한 이래 조선시대 말까지 이어졌다. 고려조 이래 우리나라에서도 조운선의 크기를 쌀의 석으로 표시하였다. 『고려사』에 따르면, "정종靖宗(재위 1034~1046) 때 12조창의 조선수漕船數를 정하였는데, 해안지대에 있는 10조창에는 1000석을 실을 수 있는 초마선哨馬船 6척을 배치하고, 내륙 하안河岸의 조창에는 200석을 실을 수 있는 평저선平底船을 배치하였다."[34] 조선시대에도 조운선의 크기를 쌀 적재량으로 구분하였다. 성종대에 편찬된 『경국대전經國大典』에 따르면, 조선漕船의 적재량을 1천석 이상, 7백석 이상, 6백석 이상으로 구분하였음을 알 수 있다.[35]

우리나라의 석은 곡류의 단위인 섬(열 말)을 일컫는 것으로서 시기와 지방에 따라 차이가 있었지만, 1910년(隆熙 4) 3월에 공포된 선박적량측도법船舶積量測度法에서는 10입방척을 1석으로 하고, 10석을 1톤으로 규정하였다.[36]

메소포타미아 지역에서는 배의 크기를 나타내는 단위로 kur(7260 litre)가 사용되었다는 기록이 남아 있고, 인도에서는 후추 포대의 수로 부피를 쟀다고 한다.[37]

III. ton의 어원과 변천

흔히 알려져 있는 것처럼, 배의 크기를 정하는 데 포도주 운송무역이 중요한 영향을 끼쳤다. 포도주 무역은 1273년 런던·포츠머스·사우스햄프턴·샌드위치 4개 항구로 수입된 포도주가 8846tuns 이상이었을 정도로 중세 시대에 이미 잉글랜드에서 가장 중요한 무역 가운데 하나였다.[38] 우리가 오늘날 사용하고 있는 ton이라는 용어가 바로 이 포도주를 담는

---

34) 『高麗史』 卷79, 食貨誌2, 漕運條.
35) 한국정신문화연구원 편, 『譯註經國大典』, p.277.
36) 김종길·박경현, 『선박행정의 변천사』, pp.369~370.
37) 김종길·박경현, 『선박행정의 변천사』, p.369.
38) Driel, *Tonnage Measurement*, p.8

포도주 통에서 유래하였다. ton은 고대 영어의 tun에서 기원한 것이다. 옥스퍼드영어사전에 따르면, 본디 큰 술통cask을 뜻하는 낱말이었는데, tonne, toun, tonne, tunne, tun, tunn과 같이 다양한 형태로 사용되었다.39) 그러나 포도주 통 자체tun가 처음부터 배의 크기를 나타내는 단위로 사용된 것이 아니었다. 처음에는 그저 포도주를 담는 용기를 가리키는 데 지나지 않았다.

중세 라틴어에서도 tunna라는 단어가 'barrel'(통)을 뜻하는 낱말로 사용되었지만, 고전 라틴어에서는 전혀 사용되지 않았다. 네덜란드의 조선造船 전문가인 드리엘Driel에 따르면, "중세 라틴어의 tunna는 고전 라틴어에서 '포도주를 실을 배wine-ship'를 뜻하는 'tina'라는 단어가 변형된 것"이다. 중세 영어의 ton은 프랑스어 tonneau와도 그 어원이 같다. 원래 포도주를 가득 채운 목재 나무통barrel을 가리켰던 프랑스어의 tonneau는 "그 크기가 말 두 마리가 끄는 마차 위에 실어 운송할 수 있는 양이었다."40) 그러나 한 가지 염두에 두어야 할 것은 포도주 생산지로 유명한 보르도 지역이 잉글랜드와 프랑스간의 백년전쟁(1337~1453)이 종결될 때까지 잉글랜드의 영토였다는 사실이다. 이를 감안하면 중세 영어 tun과 프랑스어 tonneau는 잉글랜드와 대륙의 잉글랜드령인 보르도 지역간의 포도주 무역에 이용되는 포도주 통을 가리키는 잉글랜드의 두 지방어와 같은 용어였다고 할 수 있다.

12~14세기에 규격이 일정하지 않았던 포도주 통 tun은 점차 규격화되기에 이르렀다. 1423년에 잉글랜드의 헨리 5세 때 252gallon 이하의 tun에 포도주를 싣는 것을 금지하는 법이 발효되었는데(Salisbury, p.51), 252gallon 짜리 tun에 포도주를 가득 채울 경우 대략 2000lbs(약 900kg) 정도 나가게 된다. 곧이어 잉글랜드에서는 tun의 전체 무게를 2240lbs(1016kg)로, 프랑스에서는 2000livres(979kg)로 고정되었고, 여기에다가 tun 자체의 무게로 약

---

39) *OED*, XVIII, p.215.

40) Driel, *Tonnage Measurement*, p.6. 중세 라틴어 tina는 '포도주를 넣는 작은 병'을 뜻한다. *Oxford Latin Dictionary*, p.1942.

8~10%가 추가되었다.[41]

　화물은 무게뿐만 아니라 부피에 따라 배에 실을 수 있는 양이 정해지게 된다. 따라서 잉글랜드에서는 화물 1ton이 운임을 지불하고 차지할 수 있는 부피를 40ft³로 표준화하였는데, 이를 '운임 톤freight ton'이라 하였다. 그러나 40ft³는 2240lbs짜리 포도주 통이 실제로 차지하는 공간의 2/3 내지 4/5에 불과하다. 이에 대해 프랑스에서 운임 톤으로 이용된 '바다 톤tonneau de mer'은 잉글랜드 피트법으로 51ft³(1.44m³)가 되어 포도주 통이 차지하는 실제 부피에 가까웠다.[42]

　중세 잉글랜드 해상무역에서는 'tontight'라는 용어도 사용되었다. tontight는 배의 일반적인 화물 적재능력cargo capacity을 나타낼 필요가 있을 때 사용하는 용어로서, 포도주 통wine tun에 상응하는 짐burden이나 적재화물load을 폭넓게 가리키는 낱말로서 'ton weight'와 동의어로 사용되기도 했다. 일반적으로 배에 tontight를 사용할 경우, 이 낱말은 무게나, 적재능력 또는 양 어느 것으로 나타내건 간에 배가 어떤 물품을 특정한 수만큼의 포도주 tun을 실어 나를 수 있다는 것을 의미했다. 그리고 운임을 나타낼 경우 tun과 tontight는 동일한 의미로 사용되기도 했다. tontight는 또한 이따금 'portage'란 용어와 동의어로 사용되기도 했다. portage는 배의 전체 운송능력ship's total carrying capacity을 나타낼 때 관습적으로 사용되던 용어였는데, 이에 상응하는 프랑스어는 tonnetite였다. 국왕이 용선한 상선 목록을 보면, 배는 'of the portage of x ton'과 같이 표현되어 있고, 1427~1430년 잉글랜드 의회 청원서에서는 portage와 tontight가 동의어로 사용되고 있음을 확인할 수 있다.[43] 따라서 배의 크기를 (1) of x tons burden, (2) of the portage of x tons, (3) of x tontight와 같이 나타낼 수 있었다. 그러나 ton이 배의 적재능력을 나타내는 단위로 널리 사용됨에 따라 portage와 tontight는 점차 사용되지

---

41) Lane, "Tonnage, Medieval and Modern," p.219.

42) 프랑스에서는 1681년에 tonneau de mer의 크기가 42pieds cubes Fr.(50.8cubic ft)으로 고정되었다. Lane, "Tonnage, Medieval and Modern," pp.220, 225.

43) Burwash, *English Merchant Shipping*, pp.92~93.

않게 되었다.[44]

중세 잉글랜드에서는 해상으로 수입되는 포도주와 기타 물품에 대해 세금을 부과하였다. 먼저 prisage라는 것이 있었는데, 이것은 국왕이 공공의 목적을 위해 자신이 정한 가격으로 필요한 물품을 선점하는 것이었다. 홀의 연구에 따르면, 포도주에 대한 prisage는 10tuns, 또는 10~20tuns에 대해 1tun, 20tuns 이상에 대해서는 2tuns을 각각 선점하였는데,[45] 왕이 지불하는 가격은 포도주 시장가격의 대략 절반 수준이었던 것으로 보인다. prisage는 처음에는 내외국인을 막론하고 동일하게 적용되었으나, 1303년 외국인이 수입하는 포도주에 대해서는 tun당 2d.의 수입세를 부과하고 prisage의 적용을 받지 않게 되었다. prisage 이외에도 포도주와 다른 물품에 부과한 세금으로 tunnage라는 것이 있었다. tunnage는 에드워드 3세 (1327~1377) 때부터 의회에 의해 고정되기에 이르렀고, 세관원은 배에 실려 있는 포도주 통(barrel)의 수만 헤아려 10~20tuns 마다 세금을 징수하였다. 10tuns 이하를 싣고 있는 경우에는 세금을 면제하였다. 따라서 사람들은 곧 tunnage를 내는 배와 내지 않는 배를 구분하기 위해 'vessel of 10tons' 또는 'vessel of 20tons'이라는 용법을 사용하기 시작했다. 즉 처음에는 배에 부과하는 일종의 세금이었던 tunnage가 배의 크기를 나타내는 용어로 전환되기에 이르렀던 것이다.[46]

포도주를 담는 용기였던 tun이 배의 크기를 나타내는 용어로 전환되게 된 계기 역시 잉글랜드에서 비롯되었다. 1379년 프랑스 배 한 척이 폭풍우에 떠밀려 스카버러Scarborough로 피항하는 사건이 발생했다. 당시 잉글랜드 국왕이었던 리처드 2세(1377~1399)는 이와 같은 사태의 재발을 막기 위해 함대를 건조할 목적으로 잉글랜드에서 입출항하는 상선에 대해 tun 당 6s.를, 어선에는 일주일에 tun 당 6s.의 세금을 징수하도록 명령하였다.

44) Salisbury, "Early Tonnage Measurement in England," p.42.
45) Hall, *A History of the Custom-Revenue in England*(1885) ; cited by Driel, *Tonnage Measurement*, p.7.
46) Driel, *Tonnage Measurement*, pp.7~8.

드리엘Driel은 "14세기 말 즈음에 tun이란 용어가 배에 실은 포도주 통이 아니라 배의 크기를 나타내는 용어로 사용되기 시작했음이 분명하다"고 밝히고 있다.47)

그러나 옥스퍼드영어사전에 따르면, 문서의 기록을 기준으로 할 경우 ton이 배의 크기를 나타내는 단위로 명확하게 사용된 것은 잉글랜드의 경우 대략 1509~1530년 즈음이었다. 16~17세기에 tun이라는 표기와 함께 쓰이던 ton은 1688년 경 낱말의 뜻이 분화되어 tonne은 포도주 통과 액량 단위liquid measure로, ton은 단위 또는 무게 단위로 정착되었다.48)

이상에서 살펴본 바와 같이, 배의 크기는 각 지역과 시대에 따라 해상으로 운송되는 주된 화물이 무엇이냐를 기준으로 나타내는 것이 일반적이었다. 잉글랜드와 프랑스를 중심으로 한 서유럽에서는 포도주가 주요 화물이었으므로 포도주 통을 가리키는 ton이 배의 크기 척도로 사용되었고, 북유럽에서는 곡물 단위인 last가 사용되었으며, 남유럽에서는 지역에 따라 milliaria, carro, cantar, botte, tonelada와 같은 다양한 단위가 이용되었다.

이에 대해 극동에서는 쌀이 가장 중요한 화물이었으므로 쌀의 단위인 석石이 배의 크기를 나타내는 단위로서 널리 이용되었다. 특히 중국에서는 료料라는 단위로써 적재량, 중량, 건조비, 조선에 들어간 물자의 양 따위를 나타내기도 하였지만, 특수한 용법으로 사용되는 데 불과했다.

이렇듯 지역과 시대에 따라 다양하게 쓰였던 배의 크기 척도는 1854년 무어슴 방식에 의한 선박측정법이 잉글랜드에서 법제화되고, 이것이 세계 여러 나라로 전파됨으로써 톤이 배의 크기를 나타내는 단위로서 자리 잡기에 이르렀다.49)

---

47) Driel, *Tonnage Measurement*, p.8.
48) *OED*, p.216.
49) 미국 1865년, 프랑스·독일·이탈리아 1873년, 스페인 1874년, 네덜란드 1875년, 일본 1884년, 스웨덴과 노르웨이 1893년, 덴마크 1889년 순으로 Moorsom 방식이 채택되었다. Driel, *Tonnage Measurement*, pp.20, 21, 29, 47, Chapt. VI.

제2장
선박톤수 측정법의 역사적 변천

배의 크기가 얼마인가에 관심을 갖고 있는 당사자는 크게 세 부류로 나누어 생각해 볼 수 있다. 첫째는 배를 소유하고 운항하는 선주이다. 선주는 운임 수입과 세금 납부 두 가지 면을 동시에 고려해야 했기 때문에 배의 크기에 가장 큰 관심을 가진 이해당사자였다. 둘째는 배에 화물을 실어 운송해야 하는 화주이다. 화주는 배에 실려 있는 자기 화물의 양이 정확히 얼마인가를 확인하고, 그에 대해 운임을 얼마나 지불해야 하는지를 알아야 했기 때문에 역시 배의 크기에 관심을 가질 수밖에 없었다. 마지막으로 정부는 세금을 징수하기 위해 배의 크기에 관심을 가졌다. 이 가운데 배의 톤수에 대해 가장 큰 이해관계를 가진 당사자는 역시 선주였다. 따라서 선주들은 용선료나 운임은 실제 화물을 실을 수 있는 재화 톤수deadweight, cargo capacity로 받고, 세금을 내는 기준이 되는 등록 톤수는 법에 규정된 측정 톤수보다 적게 신고하는 경향이 있다. 이 같은 경향은 1854년 무어슴 방식이 도입될 때까지 지속되었다.

I. 무어슴 방식 도입 이전의 선박톤수

중세 유럽 각국에서 포도주 통이나 곡물량으로 배의 크기를 나타냈지만, 문제는 각국에서 사용되는 포도주 통이나 곡물을 담는 마대의 단위가 일정하지 않았다는 데 있었다(<표 2-1> 참조). 이러한 상황에서 선주들이 배에 부과되는 세금을 적게 내고, 다른 한편 배의 운임을 많이 받으려고 시도하는 것은 너무나 당연했다. 이는 결국 정부에 세금을 내는 것과 관련해서는 배의 크기를 적게 나타내고, 용선료를 많이 받기 위해서는 배의 크기를 크게 나타내려는 움직임으로 표출되었다. 영국에서 선박등록제가 실시된 1786년 이후에는 영국적 선박의 톤수를 모두 확인할 수 있다. 하지만 이 이전에도 징발할 수 있는 상선에 관한 보고서를 기록한 추밀원Privy Council 문서, 조선장려금 지불대장인 재무성 증서Exchequer Warrant, 세관 자료, 사문서 등에 단편적으로 배의 톤수가 기록되어 있다. 이들 자료들을 보면, 1854년 무어슴 방식에 의한 톤수 측정법이 확립되기 이전 영국에서는 같은 배에 대해 세 가지 상이한 톤수가 사용되고 있었음을 확인할 수 있다. 아래에서는 이에 대한 몇 가지 사례를 제시해 볼 것이다.

<표 2-1> tun과 last의 무게와 부피

	잉글랜드 tun		프랑스 tonneau de mer	
	무게	부피	무게	부피
포도주 통	2240lbs(1016kg)	40cubic ft	2000livres(979kg)	51cubic ft
	단찌히 last		암스테르담 Schiffslasten	
곡물량	2257kg	3.105m³	1976kg	4356.3lbs

자료 : 김성준 외, 「배의 크기단위에 관한 역사지리학적 연구」, pp.340~341.

1459년 보르도에서 포도주를 선적하던 마가릿 오브 오웰Margaret of Orwell 호가 안전통항safe-conduct을 준수하지 않았다는 이유로 억류되었다. 이 배의 안전통항증에는 이 배에 400톤까지만 실을 수 있도록 허용되어 있었는데, 실제는 600~700톤까지 실을 수 있었기 때문이다. 이 배의 지분 절반을 소유하고 있던 공동 선주 윌리엄 발드리William Baldry는 배의 크기가 안전통항증에 기록된 것보다 더 크다는 사실을 인정하면서도 처녀항해여서 배의 크기가 얼마인지 몰랐기 때문에 그랬던 것이지 항만 관리들을 속일 의도는 없었다고 탄원하였다. 그의 탄원은 받아들여졌다.[1]

영국 해군Royal Navy의 초석을 만든 이는 헨리 8세(1509~1547)였다. 헨리 8세는 부왕인 헨리 7세로부터 왕실 소유선 6척을 물려받아 이를 항구적인 왕실 해군으로 발전시키고, 이를 유지하기 위해 1545년에 해군위원회Council of the Marine or Admiralty라는 행정조직을 신설하였으며, 해군 전용 조선소를 운용하였다.[2] 헨리 8세의 명령에 따라 울위치 해군 조선소에서 건조된 그레이트 해리Great Harry or Henry Grace à Dieu 호는 사료에 따라 1000톤과 1500톤으로 기록되어 있다.[3]

잉글랜드에서 선박의 톤수 측정법이 처음으로 수식으로 제시된 것은 1582년이었다. 엘리자베스 여왕(1558~1603)은 통치 후반기에 조선을 장려하기 위해 조선장려금을 지원하였다. 1592년에서 1595년까지 4년 동안 48척에 대해 조선장려금이 지불되었고, 1596년 9월에서 1597년 9월 사이에 300톤 또는 400톤급 8척과 200톤에서 300톤 사이의 32척을 포함하여 적어도 57척에게 조선장려금이 지불되었다.[4]

조선장려금은 배의 톤수에 따라 지급되었지만, 이 당시 톤수는 대략 추산하는 데 지나지 않았다. 이 당시 배의 톤수는 두 가지로 나타냈다. 하나는 '화물의 적재량burden'으로 재는 것이었고, 다른 하나는 '중량톤deadweight of ton'으로 재는 것이었다. 보르도산 포도주 통을 계산하는 데는 보통 '화물의 적재량'이 사용되었고, 중량화물에 대해서는 '중량톤'을 사용하는 것이 더 정확했는데, 중량톤은 대략 적재량에 1/3을 더하면 되었다. 1582년 엘리자베스 시대의 일급 조선기사였던 베이커Mathew Baker는 배의

1) Burwash, *English Merchant Shipping*, 1460~1540, p.90.
2) Davies, "Administration of the Royal Navy," pp.268~286.
3) Driel, *Tonnage Measurement*, p.8.
4) Fayle, 『서양해운사』, pp.188~189.

적재량과 중량톤을 다음과 같은 식에 따라 측정하는 법을 제시하였다. 당시의 사료에 나타난 전함 2척의 톤수를 비교해보면 당시 일반적으로 통용되던 톤수와 베이커가 제시한 식에 따라 계산한 톤수가 상당한 차이가 있음을 확인할 수 있다(<표 2-2> 참조).[5]

$$\text{Baker's tonnage} = \left[\frac{K \times B \times D}{97} = A \right] + A\frac{1}{3} \cdots ①$$

(K=length of Keel, B=length of Beam, D=Depth, A=burden in cask of oil or wine)

〈표 2-2〉 엘리자베스 치세기 전함의 톤수(단위 : ft, ton)

	관습적 톤수*					Baker식 톤수**				
	Keel	Beam	Depth of Hold	Burden	Ton & Tonnage	Keel	Breadth at midship	Depth from breadth	Burden in cask	Deadweight tonnage
Golden Lion	100	32	14	448	560	102	32	12	403	537
Elizabeth Jonas	100	38	18	684	855	100	40	18	740	986⅔

자료 * *State Papers*, Domestic, cclxxxvi, 36 and Add. MSS., 9336, f.10.
** *State Papers, Domestic*, clii, 19.

영국 해양사에서 오랫동안 풀리지 않은 수수께끼 중의 하나는 1580년 영국인으로서 처음으로 세계를 일주한 드레이크Sir Francis Drake(1540?~96)의 펠리컨Pelican 호(항해 도중 골든 하인드Golden Hind 호로 개명)의 톤수가 얼마인가 하는 것이었다. 현재까지 확인할 수 있는 자료에만도 펠리컨 호의 크기는 네 가지가 나타나고 있다. 드레이크의 『세계 주항기』The World Encompassed(1628)에는 100톤,[6] 리처드 해클류트Richard Hakluyt(1553~1616)가 편집한 『항해교통·발견기』The Principal Voyages Traffiques & Discoveries(1589~1600)에는 120톤, 정부문

---

5) <표 2-2>는 Oppenheim, *History of the Administration*, pp.124, 132의 표를 정리한 것이다.

6) Annon., *The World Encompassed and Analogous Contemporary Documents concerning Sir Francis Drake*(1628), p.xxv.

서*State Papers*(1577)에는 150톤,[7] 스페인인이 쓴 서한에는 약 400톤으로 각각 기록되어 있다.[8] 내쉬는 이를 다음과 같이 설명하였다.

먼저 펠리컨 호를 지었을 개연성이 가장 큰 조선소로 데프트포드 선거를 꼽고, 그 선거의 크기인 길이 75ft 너비 24ft 이내에서 배를 건조하였을 것으로 추정하였다. 1582년 이전에 잉글랜드에서는 배의 크기를 다양한 방식으로 나타냈고, 톤수를 측정하는 특정한 공식이 없었다. 1577년 출항 당시 펠리컨 호의 크기는 150톤으로 정부 문서에 기록되었는데, 이 정부문서는 말하자면 용선계약서라고 할 수 있다. 이에 따르면 선주는 톤당 5s.을 받는 것으로 되어 있었기 때문에 가능한 한 배의 크기를 크게 표시하는 것이 유리했다. 내쉬는 당시 일반적으로 쓰였던 배의 톤수 계산식에 따라 펠리칸 호의 톤수는 150.71톤으로 계산되었다(②식).

$$\left[\frac{K \times B \times D}{100} = A \right] + A\frac{1}{3} = \frac{47 \times 18.5 \times 13}{100} + 113.035 \ \text{x} \ \frac{1}{3} = 150.71 \cdots ②$$

(K=keel, B=beam + planking 6 inch, D=Draught of Water, English ft)

드레이크가 세계를 일주하고 돌아온 뒤 거의 50여 년이 흐른 뒤인 1628년에 출판된 『세계 주항기』에 기록된 100톤이란 수치는 ③식으로 계산해 낼 수 있다.

$$\left[\frac{K \times B \times Dh}{100} = B \right] + B\frac{1}{4} = \frac{47 \times 18 \times 9.5}{100} + 80.37 \ \text{x} \ \frac{1}{4} = 100.46 \cdots ③$$

(K=keel, B=Beam inside planking, Dh=Depth of Hold)

해클류트가 언급한 120톤은 위의 ②식에서 A(1÷3)를 뺀 것이다. 이렇게 해서 계산한 톤수가 적재 톤수[burden in tons]가 된다.

---

7) *State Papers*, Domestic CXXXVI, 35.

8) Naish, "Mystery of the Tonnage and Dimensions of the Pelican-Golden Hind," p.42.

$$\frac{K \times B \times D}{100} = \frac{47 \times 18.5 \times 13}{100} = 120.25\cdots④$$

마지막으로 자라테Don Francisco de Zarate가 뉴 스페인의 총독 엔리케즈Don Martin Enriquez에게 보낸 서한에 언급된 약 400톤이란 톤수는 드레이크가 스페인령 아메리카 대륙의 태평양 서해안을 약탈한 행위에 대해 변명하기 위해 골든 하인드 호의 실제 크기보다 다소 과장한 것으로 볼 수 있다. 이와 같은 논증 끝에 내쉬는 "펠리컨 호의 크기가 여러 가지로 나타나게 된 것은 제원이 같은 한 척의 배를 다른 방식으로 톤수를 계산한 데 따른 것"이라고 결론지었다.[9)]

이미 앞에서 1582년 베이커가 용골의 길이, 너비, 깊이를 이용하여 배의 톤수를 계산하는 식을 제시하였다는 사실에 대해서는 논급하였다. 그러나 용골의 길이를 측정할 때 부주副柱, false-post를 포함할 것인가 제외할 것인가 ; 배의 중앙의 너비를 잴 때 외판 판재의 안쪽을 잴 것인가 바깥쪽을 잴 것인가 ; 깊이는 화물창 내의 깊이인가 아니면 흘수선까지의 깊이인가가 불확실했고, 이에 대해 의견이 분분했다. 결국 찰스 1세 치세기인 1626년에 야 조선 전문가들이 세 가지 방식의 톤수를 인정했다. 이에 따라 입스위치 선적의 어드벤쳐Adventure 호의 톤수는 224·277·294톤으로 각각 측정되었고, 321톤이라는 계산까지 나오기도 했다. 이러한 상황에서 왕실 소유선 조차도 포획상금을 분배받을 때는 톤수가 크게 달라졌다는 사실은 전혀 놀라운 일이 아니다. 이를테면 포어사이트Foresight 호는 300톤급이었지만, 다른 사나포선과 공동으로 대형 캐랙선 한 척을 나포하였을 때 지분 소유자인 엘리자베스 여왕은 450톤으로 계산하여 포획 분배금을 받았다.[10)]

잉글랜드에서 선박톤수 측정법이 법제화된 것은 윌리엄 3세William III(1689~1702)와 메리 2세Mary II(1689~1694) 공동통치기인 1694년이었

---

9) 이상 Naish, "Pelican-Golden Hind," pp.42~45. *Golden Hind* 호는 1662년에 해체되었다.
10) Fayle, 『서양해운사』, p.190 각주 6).

다.[11] 1694년 톤수측정법(⑧식)은 이후 1695년·1709년·1716년·1738년· 1744년에 일부 개정되어 1773년에 대폭 수정될 때까지 각종 공식 문서에 등록 톤수로 사용되었다. 1694년부터 1773년까지 사용된 등록 톤수는 1786 년 선박등록법이 도입된 이후 사용된 등록톤수와 구별하기 위해 '옛 등록톤 수old registered tonnage'라고 부르기도 한다.[12] 1767~74년까지 북 아메리카의 수출입감독관Inspector General of Imports and Exports과 선박등록관Register of Shipping을 역임한 토마스 어빙Thomas Irving은 '톤수를 측정하여 등록한 톤수와 실제 업계에서 통용되는 톤수와 일치해야 하지만, 선주들이 1695년 톤수측정법 으로 계산한 수치의 2/3를 등록 톤수로 신고했다'고 생각했다.[13]

영국에서는 1786년 선박등록법에서 '영국GB에 속한 15톤 이상 또는 갑판이 있는 모든 선박을 등록'하도록 법정하였다. 이 법에 따라 영국의 선주들이 무역성에 등록한 톤수를 '등록톤수registered tonnage'라고 했다.[14] 하지만 이 법에서는 배의 톤수를 "현재 법에 명시된 규칙에 따라according to the Rule now by Law prescribed"[15] 등록하도록 규정하고 있었을 따름이다. 따라서 당시 시행되고 있었던 1773년 톤수측정법에 따라 측정한 톤수를 등록하는 것이 당연했지만, 선주들은 세금을 적게 내기 위하여 측정 톤수 보다 작게 등록하는 것이 일반적이었다.

톤수 문제가 이것으로 끝난다고 생각하면 오산이다. 당시 선주들은 용선 료나 운임을 계산할 때 측정 톤수나 등록 톤수가 아니라, 실제 화물을 실을 수 있는 재화 톤수tons burden, deadweight tonnage를 기준으로 했다. 일반적으로 재화 톤수가 등록 톤수나 측정 톤수에 비해 컸을 것으로 생각할 수 있다.

---

11) 5 & 6 William & Mary, c.20, viii. An Act for Granting to their Majesties several Rates and Duties upon Tonnage of Ships and Vessels.

12) Lane, "Tonnage, Medieval and Modern," p.217.

13) cited by McCusker, "Notes : Colonial Tonnages Measurements," p.86.

14) 선박등록부는 현재 BT 107로 분류되어 런던의 공문서보관서(PRO에 소장되어 있다.

15) 26 Geo. III, c.60, article XIV ; 법의 全文은 김성준, 『영국 해운업에서의 전문선주의 대두와 경영성과 1770~1815』, 부록 F 참조.

데이비스R. Davis(1919~79)는 "17세기 잉글랜드 건조선의 경우 대부분 재화 톤수가 측정 톤수의 3/4정도였다고 일반적으로 생각하지만, 1700년에 이르면 두 톤수는 거의 비슷해졌고, 1775년까지는 대부분의 상선들은 측정 톤수보다 많이 운송하게 되었다"고 주장했다.[16]

<표 2-3> 등록 톤수·측정 톤수·적재 톤수 비교

	McCusker			Walton		Ville		
	Mary	Black Prince	비율	Seahorse	Burwell	101~200톤 (18척)	201~300톤 (31척)	301~400톤 (19척)
	1740	1774		1725~1726		1780~1830		
등록톤수	100	200	2	100	200	1	1	1
측정톤수	143	300	3	137	350	-	-	-
적재톤수	-	-	4	-	-	43%	48%	46%

주 : McCusker와 Walton의 자료는 톤수이고, Ville의 자료는 백분율로 표시한 것이다.
자료 1. McCusker, "Colonial Tonnages Measurements," p.89 Table 1 ; "Tonnage of Ships engaged in Colonial Trade," p.91.
2. Walton, "Tonnage Measurement : Comment," p.394 Table 1.
3. Ville, "Problem of Tonnage Measurement," p.77 Table 1.

이는 맥커스커, 프렌치, 월튼, 비일의 연구를 통해 확인된 바 있다. 맥커스커는 18세기 필라델피아·버지니아·서인도 제도의 영국 식민지 무역에 종사하는 상선 163척을 조사하여 등록 톤수가 측정 톤수 보다 적게는 30%에서 많게는 50%, 평균 35% 정도 작았다는 사실을 밝혀냈다. 그는 또 1729~1774년 사이에 식민지 무역에 종사한 상선 17척의 사례를 분석하여 재화 톤수가 등록 톤수에 비해 평균 106톤이 컸음도 확인했다.[17] 월튼은 영국령 아메리카 식민지였던 버지니아에서 출항한 90척의 배를 분석하여 등록 톤수가 측정 톤수 보다 평균 37.4% 작았다고 계산하였으며,[18] 프렌치는 등록 톤수가 측정 톤수 보다 34% 정도 작았다고 추산하였다.[19] 한편,

---

16) Davis, *The Rise of the English Shipping* p.372.
17) McCusker, "Colonial Tonnages Measurements, pp.82~91 ; "Tonnage of Ships Engaged," pp.73~105.
18) Walton, "Colonial Tonnage Measurement," pp.393~397.

비일은 런던의 선주인 마이클 헨리 앤 썬의 문서를 분석하여 실제 선박 운항능력을 나타내는 화물 톤수cargo capacity가 등록 톤수 보다 대략 40% 정도 컸다는 사실을 밝혀냈다.[20] 맥커스커의 분석에 따르면, 18세기 잉글랜드 상선의 등록 톤수와 측정 톤수, 그리고 재화 톤수의 비율은 대략 2：3：4 정도였다.[21]

II. 영국 범선의 톤수 측정법의 변천

영국에서 일정한 수식에 따라 선박의 톤수를 측정하기 시작한 것은 앞서 언급한 것처럼 1582년이었다. 이후 조선 전문가들은 해운업계에서 관용적으로 사용되던 배의 톤수에 근접한 톤수를 계산해내기 위해 지속적으로 새로운 톤수측정식을 개발하려고 시도하였다. 영국 왕실에서 왕실용 선박을 건조하거나, 왕실용으로 사용할 선박을 용선하고자 할 때 배의 톤수를 측정하는 방법을 처음으로 정식화 한 것은 1628년이었다.[22] 1628년 5월 26일 추밀원은 선박의 톤수를 측정하는 방법을 추밀원령Order in Council으로 공포하였다.[23] 여기에서는 두 가지 방식의 톤수를 정의하였는데, 하나는 용골의 길이, 외판 안쪽의 최대 너비, 깊이를 곱하여 100으로 나눈 수치를 tons이라 하였고, 여기다가 1/3tons을 더한 값을 tons and tonnage라 하였다.

$$1628년 \ Tonnage = \left[\frac{K \times B \times D}{100} = A \right] + A\frac{1}{3} \cdots ⑤$$

(K=length of keel, without false post, B=greatest breadth within plank, D=depth perpendicular from the said breadth to upper edge of keel, A=tons)

---

19) French, "18th Century Tonnage Measurements," pp.433~443 ; cited by Ville, "Problem of Tonnage Measurement," pp.80~81 footnote 35.

20) Ville, "Problem of Tonnage Measurement," p.79.

21) McCusker, "Tonnage of Ships engaged in Colonial Trade," p.91.

22) Salisbury, "Rules for Ships Built for, and Hired by, The Navy," p.173.

23) Salisbury, "Early Tonnage Measurement," p.51 Appendix 8.

영국 해군의 몬순^{Sir William Monson}(1568~1643) 제독이 편집한 *Naval Tracts*라는 책에 조선공들이 사용하던 톤수 계산법(⑥식)이 소개되어 있는데, 이것이 'old carpenter's rule'로 알려진 방법이다.[24] 그의 책자는 요약본 형태로 1682년에 처음으로 출판되었고, 완본은 1704년에야 출판되었지만, 몬순 제독이 사망한 1643년 이전에 수고본을 완성했을 것임에 틀림없다.[25]

$$\text{Monson's tonnage} = \frac{K \times B \times D}{100} \cdots ⑥$$

(K=length of keel, B=length of Beam, D=Depth)

몬순 식을 <표 2-2>의 골든 라이언^{Golden Lion} 호(K=102ft, B=32ft, D=12ft)에 적용해보면 392톤이 되는데, 이는 베이커의 측정법으로 계산한 적재량 ^{Burden in ton} 보다 10톤, 중량톤^{deadweight tonnage} 보다는 145톤이 작게 된다. 따라서 영국 해군이나 동인도회사가 배를 용선할 때는 베이커 식보다 톤수가 작게 계산되는 몬순 식에 따라 배의 톤수를 결정했다.

그러나 용골의 길이·너비·깊이를 측정하는 정확한 기준이 없어 논란이 일어날 소지가 다분했다. 세관 당국도 해군이 제시한 식으로 배의 크기를 재는 데 반대하지 않았다. 하지만 배의 치수를 잴 때 갑판 위의 길이와 너비를 재는 데는 어려움이 없지만, 배에 짐이 실려 있을 때 용골의 길이와 깊이를 재는 데 어려움을 겪을 수밖에 없었다. 이 문제를 해결하기 위해 너비의 절반을 깊이로 계산하는 편법이 등장하였다. 이에 영국 해군에서는 1677년에 ⑦식을 만들어냈다.[26] 이 식은 1773년 법에 다시 채택되었다.

$$1677년 \cdot 1773년 \text{ tonnage} = \frac{(L - 3/5B) \times B \times 1/2B}{94} \cdots ⑦$$

(L=main stem post의 뒤에서부터 bowsprit 아래 main stem 앞부분에서 perpendicular line까지 용골의 rabbet을 따라 직선으로 잰 용골의 길이, B=너비가 가장 넓은 곳의 외판의 바깥 면을 잰 배의 너비)

---

24) Driel, *Tonnage Measurement*, p.51 Appendix 8.

25) *New Britannica Encyclopaedia*, p.271.

26) Lane, "Tonnages, Medieval and Modern," p.228.

너비의 절반을 깊이로 추산하는 편법은 조선업계에서도 널리 사용되었다. 1678년에 출판된 *The Compleat Ship-wright*의 저자인 부쉬넬Edmund Bushnell은 런던과 템즈강변의 조선공들이 ⑧식으로 배의 크기를 측정한다고 소개하였다. 조선공들은 용골의 길이, 최대 바깥 너비, 너비의 절반을 곱한 뒤 94나 100으로 나누어 톤수를 계산하였다.[27] 이렇게 측정한 톤수를 '측정 톤수 measured tonnage' 또는 '조선공 톤수shipwright's tonnage'라고 불렀다.[28]

$$\text{Bushnell's tonnage} = \frac{(\text{MOB} \times 1/2\text{B}) \times \text{L}}{94(\text{또는 } 100)} \cdots ⑧$$

(MOB=maximum outer breadth, B=breadth from plank to plank at midship, L=length of keel)

부쉬넬은 조선공 톤수가 화물적재능력을 정확히 나타내는 것은 아니라고 지적하고, 화물적재능력을 측정하기 위해서는 먼저 적재흘수선load water line의 영역을 결정하고, 두 흘수선waterline 사이의 용적capacity을 계산할 것을 제안하였다.[29] 하지만 1694년에 잉글랜드에서 처음으로 선박톤수 측정법이 법제화되었을 때 채택된 것은 부쉬넬 식이 아니라, 몬순 식이었다.[30] 다만 몬순 식을 그대로 답습한 것이 아니라 나눗수를 100에서 94로 바꾼 것만이 다를 뿐이다.

$$\text{1694년 톤수 측정법} = \frac{\text{L} \times \text{B} \times \text{D}}{94} \cdots ⑨$$

(L=length of keel, B=breadth along the longest beam, D=Depth of hold)

여기에서 의문이 드는 것은 나눗수는 어떤 근거에서 나왔는가 하는

---

27) Driel, *Tonnage Measurement*, p.9.

28) Bushnell, *The Compleat Ship-Wright*, 4th ed., London, 1678, p.41 ; cited by McCusker, "Colonial Tonnage Measurement," p.85 footnote 7.

29) Driel, *Tonnage Measurement*, p.10.

30) 5 & 6 William & Mary, c.20, viii. An Act for Granting to their Majesties several Rates and Duties upon Tonnage of Ships and Vessels.

점이다. 이미 앞에서 살펴본 것처럼, 1582년 베이커는 나눗수로 97을, 1640년 대 몬순 제독은 100을, 1678년 부쉬넬은 94를 나눗수로 각각 사용하였다. 잉글랜드 북서해안의 조선소에서는 1800년까지도 95를 나눗수로 사용하던 것으로 알려지고 있다. 솔즈베리의 연구에 따르면, 나눗수는 어떤 특별한 근거에서 나온 숫자가 아니었다. "나눗수는 그 자체로서 어떤 의미가 있는 것이 아니라, 처음에는 관습적으로 사용되고 있던 톤수와 부합되도록 하기 위해 사용되었다가 나중에 법령에 채택되었던 것이다."[31]

1694년 톤수 측정법은 1695년에 깊이 D 대신 1/2B를 사용하는 것으로 수정되었다.[32] 1711년 서더랜드William Sutherland가 펴낸 *The Ship-builders' Assistance*에 따르면,[33] 1770년대까지도 부쉬넬 식이 조선공들 사이에서 널리 이용되고 있었음을 확인할 수 있다. 게다가 조선공들은 1694년 법에 따른 톤수측정법을 사용하면서도 나눗수를 94가 아니라 95를 사용했고, 대포를 장비하는 전함의 경우에는 100을 사용했다. 서더랜드는 부쉬넬 식뿐만 아니라, 위와 같은 조선공들의 톤수 측정법도 비판하였지만,[34] 1695년 식 톤수 측정법은 1709년·1716년·1738년·1744년 법에도 그대로 채택되었다.[35]

$$1695년\ 톤수\ 측정법 = \frac{L \times B \times \frac{1}{2}B}{94} \cdots ⑩$$

1773년 조지 3세 치하에서 모든 상선의 톤수 측정을 강제하는 법안이 제정되었다.[36] 1773년 법에서는 1677년 해군에서 도입했던 톤수 측정법(⑦

---

31) Salisbury, "Answers : Tonnages, Divisor of 94," p.84.

32) 6 & 7 William & Mary, c.12, ix. An Act…for ascertaining the Admeasurement of the Tunnage of Ships.

33) William Sutherland, *The Ship-builder's Assistance*, London, 1711.

34) Driel, *Tonnage Measurement*, p.12.

35) 8 Anne c.8, iv ; 6 Geo. I, c.21, xxxiii ; 11 Geo. II, c.32 ; 17 Geo. II, c.20.

36) 13 Geo. III, c.74, An Act for the better ascertaining the Tonnage and Burthen of

식)이 그대로 채택되었는데, 이 측정법은 1786년·1819년·1833년에 수정되어 1835년까지 시행되었다. 1773년 톤수측정법은 모든 상선의 톤수 측정에 적용되어 1773년 이후의 선박에 관한 통계 자료는 등록 톤수로 나타나게 되었다.[37] 1773년 식 톤수 측정법은 'Builder's Old Measurement(BOM)'라고 불렸는데, 이 방식으로 측정된 등록 톤수는 중량톤deadweight이나 운임톤freight ton으로 표시되는 실제 운송능력과는 상당히 차이가 나게 되었다.

1773년 법은 배를 건선거에 올리지 않고 배의 길이를 측정하는 데 주된 목적이 있었다. 그러나 이 법에 따라 톤수를 측정할 경우 배의 너비가 배의 크기에 가장 큰 영향을 미치게 된다. 즉 배의 너비가 넓으면 넓을수록 톤수가 크게 된다는 것이다. 이 법이 조선에 미친 영향에 대해 무어슴은 "선주들이 배를 짧고, 넓게, 깊게 건조하는 경향이 있었다"고 보았지만,[38] 대부분의 연구자들은 선주들이 배의 톤수가 크게 표시되어 각종 세금을 많이 부담하게 되는 것을 피하기 위해 배를 지나치게 길고, 깊고, 좁게 만들려는 경향이 있었다고 보고 있다.[39] 어쨌든 BOM식 톤수 측정법은 잉글랜드와 스코틀랜드의 조선업에 치명적인 영향을 미쳤다. 작은 톤수로 더 큰 배를 만들기 위해 배의 깊이가 지속적으로 커져 깊이가 너비의 70% 이상으로 증가했다. 19세기 중반 철범선의 화물창의 깊이는 너비의 61%를 넘지 않았던 것으로 알려지고 있다.[40] 그에 따라 19세기 초반 영국의 배들은 길이가 길고, 너비는 좁고, 화물창은 깊은 볼썽사나운 모양을 하게 되었다. 그 결과 많은 배들이 좌초되었고, 톤수측정법에 대한 불만이 더욱 증가했다.

영국 정부는 톤수측정법을 개정하기 위해 1821년 왕립위원회Royal

Ships and Vessel.

37) Lane, "Tonnages," pp.228~229.

38) Moorsom, *Review of the Laws of Tonnages*, London, 1952(cited by W. Salisbury, "Early Tonnage Measurement in England, Part III. H.M. Customs, and Statutory Rules," p.338.

39) Fayle, "Shipowning and Marine Insurance," p.33 ; Parkinson, "The East India Trade," p.145.

40) Driel, *Tonnage Measurement*, p.13.

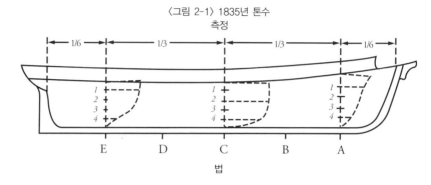

〈그림 2-1〉 1835년 톤수 측정법

① 선수재와 선미재 사이의 상갑판의 길이를 6등분한다.
② 화물창의 깊이는 A·C·E 지점에서 측정하고, 각 화물창은 5개로 나눈다.
③ A1·A4·C2·C4·E1·E4 지점에서 너비를 측정한다.
④ 너비 A1·A4·3 × C2·C4·E1·2 × E4를 더하여 너비를 구한다.
⑤ A·C·E 지점에서 화물창의 깊이를 측정한 뒤 더한다.
⑥ 중앙부 화물창의 중간 높이에서 내부 길이(internal length)를 측정한다.
⑦ (내부 길이 ⑥ × 너비의 합 ④ × 깊이의 합 ⑤) ÷ 3500
⑧ 선미갑판의 톤수는 주요 내부 치수를 곱하여 92.4로 나누어 구한다.
⑨ 기관실의 용적은 인접한 두 bulkhead 사이의 주요 세 치수(L, B, H)의 곱을 92.4로 나누어 구한 뒤, 총톤수에서 제외한다. 기관실의 용적은 1819년부터 총톤수에서 제외되었다.
자료 : Driel, *Tonnage Measurement*, p.14.

Commission를 구성하였다. 이 위원회는 공선 흘수와 만재 흘수 사이의 차이를 측정하도록 제안하였으나, 이는 현실적으로 실행하기가 어려웠다. 따라서 위원회는 배 안에서 너비는 5곳, 깊이는 2곳에서 측정하여 평균 너비와 평균 깊이를 구하여 이 값에 용골의 길이를 곱한 뒤 112로 나눈 값을 톤수로 할 것을 제안했으나, 채택되지 않았다. 1833년 해군성Admiralty41)은

---

41) 1832년까지 영국의 해군 조직은 Board of Admiralty와 Navy Board로 이원화되어 있었다. Board of Admiralty는 해군장관(Lord Admiral)을 장으로 하는 기관으로 주로 함정의 군사적 행동이나 사관의 인사를 관할하였고, Navy Board는 함정의 관리, 하사관과 수병의 인사, 군수품 조달 등을 담당하였다. 18세기 초엽에 Admiralty는 해군장관이 없어지고 위원회제도가 되어 함대사령부의 기능이 약화되어 육상의 관청의 성격이 강해졌다. 1806년 Sir Charles Middleton(1726~1813)이 사임한 이후 정치가가 Board of Admiralty의 수석위원(First Lord)으로 임명되었고, 1832년에 해군국(Navy Board)을 폐지하는 조직개편을 통해 Board of Admiralty는 해군을 관할하는 유일한 기구가 되었으며, 수석위원은 해군을 대표하여 내각의 일원으로 의회에 대해 책임을 지게 되었다. 따라서 Admiralty는 1832년을 기점으로 하여 그 이전은

새로운 왕립위원회를 구성하였다. 왕립위원회는 과거와 같이 기존의 톤수가 바뀌는 것에 대해 고려하지 않고, 근본적인 해결방안을 모색하여 톤수는 화물의 운송능력이 아니라 내부 용적internal capacity에 근거하여 산출해야 한다고 결론지었다.[42]

1833년 왕립위원회가 제안한 톤수측정법은 1835년에 발효되어 '신톤수측정법New Measurement Rule'으로 불렸지만,[43] 시행결과는 그렇게 만족스럽지 못했다. 여러 가지 원인이 있었지만, 이 방법으로 측정한 톤수가 옛 방식에 비해 더 크게 계산된다는 것이 가장 큰 문제였다. 드리엘Driel은 이 법의 시행으로 배의 톤수가 과거에 비해 7% 정도 컸다고 추산하였다. 따라서 이 법을 회피하기 위해 선박 설계사들은 온갖 방법을 동원하여 등록 톤수보다 15% 정도 큰 배를 건조해 내기도 하였다.[44]

1849년 해군성은 다시 위원회를 구성하지 않으면 안되었다. 위원회의 간사secretary를 맡고 있던 무어슴George Moorsom은 "선박에 부과되는 세금은 선박의 잠재소득수익능력에 근거를 두어야 한다"는 전제하에, "화물이나 여객을 운송하기 위해 이용될 수 있는 모든 가용 장소의 내부 용적에 따라 톤수를 결정해야 한다"고 생각했다.[45] 그에 따라 무어슴은 선박의 상갑판 아래의 공간과 상갑판 위의 공간으로서 전적으로 여객을 수용하거나, 화물과 비품을 적재할 수 있는 폐쇄된 공간의 내부 용적을 정확히 측정하기 위하여 구분적분법으로 각 구획의 용적을 구하여 합산한 뒤 100ft³로 나누어 톤수를 산정할 것을 제안하였다. 당시 영국의 선박보유량은 370만 톤이었는데, 이들 선박의 내부 용적을 무어슴 방식으로 계산한 결과

해군본부로, 그리고 그 이후 1963년까지는 해군성으로 번역할 수 있다. Admiralty는 1964년 국방성에 합병되었다. 아오끼 에이치(青木榮一), 최재수 역, 『시파워의 세계사 2』, pp.162~163.

42) Driel, *Tonnage Measurement*, pp.13~14.

43) 1835년 '신측정규칙'에 대해서는 김종길·박경현, 『선박행정의 변천사』, pp.376~377에 잘 정리되어 있다.

44) Driel, *Tonnage Measurement*, p.15.

45) Corkhill, *Tonnage Measurement of Ships*, pp.2, 10.

3억 6341만 2456ft^{3}가 되었다. 따라서 종래의 선박톤수와 동일하게 하기 위해서는 98.22(3억 6341만 2456 ÷ 370만 0000)를 나눗수로 해야 했으나, 사용하기에 편리하고 선주들이 기존 톤수 보다 커지는 것을 꺼려할 것을 고려하여 근사값인 100을 나눗수로 택하였다.[46] 그의 제안이 위원회와 의회에서 받아들여져 1854년 상선법에 수용되었다.[47] 이로써 부피 100ft^{3}를 1톤으로 환산하는 혁신적인 톤수측정법이 출현하기에 이르렀다.

1854년의 무어슴 방식에서는 두 가지 새로운 톤수, 즉 총톤수$^{gross\ tonnage}$와 순톤수$^{net\ tonnage}$를 규정하였다. 총톤수는 선박의 전체 내부 용적에서 제외 공간$^{exempted\ space}$의 용적을 뺀 것이다. 제외 공간에는 조타실과 해도실, 식당, 계단, 등화와 통풍 장치$^{light\ and\ air\ space}$가 차지하는 공간이 포함되었다. 이에 대해 순톤수는 총톤수에서 비수익 공간$^{non-earning\ space}$ 또는 화물의 운송에 적합하지 않는 것으로 보이는 일정한 공간의 용적을 공제^{deduction}한 것으로 선박의 수익능력의 지표로서 각종 세금의 부과기준이 되었다.[48] 순톤수를 산정할 때 공제되는 공간으로는 선장과 선원의 거실, 안전 설비와 창고가 차지하는 공간, 그리고 기관실이 있었다. 선원의 거주구역은 총톤수의 5% 이내여야만 제외될 수 있었고, 기관실은 기관실의 실제 톤수를 공제하는 것이 아니라 기관실의 실톤수와 총톤수의 비례에 따라 일정한 값을 공제하도록 규정하였다. 이를테면 외륜 기선$^{vessel\ propelled\ by\ paddle-wheel}$인 경우 기관실이 차지하는 톤수가 총톤수의 20% 이상 30% 미만일 때는 총톤수의 37%를 공제하고, 스크류 추진기선$^{screw-steamer}$의 경우 기관실이 총톤수의 13% 이상 20% 미만일 때에는 총톤수의 32%를 공제하도록 했다. 그 밖의 선박은 세관원이 기관실의 공간을 측정하되 외륜기선의 경우 기관실의 실제 톤수의 50%까지, 스크류 추진기선의 경우 실제 톤수의 75%까지 늘어날 수 있다는 사실을 이해하고 선주와 협의하여 위와 동일한

---

46) Driel, *Tonnage Measurement*, p.49 ; 김종길·박경현, 『선박행정의 변천사』, p.378.
47) 17 & 18 Victoria, c.120.
48) Corkhill, *Tonnage Measurement of Ship*, pp.3, 10.

방식으로 공제할 수 있었다.[49]

무어슴 방식은 세금의 부과기준으로 순톤수를 사용하도록 하였는데, 순톤수를 산정하는 데 기관실의 실톤수를 공제하는 것이 아니었기 때문에 불합리한 요소가 내재되어 있었다. 그럼에도 불구하고 세계 각국은 무어슴 방식을 도입하였다.[50] 이는 톤수 측정법을 국제적으로 통일시키는 데 주춧돌이 되었다.

1869년 수에즈 운하의 개통으로 선박의 톤수를 국제적으로 통일해야 할 필요성이 제기되었다. 그에 따라 수에즈 운하 통항료 산정 기준을 마련하기 위해 개최된 국제톤수위원회에서 「1873년 콘스탄티노플 국제톤수위원회가 추천한 톤수 측정규칙」을 채택하기에 이르렀다. 그러나 1874년 영국이 이 제안을 국내 입법화하기 위한 법안을 의회에 제출하였을 때 톤수가 기존에 비해 증가할 것을 우려한 선주들의 반대로 채택되지 못했다. 각국도 영국의 뒤를 따라 1873년 콘스탄티노플 규칙은 결국 사장되고 말았다.

1925년 11월 국제연맹은 '해사톤수측정기술위원회'Technical Committee for Maritime Tonnage Measurement'를 설치하여 선박의 톤수측정기준을 마련하는 작업에 착수하였다. 이 위원회는 1931년 10월 '선박의 톤수를 측정하기 위한 규칙 초안'을 마련하여 주요 해운국의 의견을 청취하였다. 한편 스웨덴과 노르웨이를 중심으로 한 북유럽 국가들도 1938년 오슬로에서 회의를 갖고, 국제연맹이 마련한 1931년 초안은 수정할 필요가 있다고 제안하였다. 이에 따라 국제연맹은 1939년 1월 제2차 기초위원회를 구성하여 「선박의 톤수측정에 관한 국제규칙International Regulations for Tonnage Measurement of Ships」을 발간하였다. 1939년 6월 오슬로 회의에 참가하였던 스웨덴·노르웨이·벨기에·덴마크·핀란드·네덜란드는 파리에서 회의를 갖고 「국제톤수측정협약 초안」을

---

49) Driel, *Tonnage Measurement*, p.53.
50) 미국 1865년, 프랑스·독일·이탈리아 1873년, 스페인 1874년, 네덜란드 1875년, 일본 1884년, 스웨덴과 노르웨이 1893년, 덴마크 1889년 순으로 Moorsom 방식이 채택되었다. Driel, *Tonnage Measurement*, pp.20, 21, 29, 47, Chapt. VI.

성안하였다. 그러나 1939년 9월 제2차 세계대전이 발발하고 국제연맹이 해체됨으로써 이 시도 또한 결실을 보지 못하였다.

2차 대전 후인 1947년 노르웨이의 발의로 벨기에·덴마크·핀란드·프랑스·아이슬란드·네덜란드·노르웨이·스웨덴 8개국과 영국·미국이 참관자 자격으로 참가하여 제2차 오슬로 회의가 개최되었다. 이 회의에서 1939년 파리 규칙을 구체화한 오슬로 협약으로 불리는 「선박톤수측정법의 통일에 관한 협약」이 채택되었고, 덴마크·아이슬란드·네덜란드·노르웨이·스웨덴이 1954년 12월 30일 협약안을 발효시켰다. 이후 독일·핀란드·프랑스·세네갈 등이 오슬로협약에 가입 또는 비준함으로써 가맹국이 16개국에 이르렀다. 그러나 영국·미국·일본·그리스와 같은 전통적인 해운국이 가입하지 않음으로써 제 효과를 거두지 못하였다.

1959년 1월 국제연합 산하에 '정부간 해사자문기구IMCO'가 창설되어 선박의 톤수측정에 관한 규칙을 통일시키는 문제를 해결하는 것을 첫 번째 임무로 부여받았다. 1959년 6월 '톤수측정소위원회'가 구성되어 첫 회의를 시작하여 10여 년에 걸친 연구와 검토 끝에 초안 7개를 IMCO에 제출하였다. IMCO는 이 제안을 중심으로 선박톤수 측정에 관한 국제협약을 제정하기 위해 1969년 선박톤수측정에 관한 국제회의를 런던에서 개최하였다. 세계 각국의 대표 314명과 참관자들이 참석한 가운데 5월 27일에서 6월 23일까지 개최된 런던회의에서 「1969년 선박톤수측정에 관한 국제협약 International Convention on Tonnage Measurement of Ships」(1969)이 채택되기에 이르렀다. 이 협약은 발효 조건인 비준국 25개국 이상, 비준국의 상선 선박량이 세계 상선 선박량의 65% 이상을 충족시키는 데 무려 11년이 소요되어 1980년 7월 17일에야 비로소 발효되었다.[51]

이상에서 살펴본 바와 같이, 배의 크기는 단순히 배에 실린 포도주 통의 수를 헤아리던 데서 배의 치수를 활용하여 수식으로 계산하는 방향으로

---

51) 이상 김종길·박경현, 『선박행정의 변천사』, pp.407~445.

발전하였으며, 1854년 무어슴 방식에 이르러 정점에 이르렀다. 무어슴 방식은 세계 여러 나라에 도입되어 선박의 톤수를 국제적으로 통일시키는 데 주춧돌이 되었다. 선박의 톤수를 국제적으로 통일시키려는 움직임은 선주들과 각 나라의 이해관계, 국제정세에 휘말려 우여곡절을 겪은 끝에 100여 년의 세월이 경과한 뒤에야 채택될 수 있었다. 이 기나긴 과정에서 영국은 해운국으로서 주도적인 역할을 하였고, 이는 기존의 관습을 끊임없이 합리화하려는 영국인들의 경험주의의 산물이었다. 오늘날 영국은 더 이상 대해운국의 지위를 상실하였지만, 과거 그들이 만들어 놓은 해상보험Lloyd's · 선급Lloyd's Register · 용선 및 매매계약Baltic Exchange · 해사언론Lloyd's List은 아직까지도 세계 해사산업을 이끌어 가고 있다. 그런 점에서 해사산업에서는 영국이 아직도 세계의 중심인 셈이다.

제3장

항해 나침반의 사용 시점에 대한 동서양 비교

2000년대 초 한국 항해사 연구에서 주목할 만한 주장이 제기되었다. 그것은 9세기 장보고의 무역선에서 지남기[1]가 이용되었다는 주장이다. 최근식은 "육상에서 지남기가 기원전 4세기부터 사용되었는데, 기록이 남아 있지 않다고 하여 해상에서만 12세기에 이르러서야 지남기가 사용되었다는 것은 납득하기 어렵다"고 비판하고, "여러 정황 증거를 볼 때 9세기에 장보고의 무역선에서 지남기가 사용되었다"고 주장하였다.[2] 그는 자신의 논지를 입증하기 위한 정황 증거로 중국에서 방위를 가리키는 사남司南, 지남거指南車 따위가 기원전 4세기부터 사용되었다는 점, 지남거를 융적戎狄이 만들었다는 『송서宋書』의 기록, 울산의 달천 철산이 천연자석의 원료인 자철광磁鐵鑛의 주산지였다는 점, 문무왕 9년(669) 신라가 당에 자석을 보냈다

---

1) 우리가 흔히 나침반이라고 하는 것은 한자 문화권에서는 指南器라 칭하고, 유럽어권에서는 compass(영어, Kompaß-독어, compas-불어, compasso-이탈리아어, compás-에스파냐어)와 boussole(불어, busolla-이탈리아어, brújula-에스파냐어) 형태로 쓰이고 있다. 영어의 compass는 명사, 형용사, 동사로 사용되는데, 항해용 나침반의 의미로 처음 사용된 것은 14세기 중반이었다(OED2 on CD-Rom Ver. 1.13, OUP, 1994). 이 논문에서는 일반적으로 남북을 가리키는 기구를 의미할 때는 동서양을 막론하고 指南器라 표기하기로 한다.
2) 최근식, 「9세기 장보고 무역선의 指南器 사용 가능성에 대하여」 ; 「장보고 무역선과 항해기술 연구- 신라선 운항을 중심으로」, 제4장.

는 『삼국사기』의 기록, 엔닌圓仁이 839년 입당入唐할 때 4월 16일과 17일 무중항해를 하였으므로 지남기와 같은 방향 지시기를 사용하였을 것이라는 추정을 제시하였다.

이러한 주장은 두 가지 점에서 학계에 적지 않은 파장을 일으키기에 충분했다. 우선, 그의 주장이 사실이라면 한민족은 세계 역사상 가장 먼저 지남기를 항해에 이용한 민족이 되고, 둘째, 그가 자신의 주장을 입증하기 위해 내세운 정황 증거들이 그의 의도와는 달리 설득력이 약했다는 점 때문이었다. 이와 같은 학계의 분위기는 정진술의 논문에서 명확하게 표명되었다.

정진술은 최근식의 논지를 세 가지 점에서 비판하였다. 첫째, 최근식은 정수일, 윤명철, 김정호가 8~9세기에 동아시아 해역에서 항해에 나침반을 이용하였음을 당연시 한다는 점을 들고 있으나, 이들의 주장은 사료를 곡해한 데서 비롯된 것이다. 둘째, 최근식은 나침반이 기원전 4세기부터 육지에서 이용되었으므로 여러 정황으로 보아 9세기에 장보고 무역선에서 나침반이 사용되었다고 추정하였으나, 이는 지나친 비약이다. 셋째, 최근식은 엔닌이 이틀 동안 안개 속에서 무사히 항해한 것으로 보아 나침반을 이용했을 것으로 추정하였으나, 엔닌이 탔던 배가 다른 2척이 도착한 지점과는 200마일 이상 떨어진 해안에 도착한 것으로 미루어 나침반을 이용했다면 이는 상상할 수 없는 항해술이다.[3] 결론적으로 정진술은 문헌기록상 항해나 침반의 등장 상한을 1078년으로 보았다.[4]

이제까지 중국에서 발명된 지남기가 아랍인들을 통해 유럽으로 전해졌다는 것이 통설이었다. 이와 같은 주장을 널리 퍼트린 장본인은 19세기 독일의 지리학자 알렉산더 폰 훔볼트Alexander von Humboldt(1769~1859)였다. 그는 "나침반이 인도양과 페르시아, 아라비아 해안 전역에 걸쳐 일반적으로 사용되고 난 이후에 동양에서부터 유럽으로 유입되었으며, 십자군전쟁 때 아랍인들과 접촉했던 십자군들이 나침반을 유럽으로 유입시키는 데 어떤 역할을

---

3) 정진술, 「장보고 시대의 항해술과 한중항로에 대한 연구」, pp.264~265.
4) 정진술, 「장보고 시대의 항해술과 한중항로에 대한 연구」, p.236.

했을 것"이라고 주장하였다.5) 그러나 이를 입증할만한 문헌 기록이나 실물 증거는 아직까지 발견된 바 없다.

지남기가 중국에서 유럽으로 전해졌음을 주장하는 유력한 근거는 지남기를 사용했다는 중국의 문헌 기록이 유럽에 비해 한 세기 가량 앞섰다는 정황적 증거뿐이다.6) 일반적으로 중국문헌에 지남기를 항해에 이용했음을 밝혀주는 기록이 나타난 것은 11세기이고, 유럽의 경우는 12세기라는 것이 이제까지의 통설이었다. 그러나 이 시기에는 동양과 서양이 직접 교류를 하지 못했고, 아랍인들이 이들을 중계하였다.

만약 아랍인들이 중국인이 사용하던 지남기를 유럽에 전해주었다면 아랍인들은 유럽인에 앞서 지남기를 항해에 이용했을 것이다. 그러나 아랍인들이 지남기를 항해에 이용한 것은 유럽에 비해 한 세기 이상 뒤졌다. 이는 아랍인들이 중국의 지남기를 유럽에 전해주지 않았을 개연성이 크다는 점을 시사한다. 그럼에도 불구하고 국내의 아랍 전문가들은 아랍인들이 중국의 나침반을 유럽에 전해주었다는 고정 관념을 견지하고 있다.7) 따라서 지남기를 항해에 이용하게 되기까지의 과정에 대해 비판적으로 재검토해 보고, 동양과 서양이 서로 독립적인 과정을 거쳐 지남기를 항해에 사용했을 개연성을 상정해 볼 필요가 있다.

필자는 이 글에서 자석이 발견되어 항해용 지남기가 출현하기까지의 과정을 동서양 비교연구를 통해 밝혀보고자 한다. 이를 위해 역사적인 문헌기록과 이제까지의 연구성과를 종합적으로 비교·검토할 것이다. 이렇게 함으로써 서로 상이한 역사발전 과정을 걸었던 동양과 서양이 서로 유사한 경로를 밟아 비슷한 시기에 지남기를 항해에 이용하게 된 역사적 보편성을 확인하고자 한다.

---

5) Alexander von Humboldt, *Cosmos : A Sketch of a Physical Description of the Universe*, Vol.IV, Part I, Sabine's Translation, 1858 ; cited by Hewson, *History of the Practice of Navigation*, p.46.
6) May, *History of Marine Navigation*, p.52.
7) 정수일, 『씰크로드학』, pp.296~297.

I. 동양에서 지남기의 변천 과정

전설에 따르면, 중국에서는 기원전 4000년 전 황제黃帝시대 때 지남거를 만들었다고 하지만,[8] 이는 역사적 기록과 비교해 보면 터무니없는 이야기이다. 지남거를 만들었다는 기록이 나타난 것은 11세기에 이르러서였기 때문이다.[9] 중국에서 자석을 이용하여 방향을 탐지하기 시작한 것은 기원전 4세기 즈음이었다. 현재 남아 있는 기록에 따르면, 기원전 4세기에 중국에서는 이미 사남이 이용되고 있었다. 기원전 4세기에 저술된 『귀곡자鬼谷子』에는 "옛날 정鄭나라 사람이 옥을 가지러 갈 때에는 반드시 사남을 소지하였는데, 이는 길을 잃지 않기 위해서다"라고 기록되어 있다.[10] 이보다 조금 뒤인 기원전 3세기에 저술된 『한비자』에도 "선왕께서는 사남을 세워 조석朝夕을 확인하였다"[11]는 기록이 있다. 중국과 우리나라 학자들은 『귀곡자』의 기록을 자석을 이용했음을 확인시켜주는 가장 오래된 기록으로 보고 있다.[12]

중국과학사가인 왕전두오王振鐸가 복원한 사남은 반盤과 숟가락 모양의 지남기로 이루어져서 지남기를 반에 올려놓고 돌리면 사남의 손잡이 부분이 남쪽을 가리키게 된다.[13] 동한東漢(25~220)의 왕충王充은 83년에 편찬한 『논형論衡』에 "사남을 땅에 놓으면 그 손잡이가 남쪽을 가리킨다"[14]고 적었다. 하지만 사남은 움직이거나 평평하지 않으면 지반 위에서 균형을

---

8) 航運史話編寫組, 『航運史話』, p.101 ; 劉明金, 「沒有指南針就只能靠岸行船嗎?」, p.347.

9) 水運技術詞典編輯委員會, 『水運技術詞典』, p.8.

10) "故鄭人之取玉也, 必載司南, 爲其不惑也" ; 陶弘景 注, 鬼谷子 謀篇第10卷, 臺北 : 臺灣商務印書館(1968).

11) "先王立司南以端朝夕". 韓非子 卷第二 有度第六, 臺灣中華書局, 中華民國 71年, 五面.

12) 汶江, 『古代中國與亞非地區的海上交通』, pp.143~144 ; 席龍飛, 『中國造船史』, p.135 ; 최근식, 「장보고 무역선과 항해기술 연구」, p.135 ; 정진술, 「장보고 시대의 항해술과 한중항로에 대한 연구」, p.229.

13) 王振鐸, 「司南指南針與羅經盤-中國古代有關靜磁學知識之發現及發明」 上(1948) ; 中(1949) ; 下(1951).

14) "司南之杓 投之于地 其柢(抵)指南" ; 王充 纂集, 論衡, 「是應篇」, 上海 : 涵芬樓[商務印書館], 民國18(1929).

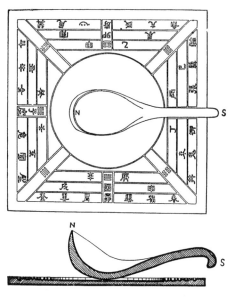

〈그림 3-1〉 왕전두오가 재현한 사남
자료 : 王振鐸,「中國古代磁針的發明和航海羅經的創造」, p.54.

잡지 못해 사용할 수가 없고, 천연자석을 사남으로 가공할 때 열을 받아
자성을 잃게 되므로 사남의 자성은 비교적 약했다. 이 때문에 사남이 풍수지
리가들에 의해 비교적 오랫동안 사용되었음에도 불구하고, 항해용으로
이용한다는 것은 원천적으로 불가능했다.[15]

　사남에서 한 차원 진전된 형태가 지남주指南舟, 지남어指南魚, 지남거指南車,
지남귀指南龜 따위이다. 이 가운데 기록에 가장 먼저 등장한 것은 지남주이다.
『송서』에 따르면, 진晉나라(265~420) 때 지남주가 있었다고 한다.[16] 여기에
기재된 지남주라고 하는 것이 단순히 배 모양을 한 지남기구였는지, 아니면
지남반이었는지는 불분명하다. 舟라는 글자는 船이라는 뜻과 盤이라는 뜻을
동시에 의미하기 때문에 글자 자체만으로는 어느 쪽으로도 해석할 수 있다.[17]

---

15) 孫光圻, 『中國航海史綱』, p.123.
16) 『宋書』 ; 汶江, 『古代中國與亞非地區的海上交通』, p.144 ; 航運史話編寫組, 『航運史話』,
　　p.104 참조.
17) 航運史話編寫組, 『航運史話』, p.104.

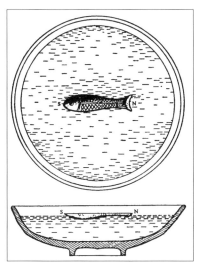

〈그림 3-2〉 지남어
자료 :『武經總要』前集 卷15 ; 王振鐸,
「司南指南針與羅經盤」中, p.191.

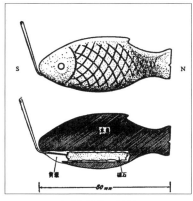

〈그림 3-3〉 지남어
자료 :『事林廣記』卷十 ; 王振鐸,
「司南指南針與羅經盤」中, p.203.

어느 쪽으로 해석하든 지남주를 항해에 이용한 것이 아님은 분명하다.

대략 11세기 북송 시대에 이르러 '인공자철人工磁鐵'이 발명되면서 지남어, 지남거, 지남귀와 같은 여러 가지 형식의 지남 기구가 제작되었다.『송사』「여복지與服志」에는 "인종 천성仁宗天聖 5년(1027)에 공부낭중工部郎中 연숙燕肅이 지남거를 바쳤다"[18]고 기록되어 있으며, 경력慶歷 4년(1044) 북송 시대의『무경총요』에는 여러 가지 지남기가 소개되어 있다.

만약 구름이 끼고 바람이 부는 날이나 캄캄한 밤에 방향을 식별하지 못하면 늙은 말을 앞세워 길을 찾아가게 하거나, 혹은 지남거나 지남어로 방향을 식별한다. 지남거의 제작법은 전하지 않는 비밀이다. 지남어의 제작법은 얇은 철판을 길이가 2촌, 넓이가 5분이며 수미首尾가 뾰족한 물고기 형태로 오린 후 석탄불에 넣고 가열한다. 뻘겋게 달았을 때 집게로 어수魚首를 집어서 꺼낸다. 어미魚尾가 자위子位를 향하게 물그릇에 담그면 어미魚尾가 얼마간 물에 잠기면서 뜬다. 이것을 밀기에 보관한다. 사용할 때는 물사발을 바람이 없는 곳에 평행하게 놓고 물고기를 물면에 띄워 놓으면 어수魚首가 항상 남쪽의 오午로 향한다.[19]

18) "仁宗天聖5年, 工部郎中燕肅, 始進指南車";『二十五史·宋史』(上), p.454.

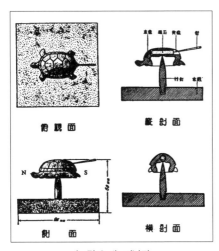

〈그림 3-4〉 지남귀
자료 :『事林廣記』卷十 ; 王振鐸,
「司南指南針與羅經盤」中, p.204.

원元 태정 연간泰定年間(1324~1328)에 진원정陳元靚이 저술한『사림광기事林廣記』에도 남송 말년에 목제 지남어와 지남귀가 있었다고 전하면서 제작법이 상세하게 소개되어 있다. "지남어는 나무로 물고기를 조각한 후 배를 갈라서 자석덩이 하나를 넣고 다시 밀랍으로 채운다. 바늘 절반을 물고기 입 속으로 밀어 넣고 수중에 놓아두면 자연히 남쪽을 가리킨다."[20) 지남귀도 이와 비슷한 방법으로 만들었다. "나무로 거북 한 마리를 조각하여 전법前法과 같이 제작한다. 꼬리 옆으로 바늘을 찔러 넣고 … 거북의 복부에 얕은 홈을 내고 못 위에 올려놓고 돌린다. 항상 북쪽을 가리킨다."[21)

대련해사대학의 순구앙기는 "실용성을 감안해 볼 때 지남귀는 육상에서 이용되었고, 지남어는 해상에서 이용되었을 가능성이 크다"고 추정하였으나,[22) 시롱페이는 "지남어를 마차와 배, 즉 육지와 해상에서 모두 사용"되었던 것으로 보고 있다.[23) 하지만 이 당시까지 지남어를 해상에서 이용했다는

---

19) "若遇天景用薄鐵葉剪裁, 長二寸, 闊五分, 首尾銳如魚形, 置炭火中燒之, 候通赤, 以鐵鈐鈐出魚首出火, 火尾正對子位, 蘸水盆中, 沒尾數分則上, 以密器收之 … 置水碗于無風處平放, 魚在水面乏浮, 其首常南向午也";曾公亮 等撰,『武經總要』前集卷15, 響尊篇, 欽定四庫全書. 子部. 兵家類.

20) "以木刻魚子一個, 如母子大, 開腹一竅, 陷好磁石一塊子, 卻以蠟塡滿;用針一半, 僉從魚子口鉤入, 令沒放水中, 自然指南, 以手爸載, 又復如初";孫光圻,『中國古代航海史』, p.439/ 航運史話編寫組,『航運史話』, p.103 재인용.

21) "以木刻龜子一個, 一如前法製造, 但于尾邊歆針入去 … 龜腹下微陷一穴, 安釘子上撥轉, 常指北, 須是釘尾后"/ 孫光圻,『中國古代航海史』, p.439 재인용.

22) 孫光圻,『中國古代航海史』, p.439.

23) 席龍飛,『中國造船史』, p.135.

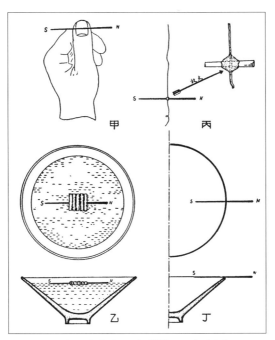

〈그림 3-5〉 왕전두오가 재현한 4종의 지남기
자료 : 王振鐸, 「中國古代磁針的發明和航海羅經的創造」, p.55.

기록은 발견되지 않았다. 설사 지남어를 해상에서 이용했다고 하더라도 자성이 크지 않았기 때문에 실용가치는 크지 않았을 것이다.[24]

11세기 중엽에 이르면 중국에서는 매우 다양한 방식으로 지남기를 활용하였다. 가우嘉祐 8년(1063) 북송의 과학자 심괄沈括(1031~1095)은 『몽계필담 夢溪筆談』 권24 「잡지1雜志一」에 다음과 같이 기록하였다.

방술가方術家들은 자석으로 바늘의 끝을 마찰하여 그것이 남쪽을 가리키게 할 수 있다. 그러나 언제나 약간 동쪽으로 치우쳐 정남을 가리키지 않는다(方家 以磁石磨針鋒, 則能指南, 然常微扁東, 不全南也). 바늘을 물 위에 띄게 하면 언제나 흔들거린다. 손톱 위와 그릇의 가장 자리에도 모두 둘 수 있으며, 매우 잘 돌아가지만, 단단하고 매끈하여 잘 떨어진다. 따라서 그보다는 실로

24) 孫光圻, 『中國古代航海史』, pp.438, 439.

매다는 것이 가장 좋다.[25]

『몽계필담』의 기록만으로는 지남을 항해에 이용했는지의 여부는 확인할
수 없다. 다만 지남에는 네 종류가 있으며, 그 가운데 침을 실에 매단
것이 가장 유용하고, 주로 방술가들이 지남을 이용했다는 사실만을 확인할
수 있을 뿐이다.

중국에서 지남을 항해에 이용했음을 확인시켜 주는 가장 오래된 문헌은
북송의 주욱朱彧이 선화宣和 연간(1119~1125)에 편찬한 『평주가담萍洲可談』이
다.[26] 주욱은 "주사舟師가 지리를 알아 밤에는 별을 관측하고 주간에는
태양을 관측하며 흐린 날에는 지남침을 관측한다"고 기록하였다.[27] 이
기사는 주욱이 그의 부친인 주복朱服이 광조우廣州에서 관리로 복무하고
있을 때의 견문을 기록한 것이다. 주복은 1098년부터 1102년까지 광조우에
서 복무한 것으로 확인되고 있다.[28]

『평주가담』의 기록을 통해 지남침이 항해에 이용되기는 하였으나, 전천
후로 이용된 것이 아니라, 별이나 해를 볼 수 없는 흐린 날씨에 한하여
방향을 확인하기 위한 항해보조기구로 활용되었음을 알 수 있다. 그리고
『평주가담』에 기재된 지남침은 나침반이 아니라 물 위에 나침을 띄운
지남부침指南浮針이다. 이는 북송의 서긍徐兢(1091~ 1153)이 선화 6년(1124)에
편찬한 『선화봉사고려도경』의 기록을 통해 확인할 수 있다.

---

25) 沈括, 『몽계필담』 하, p.145.
26) 航運史話編寫組, 『航運史話』, p.104. 이에 대해 孫珖圻, 席龍飛, 정진술은 1119년(『中國航
海史綱』, p.123 ; 『中國造船史』, p.137 ; 「장보고 시대의 항해술」, p.233), 최근식은
1111~1117년에 저작된 것으로 각각 보고 있다(「장보고 무역선과 항해기술 연구」,
p.164 각주 588).
27) "舟師識地理, 夜則觀星, 晝則觀日, 陰晦觀指南針"; 朱彧, 『萍洲可談』, p.26.
28) 주복이 광조우에서 복무한 시기에 대해서는 학자들에 따라 다소 차이가 있다.
孫珖圻(『中國航海史綱』, p.123)는 元府 2년(1099년)부터 崇寧 元年(1102년)까지로, 石龍
飛(『中國造船史』, p.137)는 建中 靖國 元年(1101년)부터 崇寧 2년(1103년)까지로 각각
보고 있으나, 1098년부터 1102년까지로 보는 것이 일반론이다(中國航海學會, 『中國航
海史－古代航海史』, p.126 ; 王振鐸, 「中國古代磁針的發明和航海羅經的創造」, p.56).

서긍은 북송 휘종徽宗의 명으로 고려에 사절로 파견되었는데, 1123년 5월 28일 절강성의 봉래산을 지난 뒤 반양초半洋礁 부근을 지나면서 다음과 같이 기록하였다.

밤에 바다에 있었는데 제자리에 머물러 있을 수 없어서 오로지 북두칠성을 보면서 전진하였다. 만약 날씨가 흐려 캄캄해지면 지남부침을 사용하여 남북을 분간하였다.
夜洋中 不可住, 維視星斗 前邁, 若晦冥, 則用指南浮針, 以揆南北.[29]

〈그림 3-6〉 수부침(복제품)
자료 : 孫珖圻, 『中國古代航海史』(수정판), p.5.

『평주가담』과 『선화봉사고려도경』의 기록에는 지남의 방위羅經와 배의 침로에 대한 기술이 없다. 이는 이 시기에 사용된 지남기가 물 위에 나침을 띄운 수부단침水浮單針이었기 때문이다.[30] 이 시기에는 일반적으로 낮에는 해를 보고, 밤에는 북두칠성을 보며 항해를 했고, 지남부침은 흐린 날에만 사용하는 항해보조기구에 지나지 않았다.[31]

송대 이래 중국의 해선海船에서 사용한 지남기는 모두 지남부침(또는 水浮羅經)이다. 『몽계필담』에 소개된 네 가지 형태의 지남기 가운데 물 위에 나침을 띄운 수부침이 항해용으로 이용하기에 적합하다. 순구앙기는 "항해 측면에서 보았을 때 수부침이 가장 간편하고 실용적이다. … 선박이

---

29) 徐兢, 『몽계필담』, pp.316, 536.
30) 中國航海學會, 『中國航海史－古代航海史』, p.126.
31) 王振鐸, 「中國古代磁針的發明和航海羅經的創造」, p.56.

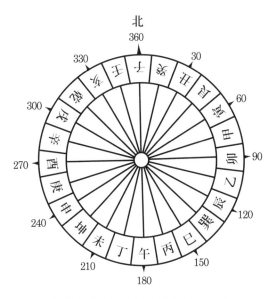

〈그림 3-7〉 24방위가 새겨진 중국의 나침반
자료 : 中國航海學會,『中國航海史-古代航海史』, p.127.

바다 가운데서 동요가 생겨도 용기 중의 수면은 항상 수평면을 유지하기 때문에 수부침의 지향 효과는 아주 안정적이다"고 평가하고 있고,[32] 왕구안 주오도 "수부법 지남침은 사발 속의 물이 수평을 유지하기 때문에 동요가 심하지 않으면 방향을 식별할 수 있다"고 설명하고 있다.[33]

　　나침반을 본격적으로 항해에 이용하기 위해서는 나침이 지시하는 방위를 읽을 수 있도록 지반에 방위가 표시되어야 한다. 중국의 문헌에서 나침의 방위羅經를 기록한 최초의 기록은 12세기 초에 나타난다. 증삼인曾三因(또는 曾三異)의 『인화록囚話錄』에는 "午針을 地螺(羅)라고 한다"는 기록이 기재되어 있다.[34] 이 당시의 지반地盤에는 갑을甲乙, 병정丙丁, 경신庚辛(申), 임계壬癸의 4천간天干과 자子, 축丑, 인寅, 묘卯, 진辰, 사巳, 오午, 미未, 신申, 유酉, 술戌,

---

32) 孫洸圻,『中國古代航海史』, p.439.
33) 王冠倬,『中國古船圖譜』, p.151.
34) 王振鐸,「中國古代磁針的發明和航海羅經的創造」, p.56/ 中國航海學會,『中國航海史－古代航海史』, p.126 재인용.

해亥의 12지지地支, 그리고 건乾, 곤坤, 간艮, 손巽의 4팔괘八卦가 새겨져 있어 당시에 24방위를 사용하였음을 알 수 있다.[35] 하지만 『인화록』의 기록으로 확인할 수 있는 것은 지남기가 수부침에서 나침으로 발전하였다는 사실뿐이고, 선원들이 이를 실제 항해에 활용하였는지의 여부는 불분명하다.

나침이 실제 항해에 활용되었음을 확인시켜 주는 기록은 『동경몽화록東京夢華錄』, 『몽양록夢梁錄』, 『제번지諸蕃志』 따위이다. 니담과 왕링은 1126년 북송의 수도 개봉開封이 함락되어 항주杭州로 천도한 뒤 맹원로孟元老가 『동경몽화록』을 저술하였는데, 그 기사 가운데 "비가 오고 흐릴 때에는 침에 따라 항해하는데, 화장火長이 그것을 관리한다"는 기록이 있으며, 이 기사는 "1110년경에 있었던 일을 기록한 것"이라고 밝히고 있다.[36] 그리고 오자목吳自牧이 1154년에 쓰고[37] 남송 함순咸淳 연간(1265~1274)에 편찬된[38] 『몽양록』에는 "바람이 불고 비가 오는 흐린 날에는 오직 침반으로 항행한다. 화장이 그것을 책임지고 있는데, 털끝만큼이라도 오차도 있으면 안 된다. 배 한 척에 탄 사람의 목숨이 거기에 달려있기 때문이다"[39]라고 기록되어 있다. 또한 조여적趙汝適이 1225년에 지은 『제번지』에도 복건 시박사에 관한 구절 가운데 "주선舟船의 왕래는 모두 지남침에 의거하며 주야로 조심스럽게 관찰한다. 털끝만큼의 오차에도 생사가 달려있다"고 기록되어 있다.[40]

『동경몽화록』, 『몽양록』, 『제번지』에서 기술된 지남침과 침반은 모두 나침반일 것이다. 만약 나침의 방위羅經가 없다면 "털끝만큼의 오차라도

---

35) 中國航海學會, 『中國航海史 — 古代航海史』, p.127.

36) "風雨冥晦時, 惟憑針盤而行, 乃火長掌之" ; Needham & Wang, *Science and Civilization in China*, Volume 4 Part 1 Physics/ 海野一隆 3人譯(1979), 『中國の科學と文明』, 제7권, p.336.

37) 航運史話編寫組, 『航運史話』, p.105.

38) 汶江(「古代中國與亞非地區的海上交通」, p.145)은 1274년에 편집되었다고 밝히고 있다.

39) "風雨冥晦, 惟憑針盤而行, 乃火長掌之, 毫釐不敢差誤, 蓋一舟人命所系也" ; 吳自牧, 『夢梁錄』 卷12, 「江海船艦」/ 王振鐸, 「中國古代磁針的發明和航海羅經的創造」, p.56 재인용.

40) "舟舶來往, 惟以指南針爲則, 晝夜守視唯謹, 毫釐之差, 生死繫焉" ; 趙汝適, 楊博文 校釋, 『諸蕃志』 卷下, 海南條, p.216.

있다면"이라고 기재하지 않았을 것이기 때문이다. 결론적으로 중국 학자들은 12세기에서 13세기 사이에 중국에서 지남기(지남부침 또는 나침반)가 항해에 이용되었다고 보고 있다.[41] 그러나 이는 단순히 항해에 지남기를 이용했다는 기록을 기준으로 한 데 불과하다. 실제 항해에 나침방위를 이용하였음을 보여주는 기록은 이보다 후대에 나타나고 있다.

중국의 선원들이 나침방위를 기준으로 항해하였음을 보여주는 최초의 문헌은 주달관周達觀이 저술한 『진랍풍토기眞臘風土記』이다. 주달관은 원대 원정元貞 연간부터 대덕大德 원년(1295~1297) 사이에 진랍(현 캄보디아)에 사신으로 파견된 뒤 돌아와 1297년에 저술한 『진랍풍토기』에 "온주溫州에서 출항한 후 정미침丁未針(202°30′)으로 항해하여 … 점성占城(현 베트남)에 이르며 … 점성에서부터 순풍이 불면 반달이면 진포眞蒲에 이르며, 다시 진포에서 떠나 곤신침坤申針(232°30′)으로 항해하여 곤창양昆倉洋을 지나 입항하였다"[42]고 적었다. 또한 원대(1331년)에 간행된 『해도경海道經』에는 "침針을 의지하여 정북正北으로 항행한다"는 기록이 있고,[43] 14세기에 편찬된 『대원해운기大元海運記』에도 "오직 침로에 따라 행선行船의 방향을 정하며 천상天像을 관측하여 날씨의 흐리고 개임을 판단한다"고 기록되어 있다.[44] 이는 12~13세기 초 북송 시기에 항해보조기구에 불과했던 지남기가 13세기 중엽에서 14세기 원대에 이르면 기본항해기구로 활용되었음을 보여주는 것이다.

그러나 중국에서는 청 건륭乾隆 연간(1736~1795)에 이르기까지 항해에

41) 王振鐸, 「中國古代磁針的發明和航海羅經的創造」, p.56 ; 孫光圻, 『中國航海史綱』, p.123 ; 汶江, 『古代中國與亞非地區的海上交通』, p.145 ; 席龍飛, 『中國造船史』, p.136 ; 王冠倬, 『中國古船圖譜』, p.150 ; 水運技術詞典編輯委員會, 『水運技術詞典』, p.10 ; 航運史話編寫組, 『航運史話』, p.104 ; 中國航海學會, 『中國航海史－古代航海史』, p.126.

42) "自溫州開洋, 行丁未針, 歷閩廣海外諸洲港口, 過七洲洋, 經交趾洋到占城, 又自占城順風可, 半月到眞蒲, 乃其境也, 又自眞蒲行坤申針, 過昆倉洋入港" ; 周達觀 撰, 『眞臘風土記』, 總捷, 3面.

43) "依針正北望 便是顯神山 … 依針正北行使" ; 『海道經』, 北京 ; 中華書局, 1985, 3面..

44) "惟憑針路定向行船, 仰觀天像以卜明晦"(王振鐸, 「中國古代磁針的發明和航海羅經的創造」, p.57 재인용).

수부침을 이용하였다. 정화鄭和 함대도 남해 항해시 수부침을 사용하였음은 항해에 참여한 바 있는 공진鞏珍이 명대 선덕宣德 9년(1434)에 저술한『서양번 국지西洋番國志』의 기록으로 확인할 수 있다.45) 중국에 건나침반旱羅盤이 소개 된 것은 일본을 통해 유럽식 나침반이 소개된 16세기 중엽이었고, 중국인들 이 건나침반을 실제 항해에 이용한 것은 18세기 초였다.46)

　　동양권에서 중국을 제외한 기타 지역에서 항해에 지남기를 이용한 것은 중국에 비해 뒤늦었다. 아랍권의 경우 이븐 쿠르다지바Ibn Khurdadhibah가 845년에47) 저술한『제도로諸道路 및 제왕국지諸王國誌』에는 지남기에 대한 언급이 전혀 없고,48) 14세기 중엽의 대여행가인 이븐 바투타Ibn Batuta(1304~1368)도 해로를 자주 이용하였고 중국 배에 승선했으면서도 지남기에 대해서는 전혀 언급하지 않고 있다.49) 이제까지의 연구결과를 종합해 볼 때 아랍인들은 대체로 13세기 중엽에는 수부침 형태의 지남기를 항해에 이용한 것으로 확인되고 있다. 아랍권에서 나침반에 관한 가장 오래된 문헌은 1232년 무함마드 알 아피Muhammad al-Awfi가 페르시아에서 편집한『만물론Jami al-Hikayat, On the All Things』이다. 이 일화집 속에 "철편으로 만든 물고기를 자석에 문지른 뒤, 물이 가득 담긴 상자에 넣으면 이것이 물에 떠서 돌다가 남쪽을 가리킨다"는 내용이 기록되어 있다.50)

　　아랍권에서 지남기를 항해에 이용했음을 확인시켜주는 가장 오래된 기록은 1282년에 알 킵자키Bailak al-Qibjaqi가 쓴『비밀을 알아내기 위한 상인들 의 보물Kitab Kanz al Tujjar fi ma rifat al ahjar, Treasure of Traders to know the Secrets, 商人寶鑑』이라는

---

45) "皆斲木爲盤, 書刻干支之字, 浮針于水, 指向行舟"/ 王振鐸,「中國古代磁針的發明和航海羅
　　經的創造」, p.57 재인용.
46) 王振鐸,「中國古代磁針的發明和航海羅經的創造」, p.59.
47) 무함마드 깐수(정수일),『세계 속의 동과 서』, pp.137, 155.
48) Hua Tao, "Ibn Khurdadhbah's Description about the Maritime Route to China and
　　its Position in the Arab-Islamic Geographical Literature," pp.131~148.
49) Ibn Batuta,『이븐바투타의 여행기』.
50) Petra Schmidl, "Two Early Arabic Sources on the Magnetic Compass," p.83.

글이다. 이 글에서 킵자키는 1242~1243년에 시리아의 트리폴리Tripoli에서 알렉산드리아Alexandria로 항해하는 배에서 "뱃사람들이 물에 띄운 자침을 사용하는 것을 목격했다"고 기록하고 있다.[51] 아랍인들이 나침방위를 이용해 항해를 한 것은 15세기 후반이었다. 후아타오에 따르면, 아랍권에서 나침방위를 이용했다는 증거는 15세기 후기의 이븐 마지드Ibn Majid나, 16세기 초 술라이만 알 마흐리Sulaiman al-Mahri의 저서에서 비로소 나타난다고 한다.[52] 하지만 마르코 폴로, 프라 마우로Fra Mauro, 니콜로 데 콘티Nicolo de Conti와 같은 유럽인들은 15세기에서 조차도 "인도양의 아랍인들은 지남기 magnetic compass를 사용하지 않았다"고 전하고 있다.[53] 레인 교수는 이러한 기록들을 "아랍인들이 항해용 나침반을 사용하지 않았다는 증거로 해석해서는 안 되고, 인도양에서는 계절풍을 따라 항해할 수 있었으므로 나침반이 아랍 항해자들에게 중요하지 않았다는 것을 보여주는 것으로 해석해야 한다"고 밝히고 있다.[54]

이상의 논의로부터 아랍인들은 13세기 초에 중국의 지남기를 받아들였으나,[55] 이를 항해에 이용한 것은 한 세기 이상 뒤졌음을 확인할 수 있다. 그러나 이 시기에 아랍인들이 받아들인 것은 지남어였다. 정수일은 "라틴어 문헌에 12세기 말엽에 중국의 나침반이 아랍인을 통해 유럽에 전해졌다고 기록하고 있다"면서, "유럽 최초의 전수국인 이탈리아는 중국식 나침반을 한침반旱針盤으로 개량하여 14세기 초부터 사용하기 시작했다"고 밝히고 있으

---

51) Schmidl, "Two Early Arabic Sources on the Magnetic Compass," p.85 ; Needham & Wang Ling, *Science and Civilization in China*, Vol.4, pp.299~301.
52) Hua Tao, "Ibn Khurdadhbah's Description about the Maritime Route to China and its Position in the Arab-Islamic Geographical Literature," pp.131~148.
53) cited by Lane, "The Economic Meaning of the Invention of the Compass," pp.610~611.
54) Lane, "The Economic Meaning of the Invention of the Compass," p.611.
55) 정수일『씰크로드학』, p.297)은 13세기 초 아랍의 지리학자 아불 피다(Abu'l Fida)가 그의 지리학서에서 중국의 나침반을 소개하고 있다고 밝히고 있으나, 전거는 제시하지 않았다.

나[56] 이는 명백한 오류이다. 왜냐하면 12세기 말에 중국에는 나침반이 아니라 수부침이 사용된 것이며, 뒤에서 살펴볼 네캄의 기록을 기준으로 한다면 유럽에서도 최소한 12세기 말에 이미 표침floating needle과 축침pivoted needle을 항해에 활용하고 있었기 때문이다. 만약 흔히 이야기되는 것처럼 아랍인들이 13세기에 중국으로부터 받아들인 지남기를 지중해역의 유럽인들에게 전해주었다면 유럽인들도 지남어 형태의 지남기를 활용했을 것이다. 그러나 유럽의 기록에서 지남어에 대한 기록은 전혀 나타나지 않고 있다. 이는 아랍인들이 중국의 지남기를 유럽에 전해주었을 가능성이 매우 낮음을 시사한다.

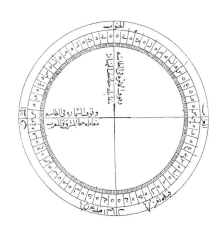

〈그림 3-8〉 1290년 경 Al-Ashraf의 나침반 카드
자료 : Schmidl, "Two Early Arabic Sources on the Magnetic Compass," p.131.

오히려 유럽인들이 지남기를 아랍인들에게 전해주었을 가능성이 크다는 주장도 있다. 화이트는 "지남기를 뜻하는 아랍어가 '알-콘바스al-konbas'라는 것은 아랍인들이 유럽으로부터 나침반을 전수받았다는 것을 시사하는 것"이라고 밝히고 있다.[57] 그러나 이는 다소 유럽 중심적인 사고에서 비롯된 것이다. 왜냐하면 아랍인들이 나침반을 '알-콘바스'라고 부르기도 하지만, 이는 영어의 compass를 아랍어로 표기할 때 한하여 드물게 사용하는 표기법이기 때문이다. 중세 아랍어로 지남기는 '알-타사al-tasa, compass bowl'나 '바이트 알-이브라Bayt al-ibra, magnetic compass'라고 했고,[58] 현대어로는 보통 '알-보슬라 al-boslah'라고 한다.

---

56) 정수일, 『씰크로드학』, p.297.

57) White, *Medieval Technology and Social Change*, p.132.

58) Schmidl,"Two Early Arabic Sources on the Magnetic Compass," p.98 footnote, 43 & p.99 footnote 46.

II. 서양에서 magnetic compass의 발전 과정

유럽에서 자성이 알려진 것은 기원전 수세기 전의 일이다. 기원전 2세기경의 니칸데르Nicander of Colophon(B.C. 197?~B.C. 130)라는 시인이 전하는 바에 따르면, "크레타Creta의 마그누스Magnus라는 양치기가 자성이 함유된 바위 위에 앉아 쉬고 있었는데 신발에 박은 철못과 지팡이 끝에 박은 쇠붙이가 바위에 붙는 것을 보고 자성을 발견하게 되었다"고 한다.[59] 영어의 자석을 뜻하는 'magnet'이라는 단어가 바로 자석의 산지인 소아시아의 '마그네시아Magnesia' 또는 그곳에 거주하는 종족인 '마그네테스Magnetes'에서 유래된 것이다.[60] 이는 유럽에서도 중국과 비슷한 시기에 천연자석lodestone에 대해 알려져 있었다는 것을 뜻한다. 콜린더는 유럽에서 천연자석이 알려진 것은 최소한 기원전 600년 경으로 보고 있다.[61]

로마시대에 이르면 유럽인들은 자석의 성질을 보다 깊이 파악하게 된다. 기원전 1세기에 로마의 철학자 루크레티우스(B.C. 94?~55?)는 6권으로 된 『사물의 본질에 대하여De rerum natura』라는 장편시에서 "자석이 철을 끌어당기는 힘도 있고 그와 동시에 밀치는 성질도 있다"는 사실을 묘사하고 있다.[62] 중국인들이 자석이 같은 극끼리 밀치는 성질을 갖고 있다는 사실을 깨닫게 된 것은 988년 경이다.[63]

유럽에서 천연자석을 항해에 이용했음을 암시해주는 가장 오래된 기록은 바이킹의 사가saga에서 찾아 볼 수 있다. 노르웨이의 연대기 작가인 아라

59) Hewson, *History of the Practice of Navigation*, p.45 ; May, *History of Marine Navigation*, p.43.

60) Hewson, *History of the Practice of Navigation*, p.45 ; Collinder, *History of Marine Navigation*, p.100.

61) Collinder, *History of Marine Navigation*, p.102.

62) Carus, *On the Nature of the Things*, Book VI, "Extraordinary and Paradoxical Telluric Phenomena," trans. by William Ellery Leonard in http://www.fordham.edu/halsall/ancient/lucretius-natureot. txt. 2003. 5. 21.

63) "太平御覽九八八引淮南万畢術云：取鷄血与針磨擦之, 以和磁石, 用涂棋頭. 曝干之, 置局上, 相拘不休"; 王振鐸, 「司南指南針與羅經盤」上, p.178.

프로데[Ara Frode]는 아이슬랜드 발견 과정에 대해 기술하는 대목에서 다음과 같이 서술하고 있다.

유명한 바이킹으로 아이슬랜드를 세 번째로 발견한 플로키 빌게르데르센[Flocke Vilgerdersen]이 868년 경 노르웨이의 Roagaland를 출항하여 Gadersholm(아이슬랜드)을 찾아 나섰다. 그는 방향잡이 용으로 갈가마귀 3마리를 데리고 갔는데, 이 갈가마귀들을 성화[聖化]하기 위해 출항을 준비하고 있던 Smarsund에서 제물을 바쳤다. 왜냐하면 당시에는 북유럽에는 'leidarstein'이 없었기 때문이다.[64]

아이슬랜드어로 'leidarstein'은 '지침석[guiding stone]'을 뜻한다. 이 사가를 통해 아라 프로데가 생존할 당시 북유럽에서는 '천연자석'이 항해에 이용되었다는 사실을 유추해 낼 수 있다. 아라 프로데는 1068년에 출생한 것으로 확인되고 있으므로, 그가 사가를 기록한 것은 대략 11세기 말로 볼 수 있다. 그러므로 이 사가의 기록을 액면 그대로 받아들인다면 북유럽에서 바이킹들이 항해에 천연자석을 이용하기 시작한 것은 플로키가 아이슬랜드를 향해 출항한 868년과 11세기 말 사이가 될 것이다.[65]

바이킹들이 설사 천연자석을 사용했다고 하더라도 그것은 커다란 나무통 안에 물을 채우고, 작은 나무상자를 띄워 놓고 그 나무상자 위에 천연자석을 올려놓은 단순한 형태에 지나지 않았을 것이다. 이를 굳이 명명한다면 '표자석[floating lodestone]'이라고 부를 수 있을 것이다. 이러한 방향지시기를 바다 위에서 전천후로 이용한다는 것은 불가능하다. 그러므로 바이킹들이 항해에 천연자석[lodestone]을 이용했다고 하더라도 날씨가 흐려 낮에 해가 보이지 않거나 구름이 끼어 별을 볼 수 없는 밤에, 그것도 바다가 잔잔할

---

64) cited by Hewson, *History of the Practice of Navigation*, p.46 & Heinrich Winter, "Who invented the Compass?," p.9.

65) Sir William Thompson(1891), *Popular Lectures and Address*, Macmillan & Co. ; cited by Hewson, *History of the Practice of Navigation*, p.47.

〈그림 3-9〉 초창기 로드스톤
자료 : 안트베르펜 해양박물관 전시품(재연품)

경우에 한정되었을 것임에 틀림없다.

표자석 형태의 조잡했던 콤파스는 12세기 말에 이르러 '표침'이나 '축침'형태로 개량되었다. 파리대학 교수로 재직하다 브리튼으로 귀국하여 시렌스터 Cirencester 대수도원장이 된 알렉산더 네캄Alexander Neckam(1157~1217)은 1187년경『사물의 본질에 대하여De Naturis Rerum』와『기구에 대하여De Utensilibus』라는 두 권의 책을 저술하였다. 그는『사물의 본질에 대하여』에 다음과 같이 적고 있다.

선원들이 바다를 항해할 때 구름이 끼어 더 이상 해를 볼 수 없거나 칠흑같이 어두운 밤에 어느 방향으로 조선해 가야할지를 모를 때 선원들은 자석에 바늘을 문지른 다음 돌린다. 바늘이 멈추면 바늘 끝이 정확히 북쪽을 가리킨다.[66]

네캄은 또『기구에 대하여』에서 배에 갖고 다녀야 할 비품을 열거하는 가운데 '선회축 위에 올려놓은 바늘a needle mounted on a pivot'을 들고, "이것은 흔들리다가 바늘 끝point이 북쪽을 가리킬 때까지 돈다. 이로써 선원들은 날씨가 나빠 북극성이 보이지 않을 때에도 침로를 유지하는 방법을 알게 된다"[67]고 적었다.

프로방스 출신인 기요Guyot de Provins가 1203~1208년 사이에 지은 시도

---

66) cited by Hewson, *History of the Practice of Navigation*, p.49.
67) De Utensilibus, ed. by Thos. Wright(1857) ; cited by Hewson, *History of the Practice of Navigation*, p.49.

유럽에서 자석을 항해에 이용되었음을 입증하는 유력한 사료로 제시되고 있다. 기요는 교황이 북극성과 같은 존재여야 한다는 견해를 피력한 뒤 다음과 같이 적고 있다.

결코 움직이지 않는 별이 있다네
결코 속이지 않는 기술art이 있다네
그것은 울퉁불퉁한 갈색 돌인 자석magnet을 이용하는 것이지.
자석은 언제나 철을 끌어당기고, 일정한 방향을 가리키지.
자석에 바늘을 문지른 뒤
물통 한 가운데 지푸라기straw 위에 올려놓고
지푸라기가 바늘을 떠받치게 하지
그러면 바늘은 돌다가
어김없이 그 별 쪽을 가리킨다네
별도 달도 볼 수 없는
칠흑 같은 어두운 밤에
불빛으로 이 바늘을 비추어 보면
바늘이 그 별을 가리키고 있는 것을 볼 수 있다는 것을 믿지 않을 수 있을까?
뱃사람들은 이 바늘에 기대어
가야할 바른 항로를 찾아내지
이것이 결코 속이지 않는 기술이라네.[68]

네캄과 기요 이후 유럽에서 나침반을 항해에 이용했음을 보다 명확하게 확인시켜주는 사료는 페레그리누스Petrus Peregrinus(c.1220~?)가 1269년 8월 친구인 시게루스Sygerus에게 써 보낸 「자석에 관한 서한Epistola de Magnete」[69]이다.

---

68) cited by Hewson, *History of the Practice of Navigation*, p.48 & Collinder, *History of Marine Navigation*, p.103.

69) 원명은 「Maricourt 출신 Peter Peregrinus가 군인인 Foucaucourt 출신 Sygerus에게 보내는 자석에 관한 서한(*Epistola Petri Peregrini de Maricourt ad Sygerum de Foucaucourt, militem, de magnete*)」이다.

「자석에 관한 서한」은 크게 두 부분으로 구성되어 있는데, 앞부분에서는 천연자석lodestone의 특성에 대해 다루었고, 뒷부분에서는 자석의 활용법에 대해 서술하였다. 페레그리누스는 "네모난 철편을 천연자석에 문지르고 난 뒤 작은 나무나 갈대 조각에 묶어 물 위에 놓으면 한 쪽 끝이 항해 별nautical star(북극성) 쪽으로 돌아간다"고 쓴 뒤, "자성을 띤 돌은 북부 지역에서 널리 발견되고 있으며, 북해의 전 지역, 특히 노르망디, 피카르디, 플랑드르 선원들이 지니고 다닌다"고 적었다.[70] 이어 그는 자석의 활용법에 대해 서술하면서, 당시에 널리 이용되고 있던 '물통 가운데 놓인 나무판재 위에 띄워 놓은 천연자석 덩어리a lump of lodestone floated in water on a piece of board'에 불과한 '표자석floating lodestone'에 대해 설명한 뒤, 철편을 자화시켜 선회축pivot 위에 올려놓고 사용하는 '축침pivoted needle'에 대해 상세히 소개하고 있다.[71]

이들 기록을 통해 유럽에서는 12세기 말부터 13세기 중엽 사이에 세 가지 형태의 지남기, 즉 표자석, 표자침floating magnetized needle, 축침이 혼용되고 있었음을 확인할 수 있다.[72] 이상과 같은 기록으로부터 유럽에서는 늦어도 13세기 중엽에는 자석이 항해에 널리 이용되었음을 알 수 있다. 그러나 이 당시에 뱃사람들이 사용하기에 가장 적합한 콤파스라고 할 수 있는 축침 조차도 방향을 표시하는 카드card가 없어서 단지 남북만을 확인할 수 있었을 뿐이었다. 또한 나침반은 아직 날씨가 흐려 해나 별을 볼 수 없는 경우에 한하여 이용되는 항해보조장비에 지나지 않았다.

오늘날 사용되고 있는 방위판이 있는 나침반은 13세기 말에서 14세기 초 사이에 출현하였다. 1290년 경 지중해 해역에서 출현한 포르톨라노Portolano 해도에는 풍배도Wind-rose가 그려져 있는데, 이는 이러한 형태의 콤파스가 뱃사람들 사이에서 사용되었음을 시사한다. 하지만 이는 역사적 사실과는 다소 다르다. 왜냐하면 최초의 포르톨라노 해도에는 풍배도가

---

70) cited by Winter, "Who invented the Compass?," p.99.
71) cited by May, *A History of Marine Navigation*, pp.45~46.
72) Marcus, "Mariner's Compass," p.19는 "전 유럽에 나침반으로 이용된 자석이 알려진 것은 13세기였다"고 주장하였다.

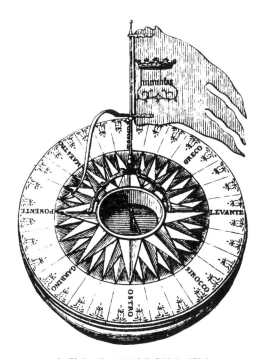

〈그림 3-10〉 1400년대 유럽의 나침반

자료 : Duncan Casterreagh(1971), *Great Age of Exploration*, Reader's Digest Association, p.161.

그려져 있지 않았고, 1375년에 발간된 포르톨라노 해도에서야 비로소 8방위를 표시한 풍배도가 나타났기 때문이다.[73]

그렇다면 방위판이 있는 나침반은 언제 누가 만들었을까? 이에 대해 이탈리아인들은 1302년 아말피Amalfi의 플라비오 기오이아Flavio Gioja가 오늘날과 유사한 형태의 콤파스를 만들었다고 주장하고 있다.

그러나 니담과 왕링, 메이, 콜린더, 윈터와 같은 학자들은 플라비오가 오늘날 사용하고 있는 것과 유사한 콤파스를 발명했다는 주장을 논박하고 있다. 첫째, 이를 입증할 만한 증거가 하나도 없고, 그가 실제로 생존했던 인물인지를 입증할만한 증거가 없다. 둘째, 플라비오가 콤파스를 발명했다고 주장하는 중요한 근거는 방향을 지시하는 용어가 이탈리아어라는 것인데, 이는 아무 관계가 없다. 셋째, 카드판의 문양으로 사용되어 온 '붓꽃 문양fleur-de-lis, flower of lily' 역시 그 기원이 이탈리아가 아니라 포르투갈이나 카탈로니아이다.[74] 이로써 이탈리아인들이 방향

---

73) May, *History of Marine Navigation*, pp.46, 50.

74) Needham & Wang, *Science and Civilization in China*, Vol.4, p.301 ; Winter, "Who invented the Compass?," pp.96~97 ; Collinder, *History of Marine Navigation*, p.105 ; May, *History of Marine Navigation*, p.51.

판이 있는 콤파스를 만들었다는 주장은 일축되었다.

하지만 14세기에 오늘날과 유사한 형태의 나침반이 등장했다는 사실에 대해서는 그 누구도 부인하지 않고 있다. 14세기 경 유럽의 지남기는 나침이 가리키는 방향을 확인할 수 있도록 바늘 주위에 방향판을 올려놓고, 바람의 영향을 피하기 위해 이를 나무나 황동 상자 안에 넣은 나침반으로 발전하였다. 잉글랜드의 초서Chaucer(1340?~1400)는 1391년에 쓴 『원측의론*Treaties on the Astrolabe*』에서 원측의의 모양을 묘사하면서 "콤파스에는 양 자리, 황소 자리, 쌍둥이 자리, 게 자리, 사자 자리, 처녀 자리, 저울 자리, 전갈 자리, 화살 자리, 염소 자리, 물병 자리, 물고기 자리와 같은 12가지 이름이 새겨져 있다"고 적었다.[75] 이는 그의 시대에 나침 주위의 원반에 12방위를 표시한 콤파스가 사용되었음을 의미한다. 유럽에서 360도를 포인트(point, 11°15′)로 나누어 32방위를 표시한 콤파스 카드가 등장한 것은 16세기에 이르러서였다.[76]

III. 요약 및 결론

이상에서 살펴본 바와 같이 중국을 대표로 한 동양권에서 사남이 발견되고 지남기를 항해에 이용하기까지 장구한 세월이 소요되었다. 또한 이 과정은 어떤 불연속적인 진보나 혁명적 발전에 의해 이루어진 것이 아니라 점진적이고 연속적인 진화의 산물이었다. 이는 비단 중국을 중심으로 한 동양에만 해당하는 것은 아니었고, 유럽의 경우도 마찬가지였다. 동서 양에서 지남기가 항해에 이용되기까지의 과정을 정리해 보면 다음과 같다.

---

75) Geoffrey Chaucer, ed. by Walter W. Skeat, *Treatise on the Astrolabe*, N. Trübner & Co., 1872, p.6 in www.hti.umich.edu/ cgi, 2003. 5. 25.

76) Hewson, *History of Practice of Navigation*, p.50.

동양		서양	
연대	단계	연대	단계
B.C.4세기	司南		
		B.C. 2세기	자성 발견
		B.C. 50년	자석이 같은 극끼리 밀친다는 사실 인지
3~4세기	指南舟		
988년	자석이 같은 극끼리 밀친다는 사실 인지	868년~11세기 말	floating lodestone→항해에 이용
11세기	指南車·指南魚·指南龜		
1098~1102년	指南浮針 → 항해에 활용	1187년	1. floating magnetized needle 2. pivoted needle
12세기 초엽	子午水浮羅針 → 24 방위 나침		
1154년	子午水浮羅針 항해에 활용		
1297년	磁針 航海		
		1390년	12방위 나침
		15세기	磁針 航海
16세기 중엽	유럽식 乾羅針盤 유입		
18세기 초엽	건나침반 항해에 활용		

위로부터 다음과 같은 결론을 얻을 수 있다.

첫째, 동서양 모두 지남기가 항해에 이용되기까지 비슷한 과정을 거쳤다. 즉 동서양을 막론하고 자석 발견 → 지남부침floating magnetized needle → 축침 pivoted needle → 콤파스 카드compass card의 순서로 지남기가 항해에 활용되었던 것이다. 이 과정에서 동서양 간에 차이가 나는 것은 동양이 방위 지시판을 먼저 도입하였지만, 건나침반을 사용한 것은 유럽이 훨씬 앞섰다는 점이다.

둘째, 그 동안 학계에서는『평주가담』이 세계에서 지남기를 항해에 가장 먼저 이용했음을 확인시켜주는 기록으로 인식되어 왔다.[77] 그러나 프로데 Frode의 사가의 기록을 사실로 받아들인다면, 유럽인과 중국인은 거의 비슷한

77) 航運史話編寫組,『航運史話』, p.104 ; 王振鐸,「中國古代磁針的發明和航海羅經的創造」, p.56 ; 최근식,「장보고 무역선과 항해기술 연구」, p.164 ; 정진술,「장보고 시대의 항해술과 한중항로에 대한 연구」, p.233.

시기에 지남기를 항해에 이용했다고 할 수 있을 것이다. 하지만 이 사가가 1225년에 가필되었다는 사실이 밝혀짐으로써 그 신빙성에 대해 의문이 제기되고 있다. 쇨버Sølver, 폰 리프만von Lippmann, 마아커스Marcus(1956)는 가필된 사료에 근거하여 바이킹들이 1190년 이전에 지남기를 사용했다고 주장하는 것은 잘못이라고 주장하고 있다.[78] 이에 대해 배그로와 윈터는 바이킹들이 지남기를 사용했다고 믿고 있다.[79] 그렇다면 아라 프로데의 사가를 어떻게 해석해야 할 것인가? 필자는 다음과 같은 몇 가지 전제하에 이를 역사적으로 재해석하고자 한다.

1) 가필된 1225년 당시에는 이미 유럽에서도 표침floating magnetized needle과 축침 pivoted needle이 항해에 널리 이용되고 있었다.

2) 필사자가 설사 가필을 했다고 하더라도 사가 전체를 가필한 것이 아니라 일부 문장과 단어를 가필했을 것이다.

3) 바이킹들은 어느 민족보다도 방향지시기가 필요했던 민족이었다. 플로키가 아이슬랜드에 정착한 뒤에 그의 아들인 붉은 털 에릭Erik Thorvalsson이 986년 그린랜드에 도달하였고, 1000년 전후에는 레이브Leiv Eriksson가 북아메리카에 이르렀다.[80] 바이킹들이 북아메리카에 이르렀다는 얘기는 오랫동안 사가 속에 나오는 전설로 치부되어 왔으나, 고고학적인 유물과 1957년 커네티컷Connecticut에서 발견된 지도, 시험 항해를 통해 이제는 역사적으로 확실한 것으로 받아들여지고 있다.[81]

4) 1225년 당시에는 중국인이나 유럽인 중 어느 쪽이 먼저 지남기를 항해에 이용했는가 하는 것은 전혀 문제가 되지 않았다.

---

78) Needham & Wang, *Science and Civilization in China*, Vol.4, p.301 참조.

79) Leo Bagrow(1951), *Die Geschichte der Kartographie*, Berlin, p.48(cited by Lane, "Economic Meaning of the Invention of the Compass," p.612) ; Winter, "Who invented the Compass?," pp.95~102.

80) 김성준, 「바이킹과 유럽의 역사」, pp.50~67 ; MacDonald, *Beyond the Horizon*, pp.21~62.

81) MacDonald, *Beyond the Horizon*, pp.50~51 ; Cohat, 『바이킹 : 바다의 정복자들』 ; 김주식, 『서구의 해양기담집』, p.33.

위의 네 가지 전제를 고려해 본다면, 1225년 당시 필사자가 사가에 가필을 가했다 하더라도 최소한 '천연자석leidarstein' 부분에 가필을 가하지는 않았을 것으로 추정할 수 있다. 왜냐하면, 필사자가 이 부분에 굳이 가필을 해야 할 필요성도 없었을 뿐더러, 설사 무심코 가필을 했다고 한다면 '천연자석'을 언급하기 보다는 당시 유럽에서 일반적으로 널리 이용되고 있었던 '표침floating needle'이나 '축침pivoted needle'을 언급했을 개연성이 더 크기 때문이다. 결론적으로 바이킹들은 네캄의 기록 이전에 이미 지남기를 항해에 이용했었다고 보는 것이 역사적 사실에 부합된다고 할 수 있다.[82]

동서양에서 거의 비슷한 시기에 지남기를 항해에 이용했다면, 서로 직접 교류를 하지 못하고 있었던 당시대에 중국의 지남기가 아랍인을 통해 유럽으로 전해졌다는 기존의 학설은 이제 재고되어야 할 것이다. 오히려 유럽과 동양이 서로 독자적으로 지남기를 항해에 이용하였다고 보는 것이 타당하다고 하겠다.[83]

셋째, 니담은 항해에 지남기를 활용했는지의 여부를 기준으로 원시항해시대와 수량적 항해시대로 양분하고 있으나,[84] 이는 지나치게 단순한 구분이다. 앞에서 살펴본 바와 같이, 동서양 모두 지남기를 항해에 이용하기 시작했던 11세기 경에도 지남기는 단순한 항해보조기구에 지나지 않았다. 중국에서 전적으로 지남침에 의지해서 항해를 하기 시작한 것은 14세기 초였고, 유럽은 대양 항해시대가 개막된 15세기였다.[85] 따라서 항법을 기준으로 항해사의 시대를 구분해 본다면, 지문 항해시대 → 천문 항해시대 → 나침 항해시대로 구분하는 것이 항해사의 전개과정을 이해하는 데 보다 유용할 것이다.

---

82) Leo Bagrow(1951), *Die Geschichte der Kartographie*, Berlin, p.48(cited by Lane, "The Economic Meaning of the Invention of the Compass," p.612) ; Winter, "Who invented the Compass?"

83) May, *History of Marine Navigation*, p.52 ; Colinder, *History of Marine Navigation*, p.105 ; *Encyclopaedia of Britannica*(1988), Vol.3, p.503.

84) Needham & Wang, *Science and Civilization in China*, Vol.4 Part3, p.562.

85) Lane, "Economic Meaning of the Invention of the Compass," p.605.

제4장

콜럼버스는 종말론적 신비주의자인가?

낯익은 제목의 책이 발간되었다는 소식을 전해 듣고 서둘러 구해 읽었다. 그것은 주경철 교수가 펴낸『크리스토퍼 콜럼버스 : 종말론적 신비주의자』[1]였다. 그의『대항해시대』에 대한 서평[2]을 쓴 적이 있었기 때문에 그의 새 책『크리스토퍼 콜럼버스』에 대한 서평도 써야 하지 않을까 하는 일종의 의무감을 느꼈기 때문에 정독하였다. 필자는『해양탐험의 역사』[3]에서 '크리스토퍼 콜럼버스의 대서양 항해'를 소개한 바 있다. 그러니 그의 책이 출판된 사실을 타인으로부터 전해 들었을 때 첫 귀(?)에 읽어 봐야겠다고 생각한 것은 지극히 자연스러운 일이었다. 또 책을 정독하고 난 뒤 서평을 써야겠다는 생각을 굳히게 된 것은 역사적 인물 콜럼버스에 대해 주경철 교수와는 다소 다른 관점을 갖고 있기 때문이었다. 주경철 교수가 그려낸 콜럼버스가 필자가 생각하는 콜럼버스와 다소나마 비슷했다면 필자는 저자에게 고마움을 전하는 것으로 만족했을 것이다. 그러나 그의 말처럼, '너무나 대중적인 인물이면서도 실제로는 제대로 아는 게 없는

---

1) 주경철,『크리스토퍼 콜럼버스』, 서울대학교 출판문화원, 2013, p.333. 이하 본문 속의 괄호 안의 쪽수는 이 책의 쪽수이다.

2) 김성준, 「타인의 역사로 빌려 쓴 항해 없는 대항해시대」,『역사와 문화』16, 문화사학회, 2008.9, pp.287~304.

3) 김성준,『해양탐험의 역사』, 신서원, 2007 부록.

콜럼버스'에 대해 거의 모든 것을 다룬 그의 책이 한국의 독서시장에서 관심을 끌 것[4]이 분명한 상황에서, 콜럼버스가 젊은 시절부터 지리종말론적 세계관에 입각해 또는 종교적 목적에 경도되어 대서양 항해를 감행했다는 저자의 주장을 필자로서는 받아들이기 어려웠다.

주경철 교수의 책은 콜럼버스와 관련한 사료, 생애, 포르투갈에서의 입지, 스페인으로의 이주와 궁정과의 교섭, 지리학적 세계관, 4차례의 항해의 경과, 『예언서』 분석 등 주요 주제들을 총망라하고 있다. 책을 읽는 동안 필자의 책에서 미처 다루지 못한 주제들까지 세심하게 정리해 준 저자에게 고마움을 느낌과 동시에, 뭔가 불편한 감을 느끼지 않을 수 없었다. 그것은 주경철 교수가 콜럼버스에게는 "세속적 측면과 성스러운 측면이 모두 강하게 존재했다는 입장을 취하려 한다"(p.9)고 밝히면서도 성스러운 측면 – 종말론적 태도에 깊이 침윤된 인물(p.8)을 부각시키려고 했지만, 그 시도가 그리 설득력 있게 보이지 않았다는 점 때문이었다. 책 한 권에서 다룬 모든 주제들을 모두 다룰 수는 없는 일이므로 여기에서는 콜럼버스가 대서양 서쪽으로 항해하게 된 이유와 그의 항해의 목적이 무엇이었는지에 초점을 맞추어 필자의 견해와 비교해 보려고 한다.

I. 콜럼버스의 내면 세계 : 지리학적 세계관

콜럼버스가, 아프리카를 돌아 아시아로 가려던 포르투갈인들과는 달리, 대서양 쪽으로 항해하여 아시아에 도달할 수 있다고 생각하게 된 배경은 무엇이었을까? 먼저 주경철 교수의 견해를 요약해 보기로 하자. 콜럼버스는 "중세 기독교적 지리관을 반영한 '마파 문디'라는 지도와 '포르톨라노 해도'라는 상이한 두 가지 지리적 이미지를 갖고 항해했는데, 포르톨라노

---

4) 실제로 주경철의 책은 동아일보(2013.12.14), 중앙일보(2013.12.14), 연합뉴스(2013.12.13), 한겨레(2013. 12.22), 조선일보(2013.12.14), 매경이코노미(2014.1.13) 등에 소개되었다. 게재일은 인터넷 기사 등록일 기준이다.

해도는 항해용으로 사용하고, 새로 마주치는 지리의 성격과 의미는 마파 문디적인 이미지에 견주어 해석해 갔다."(p.103) 콜럼버스의 지리적 세계관에 영향을 미친 저서로는 피에르 다이이 추기경의 『이마고 문디Imago Mundi』(1480~1483년판), 마르코 폴로의 『동방견문록』(1485~1486년판), 플리니우스의 『박물지』(1489년판), 피콜로미니의 『히스토리아』, 플루타르크의 『전기』(1491년판), 프톨레마이오스의 『지리학』(1478년판, 1차항해 귀환후 구입) 등이 있다. 이 가운데 콜럼버스의 지리학적 지식에 중요한 원천이 된 것은 『이마고 문디』였다. 『이마고 문디』와 『외경』의 「에즈드라스서」의 내용에서 '지구의 6/7이 땅이고, 나머지 1/7이 바다'이며, '알프라가누스가 주장한 것처럼, 적도상 1도는 56⅔밀라스이므로 지구의 둘레는 2만 400밀라스가 된다'고 생각했다. 여기서 콜럼버스는 밀라스를 로마식 마일로 생각해 최대 4860ft(약 1.479km)로 간주하여 적도상 지구의 둘레를 1만 9천 마일로 생각했다. 이는 실제 적도상의 1도의 길이가 69마일이므로 실제 지구둘레인 2만 4900마일과 비교했을 때, 32% 작게 생각하게 했다. 게다가 아시아 대륙이 실제보다 30도 더 뻗쳐 있고, 『동방견문록』에 일본이 이보다 1500마일 더 동쪽에 있다고 했으며, 카나리아 제도에서 출발할 것이므로 카나리아에서 씨팡고까지는 2400마일(실제거리는 1만 600마일)에 불과하게 된다.(pp.127~129) 이에 더하여 『동방견문록』과 『박물지』에서는 황금향을, 『전기』에서는 '부의 정당화 필요성'을, 『히스토리아』에서는 서쪽으로의 항해 가능성, 적도 근처의 지상낙원, 식인종, 여인국 등에 관한 언급에 주목하였다. 콜럼버스가 기니 항해와 지구 둘레를 추산하는 주석을 1482년 포르투갈에 거주할 때 쓴 것으로 보아 젊은 시절(30대 초반)부터 특유의 사고체계를 형성해 갔다.(p.138)

이상이 주경철 교수가 정리한 콜럼버스의 지리학적 세계관인데, 필자가 이해한 바와 크게 다르지 않다. 즉 콜럼버스는 지구를 실제보다 작게 생각했고, 지구에서는 바다 보다 땅이 더 넓고, 카나리아에서 씨팡고까지는 2400여 해리에 불과하다고 생각했다는 것이다. 그러나 그러한 결론에 도달하게 된 과정은 그리 명쾌하지 않은 것처럼 보인다. 필자는 콜럼버스의 지리적 세계관을 다음과 같이 이해하였다. 15세기 당대에는 지구가 둥글다는 사실은 교양인 사이에서는 상식이었고, 지구의 크기에 대해서는 두 가지 권위를 이용할 수 있었다. 에라토스테네스는 지구 둘레를 25만 스타데스stades(약 4만km)로 추산한 바 있었고, 프톨레마이오스는 18만 스타데스(약 2만 8800km)로 추산했는데, 콜럼버스는 이 가운데 프톨레마이오스의 설을 받아들였다. 주경철 교수가 각주에서 밝히고 있는 것처럼, 콜럼버스가 프톨레마이오스의『지리학』을 1차 항해 이후에 구입했다고 해서 그가 프톨레마이오스의 주장을 1차 항해 이후에 접하게 되었다는 것으로 오해해서는 안된다.『지리학』은 1406년 라틴어로 번역되어 유럽에 다시 소개된 이후 가장 권위있는 지리서로 유럽에 널리 알려져 있었고, 그 책에 포함된 '프톨레마이오스 지도'는 1480년대에는 당대까지의 탐사 내용이 더해진 개정판이 유럽의 식자층에게 잘 알려져 있었다. 따라서 콜럼버스가 비록 1차 항해 이전에『지리학』을 소유하고 있지 않았다 할지라도, 주경철 교수의 주장처럼 수도원 등의 장서를 통해 직접 읽고 연구했을 가능성은 충분히 있다.(p.109) 오히려 콜럼버스가 프톨레마이오스의 지도에 대해서는 깊이 이해하고 있었다고 보는 것이 자연스럽다. 포르투갈과 스페인 왕실에서 수차례 후원 계획에 대한 심사를 받았던 콜럼버스가 당대 최고의 권위서인『지리학』을 숙지하지 않고 있었다고 생각하는 것은 어불성설일 것이기 때문이다. 어쨌든 콜럼버스는 지구의 크기를 프톨레마이오스 설을 받아들임으로써 실제보다 30% 작게 추산했다.

그런데 프톨레마이오스는 육지와 바다의 구성 비율이 대체로 절반씩이라고 보았지만, 콜럼버스는 이 주장을 따르지 않고, 다이이의『이마고 문디』와「에즈드라스서」의 내용을 따랐다.『이마고 문디』와「에즈드라서」설을 종합하여 콜럼버스는 지구의 1/7이 바다이고, 6/7이 육지라는 추론을 이끌어 냈다.[5]『이마고 문디』에는 '지구의 6/7에 사람이 거주할 수 있다'고 언급되

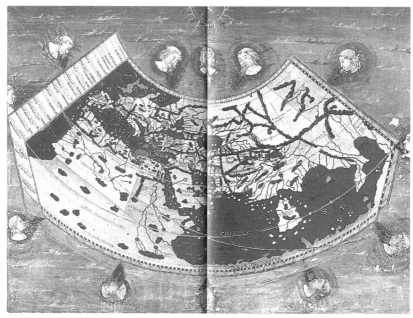

〈그림 4-1〉 프톨레마이오스의 세계지도(1482)[6]

어 있고[7]「에즈드라스서」2권 6장 42절에 "셋째 날에 물에 명하여 지구의 일곱째 부분에 한 데 모여 있도록 명했고, 여섯째 부분에는 씨앗을 뿌리고, 농사를 짓고, 당신에게 봉헌할 수 있도록 마른 땅으로 있게 하라고 명하셨다"고 기록되어 있다. 러셀은 "콜럼버스가 『이마고 문디』에서 지구에서 바다가 135°, 육지가 225°라는 수치를 받아들였다"고 밝히고,[8]『이마고 문디』의

---

5) 주경철이 밝힌 바에 따르면, 콜럼버스는 『이마고 문디』 제8장에 「에즈드라서」의 내용을 방주로 달았다.

6) Skelton, 『탐험지도의 역사』, f. 2. 이 책에는 헌팅턴도서관 소장본으로서 15세기 판본으로 명기하고 있으나, 영국 그리니치해양박물관의 Historical Map in facsimile(Wychwood Editions)에는 동일한 지도가 1482년 판으로 기록되어 있다. 프톨레마이오스 지도는 전세계 주요 도서관에 많이 남아 있다. 바티칸 도서관 (Biblioteca Apostolica, Vaticana)에는 1472년에 제작된 지도가 소장되어 있기도 하다. refer to Fuson, Log of Christopher Columbus, p.24.

7) Nunn, "Imago Mundi and Columbus," p.654.

8) Jeffrey Burton Russel, 『날조된 역사』, p.31.

저자 다이이 자신은 지구 둘레에 대해 마리누스Marinus of Tyre의 견해를 따랐다고 덧붙이고 있다. 실제로 마리누스는 지구의 둘레를 18만 스타디아stadia(약 3만 3000km)로 추산했는데, 이는 실제보다 17% 적게 추산한 것이다. 여기에서 마르코 폴로의 『동방견문록』에 '아시아가 다이이나 프톨레마이오스가 생각했던 것보다 서쪽으로 향해 있다'는 내용을 근거로 육지에 28°를 추가하여 육지는 253°, 바다는 107°가 되었다. 게다가 『동방견문록』에는 '씨팡고가 아시아 본토로부터 남동쪽 1500마일에 있다'[9]고 했으므로 바다에서 30°를 빼서 유럽에서 씨팡고까지의 바다는 77°가 되었다. 그런데 유럽 본토에서 출항하는 것이 아니고 카나리아 제도에서 출발할 것이므로 다시 9°를 빼서, 항해해야 할 바다는 68°가 되었다. 여기에서 콜럼버스는 다이이가 바다의 넓이를 추산할 때 8°를 빼야 할 것을 누락한 것으로 간주하여 결과적으로 항해해야만 하는 바다는 60°가 되었다.[10]

다음으로 1도의 길이가 얼마인가가 문제가 되었는데, 콜럼버스는 알프라가누스의 견해에 따라 1도가 56⅔ 밀라스라는 설을 받아들였다.(p.128 인용구 참조) 문제는 콜럼버스가 '밀라스'를 로만 마일로 생각하였다는 점이다. 이렇게 생각함으로써 콜럼버스는 1밀라스(로만 마일)의 길이를 오늘날 해리로 대략 45.25해리[11]로 생각했다. 그런데 실제 항해는 적도 보다 더 북쪽 위도에서 항해할 것이기 때문에 1도의 거리를 오늘날 단위로 40해리 정도로 가정했다. 이에 따라 콜럼버스의 추산으로 카나리아에서 씨팡고까지의 거리는 60° × 40해리=2400해리가 되었다. 콜럼버스가 씨팡고까지의 거리를 오늘날 항해 거리로 2400해리라고 추산하게 된 것은 이와 같은 논리적 연산작용의 결과였다. 이는 북미대륙이 없다고 가정했을 때 카나리

---

9) 마르코 폴로, 『동방견문록』, p.218.
10) 이상 Russel, 『날조된 역사』, pp.31~33.
11) 물론 콜럼버스는 오늘날 항해거리 단위인 해리를 사용하지 않았다. 오늘날 항해용 거리 단위로 널리 사용되는 해리와 비교하기 위해 다음과 같은 계산식에 따라 환산한 것이다. 1로만 마일은 1.479km이므로 56⅔×1.479km=83.80km이고, 83.80km ÷ 1.852km=45.25NM이 된다.

아제도의 산타크루즈에서 도쿄까지의 실제 거리인 8059해리보다 70%나 작게 계산한 것이다. 이 정도의 거리라면 당시 범선의 항해속도인 시간당 3노트로 항해할 경우 대략 33일(≒2400 ÷ 3노트 ÷ 24시간) 내외면 도달할 수 있는 거리다.

　그러나 이와 같은 지리적 지식을 콜럼버스가 처음부터 완결된 상태로 갖고 있었다고 생각하는 것은 비역사적일 것이다. 주경철 교수도 지적한 것처럼, 콜럼버스가 포르투갈에 체류하던 20대 후반부터 대서양 쪽으로의 항해를 구상하기 시작하였다는 것은 의문의 여지가 없다. 다만, 포르투갈 궁정에 후원을 요청했던 1484년 즈음에는 어느 정도 완결된 나름대로의 논리적 근거와 확신을 갖고 있었을 것이다. 1485년 이후 카스티유와 아라곤 연합 왕국에 후원을 요청하고 심사위원회의 심사를 받을 때는 당대 최고의 지식인들과 치열한 논쟁을 해야 했을 것이므로, 자신의 주장을 납득시킬 수 있는 확실한 근거를 대야 했을 것이다. 그 과정에서 당대의 지리학 권위자 중 한 사람인 토스카넬리와 서신 교환을 하고 그의 지리학적 주장을 받아들여 자신의 주장을 뒷받침하는 근거로 삼았을 것이다. 토스카넬리는 1474년에 자신의 주장을 담은 서한을 포르투갈 국왕에게 보냈었고, 이 편지 사본을 '콜럼버스가 1481년에 보내온 편지에 대한 답장과 함께 그에게 보내주었다'고 페르디난드는 『콜럼버스의 전기』에서 밝히고 있다.[12] (p.119) 이상에서 살펴본 것처럼. 콜럼버스의 지리학적 지식, 즉 지구는 작고, 육지가 더 넓으며, 대서양 서쪽으로 항해하여 아시아에 도달할 수 있다는 생각은, 주경철 교수가 주장한 것처럼 "중세 지리학적 체계에서는 나오기 힘든 내용"(p.94)이 아니라, 철저히 중세지리학에 근거하고 있었다고 보는 것이 타당할 것이다. 콜럼버스와 동시대인인 존 캐벗(1450?~1499)이 아프리카를 돌아가는 것보다 대서양 서쪽으로 항해하는 것이 아시아에 더 빨리 도달할 수 있을 것이라고 생각한 것도 바로 이와 같은 중세적 지리관에 근거한 것이었다. 그가 콜럼버스로부터 어떤 영향을 받았는지에

---

12) Ferdinand Columbus, *Life of the Admiral*, pp.19~23.

대해서는 논란이 있지만, 대체로 그의 독자적인 결론이었던 것으로 여겨지고 있다.[13]

콜럼버스가 항해에 어떠한 해도를 사용하였는지는 확인할 수 없다. 물론 이베리아반도와 아프리카 서해안, 그리고 카나리아제도 등 유럽권역에서는 뱃사람들이 일반적으로 이용했던 포르톨라노 해도를 사용했을 것임은 자명하다. 문제는 카나리아제도 너머의 해역에 대해서 어떤 해도 또는 이미지를 그리고 있었을까 하는 것이다. 이에 대해 주경철 교수는 마파 문디적인 이미지를 그리고 있었을 것이라고 주장한다. 콜럼버스는 여전히 중세적 세계 속에서 태어나 성장했고, 중세까지의 지리학적 지식을 몸과 머리로 체득한 사람이었다. 하지만 콜럼버스는 직업적 뱃사람이었고,[14] 뱃사람에게 해도는 목숨만큼이나 중요한 필수장비였다. 하버드대학의 해양사 교수였던 패리J.H. Parry가 지적한 것처럼, "15세기 항해가들은 결코 해도 없이는 바다로 나가지 않았지만, 마파 문디는 실제 대양을 항해하는 데는 무용지물이었다."[15] 콜럼버스가 그의 시대에 항해에 이용되었던 포르톨라노 해도에 앞서 제작된 카탈란 해도(14~15세기)도 아닌 마파 문디적 이미지를 머리에 그리고 있었다고 생각하는 것은 200여 년이라는 시간적 간극만큼이나 비역사적이다. TO형 지도인 마파 문디는 13세기의 기독교적 세계관을 반영한 이상형적 지도에 불과했다. 설사 그것이 15세기에 제작된 것이 있다 하더라도 그것을 믿고 항해에 나설 만큼 어리석은 뱃사람은 없었을 것이고, 그것을 제작한 사람도 항해를 위해서가 아닌 성경의 세계관을 보여주기 위한 이미지로 그렸을 뿐이다. 콜럼버스의 아들인 페르디난드 콜럼버스를 비롯해 많은 연구자들은 콜럼버스가 당대까지의 지리학적 지식이 망라된 토스카넬리적인 해도를 머리에 그리고 있었을 것이라는 데에 대해서는 이견이 없다. <그림 4-2>는 페르디난드의 『콜럼버스의

---

13) Frits, 『세계 탐험 이야기』, p.110.
14) 콜럼버스의 아들인 페르디난드는 부친 콜럼버스가 14살 때부터 '해상생활'을 했다고 적고 있다. Ferdinand Columbus, *Life of Admiral*, p.12.
15) Parry, 『약탈의 역사』, p.25.

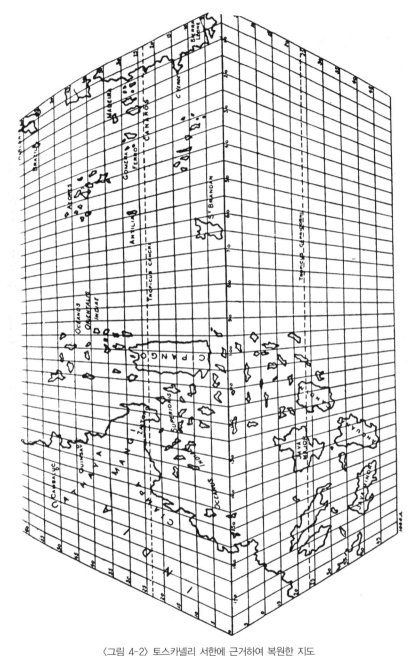

〈그림 4-2〉 토스카넬리 서한에 근거하여 복원한 지도

자료 : Fuson, *Log of Columbus*, p.28 ; Markham, *Journal of Columbus*, p.2.

전기』에 삽입되어 있는 토스카넬리의 서한16)을 토대로 복원한 토스카넬리의 지도다.

이 지도에 따르면, 콜럼버스의 주장처럼 대서양을 서쪽으로 항해하면 아시아에 도달할 수 있을 것이고, 가는 항로상에서 어떤 섬에라도 도달할 수 있을 듯했다. 콜럼버스의 주장은 결코 마파 문디적인 이미지나 중세적 지리관에서 나올 수 없는 헛된 주장이 아니었던 것이다. 물론 살라망카위원회의 위원들은 이를 논박할 수 있는 또 다른 권위를 얼마든지 인용할 수 있었을 것이다. 콜럼버스가 그들과 달랐던 것은 자신에게 유리한 전거와 권위를 조합해 내는 능력이 있었다는 것이고, 이를 자신의 항해 경험을 바탕으로 적극적으로 피력할 수 있었다는 점이다. 이제 그가 다른 사람들과 다르게 전거와 권위를 이용하게 된 목적이 무엇이었는지 검토해 볼 차례다. 이는 결국 그가 대서양 항해를 하게 된 근본적인 목적이 어디에 있었는지와 연관된다.

II. 콜럼버스의 항해의 목적
: 세속적 돈벌이 vs 종말론적 인류 구원

주경철 교수는 "콜럼버스의 사업은 단순히 큰돈을 벌기 위한 것이 아니라 그 이상의 의미가 담겨 있었고, 그의 지리는 기독교적인 의미를 띠고 있었으며, 단순한 개인의 사회적 상승만이 아니라 인류의 구원과 연관된 훨씬 더 진지한 세계사적 의미를 띠고 있었다"(p.139)고 본다. 한마디로 "콜럼버스가 신성한 종교적 사명감과 세속적 지위에 대한 욕심을 모두 가지고 있었다"(p.146)는 것이다. 콜럼버스의 종말론적 세계관이 집대성된 것이 『예언서』인데, 그 내용과 의미를 주경철 교수는 다음과 같이 요약하고 있다. "자신은 신의 도구이며, 자신이 새로운 땅을 발견한 것은 예언된 일이다. 그가 신의 뜻을

---

16) Ferdinand Columbus, *Life of the Admiral*, pp.19~23.

전부 이룬 것은 아니고, 최종적으로는 스페인 국왕의 군사력으로 예루살렘을 탈환하고, 성전을 다시 지음으로써 인류의 구원사업이 진행될 것이다.(p.288) … 콜럼버스는 인류의 구원을 위한 준비 기간은 한 세기 반 정도 남았으며, 자신이 발견을 통해 금을 찾아 성스러운 사업을 돕고자 했다.(p.309) … 예루살렘을 탈환하려면 동쪽으로 갔어야 했는데, 자신이 서쪽으로 항해한 것은 십자군에 선행해서 발견, 전도, 부의 획득이 이루어져야 하기 때문이었다.(p.311) 결론적으로 그의 발견은, 『예언서』의 주석에서 밝히고 있는 것처럼, 천지창조, 예수 탄생과 수난과 같이 인류사를 바꾸는 계기가 되리라는 것이다."(p.288)

주경철 교수는 콜럼버스의 『예언서』를 "청년기에 시작해서 사망하기 1년 전까지 평생 지속되어 온 성경 연구와 신학 연구의 집적이며, 그의 종말론적 사고를 오랜 기간 다듬고 정리한 결과물"로 본다.(p.285) 콜럼버스가 "『예언서』 집필을 위해 본격적으로 자료 정리작업에 착수하게 된 시점은 3차 항해 이후(1501. 9~1502. 3)지만, 1481년 피콜로미니의 『히스토리아』에 적어 넣은 방주를 들어 그가 최소한 서른 살 무렵에 이미 『예언서』에 대한 기본 구상을 하고 있었음에 틀림없다"(p.284)고 적고 있다. 그러나 필자는 1501년 이후 본격적으로 자료 정리작업에 착수한 『예언서』를 그 20년 전부터 구상하고 있었다는 그의 주장을 받아들이기 어렵다. 주경철 교수는 콜럼버스가 젊은 시절부터 『예언서』를 구상하고 있었다는 주장의 근거로 이사야(24 : 14~16), 역대기하(9 : 21), 시편(74 : 12) 등을 들고 있다.(p.284)

그러나 필자에게는 『히스토리아』의 여백에 적은 위의 성경 인용구들이 콜럼버스가 『예언서』를 구상한 증거로는 보이지 않는다. 아마 일반 독자들도 이 성경 인용구와 "약속의 땅 한가운데 …" 운운하는 한 문장을 읽고 콜럼버스가 『예언서』를 이 시기(1481년)부터 구상하고 있었던 것으로 받아들일 것으로는 생각되지 않는다. 주경철 교수의 주장처럼, 콜럼버스가 1481년부터 『예언서』를 구상하고 있었다면, 실제 『예언서』를 본격적으로

<표 4-1> 콜럼버스 사업의 목적

주경철 (종교적 측면)	·어둠의 심연의 먼 바다로 돌진하는 것은 탐욕에 눈이 멀고 지위 상승에 목마르다고 해서 할 수 있는 일이 아니다(6)→ 콜럼버스 목적=세속적 측면 + 성스러운 측면(9)→ 1차 항해=새로운 예루살렘으로 가는 신성한 여정으로 해석(152)→ 산살바도르 명명(항해=구세주 이름으로 이루어진 위업)→ 나비다드 요새(금광과 향신료를 발견하여 예루살렘 정복에 사용, 161)→ 지상낙원과 에덴동산 운운(233)→ 3차 항해시 오리노코 유역 탐사시 지상낙원 언급(247)→ 자신의 사업=종교적 구원(248)→ 압송 도중 자신은 '신의 부름 받은 자'로 보고 종말론적 세계관 시사(254)→ 3차 항해이후『예언서』정리에 착수했지만, 젊은 시절부터 구상 시작
주경철 (세속적 측면)	·그의 1차 관심사는 동방의 부(134) ; 제일 애타게 찾은 것은 금과 향신료(152) ; 콜럼버스의 원래 목적은 교역 중심지를 찾아 금과 향신료 같은 상품을 거래하는 것(153)→ 1차 항해 중 핀손이 금을 찾아보기로 하고 이탈(158)→ 2차 항해시 "제독이 위험한 여행을 한 이유는 금을 찾기 위함"(214) ; 국왕에게 원주민 노예화 제안(216)→ 3차 항해 항로-금이 산출되는 시에라 리온과 같은 위도 따라 항해(239)→ 4차 항해 : 금은 보물이며 영혼을 천국에 보낼 수 있다.(267)→ 말년 : 직위와 하사금을 달라고 궁정에 청원(278)
필자	·콜럼버스는 직업적 뱃사람=실제적인 사람=세속적 측면이 강함→ 스페인 국왕과의 협상시 살라망카위원회가 경제적 측면에서 거부(1490)[17]→ 산타페 문서(1491)=선교 조항 전혀 없음→ 1차 항해 제1목적지 : 씨팡고(황금의 나라)→ 핀타호의 이탈 : 금 탐색→ 2차 항해 도착 : 나비다드 마을 전멸-금 탐색 지시→ 3차 항해시(1498) '자신의 사업을 신의 기획으로 생각하고, 서인도를 지상낙원으로 간주'[18]→ 압송 이후 4차 탐험 준비 중에『예언서』정리 시작→ 4차 항해 도중 허리케인으로 고생하던 중(1503.1) '신의 목소리'를 들음[19]→ 1504년 이후 사망시까지 스페인 궁정에 권리 회복을 위한 청원

정리하기 시작한 3차 항해(1501~1502) 이후까지 20여 년 동안 콜럼버스는 무엇을 했단 말인가? 그가 이 기간 동안 탐사에 대한 후원을 요청하고, 항해를 하고, 카리브해의 섬들에서 식민활동을 했다는 것은 주지의 사실이다. 이 사이에 콜럼버스가 항해일지나 서한 등에서도 원주민의 기독교로의 개종, 예루살렘 정복에 사용하기 위한 금 발견, 에덴동산이나 지상낙원, 지명을 성서적으로 작명한 것(산살바도르, 나비다드, 트리니다드 등) 등으로 종교적 신심을 드러내고 있다. 그러나 그 빈도와 강도는, 주경철 교수도 인정한 것처럼, 3차 항해 이후에 잦아지고 세어졌다. 따라서 필자는, 주경철

교수의 주장과는 달리, 콜럼버스의 사업은 세속적 측면에서 기획하고 추진 하였으나, 3차 항해 이후 쇠사슬에 묶여 압송되고 난 뒤 심리적 의지처 내지는 종교적 성격을 강조함으로써 세속적 사업의 실패를 보상받기 위한 측면이 훨씬 강했다고 보고 있다. 이를 <표 4-1>과 같은 도식화를 통해 비교해 보도록 하자.

<표 4-1>에 도식화해 본 것처럼, 주경철 교수는 "어둠의 심연의 먼바다로 돌진하는 것은 탐욕에 눈이 멀고, 지위 상승에 목마르다고 해서 할 수 있는 일이 아니고, 콜럼버스는 세속적 측면과 성스러운 측면을 모두 갖고 있었다"는 전제하에 1차 항해시부터 단편적으로 언급된 성서의 인용구나 문장을 통해 콜럼버스가 젊은 시절부터 종말론적 세계관을 구상하고 있었다 고 보았다. 물론 주경철 교수도 콜럼버스가 '경제적 부를 추구하고, 황금과 향신료를 애타게 찾고 있었고(pp.134 & 152), 이것이 여의치 않자 노예화를 통해 수익을 올리려고 했다'(p.216)는 사실을 적시하고 있다. 주경철 교수도 콜럼버스의 세속적 측면을 비교적 상세하게 그려내고 있다. 하지만 이러한 세속적 측면은 주 교수에게는 그리 중요한 요소가 아니었던 듯하다. 주 교수는 "콜럼버스가 마음에 품고 있었던 생각이 정확히 무엇이었는지에 대해서는 잘 알려져 있지 않았다. 그 동안 잘 알려져 있지 않았던 콜럼버스의 또 다른 측면으로 그가 종말론적 세계에 깊이 침윤된 인물이라는 점을 부각시키려고 했다."(pp.7~8)고 밝히고 있다. 따라서 그가 콜럼버스의 1차 적 목적은 '동방의 부'였고 애타게 찾은 것은 '금과 향신료'였다고 적절히 파악하고 있으면서도, 이를 도외시한 것은 그가 콜럼버스 사업의 종교적

---

17) 탈라베라 위원장은 콜럼버스의 후원을 기각하면서 "교양있는 사람이라면 누구나 그의 계획이 불확실하고 그 실행이 불가능함을 알 수 있었다. 성공을 보지 못하고 국왕들께서는 투자하신 돈을 잃으셨을 것이고, 왕실의 위엄이 실추되었을 것이다" 라고 보고했다. 벤츠케, 『콜럼버스』, p.61.

18) Columbus, Letter to the Sovereigns dated 18th October, 1498, in Major, *Four Voyages to the New World*, pp.104~108.

19) Columbus, Letter to the Sovereigns dated 7th July, 1503, in Major, *Four Voyages to the New World*, pp.178~186.

측면을 부각시키기 위한 전략적 선택에 따른 불가피한 것이었다.

그러나 콜럼버스의 종교적 측면에 대해서는 잘 알려지지 않았다는 주경철 교수의 주장과는 달리, 콜럼버스 그 자신, 그의 아들 페르디난드 콜럼버스, 라스 카사스 등 당대인들도 강조한 바 있다. 페르디난드는 자신의 아버지를 '예수-전도자Christoferens'로 형상화하면서 그가 종교적인 목적을 위해 탐험에 나서게 되었다고 주장하고 있다. 그는 『콜럼버스의 전기』에 다음과 같이 적고 있다. "만약 우리가 그를 라틴명 Christophorus Colonus로 부른다면, 聖Christopher가 위험이 많은 심해 너머로 예수를 전파했기 때문에 그런 이름을 갖게 되었다고 말할 수 있을 것이다. 또한 다른 어느 누구도 하지 못했던 낯선 이방인들에게 예수를 전파했기 때문에 위험에 처했을 때 예수의 도움과 보호를 갈구했던 크리스토퍼 콜럼버스 제독은 인디언들을 기독교도로 만들기 위해 바다를 가로질러 항해했다고 말할 수 있을 것이다."[20] 라스 카사스 또한 '그가 선교적인 의도를 갖고 탐험을 감행했다'는 입장을 취하고 있다.[21] 뿐만 아니라 윗츠Pauline Watts, 플랜John Leddy Phelan, 맥긴Bernard McGinn, 미로우Alain Milhou 등 현대의 연구자들도 『예언서』를 분석함으로써 콜럼버스를 탐험에 나서도록 만든 가장 중요한 자극제는 이교도를 개종시키고, 성지를 회복하라는 묵시론적 전망이었다고 주장하였다.[22] 그러나 해리스Henri Harrisse, 로이스Cesar de Lollis, 피스케J.N. Fiske, 비그너Henry Vignaud, 모리슨Samuel Morison 등의 대다수 콜럼버스 연구자들은 그의 탐험을 종교적 측면에서 설명하는 견해에는 반대하면서 세속적 동기론을 지지하고 있다.[23] 이들은 콜럼버스 탐험에 나타난 종교적 측면을 전면적으로 부정하고 있지는 않지만, 콜럼버스가 선교 목적이나 신적인 영감을 받고 탐험에 나서게 된 것은 아니라고 보고 있다.

필자 또한, <표 4-1>에 도식화한 것처럼, 콜럼버스는 비교적 젊은 시절부

---

20) Ferdinand Columbus, *Life of the Admiral*, p.4.
21) Watts, "Prophecy and Discovery," p.101 재인용.
22) Larner, "Certainty of Christopher Columbus" 참조.
23) Watts, "Prophecy and Discovery" 참조.

터 세속적 측면에서 대서양 서향 탐험을 기획하고 감행하였다고 본다. 그러나 당초 공언했던 것과 같이 씨팡고와 카타이에 도달하지 못했을 뿐만 아니라 서인도에서의 식민 사업도 스페인 국왕과 투자자들, 탐험 동참자들에게 충분한 경제적 보상을 해줄 만큼 성공적이지 못했고, 자신도 쇠사슬에 묶여 압송당하는 절망적 체험을 겪고 난 3차 항해부터는 자신의 사업을 종교적으로 합리화하고 미화시켜갔다. 결론적으로 콜럼버스의 대서양 항해는 당초 세속적 측면에서 출발하였으나, 세속적 측면에서의 성공이 좌절된 이후 표면화되고 노골화된 종교적 측면은 '심리적 보상현상 compensation phenomenon'에 지나지 않았던 것이다.[24] 3차 항해 이전 콜럼버스가 서인도에서 성공 가도를 달렸다면 그는 『예언서』를 정리하는 데 별 관심을 갖지 않았을 것임에 틀림없다는 것이 필자의 판단이다.

주경철 교수는 콜럼버스 관련 자료로서 자신이 받은 여러 특권들을 정리한 『특권서』(Libro de privilegios)를 인용하고 있지 않은데, 이는 필자로서는 다소 의외로 비쳐진다. 한 인물의 성격을 파악하기 위해서는 그가 남겨놓은 자료, 비록 그것이 단순한 특권을 정리해 놓은 자료집에 불과하다 할지라도 이를 분석 대상으로 삼아야 하는 것이 마땅할 것이기 때문이다. 그러나 주경철 교수는 콜럼버스의 '세속적 측면'을 부각시킬 수 있는 『특권서』를 분석 대상에서 제외하고, 종말론적 측면을 강조한 『예언서』만을 소개함으로써 독자들에게 그가 종말론적 신비주의자였음을 보여주고자 했다.

III. 해양사적 관점에서의 몇몇 문제

지금까지 콜럼버스의 지리관과 그의 항해 목적이라는 본질적인 주제를 다루었으므로, 사소하지만 가볍게 지나칠 수 없는 몇 가지 사안들을 지적하

---

24) Pierre Chaunu, *Séville et l'Altantique(1504~1650), VIII(1); Les Structures géographiques* (Paris, 1959), p.60 ; Wallerstein, *Modern World-system I,* p.48/ 이매뉴엘 월러스틴, 『근대세계체제 I』, p.83 재인용.

는 것으로 논의를 마칠까 한다. 주경철 교수는 1차 항해시 선단의 목적지를 '아시아'(p.18)라 적고 있고, '인디즈Indies'를 시종일관 '인도'로 표기하고 있다.(passim) 콜럼버스는 1492년 10월 3일에 아직 생기가 있고 열매도 그대로 달려있는 많은 수초와 도요새 등을 목격하고 자신이 해도 상에 표시된 육지 근처에 있다는 사실을 알았지만,[25] "자신이 가고자 하는 곳에 늦게 도달하는 것을 피하기 위해 계속 항해하겠다"[26]고 말하면서 그 이유를 "나의 목표는 인디즈Indies에 도달하는 것이기 때문"[27]이라고 적고 있어 탐험의 목적지가 인디즈였다는 사실을 명확히 밝히고 있다. 여기에서 조심해야 할 것은 콜럼버스가 언급한 인디즈는 현대의 인도와는 다른 지리적 명칭이었다는 점이다. 15세기 교양인들에게는 "갠지즈Ganges 강 너머 아시아의 모든 땅"들이 인디즈Indies라는 한마디로 이해되고 있었다.[28] 그러므로 콜럼버스가 탐험의 목적지로 상정하고 있었던 인디즈는 당시까지 유럽인들에게 막연하게 알려져 왔던 안틸리아Antillia, 카타이, 씨팡고 등을 모두 포괄하는 지명이었다고 할 수 있다. 콜럼버스의 지리학적인 지식에 의하면, 이곳들은 모두 대서양 서쪽에 위치하고 있었으므로 그는 대서양을 서쪽으로 횡단해 가더라도 이들 중 어느 곳엔가는 도달할 수 있으리라고 확신했던 것이다. 따라서 콜럼버스가 사용한 인디즈를 아시아나 인도라고 번역하는 것은 적절치 않다.

둘째, 단위에 대한 문제인데, 주경철 교수는 적도 1도의 길이는 69마일로, 지구둘레를 2만 4900마일로 각각 적고 있다. 또 다른 한편에서 콜럼버스의 지리학적 추산으로 카나리아에서 씨팡고까지의 거리를 2400마일에 불과하게 된다고 적고 있다. 육리 1마일은 1.609km이고, 해리 1마일은 1.852km이다. 적도상 1도의 실제길이는 60해리이고, 지구 둘레는 대략 4만km이므로

---

25) 10월 3일의 船位는 대략 토스카넬리 지도와 베하임의 지도에 표시된 St. Brendan 섬과 동일한 경도상에 있었다.

26) Markham, *Journal of Columbus*, p.32 ; Fuson, *Log of Columbus*, p.70.

27) Markham, *Journal of Columbus*, p.32.

28) Taylor, "Idée Fixe ; The Mind of Christopher Columbus," p.289.

육리로는 2만 4860마일이고, 해리로는 2만 1598마일이다. 따라서 주경철 교수가 69마일과 2만 4900마일로 쓴 단위는 육리이다. 그러나 카나리아에서 씨팡고까지의 거리로 언급한 2400마일은 해리이다. 즉 주경철 교수는 육리^{land} ^{mile}와 해리^{nautical mile}를 마구 뒤섞어 쓰고 있는 것이다.

또한 주경철 교수는 카나리아에서 씨팡고까지의 실제 거리를 1만 600마일이라고 적고 있는데, 무엇을 기준으로 한 거리인지가 불분명하다. <표 4-2>에 정리해 놓은 것처럼, 카나리아(산타크루즈 데 라스 팔마)에서 씨팡고(도쿄)까지의 실제거리는 3가지가 있을 수 있다. 첫째는, 콜럼버스가 생각했던 것처럼, 북미대륙을 관통하는 직선거리로서 8059해리이고, 둘째는 파나마 운하를 이용했을 경우로 1만 1594해리이며, 셋째는 수에즈 운하를 이용하는 것으로 1만 594해리다. 이를 보면 주경철 교수가 얘기한 1만 600마일은 카나리아→ 수에즈운하→ 인도양→ 말라카해협→ 도쿄에 이르는 거리임을 알 수 있다. 그러나 주경철 교수가 이를 적시해 놓지 않음으로써 독자들은 카나리아에서 일본까지의 거리가 대서양 쪽으로의 거리인지 인도양 쪽으로의 거리인지 전혀 알 수 없게 되었다. 대부분의 독자들은 1만 600마일이 카나리아에서 북미대륙을 관통하여 오늘날의 일본까지의 직선거리쯤으로 생각했을 개연성이 크다. 전문 항해사^{航海士}인 필자조차도 그렇게 생각했기 때문이다.

<표 4-2> 카나리아제도에서 씨팡고까지의 거리

기준		거리
콜럼버스의 계산 (60° × 40′)		2400해리
주경철의 계산		1만 600마일
필자의 계산	북미대륙 관통시	8059해리
	수에즈운하 통과시	1만 594해리
	파나마운하 통과시	1만 1594해리

주 : 항해장비를 활용하여 필자 계산

셋째, 주경철 교수는 "콜럼버스가 항해거리를 줄여 이야기함으로써 선원들이 겁먹고 용기 잃는 일을 방지하려고 로그를 조작했다"는 설을 "자기 배만이 아니라 다른 두 배의 선장과 도선사, 선원들을 모두 속인다는 것은 어불성설"(p.148)이라면서, "마일을 포르투갈 리그로 전환하느라고 수치를 5/6로 줄인 것을 두고 라스 카사스가 오해했다"[29]는 던Dunn과 켈리Kelly의 견해를 그대로 옮기고 있다.(p.149) 그러나 이는 전혀 사실과 다르다. 콜럼버스는 1차 항해 출항 첫날인 8월 3일 아침 8시부터 해질 때까지, 60마일, 즉 15리그를 항해한 사실을 적시했다. 즉 4마일=1리그인 것이다. 그런데 9월 10일자에는 시간당 10마일, 즉 2.5리그의 속도로 밤까지 포함해 60리그를 항해했으나 "선원들이 놀라지 않도록 48리그로 보고했다."[30]

사무엘 모리슨은 콜럼버스가 배의 속력은 로만 마일을 사용했고, 항해거리는 리그를 사용했으며, 육상에서는 또 다른 리그 단위를 사용했음을 밝혀냈다. 그에 따르면, 콜럼버스의 거리 개념으로는 4Roman miles=1league=3.18nautical miles(NM, 해리)이다. 이를 원용하면, 콜럼버스가 "시간당 10마일=2.5리그의 속력으로 항해했다"고 기록한 것을 현대 선박의 속력단위인 노트로 환산하면 10마일=2.5league × 3.18NM=7.95노트가 된다. 이것은 일반 범선의 시간당 항해속력 3노트와 비교하면 거의 2.5배 이상 빠른 것으로 믿을 수 없는 속력이다. 따라서 모리슨은 콜럼버스가 실제로 기록한 배의 속력이 정확한 것으로 믿는다면 그가 실제 사용한 리그는 약 2.89NM에 불과하게 된다고 적었다. 그런데 이것도 너무 과대하기는 마찬가지이다. 시간당 7.22(=2.5리그 × 2.89NM)노트의 속력으로 항해한 셈이기 때문이다. 따라서 모리슨은 콜럼버스가 의식적으로 다양한 '육상 리그'(land league) 단위를 혼용했다고 보고, 육상에서는 1league=1.5NM로 사용하였다고 추정하였다. 결론적으로 모리슨은 콜럼버스가 정확한 속력 측정장치가 없었기 때문에 속력을 과대 계산했고, 그로 인해 계산한 1일 항해거리를 자기 추산보다 적게 기록한 것이 오히려 실제 항해거리에 가까웠다고 결론짓고 있다.[31] 그렇다면 콜럼버스가 실제 항해한 속력은

---

29) Dunn and Kelly, *Diario of Christopher Columbus's*, p.29, footnote 2.
30) 라스 카사스 엮음, 『콜럼버스항해록』, pp.53 & 60.

어느 정도였을까? 콜럼버스는 1차 항해일지의 9월 9일자와 9월 10일자에 각각 시간당 12마일과 10마일의 속력으로 항해했다고 기록하고 있다. 이를 모리슨이 추정한 3가지 단위를 적용하여 시간당 속력을 환산해 보면 다음과 같다.

- 시간당 12마일(=3리그) 일 때(9월 9일자)
  - 12마일= 3리그 × 3.18NM= 9.6노트
  - 12마일= 3리그 × 2.89NM= 8.7노트
  - 12마일= 3리그 × 1.5NM = 4.5노트
- 시간당 10마일(=2.5 리그) 일 때(9월 10일자)
  - 10마일= 2.5리그 × 3.18NM= 8.0노트
  - 10마일= 2.5리그 × 2.89NM= 7.2노트
  - 10마일= 2.5리그 × 1.5NM = 3.8노트

위에서 계산해 본 것처럼, 콜럼버스가 사용한 로만 마일을 모리슨이 추산한 3가지 해리(NM)로 환산하여 시간당 속력으로 환산해 본 결과, 콜럼버스가 1일 항해거리를 추산할 때 사용한 포르투갈 리그는 대략 1.5NM 에 근접했음을 알 수 있다. 왜냐하면 콜럼버스가 사용한 당대의 범선으로 시간당 5노트 이상의 속력을 낸다는 것은 불가능하기 때문이다. 결론적으로 콜럼버스가 사용한 1마일은 오늘날 해상에서 사용하는 해리로 환산하면 0.8마일(NM)에 불과하게 된다. 이는 로만 마일 또는 이탈리아 마일 (4851ft=1.479km)[32]에 근사한 값이다. 이는, 여러 연구자들이 밝힌 것처럼, 콜럼버스가 로만 마일을 사용했음을 입증한다.

여기에서 주의해야 할 것은 콜럼버스가 항해 속력 자체를 너무 빠르게 추정하였다는 점이다. 라스 카사스가 "항해거리가 길어질 경우 선원들이 깜짝 놀라거나 낙담하지 않도록 하기 위해"[33] 거리를 줄여 보고했다고

31) Morison, *Admiral of the Ocean Sea*, pp.190~191.
32) http://en.wikipedia.org/wiki/Mile, accessed April 1st, 2014.

한 것은 콜럼버스 자신이 추산한 항해거리에 확신이 없었기 때문이었을 개연성이 훨씬 크다. 결론적으로 콜럼버스가 실제 항해거리보다 적게 보고했다는 이른바 '로그 조작설' 자체가 성립되지 않는 셈이다. 왜냐하면 콜럼버스가 항해거리를 줄여 기록한 것은 항해 속력을 추산할 수 없었던 상황에서 속력을 너무 빠르게 추산한 나머지 1일 항해거리가 많게 추산했기 때문에 발생한 것이지, 던과 켈리, 주경철 교수의 주장처럼 포르투갈 마일을 리그로 전환한 것을 라스 카사스가 오해한 때문이 아니었던 것이다. 뿐만 아니라 다른 배의 선장이나 수로안내인, 선원들을 모두 속일 수 없다고 얘기한 주경철 교수의 언급 또한 전혀 항해의 실제 현실과는 배치된다. 왜냐하면 다른 배의 선장이나 수로안내인, 선원들도 배의 속력을 정확히 추정하고, 배의 선위를 측정할 수 없기는 콜럼버스와 마찬가지였기 때문이다.

넷째, 주경철 교수는 1492년 10월 6일 "세 배의 도선사들이 모여 계산해 보니 이미 800리그를 항해한 상태여서 선원들이 불안해하자 콜럼버스가 2000리그까지 가보고 회항하자고 제안했고, 다른 두 선장도 항해를 계속하자는 의견이었다"(p.20)고 적고 있다. 주경철 교수는 이 부분에 근거를 밝히고 있지 않기 때문에 어떤 자료를 보았는지 알 수 없으나, 1차 항해일지 10월 6일자에는 이와 같은 기록이 전혀 없다.[34]

이밖에 사소하다면 사소한 몇 가지 오류들을 간략하게 정리해 보면 다음과 같다.
① 1차 항해 9. 17 : "나침반은 멀쩡한데 북극성의 고도가 변했다.…북극성의 고도가 변한다는 것은 있을 수 없는 일이다."(p.149) : 이는 항해를

---

33) 9th & 10th September, 1492, in Fuson, Log of Columbus, p.62 ; Markham, *Journal of Columbus*, p.22.

34) 6th October, 1492, in Fuson, *Log of Columbus*, p.71 ; Markham, *Journal of Columbus*, p.33 ; 라스 카사스 엮음, 『콜럼버스항해록』, p.74.

이해하지 못하는 데서 오는 잘못된 표현이다. 당시 조타수는 북쪽을 향해 전진했는데, 이때 북극성의 고도가 변한 것이 아니라 나침반의 바늘이 한 점(11.25도) 움직였다는 뜻이다. 배가 정북으로 항해하고 있었는데 나침 반이 북서쪽을 가리키고 있으니 선원들이 두려워하며 걱정했던 것이다. 물론 이는 지구 자장의 변화나 선내 철물의 영향에 따른 것일 개연성이 크다. 또한 북극성의 고도가 변하는 일은 없다는 표현 또한 정확하지 않다. 왜냐하면 위도가 변하게 되면 북극성의 고도가 변하게 되기 때문이다. 이를테면 북극에서는 북극성이 머리끝, 즉 90도 위에서 보일 것이고, 적도 부근에서는 수평선상에서 보이게 된다.

② 주경철 교수는 콜럼버스 항해 이후 교황이 발부한 교서를 *Inter catera*라 고 쓰고 있으나, 이는 *Inter caetera*('among other works')의 오기다. 이밖에 소소한 오타와 오식이 산견되지만, 그것은 300여 쪽이 넘는 책을 출판하는 과정에서 나올 수 있는 병가지상사 정도로 치부해도 좋을 것이다.

주경철 교수의 『크리스토퍼 콜럼버스』를 읽으면서, 그의 『대항해시대』 를 읽을 때처럼, 독서의 즐거움을 만끽할 수 있었다. 그것은 필자가 비교적 잘 아는 인물을 타인이 어떻게 그려냈는지 비교할 수 있는 흔치 않은 기회였던 데다, 미처 알지 못했던 내용들과 연구 성과들을 알게 된 덕분이었 다. 이미 주경철 교수는 『대항해시대』에서 "전체적이고 복합적인 조망을 한 뒤 개별적인 주제를 연구하면 좀 더 균형 잡힌 연구가 가능"할 것이라고 밝힌 바 있다. 『크리스토퍼 콜럼버스』는 '대항해시대'의 선도자인 콜럼버스 라는 인물을 구체적으로 다루었다는 점에서 매우 반갑고 바람직한 소재 선택이었다는 생각이 든다. 그러나 『대항해시대』에서 유럽의 대항해시대 의 거대담론을 정리할 때의 관점과 콜럼버스를 분석한 관점이 어떻게 유기적으로 연관되는지 궁금해 하며 읽었던 필자로서는 자못 의아해 하지 않을 수 없었다. 왜냐하면 『대항해시대』에서 주경철 교수는 대항해시대의 종교적 동인론 등에 대해서는 그렇게 비중있게 다루고 있지 않았기 때문이다. 게다가 『크리스토퍼 콜럼버스』에서 대서양 너머로 항해하게 된 동기를 종교적 동인론에서 찾고 있었다는 점에서 더욱 그러했다. 물론 주경철 교수는 콜럼버스가 완전히 종교적 동인론에 의해 대서양 사업을 추진했다고 본 것은 아니었지만, 그 자신이 종말론적 신비주의자라는 점에 초점을 맞추어 콜럼버스를 분석하겠다고 분명히 밝혔다.

그러나 필자는 콜럼버스 자신이 남긴 그 기록들을 액면 그대로 받아들일 수 있는가?라는 근본적인 문제를 따져보아야 한다고 생각한다. 콜럼버스가 남긴 기록들은 자신이 소장했던 일부 개인 장서들을 제외하면, 타인에게 보이기 위한 항해일지, 서한, 보고서, 청원서 등이다. 이들 문서에 성스러운 측면, 주경철의 표현처럼, 종말론적 신비주의자로서의 면모가 나타나 있었다고 하더라도 그 면모가 나타나게 된 콜럼버스의 주변 여건들을 보다 면밀하게 검토했어야 하지 않았을까? 콜럼버스가 남긴 기록들은 자신이 부와 신분 상승만을 추구하는 세속적 욕망에 사로잡힌 사람이 아니라 독실한 가톨릭 신앙심을 갖고 있으며, 대서양 사업을 기획한 것도 바로 예루살렘 정복을 위한 자금을 마련하기 위한 것이라는 성스러운 목적이 있었음을 보이기 위한 의도된 것이었을 개연성이 더 크지 않았을까?[35]

또 다른 것으로는 근대 이후 역사 또는 역사적 인물을 움직이는 동인으로 종교적 심성을 꺼내는 것은 시대착오적이라는 것은 두말할 나위도 없다. 하지만 묘하게도 콜럼버스는 중세와 근대의 접점에 살았던 인물이었다. 그런 점에서 그동안 그의 탐험의 동기에 대해서는, 심지어는 콜럼버스라는 사람 자체에 대해서도 뭔가 신비적 측면이 있었던 것도 사실이다. 그의 출생지, 생년월일, 유태인설, 교육 정도, 베아트리스와 정식결혼을 하지

---

35) 콜럼버스가 1506년 5월 19일에 작성한 유언장에는 자신의 이룩한 발견에 대해 정리하고, 자신의 권리와 재산을 어떻게 상속할 것인지에 대해 장황하게 열거한 뒤 "자신이 인디즈에서 산출되는 재화가 얼마이던지 간에 예루살렘 정복을 위해 투자되어만 한다는 것을 가톨릭 국왕에게 탄원하기 위해 인디즈 발견을 위해 나섰다"고 쓰고 있다. Columbus, Will of Columbus dated 19th May 1506, in Curtis, ed. by, *Existing Autographs of Columbus*, p.509.

않은 이유, 다양한 서명을 사용한 이유 등 불분명한 것이 너무 많다. 그렇다고 해서 콜럼버스가 3차 항해 이후에 뚜렷하게 보여 주었던 종말론적 신비주의를 젊은 시절부터 구상하고 있었다고 해석하는 것은 쉽게 납득되지 않는 대목이다.

근자에 해양사란 용어가 이렇다 할 거부감 없이 사용되고 있다. 필자가 1990년대 중반 대학원에서 해양사를 전공한다고 했을 때 '그게 뭐냐?'는 식의 반응을 보였던 것을 생각하면 격세지감을 느끼게 된다. 요즈음에는 한국사에서도 해양사란 서명을 쉽게 찾을 수 있고, 서양사학계에서도 몇몇 연구자들이 관심을 갖고 있는 것 같아 참으로 반갑기 그지없다. 그러나 주의해야 할 것은 해양사를 '단순히 해양 활동을 소재로 한 역사'로 오해해서는 안 된다는 것이다. 인간이 해양 활동을 하려면 필수적으로 배를 타고 바다로 나아가야 하기 때문에 배와 항해에 대한 전문적 지식과 이해 없이 해양사를 제대로 이해할 수 없다는 것이 필자의 생각이다. 마치 과학사나 의학사를 과학이나 의학에 대한 전문 지식 없이 연구할 수 없는 것과 같은 이치다. 그런데도 불구하고 국내의 해양사 연구자들, 특히 한국고대해양사 연구자 중 일부는 배와 항해에 대한 전문적 지식 없이 사료의 해석만으로 해양사를 연구하여 참으로 놀랄만한 주장들을 서슴지 않고 있다. 이를테면 9세기 장보고 시대에 신라인들이 나침반을 항해에 이용했다는 주장이 그 대표적인 예다. 이제까지 통설로는 중국인이 나침반, 정확히는 수부침水浮針, floating needle을 항해에 이용한 것은 1100년 전후이고, 유럽은 1187년 즈음이다.[36] 이에 비하면 주경철 교수는, 비록 선박과 항해술에 대한 전문적인 지식을 갖추었다고는 볼 수 없는 이력임에도 불구하고, 콜럼버스에 대한 폭넓은 자료 섭렵과 꼼꼼한 독해를 통해 우리가 너무나 잘 알고 있다고 착각하고 있었던 콜럼버스에 대해 소상하게 밝혀내주었다. 이 점에 대해서는 우리 모두 저자의 노고에 감사해야 할 것이다.

---

36) 이상의 내용은 김성준, 해양서평 : 주경철 『크리스토퍼 콜럼버스』, pp.108~111까지의 내용을 수정 및 보완한 것이다.

제5장
항해 없는 『대항해시대』

자신과 닮은 사람을 우연히 마주치게 된다면, 절로 눈길이 가게 되는 것이 인지상정이다. 그와 마찬가지로 자신이 세상에 내놓은 책과 똑같은 서명을 발견하게 된다면 호기심이나 관심을 갖게 되는 것은 너무나 당연한 일이다. 필자 또한 예외는 아니어서 주경철의 『대항해시대』[1]의 서평을 써달라는 청탁을 받았을 때, 서명이 필자가 일전에 펴낸 바 있는 책의 서명[2]과 일치하여 호기심과 염려가 서로 교차되는 묘한 느낌을 가졌음을 고백하지 않을 수 없다. 호기심은 저자가 필자가 묘사한 '대항해시대'를 어떻게 그려냈을까 하는 데서 비롯된 것이라면, 염려는 저자가 필자가 부지불식간에 범했을지도 모르는 역사적 사실이나 해석상의 오류를 지적해내지나 않았을까 하는 데서 기인한 측면이 크다. 그러나 필자에게는 다행스럽게도, 참고문헌이나 이 책의 본문 그 어디에서도 필자의 책을 인용한 흔적을 찾을 수는 없었다.

그러나 솔직하게 고백한다면 이 책의 서평을 쓴다는 것은 그리 달가운 일이 아니었다. 우선은 이 책이 다루는 시구간이 15세기에서 18세기까지였

---

1) 주경철, 『대항해시대』, 서울대학교출판부, 2008. 이하 본문 속의 괄호 안의 쪽수는 이 책의 쪽수다.
2) 김성준, 『유럽의 대항해시대』 ; 김성준, 『해양탐험의 역사』.

다는 점과, 다루는 공간 또한 유럽의 한두 국가에 그친 것이 아니라 이슬람권과 중국을 필두로 한 아시아, 심지어 아메리카까지 걸쳐 있다는 점이 책을 읽는 동안 내내 필자를 괴롭혔다. 게다가 다루는 주제 또한 군사혁명, 조선업과 해운업, 화폐, 노예무역, 환경, 언어, 종교 등 실로 역사 속의 거의 모든 주제를 아우르고 있다고 해도 지나치지 않다. 뿐만 아니라 저자도 밝힌 것처럼, 이 책은 본격적인 학술연구서라기 보다는 "여러 연구업적들을 급한 대로 읽고 정리"(xiv)한 일반인들을 위한 책이다. 학술연구서가 아닌 일반 독자용 서적을 서평한다는 것은 아마 우리 학계에서 흔치 않은 일일 것이다.

뿐만 아니라 이 책이 여러 주제에서 나름대로의 위치를 점하고 있는 선학들의 연구성과를 섭렵하여 정리한 것일진대 필자처럼 특정 시기와 주제에 짧은 식견을 가진 연구자가 서평을 쓴다는 것 자체가 어불성설일지도 모르겠다. 서평이란 것이 상찬賞讚으로 일관하는 것이 아니라 비평을 통해 학계의 연구수준을 고양하는 것이어야 한다면, 필자가 할 수 있는 일이란 필자가 조금이나마 공부한 특정 주제에 집중하여 필자의 의견을 제시하는 수준에 그칠 수밖에 없을 것이다. 따라서 필자는 이 작은 글에서 거대담론을 논하기 보다는 제1장에서 다룬 정화의 원정, 제3장의 선박·선원·해적, 제6장 노예무역에 한정하여 필자의 견해를 밝히는 것으로 서평을 대신하고자 한다. 필자는 정화의 항해와 관련하여 정화의 대항해 개시 600주년이었던 2005년 중국 학자들의 연구성과를 편역하여 출판한 바 있고,[3] 선박, 선원, 노예무역 등에 대해서는 필자의 학위논문[4]에서 조금씩이나마 다룬 바 있기 때문이다.

---

3) 허일 외 편역, 『중국의 대항해자 정화의 배와 항해』.
4) 김성준, 『산업혁명과 해운산업』.

I. 주경철의 『대항해시대』 : 요약과 비평

서평을 쓰는 데 기본은 무엇보다도 책의 요점을 일목요연하게 정리해 내는 일이다. 이 점에서 필자는 저자의 힘을 빌릴 수 있다는 점에서 친절한 저자를 만난 셈이다. 저자가 머리말에서 정리한 이 책의 요점을 옮겨 보면 이렇다. 저자는 "근대 세계사를 해양 세계의 발전이라는 새로운 관점에서 재해석한다"(v)는 대전제 하에, 15세기에서 18세기까지의 지구사를 서술하고자 하였다. 저자에 따르면, "15세기 이후 각 문명권은 활기찬 해상팽창을 시도하여 전 지구적인 해상 네트워크가 구축되고, 이러한 해양 네트워크의 발전은 단순한 상호 교류의 수평적 확대만 의미한 것이 아니라 곧 갈등과 지배로 이어지고, 그것은 곧 세계의 수직적인 구조의 형성으로 귀결되었다."(v) 특히 저자가 이 책의 전반에 걸쳐 비판적 관점을 유지하고 있는 준거틀은 '반 유럽 중심주의'이다. 유럽 중심주의란 "근대에 들어와 가장 활발하게 해상팽창을 한 주체는 유럽이며, 따라서 근대 이후 유럽이 세계의 발전에 주도적인 역할을 했고, 나머지 지역들은 수동적인 자세로 있다가 결국 유럽의 식민 지배하에 들어가게 되었다"는 인식틀이다. 저자는 "유럽 중심주의를 수정한다는 것은 유럽 중심주의가 유럽이 절대적 보편성을 가진 기준이 되어 나머지 모든 지역의 역사를 그 기준에 맞춰서 의미를 부여하는 것"으로 본다. 이와 같은 기본 인식하에 저자는 "유럽을 중심으로 사고하고 거기에 맞춰 의미를 부여하는 신화적인 인식틀을 수정"하고자 시도하고 있다. 각 장의 요점은 이미 저자가 들머리와 각장의 말미마다 친절하게 잘 정리해 놓고 있으므로 이곳에 다시 옮겨 적을 필요는 없을 것이다. 그러므로 이제 본론으로 넘어가기로 하자.

저자는 제1부 1장과 2장에서 근대 초까지 세계의 무게중심이 아시아에 있었음을 밝히고, 중국 명대의 해상 팽창과 후퇴, 이어진 유럽의 해상 팽창의 세 국면을 서술한 뒤, 근대사의 결정적인 구조적 전환의 계기를 "중국의 해상 후퇴와 유럽의 해상 팽창으로 봐야 한다"는 견해를 제시하고 있다.(x) 저자가 중국의 해상 팽창과 후퇴라고 언급한 것은 다름 아닌 정화의 남해 대원정이다. 1405~1433년까지 진행된 정화의 대항해는 2005년 600주년을 맞이하여 국내외에서 관심을 불러일으킨 소재이기도 하다.

필자는 저자처럼 중국사 전공자가 아니기 때문에 정화 문제에 내포된 정치·경제·문화적 문제들을 구체적으로 파악하고 있지는 못하다. 다만 여기서 분명하게 밝힐 수 있는 것은 정화의 원정은 명의 영락제(1403~1424) 통치기의 대내외적 환경과 떼려야 뗄 수 없는 사업이었다는 점이다. 정화 원정 7회 중 1차에서 6차 원정까지는 그의 명에 따라 시행된 것이고, 7차 항해는 영락제 사후 선덕제가 명한 것이다(1430). 선덕제가 명한 7차 원정은 호르무즈를 비롯한 17개국에 조공을 촉구한다는 본래의 목적을 갖고 있었기는 하지만, 홍희제가 재위시 중단시켰던 남해 원정을 재개한 것에 불과하다.

여기에서 필자가 제기하고 싶은 문제는 정화의 대원정의 실시와 중단, 그에 뒤이은 유럽의 해상팽창을 근대사의 결정적 계기로 볼 수 있는가 하는 문제이다. 원을 무너뜨리고 대륙을 장악한 명나라 초기는 각 방면으로 팽창하고 있었고, 영락제는 그 정점이었다. 영락제는 몽골 고원을 명에 편입시키려고 지속적으로 시도했고, 베트남을 정복했을 뿐만 아니라, 환관 이흥을 시암으로, 이달을 서역제국으로, 후현을 티베트로, 이시하를 동북지방으로 각각 파견했다. 환관 정화를 남해 방면으로 파견한 것은 영락제의 대외 정책, 즉 북방의 잔여 몽골 세력을 진압하고 명 중심으로 세계 질서를 확립하고자 했던 명 초기의 대외정책 중의 하나였다.5) 명나라가 동서남북 각 방면으로 팽창하고 있었다는 사실은 저자가 이야기하고 싶어하는 것처럼, 유럽이 해외로 팽창하기 이전에 중국이 팽창하고 있었다는 저자의 논지와 부합된다.

문제는 명이 정화의 남해 대원정을 중단시킨 것이 해상으로의 후퇴를 의미하는가 하는 것이다. 1435년 재위 10년 만에 선덕제가 사망한 뒤 명은 농민반란, 몽골 고원의 발흥, 제위의 불안한 승계 등으로 내외적으로 혼란에

---

5) 마사카쓰, 『정화의 남해대원정』, pp.92~93.

휩싸였다. 이제 명은 중화주의에 기초한 세계질서를 확립할만한 여유가 없었을 뿐만 아니라 북방 유목민의 압력에 대비하기 위하여 만리장성을 건설해야 했다. 명은 해상뿐만 아니라 대륙에서도 팽창이 아닌 현상유지정책으로 전환하였던 것이다. 미야자키의 표현대로, 명은 팽창의 시대에서 수렴의 시대로 접어들었다. 한마디로 해양사의 관점에서 보면 정화의 원정의 실시와 중단은 해상 팽창과 그 후퇴로 표현할 수 있겠지만, 대륙과 해양의 관점을 아울러 표현한다면 정화의 원정은 명의 각 방면으로의 팽창 중의 한 방면으로의 팽창이었고, 그 중단 역시 명의 여러 방면에서의 후퇴라고 표현해야 옳을 것이다.

또 다른 측면에서는 중국이 과연 명대에만 해상으로 팽창했는가 하는 문제를 생각해 볼 필요가 있다. 지금의 중국은 과거 수천 년 동안 팽창의 역사를 거듭해 온 결과 아닌가?[6] 이는 비단 중국만이 아니라 거의 모든 나라들이 조금씩 팽창을 한 결과 현재의 국가를 이루고 있다고 해도 지나치지 않는다. 물론 명대 정화의 대원정이나 유럽 각국의 해양 활동과는 그 양과 질 양면에서 차이가 나는 것은 분명하지만 말이다. 어찌되었든 중국이 명대 영락제 시기에 해상 팽창을 대규모로 감행한 뒤 곧 해상으로부터 후퇴하였고, 그에 뒤이어 유럽 각국이 해상 팽창을 한 것은 어쩌면 역사에서의 수많은 '우연의 일치coincidence' 중의 하나였지 않을까? 유럽권이나 이슬람권, 중국권 모두 역사 이래 끊임없이 자체 세력권, 아니 정확히는 생활권이 확대되어 왔고, 15세기 즈음에는 구대륙에서는 아프리카라는 변경을 사이에 둔 채 서로 조우할 시점을 저울질 하고 있었다. 정화 대원정으로 중국은 아프리카 서부까지 세력권이 확대되어 있었고, 그 이후 반세기만에 유럽, 정확히는 포르투갈이 아프리카 동단을 따라 남하해오고 있었다. 만약 명의 대내외적 환경이 해양 활동을 지속하도록 허용했다면 아프리카 해안 어디에선가 포르투갈과 중국인들이 조우했을 수도 있었을 것이다.

---

6) 중국의 해양에서의 활동 내지는 팽창에 대해서는 허일 외 편역, 『세계 해양사』, 제2편 참조.

그러나 중국은 황제 주도의 해양 활동을 지속할 형편이 되지 못하였고, 그들의 해양 활동의 성과를 이어갈 주변의 경쟁국 또한 없었다. 이에 반해 유럽의 경우 유럽 전체가 계획적으로 팽창했던 것은 아니었으나,[7] 항해가 한 명 또는 한 나라의 항해의 성과와 업적이 공유되거나 상호 상승작용을 일으켜 유럽 세계 전체가 팽창하는 결과로 귀결되었다. 이것이 역사적 사실에 가깝지 않을까 하는 것이 필자의 생각이다. 유럽 전체를 하나로, 중국을 마치 아시아 전체로 상정하는 역사서술은 분명 너무 큰 그물을 사용하면 작은 물고기를 잡을 수 없는 것과 같은 결과를 초래할 것이다. 결론적으로 중국의 해상 팽창과 후퇴, 그 뒤를 이은 유럽의 해양 팽창이 근대사의 결정적인 계기였다는 것은 해양사의 관점에서 보면 맞을 수도 있겠으나, 우리가 익히 잘 알고 있는 유럽대륙 역사의 주된 흐름이었던 르네상스와 종교개혁 등의 관점에서 보면 유럽 몇 나라의 해양 팽창은 그 의미가 축소될 수 있을 것이다. 해양사는 그 자체로 독립한 분야사로서 보아서는 안된다는 것이 필자의 생각이다. 왜냐하면 해양 활동의 주체인 인간은 바다에서 사는 것이 아니라 땅을 딛고 살아가기 때문이다.

이제 정화에 관한 저자의 서술에서 작은 문제를 짚고 넘어갈까 한다. 우선 저자는 랜디즈의 말을 인용하여 정화의 "보선은 길이 150m, 폭 60m로서 당시 세계 최대였다"(14)고 적고 있다. 그러나 보선의 크기에 관한 기록은 정화 당대의 원사료는 모두 파기된 뒤, 후대에 라무등羅懋登이라는 작가가 쓴『三寶太監下西洋記通俗演義』라는 다소 허황된 창작집에 기록된 길이 44장 4척, 너비 18장이라는 수치를『明史』의「정화전」등의 사료에 그대로 베껴 적은 것에 불과하다는 주장이 힘을 얻고 있다.[8] 따라서 정화 보선의 크기에 대해서는 중국 조선사가들조차도 의견이 천차만별이다. 대만 해양대학의 수밍양은 길이 74m, 너비 12.8m 정도로, 상해교통대학 교수였던 故 신웬어우

---

7) Parry, 『약탈의 역사』, p.11.
8) 대만의 수밍양과 중국의 신웬어우 교수 등이 대표적인 학자이다. 물론 중국의 시룽페이 교수는 라무등의 기록이 전혀 허황된 것은 아니라고 주장하기도 한다. 허일 외 편역, 『정화의 배와 항해』, 5~7장 참조.

교수는 600톤 내지 800톤급으로, 중국 해군 공정학원의 탕즈바는 정화 보선을 명대 2000료 해선으로 보아 길이 55.5m, 선폭 15.3m, 배수량 1500톤급으로 각각 추정하였다.[9]

저자는 정화 원정대가 마다카스카르까지 갔던 것으로 추정하고, "그 정도의 선단이라면 대서양 횡단 혹은 태평양 횡단 항해도 충분히 가능했으리라는 것이 연구자들의 일반적인 생각"이라고 적었다(125). 그러나 필자는 정화 원정대 중 일부가 마다카스카르까지 갔다는 주장이나, 정화 선단이 대서양이나 태평양도 횡단할 수 있었을 것이라는 주장 역시 일반론으로 받아들일 수 없다는 생각이다.[10] 저자 또한 이 얘기를 멘지스의 책에서 인용한 듯한데, 과연 세계의 해양사가 중에서 멘지스의 주장을 일반론으로 받아들이고 있는 연구자가 얼마나 있을지는 의문이다. 일례로 지난 2008년 7월 안트베르펜에서 만난 벨기에의 해양사가이자 해양역사전문 다큐멘터리 제작자인 루크 카이버스 박사는 "요즈음에는 진지하게 해양의 역사에 대한 역사서나 다큐멘터리에 대해서는 시청자도 방송사도 관심을 갖지 않은 반면에, BBC와 같은 세계적인 공영방송국 조차 멘지스가 주장하는 넌센스를 다큐멘터리로 제작하고 있다"고 혹평한 바 있다.[11]

저자는 제2부 폭력의 세계화에서는 세계화 자체가 폭력적인 과정이었고, 폭력적인 관계의 구조화가 세계화의 핵심적 특징이었음을 3개의 장을 통해 구체적으로 살펴보고 있다. 제3장에서는 "세계화의 기본전제인 조선업, 해상운송의 발달과정을 살펴보고, 선원들의 세계의 실상을 들여다

---

9) 허일 외 편역, 『정화의 배와 항해』, pp.124, 143, 187.

10) 정화 원정대의 1차~7차까지의 항로에 대해서는 중국 인민교통출판사가 출판한 『新編鄭和航海圖集』(1988, 북경), p.3을 참조하라. 이 항로도는 허일 외 편역, 『정화의 배와 항해』, pp.434~439에 인용해 두었다.

11) '중국의 콜럼버스 정화', 2006. 10. 28, National Geography. 위의 인용구는 필자와 루크 카이버스가 2008년 7월에 벨기에에서 만나 나눈 대화의 요점을 정리한 것이다. 루크 카이버스는 바스코 다가마 인도항로 개척 500주년 기념 리스본 해양엑스포 기념 다큐멘터리 필름 공식 제작자이자 NHK, BBC 등과 함께 해양 관련 다큐멘터리를 제작한 바 있고, 여러 저서를 출판한 바 있다. see Cuyvers, *Into the Rising Sun* ; 김성준 역, 『해양력의 세계여행』; *Setting Sail*.

봄"으로써, "해상운송업의 조직과 운영이 이미 자본주의적 공장의 선구적 형태로서 극히 폭력적으로 조직되었고, 또 이에 저항하는 반질서인 해적 역시 근대자본주의의 성장에 따른 반작용으로 이해할 수 있음"을 밝히고 있고(p.xi), 제4장 군사혁명과 유럽의 팽창에서는 "유럽이 우세한 지위를 차지하는 데 군사력이 결정적이었다고 보는 주장에 대해 이를 군사 내적인 문제로 볼 것이 아니라, 문화적 맥락에서 이해해야 할 사항"임을 주장한다.

필자는 큰 틀에서 유럽의 해양 팽창이 폭력적인 것이었고 유럽의 군사적 우위 또한 문화적 맥락에서 이해해야 한다는 저자의 주장에 전적으로 동의하고 있다. 그러나, 해운업의 조직이 자본주의적 조직의 선구적 형태로서 폭력적으로 조직되었고, 해적은 폭력에 저항하는 반질서로서 자본주의 성장의 반작용이었다는 저자의 논지에는 동의하지 않고 있다. 저자가 이와 같은 논지를 이끌어내는 데 결정적인 방향타 역할을 한 연구자는 아마도 레디커인 것으로 보인다.[12] 저자가 레디커의 연구를 주로 참조했음은 여러 인용문에서 확인할 수 있다. "평선원은 악마와 검푸른 바다 사이에 끼여 있다. 한편에는 선장이 있다. … 선원 가운데 원해서 된 사람은 하나도 없고 모두 생계를 이어가기 위해 노동력을 파는 것 이외에 선택의 여지가 없었던 사람들이었다. 한 마디로 선원들은 가진 것 없는 가난한 젊은이들 집단이었다.(148)"

그러나 필자가 지금까지 읽은 바에 따르면, 영국의 경우 선장과 선원이 그렇게 대립적인 것도 아니었고, 선장이 공동 선주의 지위에 있는 경우도 있었지만, 선장 역시 임금 노동자에 지나지 않은 경우가 허다했다. 18세기 말 켈리 선장은 한 달에 5파운드를 받은 임금 노동자에 불과했는데, 그는 "선장의 의무, 고민, 책임 등을 고려할 때 이는 비참한 수입miserable income이었다"고 자신의 신세를 한탄하였다.[13] 선원들이 자신들이 원해서 선원이 되었던 것이 아니라는 레디커와 저자의 주장과는 달리, 니콜이나 리처드슨

---

12) 주경철, '바다는 민주주의의 유모'.
13) Garstin, ed., *Samule Kelly*, pp.168 & 318.

처럼 스스로 바다에 매료되어 배를 탄 선원들도 얼마든지 있었고,[14] 보통선원들도 쿡이나 켈리, 우링처럼 능력에 따라 얼마든지 선장으로 진급할 수 있었다.

저자는 또한 '1700~1750년의 기간 중에 2만 5천명에 달하는 거대한 노동자군이 해운업에 집중되었다'(148)는 레디커의 말을 인용한다. 그러나 필자는 이 수치가 어디에서 근거한 것인지 이해할 수 없다. 밋첼이 정리한 바에 따르면, 1688년과 1755년 잉글랜드와 웨일스의 선원 수는 각각 5만명과 6만명으로서 잉글랜드와 웨일스 인구의 0.9%에 지나지 않았다.[15] 레디커가 영미 선원들을 대상으로 연구를 하였으니, 영미 전체 선원 수를 2만 5천명으로 상정했다면, 이것은 너무 적은 수일 것이다. 아마도 영미 전체 선원 가운데 사관이 아닌 일반 선원만을 대상으로 했다면 어느 정도 역사적 사실에 부합될 수 있을지 모르겠다. 그러나 이 책이나 레디커의 책을 읽는 독자들은 마치 1750년경 선원 수가 2만 5천명이었고, 이 수치만으로도 거대한 프롤레타리아 층이 존재했었던 것으로 상상할 것임에 틀림없다.

저자는 또한 '시간이 경과하면서 선박 규모에 비해 선원 수가 줄어드는 경향이 있어서 선원 1인당 취급하는 화물의 톤수도 시간이 갈수록 증가했는데, 이것이 화주나 선장에게는 생산성의 증가일지 모르나 선원들에게는 착취의 증가였다'(149)는 레디커의 말도 인용하고 있다. 척당 선원 수가 감소한 것은 필자의 연구 결과와도 일치한다. 이를테면 100톤급 선박의 경우 1710년대 22~23명이던 선원 수는, 1750~60년대는 13~15명, 1800년에는 5명으로 줄어들었다.[16] 그러나 이처럼 척당 선원 수의 감소로 선원 1인당 취급하는 화물의 톤수의 증가로 이어져 결국 선원의 착취의 증가로 이어졌다는 논리를 이끌어내는 것은 역사적 사실을 왜곡한다. 왜냐하면 척당 선원 수가 감소한 것은 선원들을 착취한 데서 기인한 것이 아니라

---

14) 김성준, 『산업혁명과 해운산업』, pp.218~219.

15) Mitchell, *Abstract of British Historical Statistics*, pp.5 & 8 ; 김성준, 『산업혁명과 해운산업』, p.223.

16) 김성준, 『산업혁명과 해운산업』, p.199.

삭구나, 방향타, 돛의 구조 등에서의 개량에 영향을 받은 바 크기 때문이다.[17] 이에 대해서는 레디커도 인정한 바다.[18] 더 큰 문제는 선원들은 화물의 선적이나 양륙을 하지 않는 것이 해운업계의 오래된 관례라는 점이다. 용선계약서든 해상법에서든 선원은 '선박의 운항과 선적된 화물의 적절한 취급'만을 그 의무로 하도록 되어 있고, 화물의 선적과 양륙에는 간여하지 않도록 되어 있다. 따라서 저자나 레디커가 선원의 화물 취급 톤수를 선원이 선적 또는 양륙해야할 화물의 톤수를 의미했다면 이는 전혀 사실에 부합되지 않는다. 따라서 이를 근거로 선원의 착취가 증가했다고 보는 것 또한 전적으로 잘못된 것이 된다. 만약 레디커나 저자가 선원의 화물 취급 톤수를 선적된 화물의 취급에 대한 표현으로 사용했다면, 이것만으로는 선원의 착취의 증가로 연결지을 수는 없을 것이다. 왜냐하면 선원들의 일이란 항해 중 선적된 화물이 부패하거나 침수되는 것 등을 막기 위해 당직 중 이따금 살펴보는 것으로 족하기 때문이다.

필자는 레디커의 연구를 근대 선원 세계의 일반적인 모습으로 이해해서는 안된다는 점을 이미 서평을 통해 밝힌 바 있다.[19] 레디커 연구를 근대 선원의 일반사로서 이해해서는 안되는 가장 큰 이유는 그가 연구한 사료의 성격에서 기인한다. 그는 1700~1750년대 영미 상선 선원들의 노동과 일상, 문화를 연구하면서 해사법원의 재판 기록을 분석하였다. 레디커는 선원과 상인, 선주, 선장이 서로 대립적인 위치에서 진술한 내용을 근거로 상인, 선주, 선장은 자본가로, 선원은 임금 노동자로 그려낼 수 있었다.[20] 레디커 자신이 바다 생활을 낭만적으로 묘사하는 것이 진실을 호도한다고 주장한 것처럼, 그 자신은 선장과 선원을 이분법적으로 단순하게 이해해 진실을

---

17) 김성준, 『산업혁명과 해운산업』, pp.199~200.
18) 레디커, 『악마와 검푸른 바다 사이에서』, p.109.
19) 김성준, '자본주의 세계 일군 뱃사람들의 일상과 문화,' p.21.
20) 여기에서 선원은 선박에 승선한 선장 이외의 선원을 의미하는 것이 아니라, 선박에서 어떤 원인에 의해서든지 문제를 일으킨 선원을 의미한다. 그러나 실제 선박에 승선한 선원에는 일등항해사, 이등항해사, 삼등항해사, 조타수, 갑판장, 배대목, 하급선원 등 실로 다양한 직급으로 구성되어 있다.

호도하는 오류를 범했다. 저자가 레디커의 의견을 인용하는 한 그가 범한 오류를 피해가기는 어려웠을 것 같다.

　사소한 것이기는 하지만, 그냥 지나치기에는 중요한 몇 가지 문제도 짚고 넘어가기로 하자. 저자는 "대항해시대를 주도한 선박이 바로 카라벨 선이다"(136), "1800년대 영국 해군의 가장 큰 배보다 3배 이상 컸다"(139)는 연구자의 연구 결과도 인용하고 있다. 그러나 필자가 아는 한 대항해시대를 주도한 선박은 카라벨 선이 아니라 카라벨라 레돈다caravela redonda 선이다. 전형적인 카라벨 선은 돛대 2개에 각각 네모돛과 세모돛을 장착한 선형인데 반해, 카라벨라 레돈다 선은 돛대 3개에 앞돛대와 주돛대에는 네모돛을, 뒷돛대에는 세모돛을 단 선형이다. 15세기 말에서 16세기 초까지 대부분의 해양탐험에 이용된 배는 카라벨라 레돈다 선이다.[21] 16세기 이후의 범선은 범장이 훨씬 다양하게 발전하여 한 가지 선형으로 부를 수 없다. 정화의 보선의 크기 역시 이렇다 할 정설이 없는 상태인데다, 이미 앞에서 소개한 바와 같이 적재량 600톤~1천 500톤 정도이다. 18세기 영국 해군의 전함으로 1765년에 건조된 넬슨의 기함 빅토리 호의 배수량은 2천 164톤이었다.[22] 배수량과 적재량간의 관계는 대략 140 : 200이므로 배수량 2천 164톤을 적재량으로 환산하면 약 3천 톤에 이른다. 1800년대 중후반으로 가면 빅토리 호보다 더 큰 영국 전함을 얼마든지 찾을 수 있을 것이지만, 1700년대 말에 건조된 빅토리 호만으로도 정화의 보선이 3배 이상 컸다는 얘기는 성립되지 않음을 확인할 수 있다. 물론 중국의 공식 복원 모델을 기준으로 할 경우 정화 보선의 적재량은 7천 톤에 이르므로[23] 빅토리 호보다 대략 2.2배 큰 것이 사실이다. 그러나 1860년에 건조된 워리어HMS Warrior 호는 배수량만 9천 210톤이므로 적재량으로는 대략 1만 3천 톤이나 된다. 물론 워리어 호의 경우는 목재에 철갑을 두른 철갑선이므로 순수한 목선이었을

---

21) Parry, 『약탈의 역사』, p.41.
22) Bunk, 『역사와 배』, p.145.
23) 중국고선모형연구제작중심, in 허일 외 편역, 『정화의 배와 항해』, p.234.

보선과 다순 비교하는 것은 무리이다. 그러나 저자는 분명 '1800년대 영국 해군의 가장 큰 배'라고 하였음을 상기할 필요가 있다.

저자는 매너드의 연구결과를 인용하여 "18세기 중엽 유럽의 해운 비용은 중세 말과 비교해 볼 때, 그리 큰 차이가 나지 않는다"(140)고 적었다. 불행하게도 필자는 아직 매너드가 편집한 두 권의 책을 읽지 못하였는데, 1300~1800년까지 초 장기간에 걸친 해운 비용의 증감을 어떤 자료를 활용하여 분석하였는지 참으로 궁금하기 그지없다. 필자가 읽은 맥클로스키의 연구에 의하면, 1780~1860년 사이 영국의 해운업은 연평균 2.3%씩 생산성이 증가하여 연간 2.6%씩 성장한 면직업에 이어 두 번째로 빠르게 생산성이 향상된 산업이었다.[24] 물론 이를 반박하는 연구도 있다. 이를테면 하알리는 같은 기간 해운업은 연평균 0.5% 정도 생산성이 향상된 것에 지나지 않았다고 본다.[25] 산업혁명기 해운업의 생산성 향상 내지는 운임률 하락에 대해서는 책 한권을 쓸 정도로 많은 연구 결과가 나왔지만, 자료가 충분하지 않기 때문에 어떤 항로와 선형을 선택하느냐에 따라 각기 상이한 주장들이 제기되고 있어 결론을 내릴 수 없는 것이 현실정이다. 이는 아마도 매너드가 편집한 책의 연구 기간인 1300~1800년에 대해서도 동일하게 적용될 수 있을 것이다.

근대사에서 해상무역이나 해상운송을 논의할 때 비전문 연구자들이 혼란을 겪는 것 중에 하나는 15세기에서 17세기까지를 논의하면서 해상운송업 운운하는 것이다. 그러나 적어도 18세기 중엽까지 해상운송과 해상무역은 분리되지 않았었기 때문에 그 이전의 역사 서술에서 해상운송업을 얘기하는 것은 비역사적이다. 무역업은 "상품, 기술, 용역의 유상적 교류"인 반면,[26] 해상운송업은 "배를 이용하여 물건이나 사람을 운송하여 부가가치를 창출하는 서비스 산업"이다.[27] 따라서 해상을 통한 무역업과 해운업의

---

24) McCloskey, "Industrial Revolution," p.114, table 6.2.

25) Harley, "Reassessing the Industrial Revolution," p.200.

26) 방희석, 『무역학개론』, p.12.

27) 민성규, 『해운경제학』, p.7.

구별 기준은 선주가 단순히 운임만 받고 화물을 운송하느냐, 아니면 선주가 상행위를 하느냐의 차이이다. 지금까지의 통설에 따르면, 해운업은 산업혁명 이후 19세기에 무역업에서 분리되어 하나의 독립산업이 되었다. 그러나 필자는 영국의 경우 대체로 18세기 중엽에서 18세기 말 사이에 이미 운임만 수취하고 화물을 운송하는 전문 선주가 출현함으로써 하나의 전문산업으로 분리되어 있었다는 점을 밝힌 바 있다.[28] 따라서 18세기 중엽 이전 무역업과 통합되어 있었던 해운업을 하나의 독립산업인 것처럼 논의하는 것은 부적절하다는 것이 필자의 생각이다.

제6장에서 저자는 노예무역의 수익성이 100~300%에 이르렀다는 이른바 윌리엄스의 테제를 논박하고 있다. 저자에 따르면, 네덜란드의 노예무역 159회의 평균 수익률은 고작 5%에 불과했다. 따라서 "거의 모든 연구자들이 노예무역의 수익성이 다른 사업보다 결코 높지 않은 수준이었다"(322)는 결론에 동의하고 있다는 것이다. 그러나 필자가 읽은 바에 따르면, 영국 리버풀의 경우 1803~1804년 엔터프라이즈 호가 42%, 1805~1806년 포춘 호가 116%, 루이자 호가 99%의 수익을 남겼다.[29] 물론 이러한 예는 예외적으로 높은 경우였고, 노예무역선 전체의 평균 수익성은 더 낮을 수도 있다. 설령 그렇다 하더라도 노예무역의 수익성이 그렇게 높지 않았음에도 불구하고 노예무역이 그렇게 오랫동안, 전 유럽에 걸쳐, 상당량의 선박에 의해 유지되었을까 하는 의문은 여전히 남는다.[30]

능력의 한계로 말미암아 저자의 책 전체를 다루지 못하고, 일부 몇 개의 장에 대해서 필자 나름의 의견을 제시하는 것으로 서평을 마무리할 수밖에 없다는 점에 대해서는 이미 앞에서 양해를 구한 바 있다. 이것이 필자로서의 의무를 저버리는 것은 아닐 것이다. 왜냐하면 여기에서 다루지 못한 주제들은 해당 분야의 전문가들이 필자가 비평한 방식 그대로 비평할 수 있을

---

28) 김성준, 『산업혁명과 해운산업』.

29) MacInnes, "Slave Trade," pp.271~272.

30) 리버풀의 경우 1793~1807년 사이에 연평균 100척이 노예무역을 위해 아프리카로 출항하였다. MacInnes, "Slave Trade," p.258.

것이기 때문이다.

이 책의 '머리말'과 '차례'를 읽으면서 필자를 의아하게 만들었던 것은 저자가 머리말에서 친절하게 요점을 정리해준 '장'과 본문의 '장'의 배치가 상이했다는 점이다. 저자는 머리말에서 제5장에서 대규모 폭력의 예로 '노예무역'을 서술하겠다고 했으나, 정작 본문에서는 '화폐와 귀금속의 세계적 유통'을 서술하고 있고, 노예무역은 제6장에 배치하고 있는가 하면, 머리말에서 7장에서 다루었다는 종교 문제(기독교의 충격)는 본문에서는 제8장으로, 생태환경의 변화(환경과 인간)는 7장에 서술되어 있다. 한마디로 5장과 6장, 7장과 8장이 머리말의 설명과 본문의 배치가 뒤바뀌어 있는 것이다. 이러한 뒤바뀜이 전체의 줄거리를 뒤흔들 만큼 중대한 실수나 오류인 것은 아니겠지만, '우리 시대의 대표적인 글쟁이' 중의 한 명인 저자나 우리나라 최고 대학임을 자타가 공인하는 대학 출판부의 명성을 생각한다면 분명 고개를 갸우뚱하게 만드는 일임에 틀림없다.

II. 항해선박사적 오류 관견

이 밖에도 아쉬운 점이 몇 가지 점들이 눈에 띄었는데 이를 정리해 보면 다음 <표 5-1>과 같다. 또한 자료 제시 없이 인용된 문장이나 오타 등도 몇 군데 있었지만, 그것은 579쪽에 이르는 방대한 분량의 책을 출판하는 데 뒤따르기 마련인 '병가지상사' 정도로 치부해도 좋을 것이다.

저자처럼 필자 또한 유럽 중심주의에 대해 비판적으로 보아야 한다는 데 동의하고 있다. 그러나 여기에서 조심해야 할 것은 유럽 중심주의를 비판하기 위해 유럽인들의 연구성과를 그대로 인용하는 우를 범해서는 안된다는 것이다. 왜냐하면 자의든 타의든 유럽인들은 유럽 중심주의에서 결코 자유로울 수 없기 때문이다. 이를테면 정화 문제를 논의한 제1장에서 저자가 인용한 자료는 니덤, 랜디즈, 멘지스, 부어스틴, 핀리, 미야자키 등의 연구결과이다. 역사가에게 사료의 중요성은 아무리 강조해도 지나치지 않을 것이다. 이미 중국 내 연구자들이 원사료를 분석하여 수많은 연구 결과물을 발표해 놓았고, 국내에 일부 중요한 논문들이 번역되어 출판되었다.

〈표 5-1〉『대항해시대』 정오표

쪽수	원 표현	수정
xii	콜럼버스가 찾아간 곳을 '인도'라고 여겼다.	'인디즈'였다. 15세기 인디즈는 갠지즈 강 너머 아시아 전체를 의미했다.[31]
10	중국 선원들은 나침반을 13세기 이전에 사용	13세기에 사용된 것은 나침반이 아니라 水浮針이다.[32]
142	log - 측정기(測程器)	쓰임에 따라 항해일지, 선속계, 航程計, 측정기. 콜럼버스는 선속계와 항정계 두 의미로 사용
225	초더리(Chaudhuri)	쵸두리[33]
237	16~18세기 전쟁 기간/ 전체 기간=95%	유럽 전체에서 전쟁이 일어난 기간을 전체 기간으로 나누어 95%라는 수치를 끌어내 호전적인 시기라 해석하는 것은 무리
247	각주 6 : 1패섬=5~6인치	1패섬=5~6피트

이와 같은 방식으로 저자는 스틴스고르 테제, 레판토 해전, 월러스틴의 근대세계체제론, 윌리엄스 테제 등 기존 근대사를 설명하는 틀을 비판적으로 또는 다른 관점에서 보는 연구성과를 원용하여 유럽 근대사를 해양사라는 새로운 관점에서 종합적으로 서술하고자 하였다. 말하자면 다른 이의 역사 연구를 이용하여 항해에 관한 서술 없이 대항해시대를 서술하고 있는 셈이다. 저자도 스스로 고백한 것과 같이, "각 장의 주제마다 거의 매일같이 쏟아져 나오는 전문 연구자들의 연구성과를 모두 완벽하게 소화"하기를 기대하는 것은 무리이다. 그럼에도 불구하고 저자가 우리 서양사학

---

31) Taylor, "Idée Fixe: The Mind of Christopher Columbus," p.289.
32) 김성준 외, 「항해 나침반의 사용 시점에 관한 동서양 비교 연구」.
33) 이는 필자가 근무한 바 있던 네덜란드 국제물류대학 대학원생인 쵸두리라는 방글라데시 인에게 직접 확인한 발음이다. 발음을 저자 나름으로 적은 예로는 데시마(데지마), 서샘턴(사우스햄프톤), 돔 마누엘(동 마누엘) 등이 있다.

계에서 차지하고 있는 위치나 대중성을 감안한다면 국내외의 연구 성과에 좀 더 많은 관심을 가져야 할 필요가 있다는 점을 상기했으면 하는 바람이다. 저자는 "전체적이고 복합적인 조망을 한 뒤 개별적인 주제를 연구하면 좀 더 균형잡힌 연구가 가능"할 것이라 밝히고 있지만, 우리 서양사학계에서 필요한 것은 거시적인 연구가 아니라 사료를 통한 개별적인 연구를 더 많이 축적해 가는 것이 아닐까? 이미 거대 담론의 세례를 받고 난 뒤에는 개별적인 연구 또한 거대담론의 틀에 끼워 맞추는 오류를 범할 가능성이 크기 때문이다.

지금까지 써놓은 것만을 놓고 본다면 독자들이 이 책을 오류로 가득한 책으로 오인할지도 모르겠지만, 실상은 그렇지 않다. 이제까지 유럽 일국 내지 특정 주제 하나에 대해서 서술되어 있는 기존의 책들과 달리 이 책은 거시적인 틀에서 세계사를 그려볼 수 있도록 도와준다. 대항해시대를 선도한 포르투갈과 에스파냐를 비롯하여 영국과 네덜란드의 활동상을 생생하게 그려볼 수 있다. 게다가 아시아로 출항한 선박 수나, 네덜란드와 영국의 동인도회사가 수입한 상품과 수입액 등의 수치를 제시하여 독자들이 당시 세계의 바다에서 벌어진 실상을 머릿속으로 그려볼 수 있도록 도와준다. 라스 카사스의 원주민 옹호론이나, 스틴스고르 테제, 윌리엄스 테제 등에 대해서도 배울 수 있다는 점 또한 이 책의 장점이다. 어찌되었든 해마다 높아져 가는 한여름의 열기 속에서 독서라는 피서법을 알게 해준 고마운 책이었다.

제6장
메르카토르 해도의 항해사적 공헌

2012년은 '과학적 지리학의 아버지이자 항해사航海史의 핵심 인물'인 메르카토르Gerard Mercator(1512~1594) 탄생 500주년이었다. 전자해도가 일반화된 오늘날에도 항해자들이 사용하는 해도는 모두 메르카토르가 고안한 도법에 따라 제작되고 있다. 따라서 오늘날의 항해자들은 모두 일정 정도 메르카토르에게 빚을 지고 있는 셈이다. 그의 업적을 높이 평가하여 벨기에의 그의 고향에는 메르카토르 박물관Mercator Museum이 있고, 2012년에 그의 탄생 500주년 기념행사가 열리기도 했다. 그럼에도 불구하고 국내에서 메르카토르를 기념하는 학술행사는 전혀 없었고, 2012년 목포해양대학교 부설 해양문화정책연구센터에서 '메르카토르탄생 500주년 기념 학술발표회'에서 메르카토르의 삶과 그의 지도에 대해 간략히 소개하는 논문 한 편이 소개된 것이 고작이었다.[1] 인공위성항법이 일반화된 오늘날에도 항해용 해도는 모두 메르카토르 도법에 따라 제작되고 있다. 메르카토르와 관련해서는 국내에 두 권의 책이 번역된 바 있다.[2] 그러나 지리학이나 항해 관련 학회에서 메르카토르와 관련된 논문이나 글이 발표된 것이 전혀 없었다. 이 글에서는 메르카토르 500주년을 기념하여 그의 해도의 항해사적 중요성

---

1) Martens & Cuyvers, "Gerard Mercator".
2) Monmonier, 『지도전쟁 : 메르카토르도법의 사회사』; Taylor, 『메르카토르의 세계』.

에 대해 재인식하고, 그의 해도가 항해사의 발전, 나아가 항해 안전에 기여한 바를 재평가하고자 하였다.

I. 메르카토르의 삶과 그의 작품들

〈그림 6-1〉 헤라르드 메르카토르
F. Hogenberg, 1574 畵
Owner : Koninklijke Oukheidkundige Kring van het Land
van Waas (Belgium, Sint-Niklaas, Mercatormuesum)

메르카토르는 1512년 3월 5일, 오늘날 벨기에의 안트베르펜 인근의 루펠몬데Rupelmonde에서 제화공 후베르트 더 크레메르Hubert de Cremer와 에머렌티아나Emerantiana 부부의 4남 2녀 중 막내아들로 태어나 헤라르드 더 크레메르 Gerard de Cremer라는 이름으로 불렸다. 1526년과 1528년에 각각 부친과 모친을 여윈 크레메르는 사제였던 삼촌 기스베르트Gisbert의 도움으로 성장하였다. 그는 1530년 루벵 대학University of Leuven에 입학하여 이름을 라틴식인 게라르뒤스 메르카토르Gerardus Mercator로 개명하였다. 그의 성 크레메르는 플랑드르어로 '행상인'을 뜻했는데, 'Mercator'는 그에 해당하는 라틴어였다. 오늘날 그의 이름은 Gerard Mercator라는 영어식 이름으로 널리 알려져 있는데, 이는 그의 벨기에식 이름과 라틴식 성을 결합한 것이다. 당시 루벵 대학에는 당대 최고의 수학자이자 지리학자인 게마 프리시우스Gemma Frisius(1508~1555)가 재직하고 있었는데, 메르카토르는 이곳에서 그와 사제의 연을 맺었다. 루벵 대학에서 수학하는 동안 메르카토르는 철학과 수학, 천문학과 우주학 등을 배웠고, 1532년에 석사학위를 마쳤다.

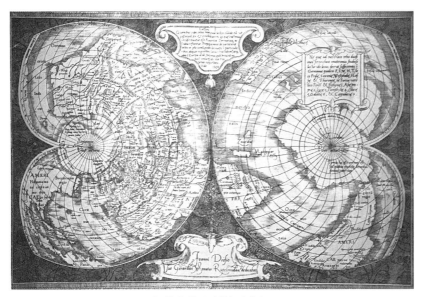

〈그림 6-2〉 1538년 세계지도

Owner : Koninklijke Oukheidkundige Kring van het Land van Waas(Belgium, Sint-Niklaas, Mercatormuesum)

1536년 8월 루벵의 부유한 미망인의 딸인 바브라 쉘레켄스Babra Schellekens와 결혼한 메르카토르는 1537년에 '성지 전도a Map of the Holy Land'를 단독으로 출간한 데 이어, 1538년에는 그의 최초의 세계전도를 발간하였다. 심장 모양의 이 세계 전도에서 메르카토르는 신대륙을 남아메리카Americae pas merdionalis와 북아메리카Americae par septentrionalis로 각각 구분하였다. 신대륙을 아메리카로 명명한 사람은 링만Martias Ringmann과 발트제뮬러Martin Waldsämuller 였는데, 그들은 1507년 『天地學入門Cosmographiae Introductio』을 발간하면서 새로 발견된 대륙을 아메리고 베스푸치가 발견하였으므로 '아메리고의 땅'이란 뜻으로 '아메리카America' 또는 '아메리게Amerige'라고 명명할 것을 제안한 바 있었다.3) 그러나 아메리카 대륙을 각각 남아메리카와 북아메리카로 나누어 부르기 시작한 것은 메르카토르의 1538년 '세계전도'가 처음이었고, 아메리카란 명칭이 널리 퍼지게 된 것도 이 지도 때문이었다.4)

---

3) 김성준, 『해양탐험의 역사』, p.100.

메르카토르는 1540년에는 자신이 직접 측량한 '플랑드르 지도Map of Flanders'를 발간했고, 이듬해인 1541년에는 그의 최초의 지구의를 제작하였다. 직경 420mm의 이 지구의는 그의 스승 프리시우스가 제작한 지구의보다 약 28.85%나 더 많은 지표면이 묘사되어 있을 뿐만 아니라, 당시까지 제작된 그 어떤 지구의보다 상세한 것으로 평가되고 있다. 또한 이 지구의에는 지극점geographical pole과는 떨어진 지점에 자극점magnetic pole이 표시되어 있는데, 이는 그가 지구자장에 대해 잘 알고 있었음을 의미한다.5) 한편, 이 지구의와 함께 제작한 천구의는 코페르니쿠스의 이론에 기초해 제작된 최초의 천구의였다.6)

16세기 중엽은 저지대 지방에서는 정치적, 종교적으로 격동의 시기였다. 메르카토르는 1543년 삼촌인 기스베르트의 장례식에 참석하기 위해 고향인 루펠몬데를 방문하던 길에 이단 혐의로 체포되어 7개월간 수감되어야 했다. 이 기간 동안 그는 이단 혐의에 대해 고문을 받았는데, 그로서는 다행히도 전 루벵 대학의 학장을 역임했던 피에르 드 코르테Pierre de Corte(1491~ 1567)와 당시 루벵 대학의 학장이었던 프랑스우 반 좀François van Som 등의 도움으로 풀려날 수 있었다. 감옥에서 풀려난 메르카토르는 사분의quadrant와 원측의astrolabe(圓測儀, 일본에서는 全圓儀) 등을 포함하여 천측관측기구를 만드는 데 집중하였다. 그는 1551년 오늘날 독일 지역인 율리히-클레베-베르그 백작Duke of Jülich-Kleve- Berg인 빌헬름Wilhelm(1516~ 1592)의 초청을 받아 뒤스부르크Duisburg로 이주한 1550년대 초까지 지구의 한 작품을 제작했을 뿐이다. 메르카토르는 이후 40여 년 동안 빌헬름의 궁정에 머물면서 그의 유명한 '메르카토르 세계전도'(1569)와 『지도책Atlas』 (1595) 등을 제작하였다.

그러나 그는 78세이던 1590년 뇌졸증으로 쓰러져 언어 구사능력과 신체

---

4) Marten & Cuyvers, "Gerard Mercator," p.15.

5) Martens & Cuyvers, "Gerard Mercator," p.10.

6) Taylor, 『메르카토르의 세계』, p.138.

<그림 6-3> 1541년 천구의
Owner : Koninklijke Oukheidkundige Kring van het Land van Waas (Belgium, Sint-Niklaas, Mercatormuesum)

의 일부 기능을 상실하게 되었다. 메르카토르는 1594년 12월 2일 사망하였는데, 이때까지 『지도책』 제작에 전력을 쏟았다. 뒤스부르크의 시장을 역임했고 메르카토르의 벗으로서 그의 전기를 쓴 발터 김Walter Ghim은 메르카토르에 대해 "온화한 성품과 성실한 삶을 산 뛰어나고 훌륭한 사람"이었다고 평가했다.[7] 그의 평생의 역작인 『아틀라스— 우주의 창조와 창조된 대로의 우주에 관한 우주지리학적 명상Atlas sive Cosmographical Meditationes de Fabrica Mundi

---

7) Monmonier, 『지도전쟁 : 메르카토르도법의 사회사』, p.60 재인용.

〈그림 6-4〉 1595년 『지도책』의 표지
Owner : Koninklijke Oukheidkundige Kring van het Land van Waas
(Belgium, Sint-Niklaas, Mercatormuesum)

et fabricati Figura』은 그의 사후 1595년 그의 막내아들 루몰드Rumold에 의해
세 번째 권이 발간되었다. 오늘날 지도책을 의미하는 'Atlas'란 낱말을
사용한 사람은 메르카토르가 처음이었는데, 그는 『지도책*Atlas*』 서문에 '지
구를 떠받치고 있는 그리스 신화의 거인 아틀라스Atlas에서 따 왔다'고
밝히고 있다.[8]

II. 메르카토르의 1569년 세계 전도

앞에서는 메르카토르의 삶과 그의 주요 작품에 대해 간략하게 살펴보았다. 여기에서는 그의 작품 가운데 항해사상 가장 중요한 기여로 평가되고 있는 1569년도 세계 전도에 대하여 살펴보기로 한다. 1564년 클레베 백작의 궁정 지도제작자로 임명된 메르카토르는 창세기와 세계의 주요 역사 연대기, 세계 전도를 모두 포괄하는 방대한 '다편우주형상학multi-part cosmography' 작품을 구상하고 있었다. 이 야심찬 계획에 따라 『연대기Chrology』가 1569년에 간행되고, 『아틀라스』 전체 5권 중 3권까지 간행되었다. 따라서 그의 원래 계획은 달성되지 못했지만, 그 계획의 일부로 18개의 부분 지도로 구성된 '세계 지도'를 제작하게 되었다. 이 18개의 부분 지도를 결합하면 123.5×202.5cm가 되어 전체 넓이가 2.5m²에 이른다. 따라서 축적은 대략 2000만 분의 1에 해당한다. 메르카토르가 이 세계 지도를 어떻게 제작했는지는 알려지지 않고 있는데, 분명한 것은 그가 이 지도를 항해용으로 사용될 것을 염두에 두었다는 점이다. 이는 지도의 원명이 '항해자들이 사용할 수 있도록 새로 수정되고 증보된 지구 전도Nova et Aucta Orbis Terrae Descriptio ad Usum Navigantium Emendate Accommodata'인 것으로 확인할 수 있다. 학자들의 연구에 따르면, 메르카토르는 3차원의 입체형상인 지구를 2차원인 평면에 도시하고, 항해자들의 침로를 직선으로 나타내기 위해 다음과 같은 과정을 걸쳐 1569년 세계 지도를 제작하였다. ① 지구상에 점으로 표시된 항정선rhumb line, loxodromes을 사각의 경위선망 위에 옮겨 그린다. ② 이어 이 항정선이 일직선이 되도록 경·위도선 사이의 간격을 조정한다. 이는 결과적으로 고위도 지방의 면적을 크게 확대하는 결과를 초래하였다. 그러나 지구상의 두 지점 간의 각도는 지구 위에서의 각도와 일치하게 되었다. 이는 결과적으로 항해용으로 제작한다는 메르카토르의 본래 목적에 따라 항정선이 직선으로 나타낼 수 있게 했다. 실제로 메르카토르는 1569년 세계 지도에 대서양,

---

8) Taylor, 『메르카토르의 세계』, p.322 재인용.

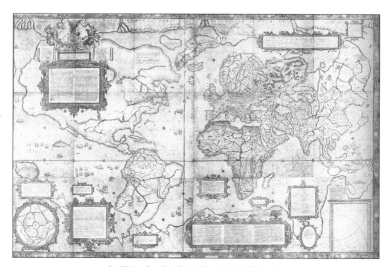

〈그림 6-5〉 메르카토르의 1569년 세계 지도
Owner : Koninklijke Oukheidkundige Kring van het Land van Waas(Belgium, Sint-Niklaas, Mercatormuesum)

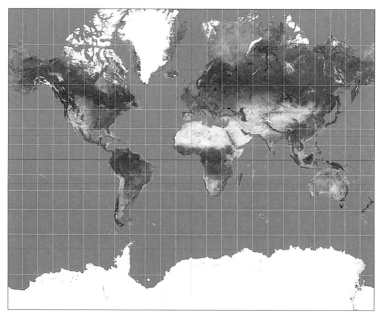

〈그림 6-6〉 메르카토르 도법에 나타낸 지구
Source: http://en.wikipedia.org/wiki/, Dec. 28, 2013.

인도양, 태평양 등 각 해양별로 항정선을 교차선으로 그려 넣어 항해자들이 쉽게 침로로 활용할 수 있도록 하였다.

이처럼 메르카토르가 당초 의도한 대로 메르카토르 도법에 따라 제작된 해도에서는 특정 두 지점 간을 직선으로 잇는 선이 곧 침로가 되므로 항해용으로 이용하기에 적합하다는 장점이 있다. 그럼에도 불구하고 메르카토르 해도는 고위도 지방의 면적을 실제보다 크게 왜곡한다는 단점이 있었다(<그림 6-6> 참조). 특히 메르카토르 해도에서는 극지방을 거의 표시하지 못한다. 메르카토르 당대부터 19세기에 이르기까지 극지방을 항해하는 일이 거의 없었으므로, 그의 해도를 항해용으로 이용하는 데는 아무런 실질적인 문제는 없었다. 그러나 메르카토르 해도는 항해용으로 널리 보급되지 못했다. 이는 크게 두 가지 이유 때문이었다.

첫째, 항정선 항법으로 항해하기 위해서는 선위를 정확하게 알고 있어야 했는데, 정확한 선위 측정은 18세기 말 이후에나 가능했기 때문이다. 항해자들은 15세기 말부터 비교적 정확하게 위도를 측정할 수 있었지만, 경도는 18세기 말 크로노미터chronometer가 보급되고 난 뒤에야 측정할 수 있었다.

둘째, 자침의 지역적 편차가 상존하고 있었기 때문이다. 당시 선박들은 자침로를 기준으로 하여 항해하는 것이 보통이었는데, 출발점의 위치에서 일정한 자침로로 항해할 경우 항해하는 과정에서 편차가 작용하여 도착 지점에 큰 오차를 초래할 수 있었다.

이와 같은 두 가지 이유 때문에 그가 만든 해도는 당대는 물론 이후에도 상당 기간 동안 항해용으로 널리 보급되지 못했다. 그러나 1630년대에 이르면 해도용으로 판매되는 대다수 해도는 메르카토르 도법에 따라 제작된 것이었고, 편차와 경도 문제가 해결된 18세기 후반에 이르러 '진정한 의미의 표준 해도'로 자리잡았다.9)

---

9) Monmonier, 『지도전쟁』, p.131 ; Taylor, 『메르카토르의 세계』, p.330.

III. 메르카토르 해도의 항해사적 공헌

메르카토르 해도가 발간된 이후 상당 기간 동안 항해용으로 널리 이용되지 못한 것은 그의 시대에는 아직 정확한 선위를 측정하는 데 한계가 있었기 때문이었다. 이런 측면에서 보면 메르카토르가 시대를 너무 앞섰다고 할 수 있다. 따라서 그의 공로를 제대로 평가하기 위해서는 항정선을 지도상에서 직선으로 표시할 수 있게 한 그의 독창적인 도법에 초점을 맞출 필요가 있다.

먼저 항정선이라는 개념에 대해 살펴보기로 하자. 항정선을 뜻하는 영어로는 'rhumb'과 'loxodrome' 두 단어가 있다. 이 중 'rhumb'이라는 단어는 포르투갈어와 스페인어의 침로course 또는 방향direction을 뜻하는 'rumbo' 또는 'rumo'에서 유래하였고, 'loxodrome'는 1624년 수학자 윌브로드 슈넬Willebrord Snell(1580~1626)이 그리스어의 'loxos'(비스듬한)와 'dromos'(달리다)를 합하여 조어한 것이다.10) 항정선 개념을 처음으로 사용한 사람은 포르투갈의 페드로 누네스Pedro Nunes(1502~1578)였다. 그는 1537년 『해도옹호론Treaty defending the Sea Chart』에서 선박이 어떻게 지구상의 두 지점 간을 나선형 항로를 따라 항해하는지에 대해 설명하고, 이 나선형 항로를 항정선이라고 불렀다. 누네스는 이 항정선이 지구상 두 지점 간의 최단거리라고 생각했는데, 지구상 최단 거리는 대권Great Circle이라는 점에서 이는 명백한 오류였다. 하지만 역사상 처음으로 항정선의 개념을 사용하고 또 이를 실제 항해에 활용했다는 점에서 의의가 있었다.11)

누네스가 제시한 항정선의 개념을 지도에 도시한 사람이 바로 메르카토르였다. 그는 1569년 세계 지도를 제작하기 28년 전인 1541년에 신성로마제국의 칼 5세Karl V의 의뢰를 받아 지구의globe를 제작하였는데, 이 지구의에 항정선이 바람장미를 중심으로 수십 개의 나선이 모든 방향을 펼쳐진

---

10) Monmonier, 『지도전쟁』, p.20.

11) May, *History of Marine Navigation*, p.183.

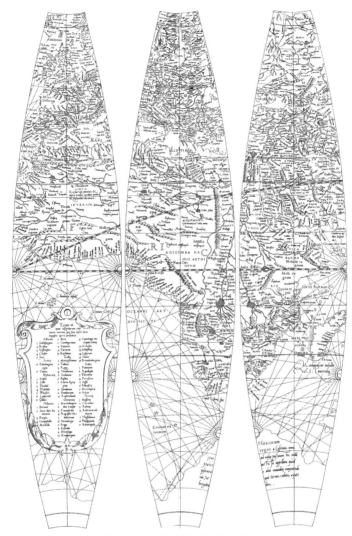

〈그림 6-7〉 1541년 천구의의 펼친 그림
Owner : Koninklijke Oukheidkundige Kring van het Land van Waas (Belgium, Sint-Niklaas, Mercatormuesum)

모습으로 표시되어 있다. 이것으로 보아 그가 항정선의 개념을 이해하고
있었고, 또 항해 문제에 관심을 가졌음을 보여준다.[12] 나아가 메르카토르는

---

12) Monmonier, 『지도전쟁』, p.22.

항해 문제를 해결하려고 고심했음을 보여주는 사료도 있다. 그는 1546년 2월 23일, 루뱅 대학 수학시 학우였던 앙투안 페레노 드 그랑벨Antoine Perrenot de Granvelle(1517~1586) 추기경에게 보낸 편지에 다음과 같이 썼다. "배의 침로를 정확하게 측정하면 측정된 위도는 종종 실제보다 크거나 때로는 더 작게 된다. 측정된 위도가 정확하면 거리가 부정확해진다. … 항해와 해도에 대해서는 할 일이 아주 많다. … 만약 내가 (현재 맡고 있는) 무거운 책임에서 벗어난다면 이 문제를 연구하고 적절히 해결할 것이다."[13] 1569년 세계 지도는 위와 같은 결심을 실행에 옮겨 메르카토르가 항정선을 직선으로 도시함으로써 본격적인 항용해 해도로 활용하기 위해 제작된 것이었던 셈이다.

메르카토르 해도가 항해용으로 제작되었음에도 불구하고, 당시대인들은 그 유용성을 제대로 인식하지 못했다. 메르카토르가 세계 지도를 제작하고 30년이 지난 뒤인 1599년 영국의 수학자이자 지도제작자인 에드워드 라이트 Edward Wright(1561~1615)가 『항해학에서의 특정한 오류들Certain Errors in Navigation』이라는 책자에서 메르카토르의 도법을 상세하게 논술하고, 거리 왜곡을 수정할 수 있는 일련의 표를 만들고 그의 도법에 따라 영국 최초의 세계 전도를 제작하여 메르카토르 해도의 항해용으로서의 유용성을 알리고 자 했다.[14] 이보다 10년 전인 1589년 경 영국의 수학자 토마스 해리엇Thomas Harriot(1560~1621)은 라이트 보다 한발 더 나아가 형상의 왜곡을 보정하는 로그탄젠트 공식을 발전시켰으나, 간행하지 않는 바람에 외부에 알려지지 못했다. 그 뒤 영국의 수학자 헨리 본드Henry Bond(1600~1678)가 1645년에 메르카토르 도법에 대한 대수적 해석을 하고, 이를 수학적으로 입증하였 다.[15] 메르카토르 해도에서 항정선이 직선으로 표시된다는 사실이 수학적 으로 입증되기까지 거의 80여 년이 소요된 셈이다. 이는 당시에는 아직 미적분학이 발달하지 않아 대수적으로 입증해야 했기 때문이다. 오늘날에

---

13) Taylor, 『메르카토르의 세계』, pp.261~262 재인용.

14) Hewson, *History of the Practice of Navigation*.

15) Monmonier, 『지도전쟁』, 5장.

는 비교적 간단한 수식으로 이를 입증할 수 있다.

지구 곡면상의 항정선이 메르카토르의 해도에서 직선으로 표현되는 과정을 수학적으로 설명하면 다음과 같다. 이를 입증하기 위해서는 먼저 두 가지 기본 전제에 대한 이해가 선행되어야 한다. 첫째, 지구상의 자오선이 메르카토르 해도에서도 직교하는 경·위도선으로 표현된다는 점과, 둘째, 항정선은 지구상의 모든 자오선과 같은 각도로 만나는 곡선이라는 점이다. 그러면 항정선이 메르카토르 해도에서도 경·위도선과 일정한 각도로 만나는 어떤 선으로 표현되었을 것이므로 그 곡선(c, curve) 위의 한 점의 좌표를 $c(t)=(x(t), y(t))$로 가정하자. 여기에서 $c(t)$가 위선과 이루는 각을 α라고 하면, $\tan\alpha = \frac{y'(t)}{x'(t)}$로 정의할 수 있다. 이는 $y'(t) = \tan\alpha \cdot x'(t)$로 표현할 수 있는데, 이를 부정적분하면 $y(t) = \tan\alpha \cdot x(t) + b$가 된다. 이를 간단하게 다시 쓰면 $y = m \cdot x + b$가 되어 1차방정식의 전형적인 형태가 된다. 이는 메르카토르의 해도에서 특정 지점 c에서 시작되는 선이 직선임을 뜻한다. 결국 지구 곡면상의 항정선이 메르카토르 해도에서 직선으로 도시된 것이다.

메르카토르 해도가 간행되고 난 뒤 상당 기간 동안 널리 보급되지 못한 데는 또 다른 이유가 있었다. 그것은 16~18세기 탐험 시대에 유럽인들이 가장 광범위하게 찾고자 했던 항로는 북서·북동항로였는데, 메르카토르 해도는 고위도 지방의 형상을 크게 왜곡시켰기 때문이다.[16] 그러나 오늘날 바다를 항해하는 전문 항해자이건 요트를 타는 아마추어 항해자이건 아니면 항해를 모르는 일반인이건 간에 해도에서 선박의 침로를 구하는 것은 간단한 문제가 되었다. 메르카토르 해도 위에 원하는 두 지점을 삼각자로 직선으로 잇고 연필로 선을 그으면 그만이다.

이것은 항해사적으로 아주 중요한 의미가 있었다. 메르카토르 해도가 제작되기 이전에 항해사들이 이용했던 해도는 그저 육지의 형상을 본 따 그린 '포르톨라노 해도portolano chart'였다. 이 해도는 위선과 경선이 없고,

---

16) Almond, "Mercator: The Man who straightened out the World."

학술적인 참고문헌이나 범례도 없었으며, 선원들이 항해하면서 새로 발견된 지역이 추가되는 것이 고작이었다. 포르톨라노 해도상의 직선을 지구 곡면 위로 옮길 경우 일련의 나선형으로 표시될 것이므로 해도상의 직선을 따라 항해하면 원하는 목적항에 도달할 수 없게 된다. 지중해나, 북해, 발트 해 등 유럽 인근의 바다를 항해할 경우에는 큰 문제가 없었지만, 대양항해를 하게 될 경우 이는 치명적일 수가 있었다. 따라서 이와 같은 문제를 피하기 위해 18세기까지 항해자들은 위도를 따라 정동 또는 정서 방향으로 항해하였다. 이렇게 지구 표면을 둘러싼 평행선인 위도를 따라 항해함으로써 항해자들은 지구 곡면의 왜곡 현상을 피할 수 있었다.[17]

이와 같은 거등권 항법으로 정확히 목적항까지 항해하기 위해서는 항해 거리를 정확하게 추측하는 것이 관건이었다. 그러나 범선이 대양을 항해할 때 조류와 바람에 따라 선속이 들쑥날쑥할 수밖에 없기 때문에 거리를 잘못 추측할 경우 자칫 대참사로 이어질 수 있었다. 그 대표적인 예가 1629년 네덜란드 동인도선 '바타비아 호' 사건이었다. 1629년 네덜란드 동인도선 바타비아 호는 희망봉을 돌아 자카르타의 경도에 이를 때까지 정동으로 항해하던 중 거리를 잘못 추산하여 오스트레일리아 산호초에 좌초하여 생존자 270여 명 중 115명이 살해되는 대참사를 겪었다.[18] 또 다른 참사로 1707년 잉글랜드의 '지중해 함대 좌초 사건'을 들 수 있다. 1707년 지중해에서 작전을 수행한 쇼벌Cloudesley Shovel 제독 휘하의 지중해 함대가 잉글랜드로 귀환하던 중 경도 측정의 오류로 영국 남단 쉴리 섬 부근 해안에 좌초하여 배 4척과 승무원 2천여 명이 사망하였다.[19] 그러나 메르카토르의 해도가 해도상의 두 지점을 직선으로 잇는 선을 선박의 침로로 이용할 수 있도록 함으로써 항해사의 발전에 크게 기여하였다.

---

17) Taylor, 『메르카토르의 세계』, p.58.
18) Dash, 김성준·김주식 역, 『미친 항해』, 혜안, 2012.
19) 김성준, 『해양탐험의 역사』, p.220.

이상에서 정리해 본 바와 같이, 메르카토르의 1569년 세계 지도는 항정선을 직선으로 표시할 수 있도록 고안됨으로써 항해용으로 제작되었을 뿐만 아니라, 오늘날까지 표준 해도로서 널리 이용되고 있다. 물론 메르카토르가 고안한 도법이 항해용으로 완벽한 것은 아니다. 항해자들의 입장에서 보면 배가 항해해야 할 침로를 간단하게 직선으로 도시할 수 있다는 장점이 있는 반면, 지구상의 두 지점간의 최단 거리인 대권great circle을 직선으로 표시할 수 없다는 단점이 있다. 그러나 구형인 지구를 평면에 도시해야 하는 지도에서 위도와 경도, 거리와 방향 문제를 모두 해결한 지도는 아직까지 나오지 않고 있다.[20] 이것이 전자해도가 일반화된 오늘날까지 왜 메르카토르 해도가 표준해도로 널리 이용되고 있는지 잘 설명해 준다. 항해자들에게 1차적으로 중요한 것은 침로이지 거리가 아니라는 것이다. 해도로 활용되기 위해서는 각도와 거리 측정이 용이해야 하는데, 메르카토르 해도는 항정선을 지표면상에서의 각도와 동일한 각도로 도시되었고, 거리 또한 같은 위도에서 측정했을 때는 비교적 쉽게 계산할 수 있다는 두 가지 조건을 모두 충족시켰다.[21] 게다가 경선과 위선을 모두 직선으로 직선화하였다.[22] 메르카토르 해도로 인해 항해자들은 바다 위에서 침로를 찾고 거리를 계산하는 것이 단순한 일이 되었고, 이는 결국 항해 안전 제고에 크게 이바지했음은 두말할 나위 없다. 이런 점에서 앨먼드가 적절히 지적한 바와 같이, "오늘날 바다를 항해하는 모든 항해자들은 그에게 큰 빛을 지고 있다."고 할 수 있다.[23]

테일러가 지적한 바와 같이, "메르카토르가 우연히 메르카토르 도법을 만들어냈으며, 자기가 이룩한 업적의 중요성에 대해서도 잘 인식하지 못했는지도 모른다."[24] 다른 한편에서는 독일의 역사학자 아르노 페터스Arno

---

20) Taylor, 『메르카토르의 세계』, p.334.
21) Kay, 『항해의 역사』, pp.264~265.
22) Monmonier, 『지도전쟁』, p.23.
23) Almond, "Mercator: The Man who straightened out the World."
24) Taylor, 『메르카토르의 세계』, p.17.

Peters(1916~2002)를 필두로 한 일련의 그룹들은 그의 세계 지도가 아프리카를 실제보다 적게 그리고, 유럽을 과장되게 넓게 그렸다는 이유로 그를 인종차별주의자나 제국주의자로 비난하기도 한다.[25] 그러나 그가 1569년 세계 지도를 제작한 본래 목적은 항정선을 직선으로 도시하려는 데 있었지 특정 대륙을 크게 보이게 하거나, 적도 부근의 대륙을 축소함으로써 그 중요성을 과소평가하려는 데 있었던 것이 아니었다는 점에서 이는 온당한 평가가 아니다. 그는 비록 자신이 만든 도법의 원리에 대해 어떠한 근거도 남기지 않았고, 그 원리도 이해하지 못하고 있었는지 모른다. 하지만 인공위성 시대인 오늘날에서 조차 구형의 지구를 평면에 도시하는 데 메르카토르 도법을 대체할 만한 도법이 나오지 않고 있다는 점에서 우리는 여전히 그가 창조한 세계에서 살고 있는 셈이다.

---

25) Monmonier, 『지도전쟁』, 10장.

2부

해운업과 선원

해운업을 영위하는 사업가나 해운 관련 학문을 연구하는 연구자들은 제조업자나 경제학자들에 대해 심리적으로 열등감을 느끼고 있는 것이 사실이다. 이는 주로 다음과 같은 두 가지 이유 때문이다. 첫째는 이제까지 해운업은 서비스업에 불과하여 경제발전을 선도하지 못한다는 평가를 받아왔다는 점이다. 일반적으로 해운업에 대한 수요는 파생수요derived demand 이고, 해운업 가운데 해상 관광만이 선박에 승선하여 각 여행지를 관광하는 것 자체를 목적으로 한다는 점에서 기본수요[1]로 간주되어 왔다. 하지만, 특정 상품이나 용역을 파생수요나 기본수요라고 말하는 것은 지나치게 단순화한 것이다. 이를테면 무역업은 제조업에 대해서는 파생수요이지만, 운송업에 대해서는 기본수요이다. 이와 마찬가지로 해운업은 무역업에 대해서는 파생수요이지만, 항만산업이나 조선업에 대해서는 기본수요이다. 최근에는 "해운이 파생수요가 아니라 기본수요(본원적 수요)"라고 주장하는 학자도 있다.[2]

게다가 어떤 재화나 산업에 대한 수요를 기본수요와 파생수요로 도식화해

---

1) elemental demand 또는 fundamental demand를 본원수요라고 번역하는 것은 적절하지 않은 것 같아 여기에서는 기본수요라고 번역하였다.
2) 강종희, 『현대해운물류 이해』, 두남, 2002, p.19.

서 구분하는 것은 서구 학자들에게는 낯선 것이다. 알프레드 마샬은 직접수요direct demand와 간접수요indirect demand, 그리고 결합수요joint demand를 설명하고 있으나, 기본수요라는 용어를 사용하지 않았고, 우리나라에서 출판된 주요 경제학사전에도 기본수요라는 용어는 등재되어 있지 않다.[3] 기본수요는 일본 경제학자들이 파생수요의 상대어로 만들어낸 용어를 우리나라의 일부 학자들이 그대로 사용하고 있는 데서 비롯된 용어로 보인다. 사와센페이佐波宣平는 기본수요를 직접수요와 동일한 것으로 간주하였다.[4]

두 번째는 해운업은 산업혁명 이후에 제조업이 팽창하고, 그로 인해 해상운송에 대한 수요가 늘어난 19세기 이후에야 하나의 독립산업으로 분화할 수 있었다는 것이다. 이제까지 해운업이 하나의 전문 산업으로 성장한 것은 산업혁명 이후라고 보는 것이 정설이었다. 데이비스Ralph Davis는 "산업혁명이 영국의 무역 규모를 변화시키고 있을 때만 해운산업은 그것 자체로서 하나의 직업이 되었다"[5]고 적었다. 이와 같은 논리의 연장선상에서 보면 해운업이 무역업에서 분화되어 하나의 전문 산업이 될 수 있었던 것은 19세기 이후에나 가능한 일이다.[6]

해운업과 관련하여 해운업자나 해운 관련 연구자들을 심리적으로 위축시키는 또 다른 문제는 해운업의 발전 과정에 관한 것이다. 해운업의 역사적 발전 단계를 논의할 때 상인 선주 또는 개인 운송인merchant carrier or private carrier에서 공공 운송인 또는 공중 운송인common carrier or public carrier으로 발전하였다는 것이 일반론이다. 이는 상인 선주 시대에 상업의 일부였던 운송업이 해외 무역이 팽창함에 따라 무역업에서 분화되어 독립산업이 되었다고

---

3) Marshall, *Principles of Economics*, p.316 ; 고려대학교 경제연구소 편, 『신경제학대사전』 ; 『경제학대사전』.
4) 佐波宣平, 『교통경제학』, p.75.
5) Davis, *Rise of English Shipping*, p.81.
6) Johnson et. al., *History of Domestic and Foreign Commerce* p.186 ; Gregg, "A Case Against Discriminating Duties," p.409 ; 東海林滋, 『海運經濟論』, p.9 ; 佐波宣平, 『海運理論體系』, pp.90~91 ; 豊原治郎, 『アメリカ海運通商史研究』, pp.171~173 ; 민성규, 『해운경제학』, p.198 ; 윤상송, 『신해운론』, p.26 ; 박현규·이원철, 『해운론』, p.39.

보는 이른바 정통 해운 발전론의 근거가 된다. 이와 같은 견해에 따르면, 상인 선주 시대에는 상인이 선박을 소유하고 운항하는 주체였으나, 공공 운송인 시대에 이르러서야 전적으로 선박을 소유하고 운항하는 데 전념하는 선주가 등장하게 된다.

그러나 이와 같은 통설과는 달리, 선장이나 선원 출신이 선박을 소유하고 운항하는 주체였던 사례가 다수 발견되었다. 이와 같은 사례가 축적된다면 해운업이 무역업에서 분화되었다는 기존 견해는 수정될 수 있을 것이다. 이 논문은 선장이나 선원들이 선박을 소유하고 운항한 몇 가지 사례를 제시함으로써 해운업 발전단계론에 대한 기존 견해를 재검토할 수 있는 계기를 제공할 것이다.

I. 해운업 발전단계에 대한 정통론

여기에서는 해운 관련 서적들을 검토함으로써 해운업의 발달 과정에 대한 해운 경제학자들의 견해를 살펴볼 것이다. 먼저 일본과 한국의 문헌을 비교 검토하여 일본의 학설이 한국의 해운학계에 어떤 영향을 주었는지를 살펴본 뒤, 일본과 한국 학계의 견해를 서구 학계의 견해와 비교할 것이다.

필자가 알고 있는 한, 일본에서 해운업의 발달과정에 관해 처음으로 체계적으로 정리한 학자는 교토대학의 고지마小島 교수이다. 고지마 교수는 해운업의 발달 과정을 다음과 같이 서술하였다.

고대에는 선주가 선장으로 승선하여 직접 상업 활동을 하였다. 따라서 이 단계에서는 소선장skipper과 선주shipowner, 상인merchant이 모두 한 사람에 의해 이루어졌다. 이어 해상 무역이 발달하고 선박도 커지게 되면서 선장이 자기의 자본만으로 항해업을 영위하기 어렵게 되자 타인의 자본을 빌리거나, 선박을 자본주에게 저당 잡히고 선박대차bottomry계약을 체결하거나 또는 선박을 공동 으로 소유하게 되었다. 선박대차계약을 체결했거나 선박을 공유한 경우 선장은 더 이상 선박의 소유자로서가 아니라 고용선장으로서 승선했다. 다른 측면에서는 선장이 선주로서 승선했다고 하더라도 스스로 자본을 갖고 있거나, 자본을 조달할 수 있는 능력이 있어 곧 승선하는 것을 그만두고, 소유 선박에는 고용선장을 승선시키고, 자기는 해운경영에만 전념하였다. 이로써 항해업航海業에서 자본주의적 경영이 시작되었다.

선박 공유자들은 선박의 지분을 갖고 있는 사람이나 그 외의 사람을 선장으로 승선시켜 항해를 책임지도록 하고, 해운 및 무역에 정통한 사람을 관리 선주로 임명하여 선박의 운항을 관리하고, 항해 중의 상업 활동은 화물관리인super-cargo을 승선시켜 처리하였다. 화물관리인의 등장은 해운업과 무역업이 분리되기 시작했음을 나타내는 첫 징후였다. 이러한 선박은 화물을 유리하게 팔고 살 수 있는 항구를 찾아 다녔기 때문에 사업 자체가 모험적 성격이 짙었다. 이러한 선박들은 선박 공유자인 상인의 화물을 주로 운송하였기 때문에 상인 사용선商人私用船, merchant carrier 또는 사용 운송선私用 運送船, private carrier으로 불린다. 19세기 중엽에 이르러 산업혁명의 결과로 해상 무역이 팽창함에 따라 해운업은 무역에서 분리되어 퍼블릭 캐리어public carrier, or common carrier가 나타나기에 이르렀다. 퍼블릭 캐리어 또는 커먼 캐리어는 일반 고객으로부터 화물의 운송을 위탁받아 운임을 받고 선박을 전문적으로 운항하는 형태를 말한다.[7]

고지마 교수에 이어 일본에서 해운경제사의 체계를 확고하게 다진 학자는 사와 센페이佐波宣平 교수였다. 사와 교수는 해운업이 자기운송형태自己運送形態, private carrier, merchant carrier에서 반타인운송半他人運送, semi-common carrier을 거쳐 타인운송他人運送, common carrier으로 발전한 것으로 기술하고, 각 운송 형태의 특징을 다음과 같이 설명하고 있다. 자기운송형태는 선장, 상인, 선주가 모두 동일인으로 자기의 화물을 자기의 선박으로 자신이 직접 운송하는 가장 원시적인 형태의 해운 경영 방식이다. 특히 무역운송상merchant carrier은 스미스Adam Smith가 운송무역carrying trade과 동일한 의미로 사용한 것으로

---

7) 小島昌太郎, 「海運に於ける企業及び經營の分化發達」, pp.5~6.

한 사람이 운송인과 상인을 겸하는 형태로서 일본에서 사용하는 선주·상인에 해당한다. 반타인운송은 상인 겸 선주가 선장이나 선원을 고용하여 항해와 운송을 맡기고, 무역업무는 화물관리인super-cargo을 선박에 승선시켜 처리하는 형태로서 보나비아Bonavia 교수가 영국의 동인도 무역선에 대해 명명한 경영 형태이다. 산업혁명과 조선업 및 항해기술의 발전에 따라 출현한 타인운송은 타인의 화물을 운송하는 것으로 해운사업은 19세기에 들어와 처음으로 기업으로 독립한 형태이다.8)

한편, 구로다 히데오黑田英雄 교수는 상인과 생산자가 선박을 단독 또는 공동으로 소유하는 사적 운송자private carrier에서 일반 운송업자public, common carrier로 점진적으로 발전해 갔다고 설명하고 있다. 그는 19세기까지 무역업과 결합되어 있었던 해운업은 항해기술과 조선업 등이 발전하고, 해외무역이 팽창함에 따라 무역업에서 분리되어 갔다고 기술하고 있다.9)

우리나라에서는 지난 1954년에 『해운경제론』이 출판된 이래 2002년 말 현재까지 약 30여 종의 해운 관련 서적이 출판되었다. 민성규의 분석에 따르면, 해운을 전공한 학자 내지는 업계의 전문가들이 해운을 중심으로 일정한 이론과 관점에 따라 저술한 서적은 민성규의『해운경제학』, 윤상송의『해운론』, 기회원의『해운경영학』정도이다.10) 따라서 해운업의 발전과정에 대한 한국 학계의 동향에 대해서는 한국 최초의 해운 이론서인 김효록의『해운경제론』과 위의 3책을 중심으로 정리하고자 한다.

우리나라에서 가장 먼저 해운 관련 서적을 출간한 학자는 고려대학교의 김효록 교수였다. 김효록은 이 책에서 해운의 발달은 곧 경제의 발전과 궤를 같이한다고 전제하고, 해운업의 발달을 세 시기로 구분하여 다음과 같이 설명하였다.11)

---

8) 佐波宣平, 『海運理論體系』, Chap. II.
9) 黑田英雄, 『世界海運史』, pp.74~76.
10) 민성규, 「대학교재를 통해 본 해운학 연구의 회고와 전망」, pp.21~46.
11) 김효록, 『해운경제론』, pp.28~39.

고대에서 대항해시대까지 해당하는 제1기에는 선주는 선박을, 화주는 화물을, 선원은 노동력을 제공하여 코멘다^{commenda}를 조직한 뒤 파트론^{patron}이 화물의 매매 및 운송을 수행하여 손익을 조합원들에게 분배하는 양상으로 해상 무역이 이루어졌다. 대항해시대의 개막부터 19세기 중엽까지에 해당하는 제2기에는 초기에는 선주가 자기의 화물을 주로 운송하고, 남은 공간^{space}에 타인의 화물을 운송하였으나, 해상 무역이 증가함에 따라 선박 용선자^{charterer}들이 늘어나게 되어 차츰 선박 한 척을 용선하여 운송하기에 이르렀다. 제3기는 19세기 중엽 이후로 이 시기에 산업혁명으로 국제적 분업이 확립되어 해운업이 성립되기에 이르렀다.

김효록의 『해운경제론』이 출판되고 난 뒤 한국에서 해운 이론서가 다시 출판되기까지는 20년 가까이 기다려야 했다. 1973년 한국해양대학교의 민성규 교수가 『해운경제학』을 출간하였다. 이 책은 우리나라에서 출판된 서적 가운데 해운업을 경제학적인 관점에서 분석한 책으로 현재에 이르기까지 가장 권위 있는 책으로 인정받고 있다. 민성규는 이 책에서 해운업이 상인운송인에서 반^半공공 운송인을 거쳐 공공 운송인으로 발전해 왔다고 설명하고, 이에 대해 각각 다음과 같이 정의하고 있다. "사적운송인은 자기의 운송대상을 수송할 목적으로 선박을 운항함으로 해운 서비스를 판매하지 않으나, 반^半공공 운송인은 원칙적으로 자기의 화물을 운송하지만 이따금 타인의 화물을 운송한다. 이에 대해 공공 운송인은 해운기업의 현대적 생산형태로서 해운서비스를 타인에게 판매할 목적으로 생산하는 운송서비스의 생산자이다." 민성규는 "해운업은 19세기 중엽에 이르러 무역업에서 분리되었는데, 이는 산업혁명으로 인한 해상 무역의 팽창, 교통기관의 발달, 미대륙으로의 대규모 이민 등이 주요 요인으로 작용하였다"고 설명하였다.[12]

위의 두 책은 해운을 경제학적인 관점에서 접근한 책이어서 해운업계의

---

12) 민성규, 『해운경제학』, pp.173~174.

실무자들이 읽기에는 다소 어려웠다. 우리나라에서 해운업계의 실무자들에게 가장 널리 보급된 책은 한국해사문제연구소의 창립자인 윤상송 박사가 저술한 『해운론』이었다. 윤상송 박사는 해운업이 "기업경영의 주체 면에서는 상업 운송인merchant carrier에서 공공 운송인public carrier으로, 화물의 성격 면에서는 자기운송private carrier에서 타인운송common carrier으로 변천하였다"고 보았다.[13)]

한편, 목포해양대학의 기회원 교수는 해운업을 경영학적인 관점에서 접근하여 분석하였는데, 그는 해운업이 자기 운송인private carrier에서 상인 운송인merchant carrier을 거쳐, 공공 운송인common carrier으로 발전했다고 주장하고, 각각의 특징을 다음과 같이 설명하고 있다.

> 고대 페니키아, 그리스, 로마 시대에는 해상 무역이 private carrier에 의해 이루어졌으며, 이는 선박 소유자가 자기의 선박을 주로 자기 화물을 운송한 형태로 선주, 선장, 화주가 동일인으로 간주되었다. 중세에는 상인이 선주 및 선원과 코뮤니타스comunitas를 형성하여 자기의 화물을 운송하여 이를 상인 운송인이라고 부른다. 상인 운송인의 특징은 상인은 화물을, 선주는 선박을, 선원은 노동력을 제공함으로써 해운업과 무역업이 하나로 통합되어 이루어졌다는 점이다. 산업혁명으로 해상무역이 팽창함에 따라 19세기 초에 정기선liner 항로가 개설되어 비로소 해운업은 타인의 화물을 전문적으로 운송하는 공공 운송인으로서 발전하기에 이르렀다.[14)]

위에서 살펴본 바와 같이, 일본과 우리 해운학계는 다소간에 차이는 있으나 대체로 해운업이 사적 운송인이나 상인 운송인에서 공공 운송인이나 공중 운송인으로 발전하여 19세기에 이르러 무역업에서 분리되어 전문 산업으로 발전한 것으로 보고 있다는 점에서는 의견의 일치를 보이고 있다. 일본과 우리나라 학자들간의 영향 관계를 살펴보았을 때, 우리나라

---

13) 윤상송, 『해운론』, p.311.
14) 기회원, 『해운경영학』, pp.18~22.

학자들이 주로 일본 학자들의 견해에 크게 의존하고 있음을 확인할 수 있다. 민성규는 고지마의 논문과 사와 센페이의 책에 의존한 바가 크고,[15] 윤상송 박사는 사와 센페이와 민성규의 책을 원용하고 있으며,[16] 기회원은 구로다의 책을 인용하고 있다.[17] 이는 우리나라 학자들이 일본 학자들의 견해를 상당 부분 차용하고 있다는 것을 의미한다.

위에서는 우리 학계에서 널리 수용되고 있는 해운업 발전론이 일본 학계로부터 많은 영향을 받았다는 사실을 확인하였다. 그러면 일본 학자들은 어떨까? 그들도 서구의 학자들로부터 영향을 받지 않았을까? 고지마 교수는 여러 명의 서구 학자들의 저서를 인용하고 있고, 사와 교수는 베버^{Max} ^{Weber}와 하세브뢰크^{Hasebroek}와 같은 독일 경제학자들의 이론서와 페일^{Fayle}의 저서를 주로 참고하고 있다. 한편, 구로다 교수는 전거를 각주에서 밝히고 있지 않기 때문에 그가 해운업의 발달사를 정리할 때 구체적으로 어느 저서를 참조하였는지 확인하기 어렵다. 하지만, 참고문헌을 보면 그가 해운사에 대해서는 페일의 저서를 주요하게 참고한 것으로 짐작할 수 있다. 따라서 일본 학자들이 해운사를 체계적으로 정리할 때 주된 서적이 된 것으로 보이는 페일의 책을 살펴봄으로써 그의 견해와 일본 학자들의 견해가 어떤 관계에 있는지를 비교해볼 것이다.

페일은 해운업의 역사를 연역적으로 접근하지 않고, 역사학자답게 연대순으로 다양한 사례를 제시하는 방식으로 접근하고 있다. 페일의 견해를 정리해 보면 다음과 같다.[18]

---

15) 민성규, 『해운경제학』, pp.195~200 ; 小島昌太郎, 「海運に於ける企業及び經營の分化發達」, pp.5~8 ; 小島昌太郎(1938), 『海運論』, pp.63~80 ; 佐波宣平, 『海運理論體系』, Chap. II.를 비교 참조.
16) 윤상송, 『신해운론』, pp.14~18 ; 佐波宣平, 『海運理論體系』, Chap. II ; 민성규, 『해운경제학』을 비교 참조.
17) 기회원, 『해운경영학』, pp.18~22 ; 黑田英雄, 『世界海運史』, 제1부를 비교 참조.
18) Fayle, *Short History of World's Shipping*. 인용문단의 숫자는 원문의 쪽수임.

페니키아인들은 다른 나라의 지배자들이 선박을 필요로 할 때면 자유롭게 그들에게 고용되었다(40). … 그리스 시대 초기에는 대부분의 무역이 상인-소선장merchant-skipper의 수중에 장악되어 있었다. 한 사람이 대리인master, 선주, 소선장의 역할을 모두 담당했다. 다른 한편에서는 자기 자신의 화물을 싣지 못하는 선주들도 있었는데, 이들은 운임을 벌 목적으로 상인과 그들의 화물을 운송해주는 오늘날의 의미에서 부정기선업자로서 활동하였다(44). … 로마 시대에는 많은 선주들이 선박의 운항에는 관여하지 않고, 배 운항과 관련한 사업에 대한 지식을 갖고 있는 사람들에게 배를 빌려주는 자본가들이었다. 정기 용선자time charterer는 자신의 이익을 위해 배를 용선하여 운항하고 운임을 받았다. 다른 선주들은 상인들이었는데, 이들은 배에 자신의 화물을 실었다. 선주들은 보통 구베르나토르gubernator로 불리는 '항해 선장sailing master'과 마기스테르magister로 불리는 '사업 관리인business manager'을 임명하였다(58). … 일부 선주들은 자신이 직접 사업 관리인으로 활동하는 경우도 있었고, 아주 드물게는 항해 선장 역할까지 전담하는 경우도 있었다. -단순히 자신의 화물을 운송하는 것이 아니라 이윤을 얻기 위해 선박을 운항하는 해운산업이 로마 시대에 상당히 근대적인 양상으로 이루어지고 있었던 것이 분명하다(59). 중세 시대에는 신디케이트syndicate의 회원이 배를 소유하여 자신의 화물을 싣고, 자신이 선원으로서 항해하였기 때문에 한 사람이 선주와 화주, 선원으로 활동하는 것이 일반적이었다. 아말피 해법the Table of Amalfi에 따르면, 선주와 상인, 선원이 공동으로 조합partnership을 형성하였다. 선주는 조합원 중 한 사람을 관리인patronus으로 임명하였다(67). 그러나 다른 형태의 조합도 있었다. 1271년 라구사 법Statutes of Ragusa에는 상인단의 회원 한 사람이 무역에 필요한 대금이나 일정 금액에 상당하는 화물을 선장과 선원에게 맡기는 경우도 있었다. 배를 혼자 소유하는 경우는 매우 드물었던 것으로 보인다. 중세 시대의 사업은 주로 조합에 의해 이루어졌다(68~69). 대부분의 한자동맹의 배들은 조합이 소유하고 있었던 것으로 보이는데, 선장들은 대부분 조합원이었다. 한자동맹의 배들은 이따금 조합원의 화물을 싣는 경우도 있었다. 그러나 배 자체나 화물창의 공간을 빌리는 일은 대규모로 계속되었고, 선장은 선주와 용선주의 단순한 고용인에 불과했다(99).

대항해시대에 이르면 선주들은 가끔 상인인 경우도 있었지만, 배를 소유하고 운항하는 것만으로 생계를 이어가는 사람들이 많아졌다. 흔히 배의 지분을 일부 소유하고 있던 선장master들은 영국의 항해 선장sailing master이라기보다는 중세의 파트로누스patronus나 관리 선주managing owner에 가까웠다. 선주들은 배를 전주錢主에게 저당 잡히고 항해 비용을 빌렸다(133~134).

엘리자베스 시대의 선주들은 흔히 상인인 경우도 있었지만, 자기 배에 전적으로 자기 화물만을 선적하지는 않았다. 대형 선주들은 자기 배와 다른 사람의 배에 선적된 화물을 팔아서 이윤을 챙기는 상인으로 활동하기도 했고, 선주로서 운임을 받기도 했다(157). 특허회사들은 일반적으로 배를 공동으로 소유하였고, 공동 선주들은 동료들을 위해 운송해주는 화물에 대해 운임을 받았다. 1600년에 레반트 회사Levant Company의 구성원들은 14척을 소유한 것 이외에 15척을 용선하여 운항하였다(161).

18세기 초까지도 상인들뿐만 아니라 선장, 선박 관리인, 해운대리인과 같은 사람들로 구성된 조합이 많은 배들을 만들었다. 그러한 조합들은 자기 배에 실을 화물을 매입하기도 하고, 화물을 판매하여 이익을 얻기도 했다. 그러나 이들 조합들은 운임을 받고 화물을 선적하려고 노력하였고, 공공 운송인common carrier으로서 이윤을 얻으려고 하였다. 해상 무역량이 늘어남에 따라 이와 같은 운항 방식이 점점 더 이익이 많아지자 운송무역은 상업활동에서 독립된 전문 분야가 되어 갔다. 이제는 더 이상 상인들이 시장을 찾아 물건을 싣고 이동하지 않게 되었다. 화주들은 배에 화물관리인supercargo을 승선시켜 화물의 매매와 관련한 일을 처리하였다. 그렇지만 배들이 모두 화물관리인을 승선시키고 다닌 것은 아니었다. 왜냐하면 많은 선장들이 시장과 해외의 상업관습에 대해 잘 알고 있었기 때문이다(201~02).

필자는 페일의 견해를 다소 길게, 그리고 원문을 그대로 인용하여 요약하려고 노력했다. 이는 일본의 해운경제학자들의 견해와 페일의 견해를 서로 비교하기 위해서였다. 고지마, 사와, 구로다 등은 해운업이 개인 운송인private carrier에서 공공 운송인common carrier으로 발전하였다고 보고 있다는 것은 이미 앞에서 살펴본 바와 같다. 이에 대해 페일은 그리스 시대 초기에 무역이 대부분 상인-소선장merchant-skipper에 의해 이루어졌고, 18세기에 조합은 공공 운송인common carrier으로서 운임을 받고 화물을 선적하였다고 기술하고 있다. 하지만 그는 책의 어느 부분에서도 해운업이 개인 운송인에서 공공 운송인으로 발전하였다고 쓰지 않았을 뿐만 아니라, 'private carrier', 'merchant carrier', 'public carrier'라는 용어도 사용하지 않았다. 단지 그는 페니키아인과 한자동맹의 해운업자들을 일반 운송인general carrier이라고 부르고 있을 뿐이다.

물론 서구의 학자들도 'private carrier'와 'common carrier'란 용어를 사용하고 있다. 하지만 서구에서 사용되는 'common carrier'와 'private carrier'의 개념은 일본이나 한국에서 사용하는 개념과는 다소 차이가 있을 뿐만 아니라, 서구 학자들은 'merchant carrier'나 'public carrier'란 용어를 그렇게 흔하게 사용하는 것 같지도 않다. 예를 들면, 서구에서는 'common carrier'를 "선적 공간이 허용할 경우에는 선적 거부를 하지 않고 화물이나 여객을 운송해주는 사람이나 회사"[19]라는 뜻으로, 그리고 'private carrier'는 "자기가 원하는 사람이나 화물만 운송하는 선주 또는 선사"[20]라는 의미로 사용하고 있다. 이에 대해 일본과 한국의 학계에서는 'private carrier'를 자기의 화물을 자기의 선박으로 운송하는 형태로, 'common carrier'를 운임 획득을 목적으로 타인의 화물을 운송하는 형태로 각각 정의하고 있다.[21]

필자는 서구에서 출판된 해운 관련 사전에서 'merchant carrier'란 용어가 설명되어 있는 사전은 찾지 못했고, 'merchant shipper'란 용어가 등재되어 있는 것을 찾았을 뿐이다. 설리번은 'merchant shipper'를 "해외에서 팔기

---

19) Bes, 『해운실무사전』, p.257 ; Layton, *Dictionary of Nautical Words and Terms*, p.91 ; Hinkelman, *Dictionary of International Trade*, p.29 ; Sullivan, *Eric Sullivan's Marine Encyclopaedic Dictionary*, p.102.

20) Hinkelman, *Dictionary of International Trade*, p.29 ; Sullivan, *Marine Encyclopaedic Dictionary*, p.347.

21) 小島昌太郎, 「海運に於ける企業及び經營の分化發達」, p.7 ; 佐波宣平, 『海運理論體系』, p.17 ; 黑田英雄, 『世界海運史』, p.48 footnotes 3 & 4 ; 『해운물류큰사전』, pp.157, 172, 541.

위해 제조업자로부터 물건을 사서 화물은 운송하는 자one who buys from manufacturers to sell overseas, and ships the goods"라고 정의하고 있다.[22] 이에 대해 일본과 우리 학계는 merchant carrier를 상인이 자기의 상품을 운송할 목적으로 선박을 운항하는 형태로 보고 있다.[23]

II. 정통론에 대한 반례

앞에서 살펴본 것처럼, 해운업이 개인 운송인에서 공공 운송인으로 발전하였다고 보는 것은 지나치게 단순한 견해이다. 이른바 정통론에 따를 경우 자칫 각 역사 시대에 존재했던 다양한 해운 경영 방식을 무시하는 오류를 범할 수 있다. 특히 필자가 이른바 정통 해운업 발전론에 대해 의아해 하는 것은 해운업이 무역업에서 분화되었다고 하는 견해이다. 정통론에 따르면, 고대에는 상인이 선박을 소유하고 자신이 직접 선장으로 승선하여 자기의 화물을 운송하였으나, 점차 상인 또는 상인이 다수를 점하는 공동 선주들은 선박 관리인ship's husband을 선박에 승선시켜 상업 활동을 하도록 하고, 선박의 운항은 선장에게 맡겼다. 그러다가 19세기에 이르러 해상 무역이 팽창함에 따라 무역업에 종속되어 있던 해운업이 독립하였다는 것이다.

흔히 해운산업의 특징을 자본집약적이고, 해상 고유의 위험에 노출되어 있으며, 국제적으로 거의 완전 경쟁에 노출되어 있다는 점을 들고 있다. 이 중 세 번째 특징은 주로 현대 해운산업에 해당하지만, 선박을 건조 또는 매입하는 데 많은 자본이 필요하고, 해운업의 생산단위인 선박이 해상 고유의 위험에 노출되어 있다는 점은 고대에서부터 현대에 이르기까지 통시대적으로 적용될 수 있는 공통된 요소라고 할 수 있다. 게다가 선박을

---

22) Sullivan, *Marine Encyclopaedic Dictionary,* p.292.

23) 黑田英雄, 『世界海運史』, p.48 footnote 3 ; 『해운물류큰사전』, p.558.

운항하는 데는 일정한 기술이 필요하다. 이와 같은 점을 고려한다면, 고대에 해상 운송을 담당했던 상인, 선주, 선장이 모두 동일인이라고 했을 때 그의 직업적 본질은 상인이라기보다는 선장이라고 보는 것이 역사적 사실에 부합하지 않을까? 다시 말하면 상인이 자기 화물을 운송하기 위해 선박을 소유하고 직접 선장으로 승선하여 화물을 운송한 것이 아니라, 선장이 자기 배에 승선하여 이곳저곳을 돌아다니면서 이익이 많이 나는 상품을 사고팔지 않았을까? 여기에서는 선원이나 선장이 전문 선주로 성장한 몇 가지 사례들을 제시해 봄으로써 이와 같은 가설을 검증해보려고 한다.

반례 1_ Stephenson Clarke Shipping, 1730~현재

스티븐슨 클라크 해운Stephenson Clarke Shipping은 2012년 당시까지 세계에서 가장 오래된 선사로, 그 기원은 1730년까지 거슬러 올라간다. 영국 북동부 노스 쉴즈North Shields의 선장이었던 랠프 클라크Ralph Clarke(1708~1785)와 로버트 클라크Robert Clarke(1714~1786) 형제는 1730년 300톤급 클리브런드 Cleveland 호를 구입하였다. 1785년과 1786년에 랠프와 로버트가 차례로 사망한 뒤에도 그들의 사업은, 이따금 가문 밖에서 동업자를 맞이하기도 하였지만, 2012년까지 그의 후손들에 의해 계속 이어져 왔다.

랠프와 로버트가 지분을 소유하였던 클리브런드 호는 뉴캐슬Newcastle과 런던간 석탄 운송에 주로 배선되었고, 1730~1731년 사이에는 7~8개월간 북미의 사우스 캐롤라이나South Carolina로 항해하여 귀항 항해시에는 £69 19s 4d의 순이익을 남기기도 했다.[24) 두 형제는 클리브런드 호의 지분을 구입하고 난 뒤에도 몇 년 동안 승선 생활을 계속하였다. 랠프는 1732년에 클리브런드 호의 지분 2/30을 £28 2s 6d에 매각하면서, "300톤 정도 되는 클리브런드 호는 상태가 양호하며, 현재 템즈강변에 계류 중인데, 내가 선장으로 승선하고 있다"고 적었다.[25) 그러나 두 형제는 곧 승선 생활을

---

24) Carter, "Stephenson Clarke Story," p.28.
25) cited by Cox, *Link with Tradition,* p.14.

그만두고 선박 소유업business of shipowning에 집중하였다.26) 이상에서 살펴본 바와 같이, 스티븐슨 클라크 해운의 제1대 선주인 랠프와 로버트는 18세기 중엽에는 이미 선박 소유와 운항에만 전념한 선주였다고 할 수 있다.27)

두 형제는 클리브런드 호 외에도 노섬벌랜드Northumberland, 리처드Richard, 프린스 윌리엄Prince William, 프린스 에드워드Prince Edward, 프리러브Freelove, 프로비던스Providence, 러셀 앤 넬리Russel and Nelly 호를 소유하였거나, 지분을 소유하고 있었다.

랠프와 로버트 형제는 주로 연안 석탄 무역에서 사업을 키워 나갔다. 1779년에 클리브런드 호는 런던까지 7항차를 완료하여 96파운드의 순수익을 남기기도 했다.28) 두 형제의 사업의 근거지는 뉴캐슬이었으므로 런던에서 그들의 일을 대신 처리해 줄 대리인을 고용하지 않을 수 없었다. 두 형제는 1757~1758년에 킹King과 맥스웰Maxwell을 대리인으로 고용하였다. 현재 남아 있는 자료를 근거로 하면 1762년부터 로버트는 최소한 5명 이상의 대리인을 이용하였다. 1770년에 킹의 아들과 랠프 사이에 문제가 발생하여 1774년부터 윌슨Wilson을 대리인으로 이용하였으나, 로버트의 아들인 존 클라크John Clarke(1753~1792)가 런던으로 이주하면서 런던에서의 일을 처리하게 되었다.29) 이들의 사업은 이후에도 지속적으로 석탄 무역에 간여해 왔으며, 시황의 변화에 적절히 대응하면서 해운업, 선박관리업, 해운대리점업, 복합운송업 등 해운과 관련한 모든 사업을 포괄하면서 2012년 파산할 때까지 세계 최고最古의 선사의 지위를 유지하였다.

반례 2_ Michael Henley and Son, 1775~1830

스티븐슨 클라크 해운은 초창기 자료가 부족하여 그들이 어느 시점에서

---

26) Carter, "Stephenson Clarke Story," p.28.

27) Carter, *Stephenson Clarke Shipping*, p.3.

28) Carter, "Stephenson Clarke Story," p.30.

29) Cox, *Link with Tradition*, p.18.

선박 소유에 전업하였는지를 추적하기가 불가능하다. 이에 대해 마이클 헨리 앤 썬(이하 마이클 헨리 상사로 약함)은 회계장부와 사업 관련 서신들이 그대로 남아 있어 이들이 전문 선주로 변모해 가는 과정을 명확하게 파악할 수 있다.[30] 마이클 헨리 상사의 1대 선주인 마이클Michael Henley(1742~1813)은 1760년대까지 템즈강의 뱃사공lighterman이었으나, 곧 석탄 상인으로 변신하였다. 그 뒤 약 10여 년 동안 석탄 무역으로 돈을 번 뒤 1775년에 처음으로 컬리어선collier 2척을 매입하여 비로소 상인 선주가 되었다. 이후 몇 척을 더 구입하여 1790년에는 9척, 1805년에는 15척을 소유하여 연안 항로뿐만 아니라, 발트해, 지중해, 대서양 항로에 선박을 투입하여 명실 공히 전문 선주로 변신하였다.

마이클 헨리 상사가 전문 선주로 성장하는 데는 2대 선주인 조셉Joseph Henley(1766~1832)이 결정적인 역할을 했다. 1780년대 초부터 아버지의 사업에 관여하기 시작한 조셉은 뛰어난 사업 수완을 발휘하여 전쟁기에 사업을 팽창시켰다. 1806년 아버지인 마이클이 더비Derby로 낙향하고 난 뒤 조셉이 전적으로 사업을 떠맡았다. 조셉은 1810년 22척, 5934톤을 보유하여 전성기를 구가하였다. 그러나 그는 나폴레옹이 종전으로 치닫자 전쟁기에 급격히 늘어난 선박량으로 인해 해운 경기가 침체할 것으로 예견하고 선박을 매각하여 1815년에는 7척으로 사업을 축소하였다. 조셉은 제임스 키어튼James Kirton과 에드워드 룰Edward Rule과 같은 대리인들의 도움을 받아가면서 사업을 운영하였다. 그는 1820년대에 해운 불황이 계속되고, 가족 내에서 사업을 떠맡을 사람이 없게 되자 선박을 매각하기 시작하여 1825년 이후에는 2척만 운항하다가 1830년에 해운업에서 손을 떼었다. 조셉의 외아들인 조셉 워너Joseph Warner는 사업보다는 정치 쪽에 관심이 두어 옥스퍼드셔 의원(1841), 무역성Board of Trade 장관(1852, 1858), 추밀원 의원privy councilor 을 역임하였다.

---

30) Ville, Michael Henley and Son, London Shipowner ; "Deployment of English Merchant Shipping" ; English Shipowning.

헨리 상사의 사업은 네 단계의 과정을 거치면서 변모하였다. 마이클이 1760년대 초까지 템즈 강에서 뱃사공으로 활동하던 시기를 제1단계로 본다면, 제2단계는 1760년대 중반에서 1774년까지 석탄 상인으로 활동하던 기간이고, 제3단계는 1775년에 컬리어선 2척을 구입하여 석탄 운송과 석탄 무역을 동시에 겸업하던 시기이다. 마지막 제4단계는 다른 사업에서 완전히 손을 떼고 선박 운항에 전념하기 시작했던 1790년부터 해운업에서 손을 뗀 1830년까지이다. 헨리 상사는 1774년까지는 소상인에 지나지 않았으나, 1775년에 헨리 호와 메리 호 등 컬리어선 2척을 구입함으로써 자신이 직접 뉴캐슬에서 석탄을 구입하고 런던으로 운송해 와 도매하는 상인 겸 선주가 되었고, 선박 소유와 운항에만 전념한 1790년 이후부터는 전문 선주였다고 할 수 있다. 1800년 마이클 헨리 상사는 사업과 관련한 건물과 소형 배crafts 약 6000파운드, 예비품spare stores 약 3000파운드, 배 약 1만 8000파운드 등 총 2만 7000파운드 상당의 고정자본을 축적하고 있었다. 비일Ville은 헨리 상사가 1790년대 어느 시점부터 자신들의 직업을 전문 선주라고 간주했을 것으로 추정하였다.31)

반례 3_ John Willis and Sons, 1830~1899

커티 삭Cutty Sark의 선주인 존 윌리스 앤 선즈John Willis & Sons(이하 존 윌리스 상사)는 24척을 운항한 적도 있는 빅토리아 시대의 유명한 선주이다.32) 제1대 존 윌리스John Willis senior(1788~1862)는 1788년 스코틀랜드의 어촌인 버윅셔Berwickshire에서 태어났다. 어릴 때 부모를 잃은 존은 친척 집에서 자란 뒤 곧 뱃사람이 되어 서인도 항로에 취항하는 배에 승선하였다. 그는 선원 생활로 돈을 벌어 1830년에 선더랜드Sunderland에서 253톤급 데마라라 플랜터Demarara Planter 호를 건조하기에 이르렀다. 이 배는 1839년에 상실되었지만, 이 당시까지 존 윌리스는 311톤급 자넷 윌리스Janet Willis 호를 신조하여

---

31) Ville, *English Shipowning*, pp.19, 28.
32) Crosse, "John Willis & Sons, Shipowners," pp.397~402.

운항하고 있었다. 데마라라 플랜터 호의 보험금으로 존 윌리스는 1839년에 320톤급 존 윌리스*John Willis* 호를 건조하였고, 이어 1845년에 보더러*Borderer* 호를 추가로 확보하였다.

1862년 제1대 존 윌리스가 사망할 때까지 존 윌리스 상사는 9척을 건조하고, 1척을 매입하여 총 10척을 운항한 바 있었다. 하지만 좌초, 매각, 행방불명 등으로 1862년 당시에는 총 5척, 3712톤을 보유하고 있었다. 1대 존 윌리스가 사망하고 난 뒤 그의 아들인 존 윌리스 2세가 사업을 계승하여, 화이트헤더 *Whiteadder*(915톤) 호, 트위드*Tweed*(1745톤) 호, 아사에*Assaye*(1599톤) 호, 커티삭 *Cutty Sark*(921톤) 호를 추가로 확보하였다. 존 윌리스 상사는 1862년부터 1899년까지 건조 또는 매입 등으로 총 14척을 운항한 바 있었다.

1대 존 윌리스가 선장이었다는 점은 이미 앞에서 언급했지만, 그는 선주가 되고 난 뒤에도 최소한 1840년까지 선장으로 자기 소유의 선박에 직접 승선하였다. 1대 존 윌리스는 데마라라 플랜터, 자넷 윌리스, 존 윌리스 호를 새로 건조하고 난 뒤에 선장으로 승선하였다. 그의 아들 2명도 역시 선장으로 활동하였다. 나중에 '낡은 흰 모자를 쓴 사람*Old White Hat*'이라는 별명으로 유명하게 된 2대 존 윌리스는 1845년 신조한 보더러 호의 선장으로 처음 승선한 것을 비롯하여 1848년 세인트 압스*Saint Abbs*(503톤) 호, 1850년 제2대 자넷 윌리스(572톤) 호가 신조되어 취항하였을 때도 역시 선장으로 승선하였다. 2대 존 윌리스는 1853년 머지*Merse*(699톤) 호를 선더랜드에서 지을 때 건조 감독을 한 뒤 선장으로 승선할 예정이었으나 병으로 앤드류 쉬원*Andrew Shewan*이 대신 승선하였다.

위에서 살펴본 바와 같이, 랠프와 로버트 클라크, 존 윌리스는 해상 무역과 선박 운항의 전문지식을 갖고 있던 선장들이 자본을 축적하여 선주로 변신한 전형적인 예이다. 마이클 헨리는 런던의 템즈강에서 뱃사공 출신으로서 컬리어선을 구입하여 선주 겸 석탄 상인으로서 석탄 무역을 하다 전문 선주로 변신하였다. 뱃사공의 직업적 정체성이 무엇인가를 생각해 본다면 그것은 상인이라기보다는 뱃사람seaman에 가깝다고 할 수 있다. 이런 점을 감안한다면 랠프와 로버트, 존 윌리스, 마이클 헨리는 뱃사람으로서 선박을 운항하는 실질적인 기술을 소유하고 있는 상태에서 해상 무역에 대한 전문지식을 획득하여 선주로 변신한 전형적인 예라고 할 수 있다.

반례 4_ 기타 사례

위의 세 경우는 일정 규모 이상의 선박을 보유하고 운항한 예이다. 그러나 실제에서는 한두 척의 선박만을 운항한 선장 출신 선주들이 훨씬 더 많았을 것임에 틀림없다. 그 가운데 가장 널리 알려진 예가 나다니엘 우링 선장이다. 우링은 16세 때인 1697년 스위프트*Swift* 호에 승선한 이래 갖은 고생을 겪은 뒤 1715년에 드디어 공동 선주가 되었다. 그는 1715년 일단의 출자자들과 함께 포르투갈 무역을 하기 위해 소형선 한 척을 건조하여 선장으로 승선하였다. 1716~1717년 우링은 최대 지분 소유자가 정부의 화물을 운송할 것을 기대하며 배를 템즈강에 몇 개월 동안 지체시키자 그에게 배를 매각하자고 제안했으나 거절당하였다. 그러나 우링은 자신의 지분을 팔아버리고, 1717년 방고르*Bangor* 호의 지분을 구입하여 선장으로 승선하였으나 이 배는 1719년 침몰하였다. 우링은 1720년 자메이카에서 목재를 선적하기 위해 슬루프형sloop 배 한 척 전체와 브리겐틴형brigantine 배 한 척의 화물 공간의 절반을 용선하였다. 그는 1721년 이 사업을 끝으로 은퇴하였다.[33]

또 다른 예로 제임스 키어튼James Kirton 선장이 있다. 키어튼은 1780년대에 마이클 헨리의 선박에 선장으로 승선하였다. 1790~1791년 그는 마이클 헨리가 주문한 프리덤*Freedom* 호를 건조하는 일을 감독하고, 1792~1793년에 프리덤 호의 선장으로 승선하였다. 키어튼은 1794~1797년까지 자신이 지분을 보유하고 있던 프로비던스 호의 선장으로 승선하였다. 1799년 말 키어튼은 마이클 헨리로부터 쉴즈의 대리인으로 일해 달라는 제안을 받고 이를 받아들여 육상에 정착하였다. 헨리는 또한 런던에서 키어튼이 소유한

---

33) Uring, *Nathaniel Uring,* pp.214, 218~219.

배를 위해 대리인 역할을 해주었다. 키어튼은 프로비던스 호의 지분을 소유한 것을 비롯하여 스네이크Snake, 브리태니아Britannia 호도 소유하고 있었다.[34] 헨리가 고용한 선장들 가운데 제임스 키어튼 이외에 윌리엄 도즈William Dodds와 리처드 하덴Richard Haden도 나폴레옹전쟁 중에 선주로 변신하였다.[35]

이들 외에도 많은 선원 및 선장들이 선박의 지분을 공유하는 공동 선주 또는 단독 선주로서 해운업을 영위하였을 것이다. 다만 그들은 한 두 척의 선박만을 보유했기 때문에 스티븐슨 클라크 해운이나, 마이클 헨리 상사처럼 사업장부를 남기지 않았거나, 설사 장부를 남겼다 하더라도 아직 세상에 알려지지 않은 채 역사의 그늘 속에 가려져 있을 뿐이다. 이것들을 발굴해 내는 일은 역사학자의 몫이다.

III. 재평가와 새로운 가설의 제기

현재까지 알려진 바에 따르면, 영국에서 전체 선박 소유자에서 선장이나 선원이 차지하는 비율은 17세기 말에서 18세기 말까지 대체로 15~20% 정도였다. 데이비스는 17세기 말 선박매매증서에 나타난 선박 소유자 338명의 직업을 분석한 바 있다. 그의 연구에 따르면, 선박 소유자 중 20%가 선장과 선원이었다.[36] 영국에서는 1786년 선박등록법이 본격적으로 시행되었다.[37] 당시 등록 선박의 선주 1000명을 분석한 자아비스Jarvis의 논문에 따르면, 선장이 15%를 차지하였다.[38] 이후 선주에서 선원 및 선장이 차지하는 비율은 1800년 19%, 1820년 32%로 차츰 늘어가는 추세를 보인다.[39]

---

34) Ville, "James Kirton, Shipping Agent," pp.149~161.

35) Ville, *English Shipowning*, pp.10 & 71.

36) Davis, *Rise of the English Shipping*, p.100.

37) 26 Geo. III, c.60.

38) Jarvis, "18th Century London Shipping," pp.415~416.

39) PRO, BT 107/ 13, 33.

물론 선박 소유자에서 상인이 차지하는 비율은 이보다 훨씬 더 높았다. 선박 소유자에서 상인이 차지하는 비율은 17세기 말 52%, 1787년 50%, 1800년 55%, 1820년 44%로 각각 나타나고[40] 있다. 그리고 상인이 전문 선주로 변신한 예도 다수 존재하였을 것임에 틀림없다. 이를테면, 14~15세기 캐닝지 가家, Canynges Families는 브리스틀의 유력한 상인 가문으로 모직물 무역이 팽창함에 따라 3대에 걸쳐 해운업에 전업專業하였다. 사와 기시로澤喜司郎 교수에 따르면, 윌리엄 캐닝지 2세younger William Canynges는 10척, 2930톤을 보유하였고, 이들 선박을 운임 소득을 목적으로 운항한 전문 선주의 전형이었다.[41] 또 다른 예로 존 롱John Long을 들 수 있다. 그는 석탄 상인, 벽돌 및 석재상, 선박 해체업자, 선박 수리업자, 돛 제작업자 등으로 활동하였다. 존 롱은 1808~1828년까지 10척, 1743톤의 지분 내지 전체를 소유하고 운항하였다.[42]

이처럼 상인이 선박 소유자에서 차지하는 비율이 압도적으로 높았다면, 필자의 주장과는 달리, 이른바 정통론이 역사적 사실에 부합하는 것이 아닐까? 이에 대해서는 다음과 같이 반론을 제기할 수 있다. 해운업과 무역업이 완전히 분리되지 않았던 18세기 말까지 대부분의 선박 소유자들은 자신들이 하는 경제적 행위를 상업으로 인식하였다. 이는 이 시기까지 선박 소유자들이 전적으로 운임만 받고 타인의 화물을 운송하는 방식으로 선박을 운항하는 것이 불가능했기 때문에 불가피하게 자신이 직접 무역을 행하지 않을 수 없었기 때문이었다. 이는 19세기 이후 선박을 운임만 받고 운송하는 전문 선주들조차 자신들의 직업을 상인이라고 인식하고 있다는 사실로도 확인할 수 있다. 1790년대 이후 타인의 화물을 운임만 받고 운송한 마이클 헨리조차도 1816년에야 선박등록부에 자신들의 직업을 선주shipowner라고 적었다.[43] 『런던상공인명록London Directory』에는 그의 직업이 1780년에는

---

40) Davis, *Rise of English Shipping*, p.100 ; Jarvis, "18th Century London Shipping," pp.415~416 ; PRO, BT 107/ 13, 33.

41) 澤 喜司郎, 「15世紀ブリストルにおけるカニング家の海運貿易活動」, pp.103~119.

42) Sarah Palmer, "John Long ; A London Shipowner," pp.43~61.

상인, 1793년에는 석탄 상인, 1802년에는 석탄 상인과 선주로 각각 기록되어 있다. 선장으로 오래 승선한 뒤 선주가 된 제임스 키어튼 조차도 1827년판 『노섬벌랜드·더램 상공인명록Directory for Northumberland and Durham』에 신사gentleman 로 기재되어 있다.[44]

필자는 여기에서 해운업이 전문 산업으로 발전한 것은 산업혁명 이후가 아니라 산업혁명 이전인 18세기 중엽에서 말 사이라는 새로운 가설을 제기하고자 한다. 필자는 다음과 같은 세 가지 근거에서 이와 같은 가설을 주장할 수 있었다.

첫째, 해운업을 영위하는 주체인 선주ship-owner란 용어가 등장한 시점을 검토하였다. 선주란 용어는 이미 1530년부터 사용되었지만, 당시는 '항해 중의 주인patron dune nauiere', 즉 선주와 화주를 동시에 의미했기 때문에 전문 직업으로서의 선주를 의미하는 것은 아니었다.[45] 18세기 초까지도 선박 소유shipowning가 전문적인 직업이 결코 아니었고, 선주란 용어도 아주 드물게 사용되었다. 영국 최초의 상공인명록인 1728년판 『켄트 상공인명록Kent's Directory』에도 선주란 용어가 등장하고 있으나, 아주 드문 경우에 한하여 사용되었다.[46] 선주란 용어가 하나의 직업명으로 사용된 것은 1786년판 『뉴캐슬선박등록부Newcastle shipping registers』가 처음이고, 상공인명록에 선주가 하나의 직업으로 등재된 것은 1790년판 『흘 상공인명록Hull Directory』[47]이 처음이다.

둘째, 해운업만을 전문적으로 영위하는 전문 선주specialized shipowner가 어느 시점에 출현하였는가를 살펴보았다. 데이비스와 비일은 전문 선주를 "선박 을 단독으로 소유하고, 선박소유에 전문적인 태도를 지닌 선주"로 보고

---

43) See PRO, BT 107/28, no.104 & BT 107/29, No.73.
44) Ville, *English Shipowning*, pp.19 & 71.
45) OED on CD-ROM, ver. 1.13.
46) Davis, *Rise of English Shipping*, p.81 footnote 1.
47) Davis, *Rise of English Shipping*, p.81 footnote 2 ; Ville, *English Shipowning*, p.3 & p.15 footnote 6.

있고,[48] 이에 대해서는 한국과 일본 학계도 모두 공감하고 있다. 여기에서 특히 중요한 것은 선박을 단독으로 소유하느냐의 여부이다. 왜냐하면 자기 화물이 아닌 타인 화물을 운임만 수령하고 운송하는 예는 이미 중세 시대에도 간헐적으로 존재하였음에 틀림없고, 18세기 중엽까지 선박을 공동으로 소유하는 것이 일반적이었기 때문이다.

런던의 공문서보관소Public Record Office에 소장되어 있는 『런던선박등록부 London Shipping Registry』를 검토해 본 결과 최소한 1780년대부터 단독 선주single shipowners가 존재하였고, 점차 그 비중이 증가하고 있음을 확인할 수 있었다. 『런던선박등록부』에 새로 등록한 외항선의 소유권을 분석해 보면, 1787년에는 단독 선주의 비율이 25%에 지나지 않았고, 그 나머지 75%는 2인 이상이 공동으로 소유하였다. 그러나 1800년에는 단독 선주의 비율이 37%로 증가했고, 이어 1810년에는 42%, 그리고 1820년에는 다시 45%로 늘어났다. 이는 전체 등록선에서 단독 선주가 차지하는 비율이 점차 증가해갔음을 뜻한다.[49]

셋째, 실제 전문 선주로 활동한 사례를 통해 이를 검증하였다. 2012년까지 세계에서 가장 오래된 선사였던 스티븐슨 클라크 해운의 기원은 1730년까지 거슬러 올라간다.[50] 랠프 클라크와 로버트 클라크는 선원이자 선장으로서 1730년에 300톤급 컬리어선collier인 클리브런드Cleveland의 지분을 사들임으로써 공동선주이자 선박 관리인ship's husband으로서 선박을 운항하였다. 그러나 이후 여러 척의 선박에 이해관계를 갖게 되면서 선박소유 업무business of shipowning에만 집중하였다.[51] 1740년대에서 1780년대 사이에 두 형제는 클리브런드 호 외에도 여러 척의 선박의 소유권이나 지분을 가진 선주로서 활동하였다. 스티븐슨 클라크 해운의 제1대 선주인 랠프와 로버트는 18세기

---

48) Davis, *Rise of English Shipping*, Chap. 5 ; Ville, *English Shipowning*, p.8.
49) 1787 : Jarvis, "London Shipping," p.414 ; 1800~20 : PRO, BT 107/13, 23, 33.
50) Stephenson Clarke Shipping의 발전 과정에 관한 연대기에 대해서는 Carter, *Stephenson Clarke Shipping*, pp.3~7 참조.
51) Carter, "Stephenson Clarke Story," p.28.

중엽에는 이미 선박 소유와 운항에만 전념한 선주였다고 할 수 있다.[52]

또 다른 전문 선주의 예로 마이클 헨리 상사가 있다.[53] 비일의 연구에 따르면, 마이클 헨리 상사는 1775년에 컬리어선 1척을 처음으로 구입할 당시부터 단독 선주로서 출발하였고, 1782년 이후 일부 선박은 꾸준히 운임을 받고 운항하였으며, 1790년부터 선박 소유에 전업하면서 다양한 항로에 배선하였다. 그 결과 1790년대 말에 대리인을 고용하기에 이르렀고, 마침내 1800년경에는 상인 선주merchant-cum-shipowner로서의 일체의 무역 활동을 그만두고 선박 운항에 전업하였다. 이상을 종합해 볼 때, 1775~1780년대 초까지는 전형적인 상인 선주의 모습을 보였던 헨리 상사는 1780년대 초부터 1790년까지는 자기 화물도 운송하고 운임을 받고 다른 화주의 화물도 운송하는 일반적인 상인 선주였고, 1790~1800년 사이에 명실상부한 전문 선주로 성장하였다고 할 수 있다.

위에서 살펴본 바와 같이, 해운업은 이제까지의 통설과는 달리 18세기 중엽에서 말 사이에 단독 선주와 전문 선주가 등장함으로써 하나의 전문 산업으로 성장하였다. 해운업이 전문 산업으로 성장하기까지의 과정을 영국의 사례를 중심으로 정리해 보면 다음과 같다.

- **1단계(17세기 말)** : 화물 감독의 등장 − 선주와 선장(선박 운항자)의 분리 − 선박 소유와 선박 운항의 분리 − 선주와 상인의 일체 − 해운업과 무역업의 분화 시작
- **2단계(18세기 초)** : 선박 관리인의 등장 − 선박 소유와 선박 관리의 분리 − 무역과 선박 운항의 분리 − 선주의 대두 시작 − 해운업과 무역업의 분화 본격화

---

52) Carter, *Stephenson Clarke Shipping*, p.3.

53) Ville, Michael Henley and Son, London Shipowner, 1750~1830 ; Ville, English Shipowning ; Ville, "The deployment of English Merchant shipping, 1770~1830 : the example of Michael and Joseph Henley."

- **3단계(18세기 중엽)** : 해운 전문인의 대두와 성장 – 해상보험업과 해운 중개업의 형성 – 단독 선주의 대두 – 해운업 독립의 여건 성숙
- **4단계(18세기 말)** : 전문 선주의 등장 – 선박 소유의 집중화 – 상인과 선주의 분리 완성 – 해운업의 독립

선장이나 선박 소유자가 스스로 무역을 했다는 것은 FOB와 Ex-Ship 거래조건이 어떻게 생겨났는지를 생각해보면 보다 명확하게 드러난다. FOB는 "송화주가 비용을 부담하지 않고 특정 지역에서 화물을 선적하여 보내는 계약"이며, Ex-Ship은 "구매자가 배에서 화물을 인수할 수 있도록 운송 수단을 제공하는 계약"을 가리킨다.[54] 선박 소유자와 선장이 동일인이었을 때를 가정하여 설명하면 다음과 같다. 선장이 A 항구로 항해하여 여러 화주로부터 화물을 사들인다. 이때 선장은 화주의 화물을 FOB 조건으로 인수한다. 선장은 이 화물을 싣고 B 항구로 항해하여, 화물창에 적재된 화물을 그 상태대로 그곳의 화주들에게 매각한다. 이때 선장은 화물을 Ex-ship 조건으로 매각한 것이다. 즉 무역 거래 조건 중의 FOB와 Ex-ship은 해운업자가 무역을 영위하던 관례에서 유래한 것이다.

해운업을 무역업에서 분화하였다고 보는 기존의 학설은 상인 운송업자 merchant carrier를 무역업자로 간주한다. 그러나 위에서 여러 가지 사례들을 통해 살펴본 것과 같이 상인 운송업자의 정체는 상인이라기보다는 선장 또는 선박 소유자에 가까웠다고 할 수 있다. 이는 결국 무역업자가 해운업을 겸했다고 보는 정통론과는 달리 해운업자가 무역업을 겸했다고 보는 견해가 더욱 역사적 사실과 부합된다는 것을 의미한다. 물론 이를 확증하기 위해서는 더 많은 사례연구가 필요하다는 것은 두말할 나위 없다.

---

54) Kerchove, *International Maritime Dictionary*, p.268.

제8장

18세기 영국에서의 해운 전문인의 대두와 해상보험의 발전

해운업은 그 특성상 수요, 즉 해상 무역으로부터 직접적인 영향을 받을 수밖에 없다. 따라서 많은 연구자들은 해운업이 전문 산업으로 독립할 수 있었던 것은 산업혁명으로 인해 공업 생산이 늘어나 무역량이 증가했기 때문이라고 보았다.[1] 영국 해운사의 대가인 데이비스는 "산업혁명이 잉글랜드의 무역 규모를 변화시키고 있을 때에만 선박 소유는 그 자체로 하나의 직업이 될 수 있었다."고[2] 단언하였다. 이와 같은 논리의 연장선상에서 보면 해운업이 무역업에서 분화되어 하나의 전문 산업이 될 수 있었던 것은 19세기 이후에나 가능한 일이었다. 존슨과 그레그 등의 미국 학자들은 미국의 경우 블랙 볼 라인Black Ball Line이 퍼시픽Pacific 1호(384톤)를 뉴욕과 리버풀 항로에 정기적으로 취항시킨 1816년을 해운업이 독립한 시발점으로 보고 있고[3] 일본의 많은 해운 경제학자들도 산업혁명 이후 근대 자본주의

---

1) Davis, *Industrial Revolution,* p.9 ; Hausman, "English Coastal Trade, 1691~1910," p.595 ; Harley, "Ocean Freight Rates and Productivity 1740~1913," p.869 ; 小島昌太郎, 「海運に於ける企業及び經營の分化發達」, p.9 ; 민성규, 『해운경제학』, p.198 ; 윤상송, 『신해운론』, p.26 ; 박현규·이원철, 『해운론』, p.40.

2) Davis, *Rise of English Shipping*, p.81.

3) John et. al., *History of Domestic and Foreign Commerce*, p.186 ; Gregg, "A Case Against

경제체제가 확립됨으로써 비로소 정기운송이 가능해졌으며, 블랙 볼 라인이 세계 최초의 정기선사였다는 데 대해 대체적으로 공감하고 있다.[4] 특히 쇼오지 시게루는 해운업의 독립을 완성시킨 것은 "미국의 범선에 도전하여 승리를 거둔 영국의 증기선으로 1843년에 건조된 그레이트 브리튼*Great Britain* 호였다"고 주장하였다.[5] 한편, 우리나라에서는 19세기 중엽에 이르러서야 해운업이 독립한 것으로 보는 것이 일반론이다.[6] 이들의 견해대로 한다면 해운업은 한마디로 '산업화의 아들*son of industrialization*'에 불과한 셈이다.[7]

그러나 영국 해운사에 관한 이제까지의 연구 성과를 종합해 본다면, 해운업은 18세기 말에서 19세기 초 사이에 단독 선주와 전문 선주가 대두함으로써 독립 산업으로 성장했다고 보는 것이 일반적이다. 데이비스는 18세기가 경과하는 동안 선박 운항을 전문적으로 영위하는 단독 선주*single shipowner*와 전문 선주*specialized shipowner*가 등장하였음을 지적한 바 있고, 비일은 마이클 헨리 상사의 사례를 분석하여 이를 실증해 내었다.[8] 데이비스와 비일은 전문 선주를 '선박을 단독으로 소유하고, 자기 화물이 아닌 타인 화물을 운송하는 선주'로 보고 있다는 점에 대해서는 대체로 일치하고 있다.[9] 이는 이들이 일반 운송인*public carrier*의 대두를 해운업이 무역업에서 독립한 지표로 삼고 있다는 것을 뜻하며, 이에 대해서는 우리와 일본 학계도 모두 공감하고 있다.

그렇다면 같은 기준에 따라 해운업이 독립한 시점을 설정하는 데 이와

Discriminating Duties," p.409/ 佐波宣平, 『海運理論體系』, p.91 재인용.

4) 東海林滋, 『海運經濟論』, p.9 ; 佐波宣平, 『海運理論體系』, pp.90~91 ; 豊原治郎, 『アメリカ海運通商史研究』, pp.171~173.

5) 東海林滋, 『海運經濟論』, p.9.

6) 민성규, 『해운경제학』, p.198 ; 윤상송, 『신해운론』, p.26 ; 박현규·이원철, 『해운론』, p.39.

7) Thomas & McCloskey, "Overseas Trade and Empire, 1700~1860," p.102.

8) Davis, *Rise of English Shipping*, chap. 5 ; Ville, *English Shipowning*.

9) Davis, *Rise of English Shipping*, Chap. 5 ; Ville, *English Shipowning*, p.8.

같이 반세기 가까이 차이가 나는 이유는 무엇 때문일까? 우리나라의 경우 전문적으로 해운사를 연구하는 학자가 없었다는 점을 감안하여 일단 논외로 하면 일본의 해운 경제학자들은 새로운 연구 성과에 바탕을 두고 있다기보다는 대체로 미국의 학자들의 주장을 그대로 수용하는 데 그치고 있다.[10] 미국 학자의 경우 정기선 운항에 초점을 맞추고 있지만, 선박의 소유권 측면에서 보면 블랙 볼 라인은 여전히 공동 선주 체제를 유지했다는 점에서 한계가 있다.[11]

따라서 우리가 주목해야 할 것은 영국의 해운 경제사가들의 견해이다. 데이비스와 비일은 영국의 해운업에서 전문 선주, 즉 일반 운송인이 대두한 시점을 18세기 말에서 19세기 초로 보고 있다는 점에 대해서는 견해를 같이하고 있다. 그러나 이들이 단독 선주와 전문 선주가 대두한 시점으로 잡고 있는 18세기 말에서 19세기 초 사이에도 두 사람 이상이 선박을 공동으로 소유하는 비율이 55~75%로 압도적으로 많았고,[12] 여전히 자기 화물을 운송하는 선주도 다수 존재하였을 것임에 틀림없다.[13] 그렇다면 단독 선주와 타인 화물을 운송하는 비율이 어느 정도였을 때 해운업이 무역업에서 독립하였다고 말할 수 있을까?

게다가 이들은 해운업이 산업혁명에 끼친 영향에 대해서는 상반된 입장을 보이고 있다. 데이비스는 "해외 무역이 산업혁명을 촉발하였거나 또는

---

10) 東海林滋, 『海運經濟論』, p.9 ; 佐波宣平, 『海運理論體系』, pp.90~91 ; 豊原治郎, 『アメリカ海運通商史研究』, pp.171~173.

11) 1816년 당시 블랙 볼 라인이 리버풀-뉴욕간 정기 항로에 두입한 퍼시픽 1호의 선주는 Issac Wright와 그의 아들 William, 그리고 Francis Thompson 등 3명이었고, 1818년에 *Amity, Courier, James Monroe* 호 등 3척을 리버풀-뉴욕 항로에 추가 투입할 당시에는 Jeremiah Thompson과 Benjamin Marshall 등이 추가로 참여하여 5명이 공동으로 소유하였다. 豊原治郎, 『アメリカ海運通商史研究』, pp.171~173.

12) PRO, BT 107/13. 23. 33 ; Jarvis, "18th Century London Shipping," p.417. 1787~1820년 간의 런던 선적 외항선의 소유권 분포에 대해서는 김성준, 「산업혁명기 영국 해운업에서의 전문 선주의 대두」, p.142의 <표 1>를 참조하라.

13) 이를테면 18세기 말에서 19세기 초 사이에 주로 타인 화물을 운송하고 운임을 받는 선주에게 고용된 Samuel Kelly도 필라델피아에서 선주의 지시에 따라 전 항차의 운임 중 일부로 소금을 매입하여 선적하였다. Garstin, *Samuel Kelly*, p.183.

산업혁명의 초기 단계를 떠받치는 데 직접적으로 중요한 역할을 하지 않았다."[14]고 본 반면, 비일은 해운업이 철도만큼 극적으로 산업화에 기여한 것은 아니었지만, 지속적인 생산성 향상으로 영국과 노르웨이 같은 나라에서는 경제를 선도하는 역할을 떠맡았다고 주장하였다.[15] 이들이 이처럼 상반된 견해를 보이고 있는 것은 전문 선주가 출현한 것의 의미를 달리 해석하고 있기 때문이다. 데이비스는 전문 선주의 대두를 해운업이 무역업에서 독립하기 위한 첫 단계로 보았으나,[16] 비일은 해운업이 무역업으로부터 독립한 하나의 지표로 삼았다.[17]

그렇지만 전문 선주가 등장한 것의 의미를 어떻게 해석하든지 간에 단독 선주와 전문 선주가 등장함으로써 해운업이 무역업에서 독립하기 위해서는 선박 중개인과 해운 대리인의 대두, 해상보험 체제의 확립, 해운 중개업의 형성 등과 같은 해운업의 내·외적인 전문화가 선행되어야 한다. 영국의 경우 이와 같은 요소들은 이미 18세기 중엽에 대부분 갖추어져 있었다. 해운업의 내·외적 전문화가 18세기 중엽에 이루어져 있었다고 한다면 해운업이 독립 산업으로 성장할 여건은 이미 갖추어져 있었다고 할 수 있다.

해운업의 독립 시기는 다양한 기준에 따라 설정할 수 있다. 그러나 이제까지는 전문 선주, 즉 공공 운송인의 대두에 지나치게 집착한 감이 있다. 그 결과 해운업은 산업혁명 이후 해상 물동량이 팽창함에 따라 무역업에서 분화되었고, 그에 따라 해운업은 산업혁명에 그다지 기여하지 못했다고 보는 견해가 일반론으로 자리잡게 되었다. 하지만 해운업이 무역업에서 독립한 기준을 해운 전문인과 해상보험 등의 성장과 같은 내·외적인 전문화로 설정한다면 해운업이 산업혁명에 미친 영향을 새롭게 조명할 수 있다. 해운 전문인과 해상보험 등의 성장으로 해운업이 18세기 중엽에 독립

---

14) Davis, *Industrial Revolution*, p.9.

15) Ville, *Transport and the Development of the European Economy*, pp.108~109.

16) Davis, *Rise of English Shipping*, p.89.

17) Ville, *English Shipowning* ; Ville, "Growth of Specialization of English Shipowning," 참조.

산업으로 성장한 것으로 본다면 해운업의 특성상 산업혁명에 외부 경제 효과를 미쳤을 것임에 틀림없다. 이는 결국 해운업이 해상 무역의 팽창에 적절히 대응함으로써 영국의 초기 산업혁명에 이바지했음을 뜻한다.[18]

이 글에서는 해운업의 내적 전문화 과정이라고 할 수 있는 해운 전문인의 대두와, 외적 전문화 과정인 해상보험의 발전 과정을 18세기 영국을 중심으로 살펴볼 것이다. 해운업이 독립 산업으로 성장하는 데 가장 핵심적인 배경이라고 할 수 있는 해운 전문인과 해상보험의 성장을 밝히는 것은 해외 무역과 해운업이 산업혁명에 미친 영향을 부정적으로 보려는 최근의 연구 경향을 재고할 수 있는 단초를 제공한다는 점에서 의미 있는 작업이 될 것이다.[19]

I. 해운 전문인의 대두와 성장

1. 해운 전문인의 대두

이른바 상인 선주merchant carrier 시대의 전형적인 상인 선주는 상품을 사고, 운송하고, 판매하는 일체의 무역 행위를 자신이 직접 선박에 승선하여 행하였다. 그러나 해상 무역량이 증가하고, 규모도 커져감에 따라 상인과 무역업자들이 직접 화물을 구입하고, 운송하고, 판매하기 위해 자신이 직접 선박에 승선하거나 이동할 필요성이 줄어들게 되었다. 그에 따라 화물을 구입하고, 운송하고, 판매하는 등의 업무를 처리하기 위해 현장에 있는 누군가에게 광범위한 재량권이 주어져야 했다. 선박이 화물을 부릴

---

18) 해운업이 국민경제에 미치는 영향에 대해서는 민성규, 『해운경제학』, pp.18~38을 참조하라.

19) 해외무역이 산업혁명에 미친 영향을 부정적으로 보는 연구로는 다음의 것이 있다. Hartwell, "Cause of the industrial revolution" ; Thomas & McCloskey, "Overseas Trade and Empire" ; Mokyr, "Industrial Revolution and the New Economic History."

항구에 도달할 때까지 전쟁의 발발이나, 흉작, 가격의 상승 등에 관한 정보를 선주가 선장에게 제때에 전달한다는 것은 불가능한 일이었다. 이러한 어려움을 극복하기 위하여 선주는 화물 매매와 관련한 모든 일을 처리할 화물 감독supercargo을 선박에 승선시키는 것이 관례였다.

17세기 말경에 등장한 화물 감독은 선박에서의 무역 행위, 해외에서의 화물 수배와 사업 관리 등의 업무를 처리하였고, 보통 5%의 사례금을 받았다.[20] 통상 용선계약서에도 화물 감독이 선장에게 공선 상태로 귀향homeward 화물을 확보할 수 있는 항구로 항해하도록 요구할 권리를 갖고 있는 것으로 명시되어 있을 만큼 그들의 업무 범위나 권리는 해상 무역업계에서 오래 전부터 관행적으로 인정되어 오고 있었다.[21] 화물 감독 체제의 등장은 해운업이 무역업에서 분화되기 시작했음을 나타내는 최초의 징후였다.[22]

그렇지만 화물 감독이 모든 선박에 다 승선했던 것은 아니었고, 또 그럴 필요도 없었다. 왜냐하면 대다수의 선장들은 외국의 시장 상황과 상업 관습 등에 대해 잘 알고 있었고, 선주의 항해지시서에 따라 시장에서 화물을 판매하고, 적당한 귀향 화물을 수배할만한 능력을 보유하고 있었기 때문이다. 게다가 선장과 화물 감독이 한 배에 승선하게 될 경우 누가 상위에 있는지 분간하기 힘들었고, 그 업무 분담도 명확하지 않았기 때문에 선내에서 불화가 초래될 염려도 있었다. 따라서 선주들은 화물 감독 체제를 다른 것으로 대체하고 싶어 했다. 그 결과 17~18세기에 이르기까지 선장이 화물 감독을 겸하는 경우가 일반적이었다. 특히 선장이 공동 선주거나 그가 특정 무역이나 항로에 오랫동안 관여했을 경우에는 더욱 그러했다. 따라서 18세기 말에 이르면 화물 감독은 해외에 주재하는 대리인factor과

---

20) Ashton, *Economic History of England*, p.135. 옥스퍼드 영어사전에 따르면, 화물 감독이란 용어는 1697년에 담피어(Dampier) 선장의 『항해기(*Voyages*)』(1729)에 처음 사용된 것으로 나타나 있다. OED2 on CD-Rom Ver. 1.13(OUP, 1994).

21) Fayle, *Short History of World's Shipping*, p.202 ; Davis, *Rise of English Shipping*, p.171.

22) 小島昌太郎, 「海運に於ける企業及び經營の分化發達」, p.8.

동일한 의미로 사용되었고, 선박에 승선하여 함께 항해하는 경우는 19세기 초까지도 가끔 발견되기는 하지만, 거의 사라져 가는 추세에 있었다.[23]

18세기 말까지도 선박은 공동으로 소유하는 것이 일반적인 현상이었다. 1787년 런던 선적 외항선의 75%가 2명 이상이 공동으로 소유하고 있었다. 그리고 외항선 1000척의 공동 소유자 가운데 선원이 약 15%를 차지하고 있었고, 이 가운데 약 5%는 해당 선박의 선장이었다.[24] 물론 18세기 중엽 이전에 선장이나 선원이 선박의 소유권을 공유하는 비율은 더 높았다. 데이비스가 17세기 말 선박 53척의 공동 소유자(338명)의 직업을 분석한 바에 따르면, 공동 선주의 20%(68명)가 선원이었고, 12%(40명)는 해당 선박의 선장이었다.[25] 이를 토대로 한다면, 17세기 말에서 18세기 말에 이르기까지 약 5~12% 정도의 선박은 공동 선주인 선장이 직접 운항operation & management 했고, 그 나머지의 대부분은 공동 선주들로부터 선박에 관한 업무를 위탁받은 선박 관리인ship's husband이 담당했다고 볼 수 있다.

화물 감독 보다 다소 늦은 18세기 초에 출현한 선박 관리인은 "선박이 항구에 정박하는 동안 선용품, 의장품, 수리 등의 업무를 처리하기 위해 선주가 임명한 대리인"으로서 "선주를 위해 화물의 세관 신고, 양륙, 입고入庫 등을 확인하고, 선주의 각종 회계 업무를 처리하였다."[26] 선박 관리인이 하는 업무의 범위는 매우 광범위했다. 이전 항해의 운임을 받아내고, 손상 화물에 대한 공제금에 대해서도 화주와 협상을 벌여야 했으며, 선원들의 급료도 지불했다. 그리고 다음 항해를 준비하기 위해 선용품과 선식船食 등도 보급해야 했고, 전쟁기에는 통항 증서pass와 선원 징집 면제 증서protection 등을 발급 받기 위해 해군본부와 협상을 벌여야 했다. 물론 선주가 해야

---

23) Ville, "James Kirton, Shipping agent," p.149 ; Davis, *Rise of English Shipping*, pp.130, 172 ; OED2 CD-Rom Ver. 1.13 참조.

24) Jarvis, "18th century London Shipping," pp.414~415.

25) Davis, *Rise of English Shipping*, p.100 table 5~11.

26) 옥스퍼드 영어사전에 따르면, 선박 관리인은 최초에는 husband of a ship이란 형태로 1730~36년경에 처음 사용된 것으로 나타나 있다. OED2 on CD-Rom Ver. 1.13.

하는 거의 모든 업무를 대행하는 선박 관리인도 있었고, 수동적으로 선주가 지시하는 일만 처리하는 관리인도 있었다.[27] 그러나 18세기가 경과하는 동안 선박 관리인은 선박 관리에 전문적인 사람이 자신의 주업을 표시하기 위해 직업명으로 사용할 정도로 보다 뚜렷하게 정의된 존재가 되었다.[28]

이상에서 살펴본 바와 같이, 이른바 상인 선주 시대의 선주들은 통상 세 가지 방법으로 선박을 운항하였다. 공동 선주 가운데 1인이 선장으로 직접 승선하여 운항하거나, 공동 선주 가운데 선장이 없을 경우에는 화물 감독을 승선시켜 화물의 매매와 관련된 업무를 처리하기도 했고, 선박 관리인을 지명하여 선박을 운항하기도 하였다. 선박 운항의 양상을 시기적으로 정리해 보면, 17세기 말까지는 상인 선주가 직접 선박에 승선하여 무역 행위를 하는 것이 일반적이었으나, 17세기 말에 화물 감독이 출현한 데 이어 18세기 초에 선박 관리인이 등장함으로써 차츰 이들이 선주의 업무를 대신하기에 이르렀다. 그러나 어떤 방법으로 선박을 운항하던 간에 화물을 구입하고, 운송하고, 판매하는 일체의 행위에 수반되는 비용을 선주 자신이 직접 부담했다는 점에서 선박 운항에 구조적인 변화가 초래되지는 않았다. 즉 18세기 초에 이르기까지 자기 화물을 운송하는 이른바 상인 선주 시대였다고 할 수 있다.[29]

그러나 18세기가 경과하면서 해상 무역량이 증가함에 따라 선주 자신이 직접 무역 행위를 하는 것보다는 선박의 선적 공간을 필요로 하는 화주에게 빌려주고 운임을 받는 편이 선주에게 더 이익이 되었다. 왜냐하면 해상 물동량의 정규성이 증가함에 따라 선주 자신이 직접 화물을 사고 판매하는

---

27) 공동 선주로서 선박 관리인으로 지명된 사람은 선주이자 선박 관리인의 역할을 모두 수행하게 된다. 따라서 그는 선주로서 선박 운항에 따른 손실과 이익을 나누어 가짐과 동시에 선박 관리인으로서 선박 관리에 따른 수수료를 공동 선주들로부터 받았다.

28) Davis, *Rise of English Shipping*, p.89.

29) 18세기 초의 우링(Uring) 선장은 화물(freight)이란 용어를 용선되어 운임을 받고 운송되는 화물이 아니라 선주 자신의 비용으로 운송되는 화물을 의미하는 것으로 사용했다. Fayle, *Short History of World's Shipping*, p.205.

과정에서 발생할 수 있는 재정적인 손실을 상인에게 전가시킬 수 있었기 때문이다. 18세기 말에 이르면 투기적 목적으로 선박을 소유하고 운항하는 것은 이제 예외적인 것이 되었다.[30] 이와 같은 해운업의 변천은 선박 중개인 shipbroker, 해운 대리인shipping agent, ship's agent, 해상보험업자, 보험 중개인insurance broker 등과 같은 해운 전문인이 출현한 것과 때를 같이했다.[31]

웨스터필드는 1660년 이후 중개인의 성장이 영국의 무역 팽창에 기여하였다고 주장하였다.[32] 실제로 동해안의 석탄 무역이 17세기와 18세기에 급속히 성장하는 동안 석탄 상인에서 전문 선주가 독립되어 나오는데 중요한 역할을 했던 것이 바로 해운 대리인이었다. 해운 대리인은 화물의 선적과 양륙 등의 업무를 처리하고, 비용을 정산하고, 선박 수리를 감독하고, 지역의 경제 상황 등을 수수료나 일정한 고정 보수를 받고 선주에게 제공하였다. 이에 대해 선박 중개인은 주로 화물을 확보하는 것과 관련된 일을 했다.

수수료를 받고 타인의 일을 처리해주는 중개인은 이미 중세에도 있었으나, 1700년까지 대부분의 중개인들은 전문화되어 있지 않았다. 선박 중개인과 해운 대리인도 18세기 이전에 존재하기는 했지만, 거의 활용되지 않았을 뿐만 아니라 그들의 역할이 명확하게 정립되어 있지도 않았다. 중개인이 사회적으로 하나의 직업으로 인식된 것은 17세기 말엽에 이르러서였다. 1674년 런던시의회Common Council of City of London는 "직접 시의회에 출석하여 중개인으로 활동한다는 사실을 시의회로부터 인정받고 그 사실을 서약하지 않는다면 중개인으로서 거래, 계약, 물물 교환, 용선, 화물 중개 등을 할 수 없다."[33]고 규정하였다. 전문 선박 중개인specialist shipbroker이 하나의 직업으

---

30) Davis, *Rise of English Shipping*, p.81 ; Fayle, *Short History of World's Shipping*, p.201.
31) 18세기 말까지 해운 전문인의 직업을 중개인(broker)이나 대리인(factor, agent)으로 명확하게 구분할 수는 없지만, 보통 중개인은 "상인과 상인 사이의 거래를 매개해 주는 현지의 사람"이라고 정의할 수 있고, 대리인은 "주재하고 있는 항구에서 주인(principal)의 상업적인 이익을 위해 일하는 사람"으로 정의할 수 있다. Westerfield, *Middlemen in English Business*, p.354.
32) Westerfield, *Middlemen in English Business*, p.128.

로 인정받은 것은 이보다 다소 늦은 17세기 말에야 이루어졌다. 1697년 런던시의회는 "어떤 사람을 선장에 대해 대변인 역할을 하면서 선장이 운임을 받고, 세관에 입·출항 신고를 하는 업무를 원만하게 처리하도록 도와주는 선박 중개인으로 부를 수 있는지의 여부는 ⋯ 현행 법률에 비추어 보았을 때 중개인으로 볼 수 있다."[34]고 규정하였다.

17세기 말까지 선장이 선박 중개인을 고용하는 관례는 점점 증가한 것으로 보이지만, 선박 중개인으로 활동하는 사람은 극소수에 지나지 않았고, 이들의 기능이나 업무에 대해서는 18세기 초까지도 관련 업계에 종사하는 사람들 이외에는 그렇게 널리 알려지지 않고 있었다.[35] 선박 중개인이 본격적으로 성장한 것은 18세기였다. 17세기에 대부분의 외항선들은 자주 기항하는 외국의 주요 항구 중 일부에 대리인을 두고 있었고, 18세기에 이르면 거의 모든 선박들이 기항하는 항구 중 일부에 대리인을 두고 있었다. 선주의 대리인이 없는 경우에는 현지의 선박 중개인의 도움을 받을 수 있었다.

중개인과 대리인들이 행하는 기능들은 선박을 탄력적으로 배선하지만, 외국의 항구와 그곳의 특정한 무역에 대해 잘 알지 못하는 선주들에게는 매우 중요했다. 마이클 헨리 상사의 예는 전문 선주가 출현하는 데 해운 전문인들이 어떤 역할을 했는지를 잘 보여주고 있다. 그들은 여러 항구에서 대리인을 고용하였고, 그들 중 대부분은 선박이 입항하는 경우에 한하여 비정규적으로 활용되었다. 만약 다른 대리인이 보다 좋은 조건으로 서비스를 제공하면 기존의 대리인을 교체하기도 하였다.[36] 동인도회사도 인도와

---

33) Corporation of London Records Office, *Common Council Journals*, Vol.48, f.31v.

34) Corporation of London Records Office, *Aldermen Repertory*, Vol.101, pp.197~198.

35) 이를테면 1733년 John Reup는 자신이 "중개인(broker)과 동의어인 선박 관리인(husband)으로서 외항선 몇 척을 관리했다."고 증언하였고(*Journals of House of Commons*, Vol.XXII, 1732~37, p.41), 1755년 Johnson이 펴낸 사전(Dictionary)에도 선박 중개인은 "선박을 위해 보험을 확보하는 사람"으로 규정되어 있었다. Davis, *Rise of English Shipping*, pp.165~166.

36) Ville, "James Kirton" 참조.

의 무역 거래가 반복되자 인도에 회사의 대리인을 주재시켰다. 원거리에 위치한다는 점과 통신망의 결여 등으로 대리인들을 효율적으로 관리하는 데 어려움을 겪었지만, 이들 대리인의 성장은 해운업이 무역에서 분화되는 데 중요한 역할을 했다.

물동량의 정규성이 증가하고, 중개인이 성장함에 따라 선주들은 다른 항로의 수익성을 평가할 수 있는 기회를 더 많이 가질 수 있게 되었고, 선박을 더 수익성이 좋은 항로로 전배轉配할 수 있는 계획을 수립할 수 있게 되었다. 또한 국내·외의 항구에 주재하고 있는 대리인이 해당 지역에서 선주의 업무를 처리하게 됨에 따라 선주들은 전체적인 계획을 수립하고, 다른 무역에도 참여할 수 있는 방안을 강구할 수 있었다. 이는 상인 선주의 구조를 약화시켰다. 중개인도 선주와 상인 사이에서 중요한 중개 역할을 함으로써 선주가 화물을 찾아 다녀야 하는 번거로움에서 벗어날 수 있게 했다. 이와 같은 해운 대리인과 선박 중개인의 성장은 직업적인 전문화 과정의 일부이기도 했지만,[37] 해운업이 무역업에서 독립하는 데 기여하였다.

해운 전문인이 성장하는 데 결정적인 영향을 미쳤던 것은 해상 무역의 팽창이었다. 1700년 1250만 파운드였던 영국의 공식 수출입 무역액은 1750년에는 2050만 파운드로 증가한데 이어, 1800년에는 6920만 파운드로 증가하였다.[38] 이처럼 해상 무역이 팽창함에 따라 선주들은 더 이상 자기 자신이나 가계 내의 인력만으로 선박을 운항하는 데 한계에 이르게 되었다. 특히 18세기가 경과하는 동안 선박의 가동률이 꾸준히 증가함에 따라 선주들은 선박 관리, 해외에서의 화물 수배 및 판매, 선원 관리 등에 전문적인 지식을 갖춘 해운 대리인과 선박 중개인의 도움을 받지 않을 수 없게 되었다.

신문과 커피하우스의 성장도 전문 선주가 대두하고, 해운 전문인이 성장하는 데 일정한 영향을 끼쳤다. 신문과 커피하우스는 17세기 후반에 출현하

---

37) Ville, *Transport & the Development,* p.80.
38) Ashton, *Economic History of England*, Appendix Table XIV.

였는데, 신속하고 정확한 뉴스는 해운과 외국 무역에 관심 있는 사람들에게
아주 중요하였다. 17세기 말과 18세기 초에 대부분의 신문들은 선박이나
호송선의 안전한 도착, 선박 매매, 용선 등에 대한 광고를 게재하였다.
신문에 게재된 광고 가운데 상당수가 해운과 관련된 것이었다.[39] 해운
광고 가운데 가장 많은 부분은 선박 경매와 관련되어 있었는데, 선박 경매는
보통 커피하우스에서 열렸다. 17세기 중엽 커피하우스가 출현하기 이전에
는 로얄 익스체인지Royal Exchange가 무역과 해운에 관심 있는 사람들이 만날
수 있는 유일한 장소였다.[40] 따라서 17세기 내내 로얄 익스체인지가 런던에
서 무역의 중심지 역할을 했다.

시일이 경과함에 따라 장내가 너무 번잡해지자 로얄 익스체인지는 정오부
터 오후 2시까지만 개장하고, 무역의 성격과 항로에 따라 별도의 구획을
할당하기도 했다.[41] 그러나 이런 조치만으로 늘어나는 사람들을 수용할
수가 없었다. 상인들과 무역 관계자들은 로얄 익스체인지가 개장하기 전과
폐장하고 난 뒤에 선술집tavern이나 커피하우스에 모여 정보도 교환하고,
사업 얘기도 하고, 휴식을 취하기도 하였다. 1666년 런던 대화재로 구
로얄 익스체인지가 전소된 뒤 몇 년 동안 재건되지 못하였다. 로얄 익스체인
지가 재건되는 동안에 상인들과 무역 관계자들은 부근의 선술집이나 당시
막 출현하기 시작하던 커피하우스에서 사업을 계속할 수밖에 없었다. 1669
년 로얄 익스체인지가 재건되고 다시 무역의 중심지로 되돌아가기는 했지만
런던 대화재 이전과 같은 지위를 회복하지는 못했다. 그 결과 1700년경이
되면 로얄 익스체인지는 더 이상 무역의 중심지가 아니었다.[42]

---

39) 17세기 말 각 언론에 실린 해운 관련 광고에 대해서는 Fayle, *Short History of World's Shipping*, pp.207~208 참조.

40) Wright & Fayle, *History of Lloyd's*, p.6.

41) Royal Exchange 내의 각 항로별 구획 배치에 대해서는 Barty-King, *Baltic Story*, p.ix에 첨부되어 있는 도면을 참조하라.

42) 1702년 무명작가는 다음과 같이 적었다. "20여년 전에는 로얄 익스체인지가 무역에 관련해서는 런던에서 제일가는 장소였지만, 이제는 … 구획의 절반이 비어 있다. 최근에는 로얄 익스체인지와 관련한 업체의 2/3가 인근의 선술집(tavern), 커피하우

로얄 익스체인지가 점차 예전의 독점적인 지위를 상실해감에 따라 커피하우스가 무역과 사교의 중심지로 등장하기 시작하였다. 1652년에 영국 최초의 커피하우스가 개설되고, 1650~60년대부터 차-시간teatime에 커피를 상음常飲하는 관습이 시작되면서 런던 시내에 커피하우스가 급격하게 늘어났다. 그 결과 1708년에는 런던 시내에만 3000여 개의 커피하우스가 성업 중이었던 것으로 추산되었다. 이는 런던 시내 각 도로마다 1~2개의 커피하우스가 있었다는 것을 의미한다.[43] 커피하우스는 모든 사람들에게 개방되기는 했지만, 초창기부터 비슷한 취향이나 직업을 가진 사람들이 특정 커피하우스를 중심으로 자연스럽게 집결하기 시작하였다.[44] 해운과 관련된 주요 업무도 커피하우스와 선술집에서 이루어졌다. 1692년에 로이즈 커피하우스Lloyd's Coffee House가 롬바드 가Lombard Street로 이주해 오면서 해운 및 무역의 중심지로 부상했다. 시일이 경과함에 따라 커피 하우스도 항로별로 특화되었다. 자메이카 커피하우스Jamaica Coffee House는 서인도 무역에 종사하는 상인과 선주들이 드나들었고, 1744년에 설립된 버지니아 앤 발틱 커피하우스Virginia & Baltick Coffee House에는 버지니아와 발트해 무역에 관계되는 상인들과 선장들이 정규적으로 출입하는 공공장소가 되었다. 그리고 콘힐Cornhill에 위치한 개러웨이즈 커피하우스Garraway's Coffee House에는 동인도 무역과 관계된 상인, 선주, 중개인 등이 주로 모여들었고, 개러웨이즈 커피하우스에 인접한 제루살렘 커피하우스Jerusalem coffee House에는 지중해 무역에 관계된 사람들이 출입하였다.[45] 이들 커피하우스의 성장은 해운 전문화에 크게 기여하였다.

스, 맥주집(Ale House) 등으로 옮겨간 상태이다." Annon., *Brief History of the Trade*, pp.152~153 ; quoted in Davis, *Rise of English Shipping*, p.163.

43) Wright & Fayle, *History of Lloyd's*, p.8 ; Gibb, *Lloyd's of London*, pp.2~3.

44) refer to Wright & Fayle, *History of Lloyd's*, p.9.

45) Barty-King, *Baltic Story*, p.3 ; Fayle, *Short History of World's Shipping*, p.209.

2. 제임스 키어튼의 사례

18세기가 경과하는 동안 해운 전문인의 수가 증가하기는 했지만, 직업적인 해운 전문인으로 활동하는 사람은 18세기 말까지도 그렇게 많지 않았다.[46] 따라서 18세기 말 이전의 해운 전문인들의 활동 내역에 대해서는 구체적으로 알려진 것이 없다. 비일이 1984년에 마이클 헨리 상사의 해운 대리인으로 활동한 제임스 키어튼James Kirton의 존재를 학계에 소개함으로써 비로소 산업혁명기 해운 대리인의 역할과 기능이 구체적으로 알려지게 되었다.[47]

1780년대에 헨리 상사의 선장으로 고용되었던 키어튼은 1790~1791년에는 마이클 헨리 상사가 스톡튼Stockton의 조선소에 발주한 프리덤Freedom 호의 건조 작업을 감독하였고, 1792~1793년까지 프리덤 호의 선장으로 승선하였다. 그리고 1794~1797년까지는 자신이 지분을 보유하고 있던 프로비던스Providence 호의 선장으로 승선하였다가 1799년 말에 마이클 헨리의 요청에 따라 헨리 상사의 대리인으로서 육상에 정착하게 되었다. 키어튼은 선장이 선박의 지분을 공유한 뒤 단독 선주로 독립해 가는 해운업의 고전적인 발전 과정을 극명하게 보여주고 있을 뿐만 아니라, 산업혁명기 해운 전문인의 전형적인 예를 보여주고 있다. 여기에서는 비일이 분석한 키어튼의 사례를 통해 산업혁명기 해운 전문인의 역할과 기능을 확인해 볼 것이다.

먼저 선장으로 오랫동안 승선 생활을 했던 키어튼이 헨리 상사의 해운 대리인으로 쉴즈Shields에 정착하게 된 배경부터 살펴보자. 프랑스 전쟁기 동안 동해안의 석탄 무역은 전쟁의 강약에 따라 단기적으로 급변하였다. 하우스만Hausman이 연구한 바에 따르면, 평화가 지속되었던 1784~1792년까지 평균 톤당 24실링이었던 런던의 석탄 가격은 프랑스 전쟁기(1793~1815)

---

46) 1780년판 『켄트의 런던 상공인명록(Kent's London Directory)』에도 William Hutchison, Robert Taylor, Mrs. Hubbart and Donovan 등이 선박 대리인(ship's agent)으로, 그리고 John Dixon, Charles Foulis, Mrs. Lashbrook, Rohissen 등이 선박 관리인(husband)으로 등재되어 있는 정도였다. Davis, *Rise of English Shipping*, p.89.

47) Ville, "James Kirton, Shipping Agent," pp.149~161.

동안 35실링으로 상승하였다.[48] 석탄 가격은 프랑스 전쟁기 동안 평화기에 비해 상승했을 뿐만 아니라, 전쟁기 중에는 전쟁의 강도에 따라 해마다 차이가 컸다. 런던의 석탄판매상조합에 인도된 가격을 기준으로 할 경우 전쟁 직전인 1792년에는 1촐드론chaldron당[49] 31실링이었으나, 전쟁 발발과 더불어 35실링으로 상승하였고, 1795년에는 42실링, 1797년에는 35실링, 1800년에는 52실링 등으로 등락을 거듭했다.[50] 해군 기지와 조선소에서의 석탄 수요는 특히 심하게 변하였다.

이처럼 석탄 무역의 시황을 예측할 수 없게 되자 주로 석탄 무역에 종사했던 마이클 헨리 상사에게는 현지의 상황을 파악하는 것이 중요한 관심사로 부각되었다. 헨리 상사에게는 자사선自社船의 선장이자, 지분 공유자인 키어튼만큼 이와 같은 임무를 잘 처리해 줄 적임자가 달리 없었다. 키어튼으로서도 이미 나이가 든 상태였고, 선장이자 공동 선주로서 상당한 부를 축적한 상태였기 때문에 육상에 정착하기를 원하고 있었다. 이와 같이 서로의 이해관계가 맞아떨어져 1799년 말 마이클 헨리가 쉴즈 주재 대리인으로 활동해주길 요청하자 키어튼은 이를 기꺼이 받아들였다. 마이클은 키어튼에게 해운 대리인으로 활동하는 대가로 매 항차당 1기니의 수수료를 지급하기로 하였다.[51]

키어튼이 가장 일상적으로 처리해야 했던 일은 석탄 무역과 관련된 일이었다. 그는 석탄 무역의 시황에 대해 헨리에게 보고하기도 하고,[52] 겨울철에 타인Tyne 강이 결빙되었을 때 선박을 봄까지 대기하도록 하거나

---

48) Hausman, "Comments : The English coastal coal trade," p.592.
49) 뉴캐슬의 chaldron은 53cwt 또는 약 2.65톤이고, 런던의 1chaldron은 25.5cwt 또는 약 1.27톤이다. Mitchell, *Abstract of British Historical Statistics*, pp.108 note 2 & 112 note 2.
50) Hausman, "Size & Profitability of English Colliers," p.124 table 1.
51) S. Ville, "James Kirton," p.150.
52) Kirton은 1804년 5월 다음과 같이 써 보냈다. "현재 석탄 무역의 시황은 좋지 않은 것 같습니다. 저는 Memel 운임은 35라고 들었습니다. 만약 이것이 사실이라면 36인 단찌히보다 더 좋다고 생각합니다." S. Ville, "James Kirton," p.151.

아니면 결빙되지 않는 다른 쪽 탄광으로 이동하여 선적할 것인가를 결정하기도 했다.53) 그때그때 현지의 동향을 파악하여 보고하는 일도 빼놓을 수 없는 일 가운데 하나였다. 이 시기 석탄 무역에서 가장 중요한 관심사는 석탄의 생산량을 조절하여 석탄 가격을 높게 유지하려는 목적에서 석탄주들이 결성한 '판매의 제한Limitation of the Vend'이란 단체의 활동이었다. 키어튼은 이들의 움직임에 대해서도 보고하였다.54)

이 당시에는 하역의 기계화가 거의 이루어지지 않은 상태였기 때문에 광부pitmen, 석탄 운반용 거룻배 사공keelmen, 마부, 석탄 선적 인부staithmen, 바닥짐 하역 인부ballast heavers, 석탄 하역 인부coal heavers 등 여러 부류 사람들이 석탄 무역에 종사하였다. 이들은 적은 임금으로 힘든 일을 해야 했기 때문에 자주 파업을 일으켰다. 이들의 파업은 곧 석탄 무역의 중단으로 이어졌기 때문에 이들의 동향, 특히 각 탄광마다 산출되는 석탄의 질이 차이가 있었기 때문에 어느 탄광에서 파업이 일어나는지를 파악하는 것은 키어튼에게는 중요한 일 가운데 하나였다. 키어튼은 이들이 파업을 일으키는지에 대해 주시하고, 실제로 파업을 일으켰을 때 여러 탄광의 상황을 보아가며 석탄을 제때에 확보하려고 노력하였다.55) 이외에 키어튼은 광부와 석탄 운반용 거룻배 사공들의 동향에 대해서도 헨리에게 보고하였다.56)

해운 대리인으로서 키어튼이 해야할 가장 중요한 일은 역시 선박의 운항과 관련된 일이었다. 키어튼은 1811년 포츠머스로 석탄을 운송할 선박 한 척을 용선하라는 지시를 받았으나 일이 여의치 않자 자기가 소유하고 있던 브리태니아Britannia 호를 보냈고, 1811년 4월에도 플리머스의 조선소로 석탄을 운송할 선박 한 척을, 그리고 1818년 9월에는 고텐부르크Gothenburg로 석탄을 운송할 선박 한 척을 각각 용선하였다. 키어튼은 용선 계약이 체결되

---

53) 1800년 1월 9일 Tyne 강이 Pontops 탄광의 입구까지 얼어붙자 Kirton은 결빙되지 않은 다른 탄광에서 선적하였다. Ville, "James Kirton," p.153.
54) Ville, "James Kirton," pp.152~153.
55) Ville, "James Kirton," p.152.
56) Ville, "James Kirton," pp.155~156.

면 용선료의 2%를 수수료로 받았다.[57]

　키어튼은 헨리 상사가 선박을 매각하는 일에도 깊이 관여하였다. 해운 대리인으로서 키어튼의 능력이 유감없이 발휘된 업무는 선박 매각과 관련된 일이었다. 마이클과 조셉 헨리는 선박 자체에 대해서는 잘 몰랐기 때문에 선가를 지나치게 높게 책정하던가 턱없이 낮게 책정하였다. 헨리 상사는 1811년 살루스Salus 호를 매각해주도록 요청했으나, 키어튼은 "살루스 호의 매각 상담은 다소 회의적입니다. … 만약 미국 항해를 할 수 있었던 3개월 전에 내놓았다면 살루스 호는 귀하가 원하시는 가격을 받을 수 있었을 것이라고 확신합니다."라고 답신하였고, 1813년 앨리스Alice 호 매각 건에 대해서는 "귀하가 원하시는 가격에 앨리스 호를 팔 수 없을 것 같습니다. … 앨리스 호를 매각하기 위해 불필요한 비용을 지출해 보았자 소용이 없을 것이라는 것이 저의 생각입니다."[58]라고 보고하였다. 실제로 경매에는 아무도 입찰하지 않아 헨리 상사는 앨리스 호를 몇 년간 더 운항해야 했다.

　하트 어브 오크Heart of Oak 호의 경우는 이와는 정반대였다. 1806년 9월 키어튼은 "배에 올라가 보았는데, 제 의견으로는 귀하가 제시한 가격보다는 더 받을 수 있을 것 같습니다. 화물창의 늑골도 아주 튼튼하고 다른 곳도 상태가 아주 좋습니다."라고 보고하였다.[59] 선박 매각과 관련하여 키어튼의 능력이 가장 잘 발휘되었던 것은 1813년 3월 유로파Europa 호 매각 건에서였다. 키어튼은 선가를 1400파운드로 제시하였으나 구매자측은 이를 인하해 주도록 요청하였다. 키어튼이 이를 거부하자 구매자측은 협상을 중단하고 휘트비로 돌아가 버렸다. 그러나 며칠 뒤 구매자측은 키어튼이 제시한 가격에 유로파 호를 사겠다고 통지해 왔다.[60]

---

57) Ville, "James Kirton," pp.150, 156. 오늘날 용선 중개인은 용선료의 1.25%를 선주로부터 수수료로 받게 된다. 이를 감안하면 Kirton이 받은 용선 중개 수수료율은 오늘날에 비해 다소 높았다고 할 수 있다.

58) Ville, "James Kirton," p.158.

59) Ville, "James Kirton," p.159.

이밖에도 키어튼은 헨리 상사가 소유한 선박의 수리를 위해 조선소를 수배해주기도 하고, 선장을 선임하는 일에 조언하기도 했으며, 임금 협상과 임금 지불 등 선원과 관련된 일도 처리했다. 그리고 선장에게 선용금을 전달하기도 하고, 선박 수리 비용도 정산하는 등 재정적인 업무도 맡아서 했다.

이상에서 살펴본 바와 같이, 키어튼은 헨리 상사의 대리인으로서 일반적인 무역 업무에서부터, 현지의 동향 보고, 용선, 매선, 선박의 수리 및 건조, 선원 문제, 각종 회계 처리 등에 이르기까지 그야말로 선박 운항과 관련한 거의 모든 일을 처리하였다. 비일은 "키어튼이 수행한 다양한 역할을 고려할 때 그의 직업을 대리인agent이란 용어 외에는 달리 표현하기 힘들다."61)고 단정지었다.

그러나 키어튼을 단순히 해운 대리인으로 보기에는 무리가 있는 것 같다. 왜냐하면 키어튼이 전적으로 헨리 상사의 대리인 역할만 했던 것은 아니었기 때문이다. 키어튼은 헨리 상사의 대리인으로 쉴즈에 주재하기 이전에 이미 공동 선주였고, 대리인으로 활동하는 동안에도 자기 선박을 보유하고 있었다. 따라서 헨리도 키어튼이 필요할 경우 그의 대리인 역할을 해주었다. 헨리 상사는 1820년 1월 키어튼을 위해 배 한 척을 구입하여 보험에 드는 문제를 처리해 주었다.62) 이상을 종합해 볼 때, 키어튼이 단순히 해운 대리인 역할만 한 것은 아니었음이 명백하다.

키어튼이 선박과 관련한 거의 모든 일을 도맡다시피 하여 처리해 줄 수 있었던 것은 그가 헨리 상사의 대리인이었기 때문만은 아니었던 것 같다. 오히려 키어튼과 헨리 상사간에 맺어진 특수한 관계가 더 크게 작용한 것으로 보인다. 키어튼은 오랫동안 헨리 상사의 선박에 선장으로 승선하였고, 프로비던스 호의 지분을 일부 보유하고 있었다. 이는 헨리 상사의 대리인

---

60) Ville, "James Kirton," p.159.
61) Ville, "James Kirton," p.149.
62) Ville, "James Kirton," pp.150~151, 160.

으로 선임되기 이전부터 키어튼이 이미 선박 관리인이자 공동 선주였음을 의미한다. 따라서 키어튼은 헨리 상사의 단순한 대리인이 아니라 동업자였다고 할 수 있다. 이들이 매우 긴밀한 관계에 있었다는 것은 키어튼이 어려움에 처했을 때 헨리 상사가 도와준 사실로도 확인할 수 있다. 1815년 키어튼이 소유한 스네이크*Snake* 호가 보르도로 항해하는 도중 존 터너John Turner 선장이 정신 이상을 일으켜 용선 계약이 취소되는 바람에 키어튼은 큰 손실을 입었으나, 헨리 상사의 도움으로 파산을 면할 수 있었다.[63]

이상에서 살펴본 바와 같이 키어튼은, 비일이 판단한 것처럼, 단순한 해운 대리인에 그쳤던 인물이 아니라 선박 관리인이자 선주이기도 했고, 헨리 상사의 동업자였다. 이런 측면에서 보면 그가 헨리 상사를 위해 처리해 주었던 많은 일들을 산업혁명기 해운 대리인의 일반적인 역할로 보기에는 다소 무리가 따를 수도 있다. 그러나 해운 대리인은 18세기 초에도 이미 용선, 화물 수배, 선원 관리, 선박 수리 및 매매, 건조 감독, 운임 수수 및 선박 운항에 따른 제반 비용 정산 등 주재하는 항구에서 실질적으로 선주가 해야만 하는 거의 모든 일을 대신 처리하였다. 따라서 키어튼이 헨리 상사를 위해 제공했던 용역들은 당시의 일반적인 해운 대리인의 업무로 보아도 무방할 것 같다. 그러나 키어튼은 그 자신이 선주라는 지위에 있었고 또 오랫동안 선장으로 근무한 경험을 통해 선박 운항에 대해 정통하였기 때문에 일반적인 해운 대리인에 비해 더 많은 재량권을 행사할 수 있었다.

II. 해상보험의 발전

선주들의 가장 큰 관심사 중의 하나는 악천후 등과 같은 해상 고유의 위험 등으로부터 선박을 안전하게 운항하는 것이다. 특히 17~19세기 초에

---

63) Ville, "James Kirton," p.160.

이르기까지 전쟁이 단속적으로 계속되었기 때문에 선주들은 선박이 적의 해군과 사나포선privateer으로부터 침몰 또는 나포되었을 경우에 대비해야 했다. 따라서 상인 선주 시대에는 선박을 소유하고 운항하는 데 따르는 위험을 분산시키기 위하여 선박을 공동으로 소유하는 것이 일반적이었다. 공동 선주들은 처음에는 선박의 운항에 따르는 이익과 손실을 지분에 따라 공동으로 분담하였다. 그러나 해상 물동량이 꾸준히 증가함에 따라 공동 선주 가운데 선박을 단독으로 소유하고, 또 여러 척을 동시에 소유하는 선주가 출현하기 시작하였다. 그러나 전쟁이 계속되자 선박 운항에 따르는 위험을 선주 자신이 부담하기에는 한계에 이르렀다. 따라서 선주들은 이제 해상보험의 도움을 받아야 했다.

17세기 대부분 기간 동안 해상으로 운송되는 화물을 보험에 드는 경우는 매우 일반화되어 있었으나, 선박 자체를 보험에 드는 경우는 드물었다.[64] 따라서 선주들은 선박을 소유하고 운항하는 데 따르기 마련인 사고, 나포, 침몰 등으로 인해 발생하는 손해를 보전할 수 있는 대안을 찾아야만 했다. 동인도회사 등과 같은 특허 회사는 고가인 화물이나 선박, 그리고 전쟁기를 제외하고는 위험을 자사가 부담하는 경향이 있었다.[65] 그러나 개인 선주들이 해상 위험을 단독으로 떠안기에는 부담이 너무 컸다. 따라서 개인 선주들은 선박의 지분을 여러 명의 공동 선주들과 나누어 가짐으로써 위험을 분산시키려고 했다. 선박을 공동으로 소유하는 양상은 19세기까지 계속되었다.[66]

해상보험은 18세기 이전에는 전문적인 사업이 아니었고, 선주들도 위험을 자기가 부담self insure하거나, 개인 보험업자들이 해상보험을 전적으로 인수하였다. 실질적인 보험 업무는 대개 로얄 익스체인지 내에서 이루어졌지만, 상인들과 보험업자들이 선박에 관한 정보를 얻는 곳은 주로 커피하우

---

64) Davis, *Rise of English Shipping*, p.318.
65) Spooner, *Risks at sea*, pp.143~144.
66) 1787년 런던 선박 300척 가운데 75%가 2명 이상의 선주가 공동으로 소유한 것으로 나타났다. Jarvis, "18th Century London Shipping," p.414.

스에서였다. 17세기 말에서 18세기 초반 동안 커피하우스의 단골들이 가져온 정보들로 인해 커피하우스는 정치·사회·상업의 중심지가 되었다.

1689년 2월경 타워 가Tower St.에 문을 연 로이즈 커피하우스도 당시 런던 시내에 자리잡은 수천 개의 커피하우스 가운데 하나였다. 에드워드 로이드가 설립한 로이즈 커피하우스에는 선주, 해상보험업자, 보험 중개인, 선박 중개인, 해운 대리인 등이 출입하였다. 이곳을 중심으로 활동하던 보험업자들이 성장하여 오늘날 세계 최대의 해상보험 시장인 로이즈Lloyd's를 형성하기에 이르렀고[67] 부보된 선박의 등급을 매긴 『선박명부』를 발간하는 과정에서 로이즈 선급Lloyd's Register of Shipping이 탄생하였다. 또한 커피하우스의 운영자는 출입자들에게 해상무역에 관한 정보를 제공하기 위해 1734년부터 『로이즈 리스트Lloyd's List』를 발간하였는데, 이 신문은 오늘날 세계 최고의 해사 언론으로 성장하였다. 말하자면 로이즈 커피하우스는 세계 해운업의 산파역을 담당했다고 할 수 있다.

로이즈 커피하우스는 1691년에 체신국General Post Office이 자리잡은 롬바드 가Lombard St. 16번지로 이전하면서 성장하기 시작하였다. 당시 로이즈 커피하우스를 운영하고 있던 에드워드 로이드는 1695년에 단골들에게 해상 무역과 관계된 정보를 제공하여 손님들을 모으기 위해 한 매짜리 소식지인 「로이즈 뉴스Lloyd's News」를 주3회 발행하기 시작하였다. 「로이즈 뉴스」는 당시 발간되던 「포스트 보이Post-Boy」, 「플라잉 포스트Flying Post」 등에 실린 선박과 화물 동향을 그대로 전재한 것이었으나, 퀘이커교도에 대한 오보가 문제가 되자 1697년 2월 23일 76호로 종간하였다.[68]

로이즈 커피하우스에서 처음 선박 경매가 이루어진 것은 1700년 2월이며, 이후 몇 년 동안 해군본부가 경매에 내놓은 나포선과 전리품, 기타 개인 선박과 포도주 등을 경매하는 중심지 가운데 하나로 성장하였고, 1710년경

---

67) Hope, *New History of British Shipping*, p.255.
68) Wright & Fayle, *History of Lloyd's*, pp.20~24. Lloyd's News는 1696년 9월 17일에 발간된 8호부터 Bodleian 도서관에 소장되어 있다.

에 이르면 런던에서 가장 중요한 사업 장소가 되었다. 1720년대에 이르면 로얄 익스체인지와 로이즈 커피하우스를 중심으로 활동하던 개인 보험업자들이 해운과 관련된 거의 모든 손실을 인수하였다.

당시 해상보험 거래는 흔히 오피스-키퍼office-keeper로 알려진 해상보험 중개인들이 주로 담당하였는데, 이들이 피보험자와 보험업자를 연결해주었다.[69] 선박보험은 일반 보험에 비해 부보액이 크므로 개인 보험업자 한 사람이 위험을 모두 인수한다는 것은 불가능하다. 따라서 해상보험 중개인은 로얄 익스체인지나 로이즈 커피하우스 등을 돌아다니면서 보험을 인수할 사람을 물색하여 보험가액保險價額이 충족되었을 때 보험 약관을 발부하게 된다. 그러나 만약 보험가액을 모두 인수할 개인 보험업자가 나타나지 않을 경우에는 중개인의 입장에서는 거래를 성사시키기 위해 거짓 이름을 약관에 기입하고 싶은 유혹에 빠지게 된다. 이와 같은 사례는 비일비재하였을 것으로 보이지만, 선박이 사고가 나지 않을 경우에는 드러나지 않기 때문에 그렇게 큰 문제로 부각되지는 않았다.

이와 같은 문제점이 적나라하게 노출된 것은 반시타아트Vansittart 호 사건에서였다. 1700년 초 반시타아트 호가 멸실되었으나, 부보액 중 200파운드가 지불되지 않았다. 왜냐하면 보험약관에 200파운드를 인수한 사람이 실존 인물이 아니었기 때문이다.[70] 18세기 초 익명의 청원자가 한 의원에게 보낸 편지에 당시 해상보험의 문제점이 잘 나타나 있다.

현재와 같은 체제 하에서는 저는 다음과 같은 방식으로 보험에 들게 됩니다. 먼저 저는 보험 중개인office-keeper이 혼자 앉아 있는 사무실로 가야합니다. 보험 중개인은 내가 가입할 약관을 누가 인수할지 알려 줄 수도 없지만, 저는 제가 원하는 부보액을 인수할 수 있는 사람을 구해주도록 요청해야만

---

69) 초기에는 중개인(broker)에 대한 인식이 좋지 못해 보통 office-keeper란 용어를 사용하였으며, 1700년경이 되면 office-keeper는 보통 해상보험 중개인을 가리키게 되었다. Gibb, *Lloyd's of London*, p.19.

70) Gibb, *Lloyd's of London*, p.22.

합니다. 만약에 부보액이 크다면, 보험 인수자를 찾을 때까지 어느 정도 시간이 걸린 것입니다. 제가 원하는 약관을 인수하겠다는 사람이 나섰을 때에야 저는 안면식도 없었던 보험 인수자의 이름을 겨우 알게 됩니다. 저의 전 재산이 왔다 갔다 하는 사업을 만족스럽게 시작한다는 것은 생각할 수도 없습니다.[71]

이와 같은 문제점을 근본적으로 해결하는 길은 자본금이 큰 조합이나 법인이 해상보험을 취급하도록 하는 것이다. 1717년 8월 로얄 익스체인지 내에 머서즈 홀Mercer's Hall Subscription로 알려진 단체가 결성되어 개인 보험업자가 장악하고 있던 선박보험을 취급하려고 시도하였다. 머서즈 홀은 100만 파운드의 자본금 모집이 완료되자, 1718년 1월 25일 300여 명의 서명을 받아 선박과 해상보험을 취급할 수 있도록 특허장을 발부해 달라는 청원을 추밀원에 접수하였다. 이에 런던에서는 히드코트Sir Gilbert Heathcote가 주도하에 375명이 반대 청원을 냈고, 브리스틀에서도 데이John Day 시장의 주도하에 111명이 반대 청원을 제출하였다.[72] 양측의 청원을 검토한 수석 재판관 Attorney-General인 노티 경Sir Edward Northey과 수석 변호사Solicitor-General인 톰슨 경Sir William Thompson은 3월 12일 "유럽의 어느 나라도 선박보험을 취급하는 단체가 없다."는 이유로 머서즈 홀의 청원을 기각하였다.[73]

그러나 머서즈 홀은 엘리자베스 시대에 발부된 광물 채굴 특허권을 갖고 있던 한 단체의 특허권을 매입하여 1719년 3월부터 선박과 화물 보험을 인수하기 시작하였다. 머서즈 홀은 해상보험을 인수한 최초의 단체라고 할 수 있으나, 엄밀하게 얘기하면 불법적인 영업을 하고 있었다고

---

71) T.B., A Letter to a Member of Parliament by a Merchant, British Library, 357 B.3.62.

72) Gibb, *Lloyd's of London*, p.27 ; Wright & Wright, *History of Lloyd's*, pp.44~45.

73) Wright & Fayle, *History of Lloyd's*, p.46. 물론 17세기 말에도 해상보험을 취급하는 단체를 설립하려는 움직임이 있었다. 윌리엄 3세가 즉위한 뒤 프랑스와의 전쟁으로 약 100여 척의 선박이 나포 또는 침몰되어 100만 파운드에 달하는 피해를 입게 되자 하원은 1694년 2월 27일 '상인보험업자법안'(Merchants Insurers Bill)을 성안하였으나 상원에서 부결된 바 있다.

할 수 있다. 왜냐하면 그들이 인수한 특허장은 '광물 채굴권'에 관한 특허장이었기 때문이다.

단체가 정식 특허장을 확보하여 선박보험을 취급하기 시작한 것은 '남해거품사건'이 터진 후인 1720년에 이르러서였다. 1720년 6월 22일 정부는 '거품법Bubble Act'74)을 통해 로얄 익스체인지 보험Royal Exchange Assurance Corporation과 런던보험London Assurance Corporation에 해상보험을 취급할 수 있는 특허장을 발부하였다. 이로써 두 보험회사는 해상보험을 취급한 최초의 특허 회사가 되었다. 그러나 거품법에서 로얄 익스체인지 보험과 런던보험 두 회사만이 해상보험을 취급할 수 있도록 규정하였던 것은 아니었다. 거품법에는 세 가지 형태로 해상보험을 취급할 수 있도록 허용하였다. 첫째, 개인 보험업자나 특정인이 약관을 발행하거나 선박을 저당잡고 돈을 빌려줄 수 있다. 둘째, 어떤 개인이나 특정인이 단체나 조합의 소속원으로서 동업으로 또는 단체로, 또는 단체나 그 개인이 위험을 부담하는 조건하에 약관을 발행하거나 선박을 저당잡고 돈을 빌려줄 수 있다. 셋째, 로얄 익스체인지 보험과 런던보험 이외의 단체나 동업 조합도 선박이나 해상의 상품을 부보받을 수 없고, 선박을 저당잡고 돈을 빌려줄 수 없다. 말하자면 거품법은 로얄 익스체인지 보험과 런던보험, 그리고 자기 비용으로 위험을 인수하는 개인 보험업자들만이 해상보험을 취급할 수 있도록 허용한 것이다.75)

흔히 거품법은 로이즈와 두 특허보험 회사에 해상보험의 독점권을 인정한 것으로 얘기되고 있지만, 실제로는 그렇지 않았다. 거품법으로 해상보험을 인수할 수 있도록 허용된 사람이 반드시 로이즈 커피하우스에 출입해야만 할 필요는 없었다. 거품법은 로얄 익스체인지 보험과 런던보험 이외의 단체나 사단, 조합 등이 해상보험을 취급하는 것만을 금지하였다.76) 두

---

74) 6 Geo. I, c.18.

75) Gibb, *Lloyd's of London*, p.32.

76) 두 특허회사의 특권적인 지위는 Indemnity Mutual Marine(1824)과 General Maritime (1830)과 같은 경쟁 보험회사들이 설립됨으로써 깨어졌다.

보험회사는 1721년 4월에 화재보험과 생명보험을 취급할 수 있는 특허장을 받았으나, 곧 자본금 부족으로 어려움을 겪게 되어 해상보험보다는 화재보험과 생명보험에 치중하게 되었다. 게다가 이 두 특허회사들은 고율의 보험 요율을 부과했고, 선가가 1만 파운드 이하인 선박을 부보받기를 자주 거부하였다.[77] 그 결과 18세기 내내 해상보험의 약 90%는 개인 보험업자들이 인수하였다.[78]

개인 보험업자들의 주 활동무대가 된 곳이 바로 로이즈 커피하우스였다. 물론 다른 커피하우스를 무대로 활동하던 보험업자들도 약관을 발행하기는 하였다.[79] 그러나 18세기 내내 실질적으로 선박 경매와 해상보험 업무가 이루어지고, 선박 중개인들과 해상보험 중개인들의 주된 휴식처가 된 곳은 로이즈 커피하우스였다. 로이즈 커피하우스는 1713년 설립자인 에드워드 로이드가 사망하고 난 뒤 운영권이 여러 사람에게 넘어갔지만, 해운 관계자들과의 유대는 지속적으로 강화되었다.

로이즈 커피하우스는 18세기 초에 이미 선박 매매에 전문화되어 있었다. 1711년에 선박 15척에 대한 경매가 로이즈 커피하우스에서 이루어진다는 공고가 게재되었고,[80] 1719년 3월 3일과 7일에는 선박 중개인인 에이레Samuel Eyre가 "오후 3시부터 로이즈 커피하우스에서 선박을 경매한다."[81]는 광고를 내기도 했다. 선박 매매는 로이즈 커피하우스에서 계속 이루어지기는 하지만, 거품법 이후 점차 해상보험이 중요성을 띠게 되었다. 1720년 이후부터 로이즈 커피하우스의 단골 손님들이 해상보험업계를 지배하기 시작하자 로이즈 커피하우스는 1720~1730년대 동안 이미 해상보험의 본산으로 알려

---

77) Armstrong and Bagwell, "Coastal shipping," p.167.

78) Wright & Fayle, *History of Lloyd's*, p.67 ; Gibb, *Lloyd's of London*, p.33.

79) 이를테면, 세관(Custom House) 인근에 위치해 있던 샘즈 커피하우스(Sam's Coffee House)도 1786년 말까지 해상보험업자들이 화물과 여객 수송에 대해 선장들과 사업을 논의하는 장소로 이용되고 있었다. Fayle, *Short History of World's Shipping*, p.209.

80) Gibb, *Lloyd's of London*, p.18.

81) *The Daily Courant*, 3th & 7th Mar. 1719.

져 있었다.

로이즈 커피하우스 내에서 해상보험 업무의 비중이 커져가자, 선박의 입·출항 동향과 화물가격 등에 대한 정보 등을 다룬 전문적인 신문에 대한 필요성이 늘어났다. 물론 로이즈 커피하우스에는 당시 발간되는 신문들이 대부분 비치되어 있었지만, 신문 구독이 강제적이었던 데 비해 정작 해상보험이나 해운업자들에게 필요한 정보는 기껏해야 선박 경매에 대한 광고 정도만이 게재되는 실정이었다. 그리하여 커피하우스의 운영자는 1734년 4월경 영국의 주요 항구에서 외국 무역에 종사하는 선박들의 입·출항 동향을 전하는 한 매짜리 소식지인「로이즈 리스트」를 발간하기에 이르렀다.[82)]「로이즈 리스트」는 처음에는 주간으로 발간되다가 1737년부터 주 2간으로 바뀌었고, 1837년 이후 현재까지 일간으로 발간되고 있다.

젬슨Jemson에 이어 로이즈 커피하우스를 운영하게 된 베이커Richard Baker는 당시의 다른 신문들처럼 영국 내 각 항구에 통신인correspondent을 둔 것으로 보이지만, 현재 남아 있는 자료상으로는 1788년에 영국과 아일랜드 주요 항구에 통신인을 두었다는 기록이 가장 오래된 것으로 확인되고 있다. 1792년 당시「로이즈 리스트」는 28개 항구에 32명이 주재하고 있었던 것으로 나타나 있다.「로이즈 리스트」의 통신인들은 우편료를 납부하지 않고 체신국장Post Master General 앞으로 서신을 보내면 체신국에서는 받은 즉시 로이즈 커피하우스의 지배인에게 전달해 주었다. 로이즈 커피하우스는 이러한 업무 협조에 대한 대가로 체신국에 연간 200파운드를 지불하였다.[83)]

로이즈 커피하우스와「로이즈 리스트」가 정부와 해사 관계자들로부터

---

82)「로이즈 리스트」는 1740년 1월 2일 560호 이후 것만이 남아 있어 제1호가 언제 발간되기 시작했는지는 정확하게 알 수 없지만, 대략 1734년 4월경인 것으로 추측되고 있다. Wright와 Fayle은 비록 당시 소유주였던 Thomas Jemson이 1734년 2월 15일에 사망하였지만, 로이즈 리스트를 창간하기까지 그가 많은 준비를 했을 것으로 보았다. Wright & Fayle, *History of Lloyd's*, pp.71, 73.

83) Wright & Fayle, *History of Lloyd's*, pp.74~75.

인정받게 된 계기는 '젠킨스 선장의 귀Jenkins' ear' 사태로 촉발된 스페인과의 전쟁(1739~1747)이었다.[84] 1739년 11월 버논Vernon 제독이 스페인령 아메리카 식민지인 포르토벨로Portobello를 점령했다는 소식이 상선 선장에 의해 로이즈 커피하우스에 전해졌다.[85] 로이즈 커피하우스의 지배인인 베이커는 이 소식을 즉시 월폴Walpole에게 전하였고, 하루 뒤에 통신선이 도착하여 승전보가 사실임을 확인시켜 주었다.[86] 이것을 계기로 로이즈 커피하우스와 「로이즈 리스트」의 영향력이 증대하게 되었고, 1750년에 이르면 「로이즈 리스트」는 선박 뉴스Ships News에서 가장 권위 있는 신문으로 인정받기에 이르렀다.[87]

로이즈 발전의 두 번째 단계는 『로이즈 선박명부Lloyd's Register Book』를 발간한 것이다. 로이즈 커피하우스가 해상보험의 중심지가 된 이래 처음으로 치르

---

84) 1731년 서인도제도에서 영국으로 귀환하던 로버트 젠킨스(Robert Jenkins) 선장이 귀항 도중 스페인 순시함에 체포되어 한 쪽 귀를 절단 당하였다. 젠킨스 선장이 1738년에 서민원에 출석하여 당시의 사건을 증언하자 로버트 월폴 내각에 반대하던 많은 의원이 당시 비등하던 반 스페인 여론을 의식하여 월폴 내각을 지지하는 쪽으로 선회하여 스페인과 일전을 치른다는 데 동조함으로써 1739년 10월에 전쟁이 시작되어 오스트리아 왕위계승 전쟁(1740~1748)으로 비화되었다. Parry, 김성준 역, 『약탈의 역사』, p.300 <좀더 자세히> 참조.

85) 당시 Veron 제독과 Anson 제독의 중남미 스페인령 원정에 대해서는 Mahan, 『역사에 미치는 해양력의 영향』, pp.406~407 참조.

86) 당시의 기사는 다음과 같다. "롬바드 가에 위치한 로이즈 커피하우스의 지배인인 Baker 씨가 Vernon 제독이 포르토벨로를 점령했다는 소식을 Sir Robert Walpole에게 전하였다. 이는 이와 관련하여 처음으로 알려진 소식이었고, 후에 사실로 밝혀졌다. Sir Robert Walpole은 그에게 기꺼이 선물을 내리라고 명하였다. Baker 씨는 자메이카에서 출항한 Titchfield 호의 Gardner 선장으로부터 이 소식을 전해들었다고 한다. 자메이카에서 (통신선인) Triumph 호(Renton 선장)와 함께 출항한 Titchfield 호는 Triumph 호보다 하루 빨리 도버항에 도착하였다." quoted in Wright & Fayle, *History of Lloyd's*, p.79. 포르토벨로 점령에 대한 Vernon 제독의 1739년 12월 2일자 공식보고서는 *Gentleman's Magazine*, 1740, Vol.X, Mar. pp.124~125에 실려 있다.

87) 1750년에 출간된 *A Summer Voyage to the Gulph of Venice in the Southwell Frigate*이란 팸플릿의 작자는 로이드를 "대중들에게 가장 최신의 기사와 가장 신뢰할 수 있는 선박 뉴스를 제공하는 것으로 정평있다."고 평가하였다. quoted in Wright & Fayle, *History of Lloyd's*, p.83.

게 된 전쟁이었던 스페인전쟁과 오스트리아 왕위계승전쟁(1740~1748)으로 로이즈 커피하우스의 해상보험업자들은 상당한 타격을 입었다. 「로이즈 리스트」에 게재된 것을 기준으로 하면, 1741년에 107척, 1744년 307척, 1747년 457척, 1748년 297척의 영국 선박이 멸실된 것으로 나타났는데, 이러한 손실의 상당 부분이 로이즈 해상보험업자에 의해 보전되었다.[88] 따라서 해상보험업자들은 자신이 인수한 선박에 대한 정보를 정확하게 파악하여 보험료를 결정하고자 했다. 그리하여 로이즈 커피하우스에 출입하던 해상보험업자들이 조합society을 결성하고 자신들이 인수한 선박의 등급을 명시한 『선박명부』를 발간하기에 이르렀다. 현존하는 가장 오래된 『로이즈 선박명부』인 1764-65-66년판에 이 조합은 1760년에 결성되었다고 명시되어 있는 것으로 미루어 최초의 『선박명부』는 1760년에 이미 간행되었을 것으로 추정되고 있다.[89] 『로이즈 선박명부』는 1760년경부터 처음에는 2년마다, 그리고 몇 년 뒤에는 매년 발간되어 조합원들에게만 배포되었다. 이 『로이즈 선박명부』에는 선명, 선장 이름, 선적항, 톤수, 선주, 건조일, 의장품 등을 기재한 다음, 선체와 의장품의 상태에 따라 등급을 부여하였다.[90]

『로이즈 선박명부』는 몇 가지 점에서 중요한 의미가 있었다. 우선은 『로이즈 선박명부』를 커피하우스 운영자가 아니라 그곳의 출입자들이 주축이 되어 만들었다는 점이다. 따라서 『로이즈 선박명부』는 처음부터 커피하우스의 소유물이 아니라 커피하우스에 출입하는 다수의 해상보험업

---

88) Gibb, *Lloyd's of London*, p.39.

89) Wright & Fayle, *History of Lloyd's*, p.85. 1760년판이 설사 간행되었다 하더라도 그것은 여러 보험업자들이 사적으로 작성해 놓은 선박에 관한 정보를 한 데 모아놓은 것에 불과했을 가능성이 크다.

90) 총 1천 500여 척이 등재되어 있는 1764-65-65년판에는 선체는 A, E, I, O, U로, 의장품은 G(good), M(middling), B(bad)로 구분하여 등급을 부여했고, 1768-69년판에는 선체는 a, b, c로, 의장품은 I, II, III, IV로 구분하여 등급을 부여하였으며, 1775-76년판에는 최고등급의 선박에는 A1 등과 같이 분류하였는데, 이러한 분류 방식은 현재까지 로이즈선급(Lloyd's Register of Shipping)에서 그대로 사용하고 있다.

자들의 공유물이 되었다. 또한『로이즈 선박명부』를 발간하기 위해 조합이 결성되었고,『로이즈 선박명부』를 관리할 위원회가 임명되었다. 이는 로이즈 커피하우스를 무대로 활동하던 해상보험업자들이 정식 단체formal corporation를 형성하기 위한 첫 단계였다.[91]

로이즈 해상보험업자들이 정식 단체를 형성한 것은 1771년에 이르러서였다. 롬바드 가의 로이즈 커피하우스 내에서 내기 보험과 투기 등이 성행하자 명성에 타격을 입을 것을 우려한 일부 출입자들이 사업 장소를 옮기기로 결정하였다. 이들은 1769년 3월 21일 포프스 헤드 앨리Pope's Head Alley 5번지에 '새 로이즈 커피하우스New Lloyd's Coffee House'를 개설하고, 운영은 옛 로이즈 커피하우스의 웨이터였던 토마스 필딩Thomas Fielding에게 맡겼다. 그러나 새 로이즈 커피하우스는 낡고 비좁았기 때문에 1771년 12월 13일 해상보험 업자, 중개인, 상인 등 79명이 100파운드씩 출자하여 새로운 사업 장소를 물색하기로 결정하였다. 1774년 3월 4일 출자자들은 총회를 열고 필딩을 수석 웨이터로 영입하고 테일러Thomas Tayler를 동업자로 참여시키며, 새로운 규칙을 제정하거나 규칙을 수정하기 위해서는 출자자 중 12명이 일주일 전에 사전 통보를 한 뒤에 총회를 개최할 수 있다는 등의 사항을 의결하였다.[92] 이로써 출자자들은 새 로이즈 커피하우스의 공동 소유주가 되었고, 새 로이즈는 정식 법인이 되었다. 새 로이즈는 총회 다음날인 3월 5일 폐점하고, 3월 7일 로얄 익스체인지에 입주하였다.

한편, 롬바드 가의 옛 로이즈 커피하우스는 1772년 이후 얼마 동안「로이즈 리스트」를 간행하는 등 사업을 계속하였으나, 1783~1786년 사이의 어느 시점에선가 폐점하기에 이르렀다. 그에 따라 1788년 말까지「새 로이즈 리스트New Lloyd's List」를 간행하여 오던 새 로이즈 커피하우스는 1789년 1월 1일부터「로이즈 리스트」로 제호를 환원하여 계속 간행하였다. 새 로이즈는 1779년 1월 12일 총회에서 로이즈의 통일 약관을 제정하기도

---

91) Wright & Fayle, *History of Lloyd's*, p.87.

92) Wright & Fayle, *History of Lloyd's*, pp.117~118.

했다.

새 로이즈는 미국독립 전쟁과 프랑스 전쟁을 겪는 동안 어려움을 겪기도
했지만, 한번도 지불 불능 상태에 빠지지 않아 해상보험 분야에서 확고한
위치를 차지하였다. 로얄 익스체인지에 입주하고 몇 년이 지나자 새 로이즈
출자자들이 해상보험에 관한 모든 문제를 규제하여 국가 내에서 유력단체가
되었고, 해운 보호와 관련된 모든 문제에 대해 해군본부로부터 자문을
요청받기도 하였다. 그에 따라 로이즈의 회원의 수가[93] 급증하였다. 1771년
79명에 불과했던 로이즈 회원 수가 1774년 4월에는 179명으로 늘어났고,
1793년에는 수백 명several hundreds, 1810년에는 1400~1500명, 1813년에는
2000여 명으로 추산되었다.[94] 1810년까지 런던에서 처리된 해상 위험은
1억 파운드에 달한 것으로 추정되고 있다.[95]

로이즈가 해상보험에서 차지하는 영향력이 증대하자 이에 대항하는
세력이 출현하였다. 1806년 글로브 보험Globe Insurance Company이 해상보험을
할 수 있도록 허용해 달라는 청원을 제출한 바 있으나, 기각되었다. 그러나
1810년 2월 28일 런던 상인들이 500만 파운드에 달하는 자본금으로 해상보
험회사를 설립하겠다는 청원을 의회에 제출하자 글로브 보험도 청원을
다시 제출하였다. 14명으로 구성된 조사 위원회(의장 Manning)는 최종 보고
서에서 특정 회사에만 해상보험 약관을 발부할 권한을 준 거품법을 폐지해
야 한다고 의회에 건의하였다. 그러나 의회는 이 법안을 토론없이 기각하였
다. 이듬해 법안이 다시 상정되었으나 상정 여부를 묻는 투표에서 26 : 25로

---

93) 로이즈의 회원이란 개념은 1800년 이전에는 없었다. 설립 초기에는 누구나 새
   로이즈에 출입할 수 있었으나, 점차 출입하는 사람들이 많아지자 커피하우스
   내에 출자자들만이 출입할 수 있는 전용방을 만들고 연간 20파운드의 회비를
   납부한 사람에게만 출입을 허용하였다. 그러다가 1800년 4월 2일 총회에서 로이즈
   의 회원(member)이 될 수 있는 사람을 '상인, 은행가, 보험업자, 보험중개인'으로
   한정한데 이어, 같은 해 8월에는 기존 회원 6명의 추천을 받고 15파운드의 회비를
   납부한 사람에게만 전용방에 출입할 수 있도록 허용했다. Wright & Fayle, *History
   of Lloyd's*, pp.120, 215.

94) Wright & Fayle, *History of Lloyd's*, pp.174, 218, 276.

95) Hope, *History of British Shipping*, p.255.

기각되었다.[96] 이로써 로이즈는 1946년 보험회사법Assurance Companies Act이 개인이 해상보험 약관을 발부할 수 있는 권한을 제한할 때까지 해상보험 업무를 거의 독점하였다.

해상보험은 해상보험업자가 약관policy에 따라 선주가 입은 손해를 보상하는 방식과 선주상호보험조합P&I Club이 조합원인 선주가 입은 손해를 보상해 주는 방식으로 구분할 수 있는데, 이 두 방식 모두 18세기에 발전하기 시작하였다. 로이즈는 해상보험업자가 약관을 발행하는 방식이라고 할 수 있다. 런던 이외의 외항에서도 해상보험업이 성장하였다. 글래스고우 Glasgow에서는 1744년에 선박과 화물 보험을 인수하기 위해 상인들이 한 서점에 모여 해상보험 업무를 처리하기 시작하여 1778년에는 보험업자와 중개인이 사업 규칙을 정하고 보험 업무를 하였고, 리버풀에서는 1802년 리버풀 보험업자 조합Liverpool Underwriters' Association이 결성되었고, 브리스틀, 뉴캐슬과 흘 등에서도 연안선과 근해선이 부보되었다. 그러나 영연방U.K. 전체 해상보험의 3/4 이상이 런던에서 이루어졌다.[97]

선주상호보험조합은 주로 북동 해안의 석탄 무역항을 중심으로 발전하기 시작했는데, 이는 로이즈 보험 시장에서 약관에서 의해 보호받는 것보다 훨씬 저렴한 방법이었다. 1780년대에 석탄 무역에 종사하는 수많은 선주들 이 뉴캐슬Newcastle, 선더랜드Sunderland, 휘트비Whitby, 스카보러Scarborough 등의 상호보험조합에 선박을 부보하였다. 1810년 석탄 도매상인 길레스피Thomas Gilespy는 의회의 해상보험위원회에서 "북동 연안에 약 20개 이상의 조합이 있었다."[98]고 증언하였다. 19세기 처음 10년 동안 몇 개의 조합이 런던에 형성되었고, 1803년에 런던 유니언조합London Union Society이 설립되었다. 런던 유니언조합은 1809년에는 조합원들에게 5%의 보험료를 부과하였는데,[99]

---

96) 1810년의 사태에 대해서는 Wright & Fayle, *History of Lloyd's*, Chap. XI 참조.

97) Wright & Fayle, *History of Lloyd's*, pp.240~241.

98) *Report from the Select Committee on Marine Insurance*(1810), reprinted, 11 May, 1824, p.55.

99) *Report from the Select Committee on Marine Insurance*(1810), reprinted, 11 May, 1824,

이는 당시 로이즈가 컬리어선을 18~20%에 인수한 것에 비해 훨씬 저렴한 것이었다.[100]

선주상호보험조합은 해상보험을 성장시키고, 보험 요율을 하락시켰다. 이들 상호보험조합은 18세기에 타인사이드Tyneside에서 출현하여 곧 다른 지역으로 퍼져 갔다. 상호보험조합은 주로 같은 항에서 활동하는 선주들로 구성되었는데, 이들은 연간 보험료를 납부함으로써 다른 선주의 선박도 서로 부보해 주었다.[101] 그들은 보통 상태가 좋은 선박만 부보받았고, 때때로 특정 해역에 배선하는 선박만으로 제한하기도 하였다.[102]

이와 같이 18세기가 경과하는 동안 해상보험이 발달함에 따라 18세기 말에 이르면 대부분의 선박이 보험에 가입되었다.[103] 이와 같은 해상보험의 발전은 단독 선주와 전문 선주가 성장할 수 있는 외적 토대가 되었다.[104]

최근의 연구에 따르면, 산업혁명기에 '급격한 경제적 도약'이 이루어졌다고 보는 로스토우W. Rostow의 견해는 점차 설득력을 잃어가고 있다.[105] 그렇다면 산업혁명기의 급격한 생산력의 팽창에 따라 해상 무역이 증가하여 해운업이 하나의 전문 산업으로 독립하였다는 기존 견해도 근거를 상실할 수밖에 없다. 물론 해운업이 하나의 전문 산업으로 독립한 이후에는 해상 물동량이라는 외적인 요인에 따라 해운 경기가 부침한다는 사실은 부인할

p.57.

100) Ville, "Total Factor Productivity in English Shipping," p.367.

101) 최초의 상호보험클럽은 1778년 North Shields에서 구성되었다. 1816년에는 Tyneside
에 9개의 상호보험클럽이 있었고, 1848년에는 North and South Shields에 29개가
있었다. Armstrong and Bagwell, "Coastal shipping," p.168 ; Bagwell and Armstrong,
"Coastal shipping," p.205.

102) Ville, "Specialization in Shipowning," p.718.

103) Hope, *New History of British Shipping*, p.217.

104) Ville, "Specialization in Shipowning," p.717.

105) Deane and Habakkuk, "Take-off in Britain," pp.63~82 ; Mokyr, "Industrial Revolution
and the New Economic History," pp.1~23 ; Crafts, *British Economic Growth* ; Harley,
"Reassessing the Industrial Revolution : A Macro View," pp.173~225.

수 없다. 그러나 여기에서 간과해서는 안될 사실은 해운업이 전문 산업으로 독립하기 이전에는 해상 무역과 불가분의 관계에 있었다는 점이다. 따라서 해운업의 독립 과정을 살펴보기 위해서는 해상 무역의 분화 과정에 초점을 맞출 필요가 있다.

위에서 살펴본 것과 같이, 상인 선주에서 일반 운송인으로 이행하는데 필수 조건이라고 할 수 있는 선박 관리인, 선박 중개인, 해운 대리인 등은 이미 17세기 말에서 18세기 초 사이에 등장하기 시작하여 18세기가 경과하는 동안 하나의 전문 직업으로 인정받기에 이르렀다. 해운업을 외부에서 지탱해주는 해상보험업은 로이즈 커피하우스를 중심으로 성장을 거듭하여 1771년에 로이즈 단체가 형성될 정도로 발전하였다. 이밖에 해운 중개업의 모태라고 할 수 있는 발틱 익스체인지Baltic Exchange of London도 18세기 중엽 이후 지속적으로 성장하였다. 1744년 버지니아 앤 발틱 커피하우스The Virginia and Baltick Coffee-House에서부터 출발한 발틱 익스체인지는 1810년에 발틱 커피하우스Baltic Coffee House로 개명하였고, 1823년에는 회원제로 운영함으로써 오늘날과 같은 모습을 갖추었다.[106]

이는 결국 해운업이 해상 무역에서 분화될 수 있는 여건이 이미 18세기 중엽에 거의 갖추어져 있었다는 것을 의미한다. 이런 측면에서 보면 전문 선주, 즉 일반 운송인의 대두는, "상인과 선주가 분리됨으로써 선박 소유의 집중화와 선박 관리의 전문화로 나아가기 위한 첫 단계"[107]였다고 보는 데이비스의 견해와는 달리, 해운업이 무역업으로부터 독립하기 위한 마지막 단계였던 셈이다.

---

106) Barty-King, *Baltic Story*, Part I.
107) Davis, *Rise of English Shipping*, p.89.

제9장

근대 영국 해운업의 발전과 전문 선주의 성장

　해외무역이 산업혁명에 미친 영향에 대해서는 일찍부터 논의되어 온 것에 비해, 해운은 도로 교통, 운하, 철도 등과 함께 교통이 산업혁명에 미친 영향을 탐구하는 과정에서 연구되기 시작했기 때문에 비교적 최근에야 주목받기 시작하였다.[1] 해운업은 그 특성상 수요, 즉 해상 무역으로부터 직접적인 영향을 받을 수밖에 없다. 따라서 과거 대부분의 연구자들은 해운업이 전문 산업으로 독립할 수 있었던 것은 산업혁명으로 인해 공업 생산이 늘어나 무역량이 증가했기 때문이라고 보았다.[2] 이들의 주장대로 한다면, 해운업이 무역업에서 분화되어 하나의 전문 산업이 될 수 있었던 것은 19세기 이후에나 가능한 일이다.[3]

---

1) Dyos and Aldcroft, British Transport ; Aldcroft & Freeman, eds., *Transport in the industrial revolution* ; Freeman and Alderman, ed., *Transport in Victorian Britain* ; Ville, *Transport and the Development*.

2) Davis, *Industrial Revolution*, p.9 ; W.J. Hausman, "Comments : The English Coastal Trade, 1691~1910 : How rapid was productivity growth," p.595 ; Harley, "Ocean Freight Rates and Productivity 1740~1913," p.869 ; 小島昌太郎, 「海運に於ける企業及び經營の分化發達」, p.9 ; 佐波宣平, 『海運理論體系』, pp.93~94 ; 민성규, 『해운경제학』, p.198 ; 윤상송, 『신해운론』, p.26 ; 박현규·이원철, 『해운론』, p.40.

3) W. Eucken, *Die Verbandsbildung in der Seeschifahrt*(München, 1914), SS.1~4/ 佐波宣平, 『海運理論體系』, p.93 재인용 ; Johnson et. al., *History of Domestic and Foreign Commerce*, p.186 ; Gregg, "A Case Against Discriminating Duties," p.409 ; 東海林滋, 『海運經濟論』,

그러나 최근의 영국 해운경제사에 관한 연구 성과를 종합해 본다면, 해운업은 18세기 말에서 19세기 초 사이에 전문 산업으로 독립한 것으로 보는 설이 점차 설득력을 얻어 가고 있다. 데이비스는 18세기가 경과하는 동안 선박 운항을 전문적으로 영위하는 단독 선주single shipowner와 전문 선주specialized shipowner가 등장하였음을 언급한 바 있고, 비일Simon Ville은 마이클 헨리 상사Michael Henley and Son의 사례를 분석하여 이를 실증해 내었다.

필자는 이 논문에서 해운업이 독립한 시점을 언제인가를 재검토해 볼 것이다. 해운업이 이제까지 알려진 것보다 더 이른 시점에, 즉 산업혁명이 본격화되기 시작한 18세기 말 이전에 전문 산업으로 성장하였다면, 그 과정에서 영국의 초기 산업화에 일정한 영향을 미쳤을 것임에 자명하다. 해운업이 하나의 전문 산업으로 독립하였음을 나타내는 지표는 선박을 단독으로 소유하고 운항하는 단독 선주와, 무역업을 겸하지 않고 운임만 받고 타인의 화물을 운송하는 전문 선주의 출현 여부이다.[4] 따라서 이 논문에서는 영국의 공문서보관서Public Record Office에 소장되어 있는『런던선박등록부Registration Book of the Port of London』[5]를 분석하여 단독 선주가 어느 시점에 대두하였고, 영국의 선박 투자자에서 어느 정도의 비중을 차지하였는지를 살펴볼 것이다. 그리고 전문 선주로 활동한 사례 연구를 통해 전문 선주가 대두한 시기를 검토하고, 선주shipowner란 용어의 역사적 용례를 통해 이를 확인할 것이다. 마지막으로 전문 선주들이 어느 정도의 경영 성과를 이룩하였는지를 정리해 볼 것이다. 이 연구는 해외 무역과 해운업이 산업혁명에 미친 영향을 소극적으로 보려는 지금까지의 연구 경향을 재고할 수 있는 단초를 제공한다는 점에서 나름대로 의미 있는 작업이 될 것이다.

---

p.9 ; 佐波宣平,『海運理論體系』, pp.90~91 ; 豊原治郎,『アメリカ海運通商史研究』, pp.171~173 ; 민성규,『해운경제학』, p.198 ; 윤상송,『신해운론』, p.26 ; 박현규·이원철,『해운론』, p.39.

4) Davis, Rise of the English Shipping, Chap. 5 ; Ville, English Shipowning, p.8. 이에 대해서는 우리나라와 일본 학계도 모두 공감하고 있다.

5) PRO, BT/107-1-33.

I. 선박의 공동 소유 및 그 양상[6]

선박의 공동 소유는 잉글랜드에서만 나타난 고유한 특색은 아니었고, 독일, 네덜란드 등에서도 일반화되어 있었다.[7] 선박의 지분은 보통 8분제(分制), 16분제, 32분제 등으로 균등하게 분할하는 것이 일반적이었다. 지분 소유자는 다른 공동 소유주와 상의하지 않고 자신의 지분을 자유롭게 매매 및 양도할 수 있었다. 이 점에서 선박에 대한 투자는 다른 동업형태와 차이가 있었다. 일반적인 동업에서는 동업자가 지분을 매매 및 양도할 경우에는 다른 동업자의 동의를 받아야 했다.[8]

선박 소유권의 분할은 16세기에서 18세기까지 서서히 확대되었다. 16세기 말에서 17세기 초 사이에 선박 소유권의 분할은 8분제에서 16분제로, 다시 16분제에서 32분제로 확대되어 갔다. 그에 따라 선박 한 척에 투자하는 공동 선주의 수는 점점 많아지는 경향이 있었다. 이는 선박의 평균 크기가 서서히 증가한 데 따른 투자자들의 대응이기도 했다.[9] 그러나 18세기가 지나는 동안 선박 지분 소유의 구조가 변하기 시작하였다. 18세기 초에 이르러 선박에 투자하는 공동 선주의 수가 감소하는 경향이 뚜렷해졌다. 그리고 공동 선주들이 지분을 균등하게 분할하여 소유하는 것보다는 소액 지분을 가진 다수의 투자자와, 다수의 지분을 가진 한두 명의 투자자로 구성되는 것이 더 일반화되었다. 18세기 말에 이르면 선박의 소유권은 64분제로 분할되기에 이르러 지분의 분화가 정점에 도달하였다.[10] 투자자

---

6) I과 II의 1은 김성준, 「산업혁명기 영국 해운업에서의 전문 선주의 대두」, 『史叢』 52輯, 2000. 12, pp.137~142을 요약 및 정리한 것이다.

7) E. Baasch, "Zur Statistik des Schiffspartenwessen," *Vierteljahrschrift für Sozial-und Wirtschaftgeschichte*, Vol.XV, 1919, pp.211~234 ; Christen, *Dutch Trade to the Baltic about 1600*, Chap. II.

8) Davis, *Rise of English Shipping*, p.82 ; Ville, *English Shipowning*, p.2.

9) Davis, *Rise of English Shipping*, p.88.

10) Ville, *Transport and Economy*, p.74. 선박 소유권의 분할은 19세기에도 계속되어 1854년 상선법(17&18 Victoria, c.120)을 통해 64분제로 정착되었다.

들은 최소한 지분의 1/64만 구입하면 선박을 공동으로 소유할 수 있었고, 선가가 저렴한 중고선이나 소형선인 경우에는 불과 몇 십 파운드만으로 선박을 공유할 수 있었다.

선박 소유권의 분할 양상은 연안선과 외항선 간에 차이가 있었다. 상대적으로 크기가 큰 석탄선을 제외한 대부분의 연안선들은 단독 소유였거나 기껏해야 5명 이내의 선주들이 공동으로 소유하는 것이 보통이었다. 연안선들은 보통 소형이고, 선령船齡도 많았기 때문에 선가가 상대적으로 저렴해 한두 명이 선박 한 척을 소유할 수 있었다. 연안선들은 연안 주위에서 운항했기 때문에 선장이 선주인 경우가 많았다.[11] 그러나 100톤이 넘는 대형선의 경우는 그렇게 소수의 선주들이 선박 한 척을 공동으로 소유하는 경우는 드물었다.[12] 자아비스Jarvis가 1787년 『런던선박등록부』에 등록된 외항선 가운데 300척을 임의로 선정하여 소유권의 분포를 분석한 바에 따르면, 약 25%만이 단독 소유였고, 18%는 2인 공동 소유, 15%는 3인 공동 소유, 10%는 4인 공동 소유였다.[13]

이처럼 선박의 소유권을 분할하게 된 것은 선박을 운항함으로써 발생할 수 있는 위험을 분산시키기 위한 것이 주목적이었다. 범선 시대에 선박을 소유한다는 것은 일종의 투기였다. 선박을 운항하기 위하여 화물을 찾아야 했고, 선적한 화물을 판매하기 위해 적절한 매입자를 찾아야 했다. 대서양이나 동인도 등 장거리 항로에 취항하는 경우는 1년에 1번 항해하는 것으로써 선박을 운항하는 데 따르는 제반 비용을 벌충하고 이익을 남겨야 했다. 게다가 적국의 해군과 사나포선, 전쟁, 악천후 등에 따른 나포나 침몰 등으로 인해 발생하는 모든 손실은 고스란히 선주가 부담해야 했다. 왜냐하

---

11) see PRO, BT 107/1-7.
12) 이는 17세기 말이나 18세기 초에도 마찬가지였다. 예를 들면 250톤급인 *Arcana Galley* 호는 1689년 당시 21명이 공동으로 소유하고 있었고, 200톤급인 *Lambton Anne* 호는 1719년에 17명이 공동으로 소유하고 있었다. Davis, *Rise of English Shipping*, p.82.
13) Jarvis, "Eighteenth Century London Shipping," p.414.

면 18세기 초까지는 해상보험 체제가 제대로 갖추어지지 않았기 때문이다. 17세기 말에는 선박 자체를 보험에 드는 경우는 많지 않았다. 그러나 18세기 초에 이르면 선주들도 로이즈 커피하우스Lloyd's Coffee House를 무대로 활동하던 개인 보험업자와, 1720년 설립된 로얄익스체인지보험Royal Exchange Assurance 과 런던보험London Assurance에 선박을 부보付保, insure하기 시작하였다.14) 이어 1720년대에 이르면 해상보험이 지분을 분할함으로써 위험을 분산시키는 방법을 대체할 정도로 발전하였고, 보험요율도 5% 이하로 떨어졌다.15) 해상보험의 발전은 전문 선주의 대두를 촉진하는 역할을 하였다.

일반적인 동업 형태와는 달리, 선박의 지분을 소유한 공동 선주들은 선박 운항에는 간여하지 않고 사업상의 이익이나 손해를 분담하는 수동적인 역할을 하는 데 그쳤다. 그 대신 공동 선주들은 선박 운항에 정통한 1명 내지 2명 정도의 공동 선주나 동업자가 아닌 선박 관리인ship's husband을 선정하여 선박을 운항하였다. 선장이 지분을 갖고 있을 경우에는 그가 공동 선주로서 선박을 책임지고 운항하고, 그에 대한 대가를 받기도 했다. 선박 관리인이 공동 선주가 아닌 경우에는 운영자본을 확보하기 위해 선박 관리인을 동업자로 끌어들이는 경우가 많았다. 선박 관리인이 지분 소유자일 경우에는 관리 수수료를 받는 것 외에 선박 운항에 따른 수익과 손해를 분담해야 했다. 데이비스는 선박 소유에 나타난 이와 같은 소유와 관리의 분리를 "잉글랜드의 일반적인 상업 관례에서 벗어난 아주 중요한 예외였다."16)고 지적하였다.

---

14) 1720년에 설립된 Royal Exchange Assurance와 London Assurance는 곧 자본금 부족으로 의회법에 의해 부채를 탕감 받은 뒤에는 화재보험에 치중하게 되어 해상보험의 약 90%를 개인 보험업자가 취급하였다. Gibb, *Lloyd's of London*, pp.27, 33.

15) Hope, *New History of British Shipping*, p.217 ; Davis, *Rise of English Shipping*, p.88.

16) Davis, *Rise of English Shipping*, p.82.

II. 전문 선주의 대두와 성장

1. 선박 소유의 집중화 : 공동 소유에서 단독 소유로

18세기 중반까지 소수의 해운 투자자들 중에서 그 자체가 선주, 즉 전적으로 선박을 소유하고 운항하는 전문 선주는 거의 없었다.[17] 18세기 초까지 선박을 단독으로 소유하는 것은 이례적인 경우에 속했다. 존슨Sir Henry Johnson은 1686년에 선박 38척의 지분을 보유하였지만, 단 한 척도 단독으로 소유하지 않았고,[18] 1756년 래셀레스Richard Lascelles도 선박 21척의 지분을 소유하였지만, 단독 소유선은 한 척도 없었다.[19]

그러나 18세기가 지나는 동안 선박 한 척을 공동으로 소유하는 공동 선주의 수가 점차 줄어드는 추세에 있었고, 자기 지분에 따라 배당금을 분배받기도 하고 선박을 관리하고 수수료를 받는 선박 관리인으로 활동하는 최대 지분 소유자가 자주 출현하기 시작하였다. 그에 따라 자기 선박을 소유하고 운항하는 전문 선주들도 나타났다. 『런던선박등록부』에 새로 등록한 외항선의 소유권을 분석해 보면, 1787년에는 단독 선주의 비율이 25%에 지나지 않았고, 그 나머지 75%는 2인 이상이 공동으로 소유하였다. 그러나 1800년에는 단독 선주의 비율이 37%로 증가했고, 이어 1810년에는 42%, 그리고 1820년에는 다시 45%로 늘어났다. 이는 전체 등록선에서 단독 선주가 차지하는 비율이 점차 증가해갔음을 뜻한다(<표 9-1> 참조).

전체 공동 소유자의 수도 점차 한정된 몇 사람의 손으로 집중해 가는 현상이 나타났다. 1787년 당시 4인 이상이 공동으로 소유하는 비율은 42%에 달했으나, 1800년에는 26%로 줄어든 데 이어 1810년에는 다시 15%로 감소하였다. 1820년에 4인 이상이 선박을 공동으로 소유한 비율이 20%로

---

17) 실제로 선박 등록 업무가 시작된 1787년 당시에도 선박 소유자의 직업을 선주 (shipowner)로 명기한 경우는 한 사람도 없다. PRO, BT 107/8.
18) BM Add. MSS. 22184-151 ; cited by Davis, *Rise of English Shipping*, p.83.
19) Sheridan, "sugar trade of the British West Indies, 1660~1756," p.76.

증가한 것은 프랑스 전쟁기에 선박량이 급격히 증가했다가 1815년 종전으로 인해 해운 불황이 찾아든 데 따른 일시적인 현상이었다.[20]

이와 같이 단독 선주의 비율이 증가하고, 선박의 소유권이 한두 사람의 수중으로 집중해 간 것은 해상 무역이 팽창한 데 따른 결과였고, 해운업의 전문화 과정의 일부이기도 했다.[21] 데이비스와, 비일은 단독 선주와 전문 선주의 등장을 "상인과 선주가 분리됨으로써 선박 소유의 집중화와 선박 관리의 전문화로 나아가기 위한 첫 단계였다."[22]고 평가한 바 있다. 하지만 그보다는 해운업이 무역업에서 분화되는 최종 단계였다고 보는 편이 타당할 것 같다. 왜냐하면 17세기 말에 화물 감독supercargo이 등장하면서부터 상인과 선주의 분리는 이미 시작되었기 때문이다.[23]

2. 선박 운항의 전문화

영국에서 선박에 투자하는 사람들의 사회적 분포가 다양했다는 사실은 이미 잘 알려져 왔다. 데이비스는 17세기 말 선박매매계약서에 나타난 선박 소유자 338명의 직업을 분석한 바 있다. 그의 연구에 따르면, 선박 소유자 가운데 상인이 174명으로 가장 많았고, 이어 선장master mariner이 40명, 선원mariner이 28명, 선구상船具商, ship chandler 등과 같은 해운 관계자가 26명, 무역 관계자가 25명, 배 대목shipwright이 8명, 신사gentleman, 향사esquire, 준남작baronet이 24명, 과부와 미망인이 12명, 요먼yeoman이 1명인 것으로 나타났다. 이를 백분율로 환산해 보면, 상인이 52%, 해운 관계자가 30%, 무역 관계자가 7%, 일반 투자자가 11%를 각각 차지한 것이다.[24]

1787년 『런던선박등록부』에 등재된 외항선 소유주 1000명의 직업을

---

20) Jarvis, "London Shipping," p.414 ; PRO, BT 107/8, 13, 13, 33.

21) Ville, *Transport and Economy*, p.78.

22) Davis, *Rise of English Shipping*, p.89 ; Ville, *English Shipowning*, p.3.

23) 小島昌太郎, 「海運に於ける企業及び經營の分化發達」, p.8 ; 민성규, 『해운경제학』, p.197.

24) Davis, *Rise of English Shipping*, p.100,

분석한 자아비스의 연구에 따르면, 전체 선박 소유주의 50%는 상인이었고, 선원과 조선업자, 선구상, 선박 중개인 등의 해운 관계자가 25%, 무역 관계자가 10%, 일반 투자자가 15%를 각각 차지하고 있는 것으로 나타났다.[25] 이는 데이비스의 연구와 큰 차이가 없는 것이다.

〈표 9-1〉 런던 신규 등록 외항선의 소유권의 변화, 1787~1820(단위 : %)

연도	소유자	1인	2인	3인	4인	5인	6인	7인	8인	9인	표본/등록선
1787	점유비	25	18	15	10	10	5	4	3	10	300/ -
	누계	25	43	58	68	78	83	87	90	100	
1800	점유비	37	26	11	8	4	4	3	1	6	305/523
	누계	37	63	74	82	86	90	93	94	100	
1810	점유비	42	26	18	6	2	2	1	1	2	305/554
	누계	42	68	86	92	94	96	97	98	100	
1820	점유비	45	27	8	9	5	3	1	1	1	300/318
	누계	45	72	80	89	94	97	98	99	100	

자료 1. 1787 : Jarvis, "London Shipping," p.414.
　　　2. 1800-20 : PRO, BT 107/13, 23, 33.

1800년에 이르러서도 선박 소유자의 사회적 분포는 이전 시기와 큰 차이가 없었다. 1800년 『런던선박등록부』에 새로 등록한 외항선 523척 가운데 305척의 소유자로 등록된 879명의 직업을 살펴보면, 상인이 55%(480명)를 차지했고, 해운 관계자가 27%(234명), 무역 관계자가 3%(25명), 일반 투자자가 13%(114명)를 각각 차지하였다.[26] 1800년 런던의 선박 소유자의 사회적 분포에서 눈에 띄는 것은 직업을 선주shipowner라고 명기한 소유자가 등장했다는 점과, 무역 관계자의 비중이 이전에 비해 크게 감소했다는 점이다. 선주가 전체 선박 소유자에서 차지하는 비중은 3%에 지나지 않았지만, 『런던선박등록부』에 선주라는 직업명이 처음으로 등장한 해가 1788년이라는 점을 감안해야만 한다. 특히 직업을 상인이라고 명기한 선박 소유자 가운데 일부는 전문 선주였을 개연성이 크므로 실제 선주의 비율은 이보다

25) Jarvis, "London Shipping," pp.415~416.
26) PRO, BT 107/13.

더 높았을 것임에 틀림없다. 실제로 1790년 이후 선박소유에만 전업하여 전문 선주로 활동했던 조셉 헨리Joseph Henley의 경우『런던선박등록부』에는 1815년까지 상인merchant으로 등재되어 있다.[27]

전문 선주이면서도『선박등록부』나『상공인명록』에 직업을 상인으로 등재한 것은, 비일이 지적한 것처럼, 관례에 따른 것이라고 볼 수 있다.[28] 실제로 프랑스혁명전쟁이 시작된 1793년부터 나폴레옹전쟁이 끝난 1815년 까지는 전쟁기 새로운 수요로 인해 해운이 호황을 구가한 시기여서 상인이 전문 선주로 변신한 경우가 많았을 것으로 보인다. 이를테면 석탄 상인이었 던 마이클과 그의 아들 조셉이 전문 선주로 변신한 것도 바로 1790년 대였다. 이를 감안하면 1787년에 50%였던 상인의 비중이 1800년에는 55%로 증가하고, 1810년에는 다시 57%로 증가해 간 것은 순수하게 상인이 증가했 다기 보다는 전문 선주가 관습적으로 상인으로 등재한 데 따른 것으로 해석할 여지가 많다고 하겠다.

1810년에 이르러서도 상인과 해운 관계자들의 비중이 증가하고, 무역 관계자와 일반 투자자의 비율이 감소하는 추세는 계속되었다. 1810년에 새로 등록한 총 554척 가운데 305척의 소유주 739명의 직업을 살펴보면, 상인이 57%(418명), 해운 관계자가 28%(207명), 일반 투자자가 10%(78명), 무역 종사자가 2%(14명)를 각각 차지하였다.[29]

1820년에 이르면 해운 관계자의 비율과 상인의 비율이 비슷해진다. 1820 년에 새로 등록한 외항선 318척 가운데 300척의 선박 소유자 704명의 직업을 분석해 보면, 상인과 해운 관계자가 전체 선박 소유자의 44%와 43%를 각각 차지하였고, 일반 투자자와 무역 종사자가 7%와 1%를 각각 차지한 것으로 나타났다. 해운 관계자 중에서는 선원과 선주가 각각 16%씩 차지했고, 그밖에 조선업자(28명), 선박용품 제조업자(29명), 해운 전문인(8

---

27) Joseph Henley는 1815년까지 선박등록부에 직업을 '상인'으로 등재하였고, 1816년에 이르러 비로소 '선주'로 등재하였다. PRO, BT 107/28. No.104 & BT 107/29, No.73.

28) Ville, *English Shipowning*, p.20.

29) PRO, BT 107/23.

〈표 9-2〉 런던의 선박 소유자의 직업 분포, 1787~1820

직업 / 연도	상인	해운관계자				무역 관계자**	일반 투자자***	기타****	표본(인)
		선주	선원	기타*	합계				
1787	50%	0%	15%	10%	25%	10%	15%	0%	1000
1800	55%	3%	16%	8%	27%	3%	12%	3%	879
1810	57%	5%	13%	10%	28%	2%	10%	3%	739
1820	44%	16%	16%	11%	43%	1%	7%	5%	704

자료 1. 1787 : Jarvis, "London Shipping," pp.415~16.
　　2. 1800~1820 : PRO, BT 107/ 13, 23, 33.
주 　*　　조선업자, 선구상, 선박 중개인, 돛 제작업자 등.
　　**　　주식 중매인, 중개상, 은행업자, 식민업자, 대리인 등.
　　***　　신사, 향신, 파산자, 과부, 의사, 법률가, 준남작 등.
　　****　불명 또는 판독 불능.

명) 등의 해운 관계자들이 11%(76명)를 차지했다. 일반 투자자로는 신사(11명), 제빵업자(13명), 철물상(6명), 은행가(4명), 미혼녀(4명) 등이 있었다.[30]

이상에서 살펴본 바와 같이, 17세기 말에서 19세기 초에 이르기까지 영국의 거의 모든 계층이 선박에 투자하고 있었다. 다니엘 디포Daniel Defoe(1660~1731)가 "항구 도시와 런던의 템즈 강변에 면해 있는 곳에서 거의 모든 소상점주들과 내륙 상인들은 필연적으로necessarily 선박의 소유주owners of ships가 되었고, 직접 항해와 관련되지는 않았다 하더라도 최소한 배와 연관을 맺고 있었다."[31]고 지적한 것이 결코 과장된 말이 아니었다.

그러나 대부분의 공동 소유자들은 수동적인 투자자에 불과했고, 실제 선박 운항은 선장이나 관리 선주 또는 선박 관리인이 담당했다. 일반 투자자와 무역 관계자들은 선장이나 활동적인 선주들과의 개인적인 친분에 이끌려 선박에 투자하는 것이 보통이었고, 조선업자나 선박용품 제작업자, 선구상들과 같이 선박과 관련된 사업을 하는 사람들은 사업상 선박의 지분을 갖고 있는 것이 유리하였기 때문에 사업을 위해 선박에 투자하였다.

이들 수동적인 투자자들을 제외하면, 선박 투자자의 주류는 역시 상인과

---

30) PRO, BT 107/33.

31) Daniel Defoe, *Complete English Tradesman*(1725), preface ; cited by Jarvis, "London Shipping," p.413.

해운 관계자들이었다. 선박 투자자에서 상인이 차지하는 비중은 17세기 말에 이미 50% 이상을 차지하였고, 이후 1세기 동안 조금씩 증가하였다가 1820년대에 이르러 50% 이하로 떨어졌다. 이에 비해 해운 관계자의 비중은 17세기 말에서 1810년대에 이르기까지 30% 내외를 유지하다가 1820년대에 이르러 40% 대로 증가하였다. 이처럼 17세기에서 18세기 말까지 거의 모든 계층의 투자 대상이었던 선박은 18세기 말에서 19세기 초 사이에 점차 상인과 해운 관계자들의 전문 영역이 되어 갔다.

3. 사례 연구

산업혁명기에 활동한 전문 선주로는 스티븐슨 클라크 해운Stephenson Clarke Shipping과 마이클 헨리 상사Michael Henley and Son, 존 롱John Long, 커커드브라이트 해운Kirkcudbright Shipping Company 등이 있다. 이 가운데 런던의 선주인 존 롱에 대해서는 1815~1828년 사이의 문서만이 남아 있고, 커커드브라이트 해운 회사는 1811~1817년까지만 활동하였다.[32] 따라서 여기에서는 산업혁명이 본격화되기 이전부터 활동한 스티븐슨 클라크 해운과 마이클 헨리 상사의 사례를 통해 영국에서 선박 운항만을 전문적으로 영위하는 전문 선주가 대두한 시점이 언제인가를 검토해 볼 것이다.

2012년까지 세계에서 가장 오래된 선사로 알려져 있었던 스티븐슨 클라크 해운은 그 기원이 1730년으로 거슬러 올라간다. 이 해에 노스 쉴즈North Shields의 선원인 랠프 클라크Ralph Clarke(1708~1785)와 로버트 클라크Robert Clarke(1714~1786) 형제가 300톤급 컬리어선인 클리브런드Cleveland 호의 지분을 구입함으로써 스티븐슨 클라크 해운의 모태가 되었다. 1785년과 1786년에 랠프와 로버트가 차례로 사망한 뒤에도 그들의 사업은, 이따금 가계 밖에서 동업자를 맞이하기도 하였지만, 2012년 파산할 때까지 그의 후손들에 의해 계속 이어져 오고 있다.[33]

---

32) Palmer, "John Long : A London Shipowner" ; Hill, "Kirkcudbirght Shipping Company," pp.69~91.

스티븐슨 클라크 해운의 제1대 선주인 랠프와 로버트는 선원이자 선장으로서 1730년에 선박의 지분을 사들임으로써 공동 선주이자 선박 관리인으로서 선박을 운항하였다. 그러나 이후 여러 척의 선박에 이해 관계를 갖게 되면서 선박 소유business of shipowning에만 집중하였다.[34] 1740년대에서 1780년대 사이에 두 형제는 클리브런드 호 외에도 여러 척의 선박의 소유권이나 지분을 가진 선주로서 활동하였다.[35] 스티븐슨 클라크 해운의 제1대 선주인 랠프와 로버트는 18세기 중엽에는 이미 선박 소유와 운항에만 전념한 선주였다고 할 수 있다.[36]

마이클 헨리 상사에 대해서는 비일 교수가 영국 그리니치 해양박물관에 보관되어 있는 이들의 사업문서를 상세하게 분석한 바 있다.[37] 비일의 연구에 따르면, 헨리 상사는 1775년에 컬리어선을 처음으로 구입할 당시부터 단독 선주로서 출발하였고, 1782년 이후 일부 선박은 꾸준히 운임을 받고 운항하였으며, 1790년부터 선박 소유에 전업하면서 다양한 항로에 배선하였다. 그 결과 1790년대 말에 대리인을 고용하기에 이르렀고, 마침내 1800년경에는 상인 선주로서의 일체의 무역 활동을 그만두고 선박 운항에 전업하였다. 이상을 종합해 볼 때, 1775~1780년대 초까지는 전형적인 상인 선주의 모습을 보였던 헨리 상사는 1780년대 초부터 1790년까지는 자기 화물도 운송하고 운임을 받고 다른 화주의 화물도 운송하는 일반적인 상인 선주였고, 1790~1800년 사이에 명실상부한 전문 선주로 성장하였다고 할 수 있다.[38]

---

33) Stephenson Clarke Shipping의 발전 과정에 관한 연대기에 대해서는 Carter, *Stephenson Clarke Shipping*, pp.3~7 참조.

34) Carter, "Stephenson Clarke Story," p.28.

35) 그러나 이들은 자신들의 직업을 선주라고 생각하지 않았던 것으로 보인다. 실제로 이들은 1791년에 '석탄 중개상'(coal factor)으로 알려졌고(Carter, "Stephenson Clarke Story," p.3), 1805년에도 '석탄 중개상, 해운 및 보험 중개인(shipping & Insurance broker)'으로 알려졌다(Carter, *Stephenson Clarke Shipping*, p.3).

36) Carter, *Stephenson Clarke Shipping*, p.3.

37) Ville, "Michael Henley and Son, London Shipowner" ; Ville, *English Shipowning* ; Ville, "deployment of English Merchant shipping."

선박 소유shipowning가 하나의 전문 직업으로 등장했음을 단적으로 보여주는 증거는 18세기 중엽이후부터 선주shipowner가 직업명으로 사용되기 시작했다는 점을 들 수 있다. 선주란 용어는 이미 1530년부터 사용되었지만, 당시는 '항해 중의 주인patron dune nauiere', 즉 선주와 화주를 동시에 의미했기 때문에 전문적인 직업으로서의 선주를 의미하는 것은 아니었다.[39] 18세기 초까지도 선박 소유가 전문적인 직업이 결코 아니었고, 선주란 용어도 아주 드물게 사용되었다. 영국 최초의 상공인명록인 1728년판『켄트 상공인명록Kent's Directory』에도 선주란 용어가 등장하고 있으나, 아주 드문 경우에 한하여 사용되었다.[40]

선주가 하나의 직업명으로 사용된 것은 1786년판『뉴캐슬 선박등록부Newcastle shipping registers』가 처음이고, 상공인명록에 선주가 하나의 직업으로 나타난 것은 1790년판『훌 상공인명록Hull Directory』이 처음이다.[41] 『런던 선박등록부』에 선주란 직업명이 등장한 것은 1788년이었고,[42] 『런던 상공인명록London Directory』에 선주가 하나의 직업으로 등재된 것은 1815년에 이르러서였다.[43] 런던의 경우 상공인이 주류를 이루고 있었기 때문에 선주라는 직업이 뉴캐슬이나 훌 등과 같은 연안 항구 도시에 비해 더 오랫동안 상인의 범주에 포함되어 있었다. 이런 점을 감안한다면 전문 선주는 1780년

---

38) 김성준, 「산업혁명기 영국 해운업에서의 전문 선주의 대두」, pp.150~158 참조.

39) OED on CD-ROM, ver. 1.13.

40) Davis, *Rise of English Shipping*, p.81 footnote 1.

41) Davis, *Rise of English Shipping*, p.81 footnote 2 ; Ville, *English Shipowning*, p.3 & p.15 footnote 6.

42) 선장인 John Reay와 함께 *Jean*(82톤) 호의 공동 소유주로 등재된 Alexander Philip의 직업이 선주(shipowner)로 표기되어 있다(PRO, BT 107/8, 1788, No.145). 선박등록부에 단독 선주의 직업이 선주로 등재된 것은 1794년이 처음이다. 이 해의 신규 등록 연안선 *Lion*(153톤) 호의 소유주인 James Boulter의 직업이 선주(shipowner)로 기록되어 있다(PRO, BT 107/1, 1794, No.112). 외항선 등록부에 단독 선주의 직업을 선주로 처음 등재된 사람은 1796년 *Favorite*(496톤, 선장 John Harper) 호의 소유주인 Thomas Horneastle이다(PRO, BT 107/10, 1796, No.129).

43) *London Directory*(London, 1815).

대 중반에 이미 존재해 있었다고 할 수 있다.

이상에서 살펴본 바와 같이, 18세기 중엽까지 선박은 공동으로 소유하는 것이 일반적이었으나, 18세기가 경과하는 동안 해상 무역이 팽창하고 해상 보험이 발달함에 따라 점차 단독 선주들이 출현하게 되었다. 이들 단독 선주들은 해운 전문인들의 도움을 받아 선박의 운항과 소유에만 집중하는 전문 선주로 성장하였다.44) 스티븐슨 클라크 해운은 이미 1730년대부터 상인 선주로 활동하여 곧 선박의 운항에만 전업하였고, 헨리 상사도 1775년 당시부터 단독 선주로 출발하여 1790년대에 전문 선주로 변신하였다. 전문 선주의 성장에는 전쟁이라는 외적인 요인이 일정한 영향을 끼쳤다. 공동 선주 체제는 전쟁기 급변하는 시황에 탄력적으로 대응하기 어려웠다. 하지만 단독 선주이자 전문 선주들은 시황 변화에 능동적으로 대처할 수 있었을 뿐만 아니라 전쟁기에 새롭게 창출되는 군대와 군수품 수송을 위해 정부에 선박을 대선함으로써 막대한 이익을 올릴 수 있었다. 미국독립전쟁과 프랑스전쟁은 영국의 해운업이 성장하는 시대적 배경이 되었다.

III. 전문 선주의 경영 성과

1. 취항 항로의 다양화

정기선liner이 출현하기 이전에 선박이 다양한 항로에 배선되었다는 것은 선박 운항의 효율성이 높았다는 것을 의미한다. 따라서 해운경제사가들은 선박의 배선 양태에 대해 관심을 가져 왔다. 데이비스는 "17세기에서 18세기 전반에 걸쳐 대부분의 상선들이 특정 항로에 전문화하는 경향이 증가하고 있었고, 선주들의 보수성, 사업상의 소심함 등이 선박을 여러 항로에 탄력적으로 배선하는 것을 가로막았다."고 주장하였다.45)

---

44) 화물 감독, 선박 관리인, 선박중개인, 해운대리인 등의 해운전문인의 성장에 대해서는 본서 제7장 참조.

한편, 페일Fayle과 비일은 18세기 말에는 상선들이 다양한 항로에 취항하고 있었다고 주장하였다. 페일은 "다양한 항로에 배선된 선박과 그렇지 않은 선박 사이에 나타난 차이점을 명확히 구별해 낸다는 것은 불가능하다."는 점을 인정하면서도, "(1780년대에는) 배선의 탄력성이 증가하였다."고 주장하였다.[46] 실제로 1780년대에 쉴즈Shields를 중심으로 활동한 350톤급 포리스터Forester 호의 선주는 런던으로의 연안 항로는 말할 것도 없고, 프랑스, 발트해, 지중해, 이베리아 반도, 북아메리카 등 거의 모든 항로에 선박을 배선하였다.[47] 포리스터 호의 배선 양태를 볼 때 선주는 운임이 좋은 원양 항로에서 화물을 찾게 되면 그 항로로 선박을 배선하고, 그렇지 못할 경우에는 연안 항로에서 석탄을 운송하였던 것으로 보인다. 이런 점을 감안하면 이제 연안 석탄 항로는 포리스터 호의 선주처럼 쉴즈를 주 활동 무대로 삼고 있는 선주에게조차도 원양 항로의 보조 항로가 되었다고 할 수 있다.

헨리 상사가 3년 이상 보유한 선박의 70% 이상이 4개 항로에 탄력적으로 배선된 것으로 나타났다.[48] 헨리 상사가 1775년에 선박을 소유하면서 주로 연안 석탄 항로에 배선해 왔지만, 1790년에 선박 소유에 전업하면서 그들의 배선 형태는 훨씬 체계적이고 다양해졌다. 헨리 상사는 1790~1801년까지는 연안, 발트해, 지중해, 서인도 등에 배선하였고, 1802~1814년에는 연안, 발트해, 지중해, 남미 등에 배선하였으며, 1810~1819년까지는 연안, 발트해, 지중해, 서인도, 캐나다 등에 배선하였다. 그리고 1820~1830년까지는 연안, 발트해, 캐나다에 주로 배선하였다. 헨리 상사가 3년 이상 소유한 선박 49척 가운데 24척이 4개 항로 이상에 배선되었고, 5년 이상 보유한 27척은 모두 3개 항로 이상에 배선되었으며, 10년 이상 보유한 12척도 모두 3개 항로 이상에 취항하였다.[49] 이처럼 선박을 다양한 항로에 배선하게 되고,

---

45) Davis, *Rise of English Shipping*, pp.194~195.

46) Fayle, "Employment of Shipping," p.78.

47) Childers, ed., *A Mariner of England*, Chap. 1~2.

48) Ville, "Deployment of Shipping," p.19.

49) Ville, "Deployment of Shipping," pp.19~20 table 2, 3, 4.

선박을 전문적으로 운항하게 됨에 따라 더 이상 가내 사업으로 꾸려나가기 어렵게 되자 마이클 헨리는 1799년 말에 키어튼Kirton을 대리인으로 고용하기에 이르렀다.[50]

헨리 상사의 3대 활동 무대는 연안, 발트해, 지중해 항로였다. 이 가운데 연안 항로의 배선율은 꾸준히 감소되어 간 반면, 발트해 항로는 비교적 일정하게 유지되었고, 지중해 항로는 주로 정부의 수송 업무를 위해 배선되었기 때문에 1815년까지는 일정 수준을 유지하였다가 그 이후에는 1820~1822년 사이를 제외하고는 전혀 배선되지 않았다. 이에 비해 원양 항로의 배선율은 꾸준히 증가해 갔다. 헨리 상사는 이들 3대 근거리 항로 이외에 1802~1819년까지는 온두라스 항로에도 참여하였고, 1806~1814년까지는 남미 항로에서도 활동하였으며, 1808~1828년까지는 캐나다 항로에도 배선하였다. 그리고 서인도 항로에는 1790~1819년까지 간헐적으로 배선하였다.[51] 연안 항로의 배선율이 감소하고, 원양 항로의 배선율이 증가했다는 것은 운송 거리가 증가했음을 뜻한다.

이상에서 살펴본 것처럼, 17세기에서 18세기 중엽에 이르기까지 상선들은 주로 특정 항로에 집중적으로 배선되는 경향이 있었지만, 18세기 말에 이르면 포리스터 호나 헨리 상사의 예처럼 다양한 항로에 취항하였다. 이처럼 선박이 다양한 항로에 배선되었다는 것은 그만큼 운항의 효율성이 증진됨과 동시에 그로 인한 운임 수입이 증가했음을 뜻한다. 실제로 포리스터 호는 7년 9개월 동안 단지 두 차례만 겨울철에 계선되었을 뿐이고, 헨리 상사도 계선율繫船率, rate of laid-up을 매우 낮게 유지하였다. 헨리 상사가 소유한 선박의 계선율은 1790~1810년까지 한 해를 제외하고 10% 미만이었고, 특히 프랑스전쟁 발발 직후인 1793~1795년까지는 단 한 척도 계선되지 않았다.[52] 이는 결과적으로 헨리 상사가 선박의 운항을 통해 벌어들인

---

50) Ville, "James Kirton, Shipping Agent," p.150.

51) Ville, "Deployment of Shipping," pp.18~22.

52) Ville, "Deployment of Shipping," p.25 table 6.

운임 수입이 증가했다는 것을 의미한다.

2. 척당 선원 수의 감소와 직제의 단순화

18세기가 경과하는 동안 선박 한 척에 승선하는 선원의 수는 꾸준히 감소하였다. 100톤급 선박의 선원 수는 1715년경 약 23명이었으나, 1730년 경 16~17명, 1750~1760년대 약 13~15명, 1770년경 11~12명, 18세기 말 약 5~6명, 1800년 5명, 19세기 중엽 4명으로 감소하였다.[53] 이처럼 척당 선원 수가 감소한 이유에 대해 노스North는 "해적과 사나포선의 활동이 감소한 데 따라 선박을 무장할 필요성이 감소한 만큼 선원 수를 줄일 수 있었기 때문"이라고 주장하였고, 데이비스도 대체로 이에 공감하고 있다.[54]

〈표 9-3〉 100톤급 선박의 선원 수, 1710~1800 (인)

연대	1710년대	1730년대	1750-60년대	1770년대	1780-90년대	1800년대
선원 수	22~23	16~17	13~15	11~12	5~6	5

그러나 18세기 말에서 19세기 초까지 미국독립전쟁과 프랑스전쟁이 단속적으로 계속되었다는 점을 고려한다면 척당 선원 수가 감소한 원인을 해적 및 사나포선 활동의 감소로 설명하는 것은 적절하지 않다. 그보다는 선박과 장비의 개량이 척당 선원 수를 감소시킨 주된 원인이었다.[55] 17세기 말까지만 해도 키를 돌리는 일은 전적으로 사람의 힘에 의존해야 했지만, 1700년을 즈음해서 조타기steering wheel가 발명됨으로써 조타에 필요한 선원 수가 크게 감소하였다.[56] 닻을 감아 올리는 양묘기揚錨機, windlass는 1700년대에

---

53) North, "Source of Productivity," p.959 ; Walton, "Source of Productivity," pp.70~72 ; Davis, "Maritime History," pp.178~181 ; Report ⋯ of the Coal Trade, June 23, 1800, pp.46, 72~73.

54) North, "Source of Productivity," p.960 ; Davis, "Maritime History," pp.178~181.

55) Rediker, Between the Devil and Deep Blue Sea, pp.111~112.

56) 조타기가 발명되기 이전에는 키의 손잡이(tiller) 끝에 원형 고리를 끼워 만든 일종의

점진적으로 개량되어 갔고, 돛을 고정시키는 각종 돛줄과 계류삭繫留索, mooring line 등을 감거나 잡아당기는 데 이용되는 권양기捲揚機, capstan도 18세기에 이용되기 시작하여 1771년에는 기어gear가 장착된 권양기가 개발되기에 이르렀다.[57] 양묘기와 권양기의 사용은 선박에서의 일손을 크게 절감시켰다.

선박과 돛 그리고 돛대의 개량도 선원 수의 감소에 한몫 했다. 일반적으로 돛대의 수가 적으면 그만큼 적은 인원으로 조선할 수가 있다. 18세기가 경과하는 동안 두대박이two mast ship와 세대박이three mast ship를 구분하는 경계선이 점차 커져 갔다. 1680~1720년 사이에 대체로 50~60톤을 경계로 그 이하는 두대박이였고, 그 이상은 세대박이였다. 이 구분선은 1730년대에는 80~90톤, 1740년대에는 100톤, 1760년대에는 140~150톤으로 점차 커져 갔다.[58] 18세기 말까지 잉글랜드 해운의 중심이었던 연안 항로와 북해 항로에서 주로 이용된 대형 브릭선brig과 원양용으로 널리 채택된 스노우선 snow은 모두 두대박이였다.[59] 두대박이의 크기가 점차 커져갔다는 것은 적은 선원으로 더 큰 선박을 운항할 수 있었음을 뜻한다.[60]

척당 선원 수가 감소한 데는 전쟁도 적지 않은 영향을 끼쳤다. 전쟁기에 상선의 선원들은 1차적인 징집 대상이었고, 운항 도중 적의 해군이나 사나포선에 나포당할 우려가 있었기 때문에 선원으로 승선하는 것을 꺼려했다.

도르래인 whipstaff를 이용하였다. whipstaff는 키를 좌우 10도 정도밖에 돌리지 못했다. 이런 문제점을 개선하기 위해 조타기(wheel)가 발명되었는데, 현재 남아 있는 자료상으로는 영국의 경우 1706년, 프랑스는 1709년, 베네치아는 1719년 경에 공식적으로 선박에 채용되었다. Harland, "Early History of the Steering Wheel," pp.47 & 65 footnote 1.

57) Harland, "Design of Winches," pp.154, 156.
58) Hope, *New History of British Shipping*, p.221 ; Davis, *Rise of English Shipping*, pp.76~77.
59) 브릭선과 스노우선은 돛대를 두 개 설치하고, 두 돛대에 모두 네모돛을 설치했다는 점에서 매우 유사하다. 다만 붐에 단 주돛(boom-mainsail)이 브릭선은 주돛대에 둘러져(hoop) 있는 반면, 스노우선은 주돛대 뒤에 단 보조돛대(trysail mast) 위에 걸쳐져 있는 것에 차이가 있다. Smyth, *Sailor's Word-book*, p.637.
60) Peter Earle은 선박의 척당 선원 수가 감소한 원인으로 선박의 대형화, 기술의 발전, 해적과 사나포선의 감소로 인한 무장 인력의 불필요 등 세 가지를 꼽고 있다. Earle, *Sailors : English Merchant Seamen*, p.7.

1782~1800년 사이에 상선 선원의 수는 17% 가량 늘어난 데 불과했지만, 수병의 수는 70%나 증가하였다.[61]

척당 선원 수가 감소함에 따라 선원의 직제도 변하였다. 18세기 초까지 대부분의 원양선에는 선장, 항해사, 갑판장, 사무장, 조리장, 통장이, 포수gunner, 배 대목shipwright, 선의船醫, doctor, 다수의 보조 선원 등이 승선하였지만, 18세기 중엽에서 말 사이에 선의, 포수, 사무장 등과 이에 배속되어 있던 보조 선원들은 모두 사라졌고, 선장, 항해사, 갑판장, 배 대목, 보통선원 등으로 선박의 직제가 단순화되었다.

3. 선박 운항의 수익성

해운업의 수지는 총 운임 수입에서 비용을 뺀 나머지(①)로 구할 수 있고, 선박운항으로 벌어들일 수 있는 연간 운임 수입은 항차당 운임에 연간 항해 수를 곱한 것(②)이며, 비용은 자본비, 운항준비비, 운항비, 일반관리비 등을 모두 합한 것(③)이다.[62] 연간 운임 수입은 항차당 운임에 연간 항해 수를 곱하여 구할 수 있고, 항차당 운임은 화물의 종류, 화물량, 운송거리의 함수이다. 선박의 운항비용에서 가장 많은 비중을 차지하는 것은 의장비와 수리비 및 선원비인데, 이 가운데 의장비와 수리비는 선박의 상태에 따라 차이가 큰 반면, 선원비는 선박을 운항하기 위해 일정 규모를 반드시 지출해야 할 비용으로 고정비의 성격을 띠고 있다. 결국 선주가 이익을 많이 올리기 위해서는 운항 횟수를 늘이거나 고가의 화물, 장거리 화물, 대량 화물을 운송함으로써 운임 수입을 늘려야 하고, 의장비, 수리비, 선원비 등을 줄여야 한다.

① 수지 R = 운임 수입 I − 비용 C
② 연간 운임 수입 I = 항차당 운임 Fr × 연간 항해 수 Vo

---

61) Lloyd, *British Seaman*, pp.285, 288~289 ; Macpherson, *Annal of Commerce*, Vol.IX, p.535.
62) 민성규, 『해운경제학』, 제6장 ; 박현규·이원철, 『해운론』, pp.351~362.

③ 비용 C = 자본비 Ka + 운항준비비 RC + 운항비 OC + 일반관리비 AC

④ 운임 Fr = f(Ki, Q, Di) (단, Ki=화물의 종류, Q=화물량, Di=운송 거리)

⑤ 자본비 Ka = 감가상각비 De + 이자 In

⑥ 운항준비비 RC = 의장비 O + 보험료 P + 수리비 R + 선원비 W

⑦ 운항비 OC = 항비 PC + 수수료 AC + 기타 ET

위에서 살펴본 바와 같이, 18세기 중엽에서 말 사이에 상선은 이전에 비해 다양한 항로에, 그리고 원거리 항로에 투입되었고, 더 적은 선원으로 운항할 수 있었으며, 계선율도 하락하였다. 이는 결국 선박의 운임 수입은 증가하고, 비용은 감소하였음을 뜻한다. 이는 선박 운항의 수익성이 증가한 사실로도 확인할 수 있다.

먼저 상인 선주 시대에 해당하는 18세기 초에서 중엽 사이에 원양 항로에 취항한 선박의 수익성을 살펴보도록 하자. 1729~1742년까지 13년 동안 계속해서 버지니아 항로에 취항하여 담배를 운송한 딜리전스*Diligence* 호는 자본대비 19% 정도의 수익률을 올렸고, 보험료와 이자 등을 제외하면 약 10% 정도의 순수익을 올렸다.[63] 1754~1766년까지 포르투갈 항로에 취항하여 포도주를 운송한 150톤급 캐롤라인*Caroline* 호는 10년간 15항차를 소화하는 동안 연평균 약 9% 정도의 수익률을 올렸지만, 보험료와 이자 등을 제외하면 겨우 수지 균형을 이룬 데 불과했다. 이처럼 캐롤라인 호의 수익률이 딜리전스 호 보다 떨어진 것은 전쟁으로 운항률이 저하된 것과 1764년에 종전과 함께 대대적인 수리를 한 탓에 수리비가 많이 지출되었기 때문이었다.

하지만 18세기 중엽의 선박 운항의 수익성을 일반화하기 위해서는 더 많은 선박의 운항 사례가 필요하다. 데이비스는 회계장부가 남아 있는 약 200여 척의 선박 가운데 약 30척을 분석하여 버지니아 항로와 말라가 항로의 수익률을 추산한 바 있다. 그의 추산에 따르면 250톤급 버지니아

---

63) PRO, HCA 30~655 ; cited by Davis, *Rise of English Shipping*, pp.357~361.

항로 취항선의 자본대비 순수익률은 1725년과 1770년에 각각 1.4%와 0.8%였고, 120톤급 말라가 항로 취항선의 경우는 1725년에는 3.6%였고, 1770년에는 4.8%였다.[64] 말라가 항로에 비해 버지니아 항로의 수익률이 낮은 것은 버지니아 항로의 경우 250톤급 대형 선박을 투입하였으므로 말라가 항로 취항선 보다 선가가 2배 정도 비쌌고, 연간 취항 항해 수도 1항차로 말라가 항로에 비해 적었기 때문이었다. 하지만 선주가 벌어들이는 절대 금액은 두 항로 모두 비슷했다.[65]

외항선의 수익률은 18세기 말에 이르러 크게 향상되었다. 379톤급 래디 줄리아나*Lady Juliana* 호는 1791~1825년까지 연안 석탄 무역, 정부의 수송 업무, 발트해, 캐나다, 자메이카 등의 항로에 취항하였는데, 발트해와 캐나다, 자메이카 등 원양항로에서만 연평균 자본대비 16%의 수익을 올렸고, 전체적으로는 연평균 17%의 수익을 올렸다. 그리고 319톤급 로드 넬슨*Lord Nelson* 호는 1799~1824년까지 연안 석탄 무역, 발트해, 서인도, 지중해, 캐나다 등의 항로에 배선되었는데, 원양 항로에서만 연평균 자본대비 12%의 수익을 올렸고, 전체적으로는 연평균 20%의 수익을 올렸다.[66]

래디 줄리아나 호와 로드 넬슨 호가 캐롤라인 호나 딜리전스 호에 비해 높은 수익률을 달성할 수 있었던 것은 프랑스전쟁기 동안 정부에 선박을 대선함으로써 높은 수익을 올렸기 때문이다. 래디 줄리아나 호는 1793~1802년과 1809~1811년 사이에 정부에 대선되어 연평균 35%의 수익을 올렸고, 로드 넬슨 호는 1799~1800년과 1806~1811년 사이에 정부에 대선되어 연평균 35%의 수익을 올렸다. 이들 선박 외에도 정부에 대선된 선박은 다른 항로에 비해 월등히 높은 수익을 올렸다. 이를테면 1807~1809

---

64) Davis, *Rise of English Shipping*, pp.378~379.
65) 이를테면 버지니아 항로의 경우 1725년 당시 선가는 £1625였고, 자본대비 순수익률은 1.4%였으므로 선주는 약 £23의 순익을 올린 셈이다. 이에 대해 말라가 항로의 경우 선가는 £720였고, 자본대비 순수익률은 3.6%였으므로 선주는 약 £26의 순익을 올렸다.
66) Ville, *English Shipowning*, pp.175~176. Ville은 연간 자본대비 수익률을 보험료와 이자를 제외한 순수익률로 계산하였다.

년 사이에 정부에 대선되었던 피트^{Pitt} 호와 1805~1815년까지 정부에 대선되었던 폴리^{Polly} 호는 각각 연평균 32%와 30%의 수익을 거두었다.[67] 따라서 래디 줄리아나 호와 로드 넬슨 호가 높은 수익률을 올릴 수 있었던 것은 프랑스전쟁기라는 특수한 상황 때문이었다고 할 수 있다. 하지만 18세기 말에 미국독립전쟁과 프랑스전쟁이 계속되었기 때문에 전쟁이라는 특수한 상황을 이용할 수 있었던 선박이 비단 이들 2척에만 국한되었던 것은 아니었다. 미국전쟁기에 잉글랜드 선박의 약 15% 정도가 정부의 수송 업무에 투입되고 있었고, 프랑스전쟁기에 상당수의 선박이 정부에 대선되었다.[68] 이는 래디 줄리아나 호와 로드 넬슨 호만이 이 시기에 높은 수익률을 달성했던 예외적인 선박이 아니었음을 뜻한다.

위에서 살펴본 바를 정리해 보면, 원양 항로의 경우 자본대비 순수익률은 18세기 중엽에는 1~4%에 불과했으나, 18세기 말에서 19세기 초에는 연평균 12~16%로 향상되었다. 불과 반세기만에 원양 항로의 수익성은 10배 가까이 증가된 셈이다. 선박의 수익성은 취항 항로의 운임 시황, 전쟁 등과 같은 일시적 요인, 선박의 상태 등에 따라 가변적이기 때문에 일률적으로 비교한다는 것은 불가능하다. 하지만 상인 선주는 화물을 매입하고, 운송하고, 판매하는 일체의 무역 행위를 도맡아 해야 하기 때문에 선박의 운항률이 화물만 운송하고 운임만 받는 전문 선주에 비해 떨어지는 것이 보통이다. 그리고 18세기가 경과하면서 해상 물동량이 증가하였고, 전쟁으로 정부의 군대와 군수품 수송용으로 선박에 대한 새로운 수요가 발생하였다. 게다가 18세기가 경과하면서 선박 중개인과 해운 대리인 등의 도움을 받을 수 있는 기회가 점차 증가하면서 선박의 가동률은 이전에 비해 더욱 향상되었다. 이와 같은 선박 운항률의 향상과, 해상 무역과 전쟁으로 인한 해상 물동량의 증가는 선박 운항의 수익성을 증가시켰다. 이는 전문 선주가

---

67) Ville, *English Shipowning*, pp.175~176.
68) 김성준, 「영국 해운업에서의 전문 선주의 대두와 경영성과」, 고려대 박사학위논문, 제1장 제2절 참조.

대두할 수 있는 배경임과 동시에 그 결과였다.

　이상에서 살펴본 바와 같이, 18세기 중엽에 단독 선주들이 점차 대두하기 시작하였고, 18세기 말에는 전문 선주들이 상인 선주, 관리 선주, 소액 투자자들을 점차 밀어내면서 중요성을 띠기 시작하였다. 1850년대에 이르면 단독 선주들이 운항하는 선박의 비율이 공동 선주가 운항하는 선박을 압도하게 되었고, 해운 자본은 점점 한정된 전문 선주들의 수중으로 집중되었다. 이들 단독 선주와 전문 선주의 등장과 더불어 해운업 자체도 상업 활동에서 분리되어 하나의 전문 산업으로 독립하게 되었다.

　전문 선주의 대두와 더불어 선박의 배선 양태도 변화되었다. 상인 선주라면 자신이 정통하고 있는 무역과 항로에 선박을 배선하는 것이 수익성을 확보할 수 있는 가장 안전한 방법이다. 하지만 해상 물동량이 증가하고, 각 항로별로 화물의 흐름이 정규성을 띠게 됨에 따라 전문 선주들은 수익성이 높은 항로라면 어느 항로든지 선박을 배선하게 되었다. 18세기 중엽까지만 해도 대부분의 선박은 특정 항로에만 집중적으로 배선되는 경향이 강했지만, 18세기 말에 이르면 선박은 다양한 항로에 취항하게 되었다. 그리고 18세기가 경과하면서 조타기, 양묘기, 권양기 등의 기계가 도입되고 범장이 개량되면서 선박 한 척당 승선 인원도 감소하였다. 다양한 항로와 원거리 항로에 배선하게 되고, 계선율이 저하되고, 선원 수는 감소함으로써 선박 운항의 수익성은 증가하였다.

　해운업은 운임 수입을 통해 국가 수입과 국제 수지 개선에 직접적인 영향을 끼쳤음은 물론, 무역 운송, 자본 축적, 노동 고용 등을 통해 산업혁명에 일정한 영향을 미쳤다. 해운업은 18세기가 경과하는 동안 팽창일로에 있었던 해상 무역을 운송하고 전쟁기 군대 및 군수품을 제때에 수송함으로써 영국 경제가 성장하고 정부가 전쟁을 원활하게 수행할 수 있도록 뒷받침했다. 해상 무역과 노예무역, 전쟁기 군대와 군수품 수송을 통해 해운업자들은 자본을 축적할 수 있었고, 이는 스티븐슨 클라크 해운, 마이클 헨리 상사, 제임스 마터James Mather, 제임스 마겟슨James Margetson 등과 같은 전문 선주들이 단독으로 여러 척의 선박을 소유하고 운항할 수 있는 배경이 되었다. 헨리 상사는 1800년 기준시가로 약 2만 7000파운드에 이르는 고정자 본을 소유하고 있었다.[69] 18세기 말 면 공장의 고정자본fixed capital이 평균 3000~5000파운드에 지나지 않았고,[70] 1799년 올드노우Oldknowe나 코우프 Cowpe & Co.와 같은 대형 섬유회사들이 약 1만 파운드 정도의 자본금을 보유하고 있었던 것과 비교해보면 헨리 상사는 상당히 많은 자본을 보유하고 있었던 셈이다.[71]

　　해운업은 또한 선원을 고용함으로써 노동 고용과 구매력 창출을 통해 영국의 산업화에 기여하였다. 1800년 영국의 선주들은 11만 8000명의 선원을 고용하고 있었고, 이들에게 육상 노동자에 비해 2~4배 더 많은 임금을 지불하였다. 이는 선원이 영국 전체 인구에 차지하는 비중은 1% 미만이었지만, 실제 구매력 측면에서는 선원이 차지하는 비중 보다 2~4배 가량 높았음을 뜻한다. 또한 선주들은 개별 기업 차원에서도 다른 산업에 비해 많은 노동력을 고용하였다. 1803년 당시 맨체스터의 면직공장은 평균 130명 미만을 고용하였는데 반해,[72] 헨리 상사는 이보다 더 많은 선원을 고용하였다.[73] 이와 같은 관점에서 본다면, 해상 무역과 해운업은 '산업혁명의 기관'이라고까지는 말할 수 없을지라도 최소한 산업혁명과 보조步調를 같이했다고 할 수 있을 것이다.

69) Ville, *English Shipowning*, p.28.

70) Chapman, "Fixed Capital Formation," p.239.

71) Chapman, *Early Factory Masters*, p.126.

72) R.S. Fitton & A.R. Wadsworth, *The Strutts and the Arkwrights, 1758~1830*(Manchester, 1958), p.192 ; cited by Ville, *English Shipowning*, p.10.

73) 1803년 당시 헨리 상사는 13척, 3629톤을 소유하고 있었는데, 100톤당 5명이 승선했다고 가정할 경우 대략 175명 정도의 선원을 고용하고 있었다. Ville, *English Shipowning*, p.29.

제10장

18세기 영국 상선 선원의 배승 구조와 근로 조건

18세기 영국G.B.은 변혁기였다.1) 대외적으로는 스페인왕위계승전쟁 (1701~1713)을 시작으로, 오스트리아왕위계승전쟁(1740~1748), 7년전쟁 (1756~1763), 미국독립전쟁(1775~1783), 프랑스혁명전쟁과 나폴레옹전쟁 (1793~1815) 등 대외 전쟁을 단속적으로 치러야 했다. 대내적으로는 남해거 품사건South Sea Bubble(1720)과 같은 혼란을 겪으면서도 인구가 증가하고, 해외 식민지가 성장하면서 점차 산업사회로 이행하고 있었다. 이와 같은 상황에서 영국의 해운업계도 해상 고유의 위험, 간헐적으로 계속되는 전쟁 과 그로 인한 선박의 징발과 나포, 선원의 강제 징집 등으로 어려움을 겪어야 했다. 하지만 영국의 해운업은 해상보험의 성장, 해상 무역의 팽창, 전쟁기의 새로운 수송 수요의 발생 등으로 꾸준히 성장을 거듭하였다. 그 결과 18세기 중엽에 이르면 선박을 단독으로 소유하는 단독 선주single shipowner가 등장하였고, 18세기 말엽에는 선박 소유와 운항에만 전업하는 전문 선주specialized shipowner가 대두하면서 영국의 해운업은 무역업에서 분화 되어 독자적인 산업으로 성장하였다.2)

---

1) 박지향, 『영국사 : 보수와 개혁의 드라마』, pp.343~344 참조.
2) 이제까지 해운업이 하나의 독자적인 산업으로 성장한 것은 산업혁명으로 제조품의 생산이 늘어난 19세기 이후라고 알려져 있었으나, Davis와 Ville은 18세기 말에서

선원은 선박 및 화물과 더불어 해운 경영의 3요소 가운데 하나로서, 해운 용역을 생산하는 주체이다.[3] 선주가 창출하는 용역은 무형재無形財인 선복船腹, space인 바, 단순한 선박의 빈 공간인 선복이 용역이 되는 것은 선박에 선원이 승선함으로써 비로소 이루어지는 것이다. 그러므로 선원이 승선하지 않은 선박은 단지 선박일 뿐 생산단위인 선복으로 간주될 수 없다. 선주 입장에서는 선박을 운항하기 위해서는 선원을 승선시킬 수밖에 없지만, 선원을 승선시킨다는 것 자체가 임금과 식비 등의 비용을 발생시키기 때문에 가능한 한 선박을 운항하는 데 지장이 없는 한도 내에서 최소한으로 승선시키려는 경향이 있다. 이와 같은 경향은 오늘날에도 계속되고 있다. 현대 해운의 특징적 현상 중의 하나인 편의치적선(FOC)이나 제2선적선이 2013년 현재 세계 주요해운국이 보유한 선복량의 76%[4]를 차지하고 있을 정도로 주류를 이루게 된 것도 선주들이 저임금 선원을 배승하려는 것이 주된 요인이라고 할 수 있다.[5]

18세기 영국에서는 식민지 무역이 성장하고, 전쟁기에 군대와 군수품 수송 등 새로운 수요가 창출됨으로써 해상 물동량이 증가하는 한편, 전쟁으로 선원을 구하기가 어렵게 되었다. 이는 결국 선원 문제를 초래하였다. 이 논문에서는 전쟁이 단속적으로 계속된 18세기에 영국의 선주들이 선원 문제에 어떻게 대응하였는지를 상선의 배승 구조와 직제職制, 그리고 근로 조건 등을 통해 살펴보고자 한다.

19세기 초 사이에 전문 선주가 등장하였다고 주장하였다(Davis, *Rise of English Shipping*, chap. 5 ; Ville, *English Shipowning*). 그러나 필자는 해운업은 17세기 말에 화물 감독(supercargo)이 등장하면서 무역업에서 분화되기 시작하여 18세기 중엽에 선박의 소유와 운항에만 전업한 전문 선주(specialized shipowner)가 등장하였고, 18세기 말엽에는 무역업에서 완전히 독립하였다는 점을 밝혀냈다. 본서 7~8장 참조.

3) 박현규·이원철, 『해운론』, p.115.
4) UNCTAD의 통계에 따르면, 2013년 1월 현재 세계 19개 주요 해운국의 총 선박량 13억 5339만 DWT 중 10억 3345만 DWT가 외국적선이다. 한국선주협회, 『2014해사통계』, p.47.
5) 최재수, 「편의치적선의 역사적 배경과 현황」, p.97.

I. 상선 선원의 배승 구조와 직제

선박 한 척에 몇 명의 선원이 승선하는가는 선박의 크기와 상태, 취항하는 항로, 선장과 선원의 능력, 견습선원의 유무, 임금 수준 등에 따라 크게 좌우된다. 그러나 18세기가 경과하는 동안 영국 상선 한 척에 승선하는 선원의 수는 꾸준히 감소한 것으로 밝혀지고 있다. 노스North가 뉴욕항에 입항한 선박을 대상으로 조사한 바에 따르면, 선원 1인당 선박톤수는 1710년 4.4톤에서 1730년대에 6.1톤으로, 그리고 1760년대에는 6.9톤으로 증가하였다. 이 기간 동안 뉴욕항에 입항한 선박의 평균 톤수는 각각 49.5톤, 58.2톤, 57.9톤으로 변하였다.6) 월튼Walton도 보스턴, 뉴욕, 버지니아, 바베이도스, 자메이카에 입항한 선박의 평균 톤수와 선원 1인당 톤수를 계산하여 노스와 비슷한 결론에 도달하였다. 자메이카 항로의 경우 1730년경 6.0톤이던 선원 1인당 톤수는 1750년대 중반에는 7.5톤으로 증가했고, 이어 1768년에는 8.5톤으로 증가하였다. 이 기간 동안 자메이카에 입항한 선박의 평균 크기는 69.8톤, 85.9톤, 91.2톤으로 증가하였다.7)

선박 1척당 선원 수는 18세기 말 이후에도 지속적으로 감소하였다. 데이비스Davis는 "선주들은 대부분의 항로에서 18세기 말에는 8톤당 1명꼴로, 그리고 19세기 중반에는 25톤당 1명꼴로 선원을 승선시켰다."8)고 추정하였다. 이는 100톤급 선박의 경우 18세기 말에는 5.5명 그리고 19세기 중엽에는 4명으로 운항하였다는 것을 뜻한다. 실제로 1800년 의회의 석탄무역위원회에서 길레스피Thomas Gillespy는 석탄 운반선의 경우 "21톤당 1명 정도 승선했다."고 증언하였고, 리치먼드Thomas Richmond 선장도 "평균적으로 21톤당 선원한 사람이 승선한다고 보면 된다."고 답변하였다.9)

이상에서 살펴본 바를 정리해 보면, 100톤급 선박의 경우 1715년경 약

---

6) North, "Source of Productivity," p.959.
7) Walton, "Source of Productivity," pp.70~72.
8) R. Davis, "Maritime History," p.179.
9) *Report ⋯ of the Coal Trade,* June 23, 1800, pp.46, 72~73.

23명이던 선원 수는 1730년경 16~17명, 1750~1760년대 약 13~15명, 1770년경 11~12명, 18세기 말 약 5~6명, 1800년 5명, 19세기 중엽 4명으로 감소하였다(<표 10-1> 참조).

〈표 10-1〉 100톤급 선박의 선원 수, 1710~1800(인)

연대	1710년대	1730년대	1750~60년대	1770년대	1780~90년대	1800년대
선원 수	22~23	16~17	13~15	11~12	5~6	5

척당 선원 수가 꾸준히 감소함에 따라 선원의 배승 구조도 크게 변하였다. 17세기 초 스페인으로 항해한 160톤급 선박에는 선장, 항해사 2, 갑판장, 포수砲手, gunner, 선목船木, 선의船醫, 보통선원 18명 등 총 25명이 승선하였다.[10] 동인도선의 경우는 일반 상선 보다 컸기 때문에 선원도 많이 승선하는 것이 보통이었다. 1703년 말 450톤급 콜체스터Colchester 호에는 선장, 항해사 5, 견습 사관midshipman 3, 갑판장, 갑판장 조수 2, 포수 3, 선목 4, 조리수, 조리수 조수cook's mate, 통쟁이cooper, 통쟁이 조수, 조리원 1, 조리원 조수 2, 사무장 1, 뱃밥쟁이caulker 1, 뱃밥쟁이 조수 1, 소목joiner 1, 재봉쟁이tailor 2, 선의 1, 선의 조수 2, 보통선원과 소년선원 51명 등 총 89명이 승선하였다.[11] 1717~1720년 사이에 북해 항로에 취항한 70톤급 펄Pearl 호에는 선장, 항해사, 선원 2명이 승선하였고, 포르투갈로 항해할 때는 선원 1명이 추가 승선하였다.[12] 1735년 자메이카로 출항한 80톤급 메리 갤리Mary Galley 호는 선장, 1항사, 2항사(갑판장 겸임), 조리수, 보통선원과 견습 소년선원 7명 등 총 11명이 승선하였다.[13] 브리스틀 선적의 300톤급 노예선인 쥬바Juba 호에는 선장, 항해사 3, 선목, 통장이, 선의, 보통선원과 견습 소년선원 등 모두 21명이 승선하였는데, 갑판장은 3항사가 겸했던 것으로 보인다.[14]

---

10) BL. Lansdowne MSS., 157~116~118 ; cited by Davis, *Rise of English Shipping*, p.110.

11) Rawlinson MSS., c.966 ; cited by Davis, *Rise of English Shipping*, p.111.

12) PRO, HCA 15~36.

13) PRO, HCA 15~39.

14) PRO, HCA 15~56.

영국혁명 이후 선원 수가 전반적으로 감소함에 따라 200톤급 이하의 선박에는 2항사를 승선시키지 않은 경우가 있었으나, 18세기가 경과하는 동안 척당 선원 수는 감소하였지만, 2항사는 승선시키는 것이 보통이었다. 3항사는 1700년 이전에는 레반트와 동인도 무역선을 제외하고는 거의 승선시키지 않았지만, 18세기 동안에는 점차 승선하는 비율이 증가했다. 그리고 17세기 동안에는 영국해협과 북해 항로 이상으로 항해하는 선박에는 대부분 선목이 승선하였고, 선의는 200톤급 이상의 거의 모든 선박에 승선하였다. 그러나 18세기 동안 선의는 대서양 항로에서는 이전보다 뜸하게 승선하였고, 보통은 아프리카, 인도, 지중해 등의 열대 지역으로 항해하는 선박으로 한정되었다. 사무장purser은 17세기 중엽까지 지중해와 아프리카 무역선에 승선하는 것이 보통이었지만, 1700년경에는 대부분의 선박에서 사라졌다.[15]

갑판장은 거의 모든 선박에 승선하였다. 갑판장은 삭구素具, 돛, 보트, 선내 비품 등을 관리하는 일을 맡았기 때문에 선박에서는 없어서는 안될 존재였다. 항해사가 갑판장을 겸하는 경우도 있었다. 17세기에 북해 항로와 근거리 유럽 항로를 제외하고 거의 모든 선박에 승선했던 포수는 1700~1750 년 사이에 그 위상이 급락하여 18세기 중엽에 이르면 동인도선을 제외하고는 거의 사라졌다.[16] 조리수는 모든 선박에 승선하였지만, 이들의 지위는 대개 숙련선원과 비슷한 수준이었다. 선장, 항해사, 갑판장, 선목 등 관리직 및 전문직 선원 아래에 숙련선원과 보통선원이 있었다. 숙련선원 중 일부는 조타수로 임명되기도 하였다. 조타수는 화물을 보관하거나, 밧줄을 감거나 배의 키를 조종하는 일을 하고, 숙련선원 보다 1~2실링 정도를 더 받았다.[17]

18세기가 경과하는 동안 선박의 장비와 범장이 개량되어 가고, 전쟁 등을 겪게 되면서 선원 임금이 올라가고, 선원을 구하기가 어렵게 되자

---

15) Davis, *Rise of English Shipping*, pp.111~112.

16) Rediker, *Between the Devil*, p.85 ; Davis, *Rise of English Shipping*, p.112.

17) Rediker, *Between the Devil*, p.85.

선주들은 적은 인원으로 선박을 운항하려고 했다. 특히 프랑스전쟁은 척당 선원 수를 감소시켰고, 이는 선원의 직제를 단순화시키는 데 영향을 미쳤다.[18] 18세기 중엽에서 말 사이에 상선의 경우 선의, 포수, 사무장 등과 각 직장급에 배속되어 있던 각 하급 선원들은 거의 사라졌고, 선장, 항해사, 갑판장, 선목, 보통선원 및 견습선원으로 직제가 단순화되었다. 특히 연안선의 경우는 선원들이 직접 하역 작업을 할 필요가 없었고, 항로도 짧고 단순했기 때문에 2항사와 선목이 없는 경우가 많았다.

1786~1806년 사이에 연안 석탄 무역에 종사한 181톤급 헨리 호의 경우 선원 3~4명과 견습선원 1~2명만으로 운항하였다.[19] 1800년 의회의 석탄무역위원회에서 길레스피는 연안 석탄선에 "평균적으로 견습선원 3명과 사환cabin boy 1명 정도가 승선하고 있다."고 답변하였고, 리치먼드 선장은 "현재 지휘하고 있는 220톤급 석탄 운반선에 견습선원 7명과 선원sailor 5명 등 총 12명이 승선하고 있다."고 증언하였다.[20]

척당 선원 수를 줄이는 데는 일정한 제약이 있었다. 선원 수를 줄이게 되면 악천후에 선박을 적절하게 조선할 수 없게 되어 선박을 상실할 위험이 그만큼 컸기 때문이다. 전쟁기에 보험 요율이 치솟았기 때문에 많은 선주들이 선박을 부보하지 않은 채 운항하려 했다. 따라서 선원 수를 줄인다는 것은 위험천만한 일이었다. 이 당시 사용된 용선계약서에도 선박에는 '적절하고 충분하게 선원을 태워야 한다'는 조항이 삽입되어 있는 것이 보통이었다.[21] 그럼에도 불구하고 전쟁기에 강제 징집, 선원의 임금 상승, 선원들의 승선 기피 등으로 선원을 구하기 어렵게 됨에 따라 선주들은 최소한의 인력만으로 선박을 운항하려고 했다. 이러한 경향은 군대와 군수품을 운송

---

18) Jackson은 미국독립전쟁과 프랑스전쟁으로 포경선의 선원이 크게 줄어들었으며, 부족한 선원은 견습선원으로 대체시켰다고 주장했다. Jackson, *British Whaling Trade*, pp.76~77.

19) Ville, *English Shipowning*, p.95.

20) *Report … of the Coal Trade*, 23rd June, 1800, pp.46, 72~73.

21) Barty-King, *Baltic Story*, p.5.

하는 데 투입되는 선박도 예외는 아니었다. 이에 대한 대비책으로 프랑스전쟁기에 해군본부는 운송 서비스에 투입할 선박을 용선할 때는 100톤당 성인 5명과 소년 1명을 배승하도록 선주와 계약했다.[22] 이는 연안 석탄선보다 약 2배 정도 많은 것이다. 그렇지만 많은 선주들이 이를 어겼던 것으로 보인다. 1805년 수송 업무에 투입된 330톤급의 피트^{Pitt} 호에서는 규정된 인원보다 어른선원 5명과 소년선원 1명이 부족하였다.[23]

18세기 중엽까지만 해도 배에서 사관^{officer}이라고 하면 1항사, 2항사, 갑판장, 선목 등이 포함되었다.[24] 18세기 중엽에 이르기까지 외항선의 경우 선장을 제외하고는 1항사 정도만 항해가였을 뿐이지, 2·3항사까지 항해가일 필요는 없었다. 특히 1항사는 선장이 유고 시에는 선장의 직무를 대신해야 했기 때문에 반드시 항해술을 숙지해야만 했다. 그러나 2항사는 동인도선을 제외하고는 그렇게 높은 지위에 있지 않았다. 갑판장·선목 등의 직장급^{職長級} 선원과 2·3항사 등의 하급사관간의 지위상의 구별은 거의 없었다.

그러나 약식 천측력$^{nautical\ almanac}$이 16세기 말 경에 영문판이 발간된 데 이어 정식 영문 천측력이 1767년에 간행되고,[25] 직각기$^{直角器,\ cross-staff}$와 사분의$^{四分儀,\ quadrant}$ 등을 이용하여 선위를 내는 천문항법이 점차 정교해져 감에 따라 항해사의 역할이 점차 커져 갔다. 그에 따라 수학과 항해술, 천문학을 가르치는 학교들이 점차 증가해 갔다. 1673년에 왕립 크리스트 병원$^{Christ's\ Hospital}$에 항해학교가 부설되었고, 1701년에 윌리엄슨 수학학교$^{Sir\ Joseph\ Williamson's\ Mathematical\ School}$, 1715년 런던의 닐 수학학교$^{Neale's\ Mathematical}$

---

22) Condon, Administration of the Transport Service, p.150.

23) NMM, NHL/106/7 ; cited by Ville, *English Shipowning*, p.96.

24) Dewar, Introduction, in *Nathaniel Uring*, p.xi footnote 2 ; Davis, *Rise of English Shipping*, p.112.

25) 1584년 L.J. Wagenhaer가 발간한 *Spiegel der Zeevaerdt*의 영문판이 1588년에 발간되었고, 정식 천측력인 *Connoissance des Temps*은 1678년에 프랑스어판으로 발간되었지만, 영문판이 발간된 것은 1767년에 이르러서였다. Davis, *Rise of English Shipping*, p.123 footnote 4 & 5.

School, 1716년 그리니치의 왕립해군병원학교Royal Hospital School 등이 각각 개설되었다. 그밖에도 런던 등 주요 항구에는 수학과 천문학, 항해학 등을 가르치는 개인 교사들이 활동하고 있었다.[26] 외항에서는 18세기 중엽에 휘트비의 찰튼 수학학교Charlton's Mathematical School가 특히 유명했고, 흘에서는 1786년에 트리니티 하우스 학교Trinity House School가 설립되었다.[27] 정규 학교 출신 항해사들이 배출되고, 원양 천문항법이 차츰 정교화 되어감에 따라 항해사와 갑판장·선목 등의 직장급職長級 선원간에 지위상의 차이가 발생하게 되었다.[28]

항해사는 18세기 말에서 19세기 초 사이에 선원과 선장 사이에 뚜렷하게 자리를 잡아갔다. 항해사는 선원과 선장 사이에 위치하여 선내 규율을 유지하고 작업 지시를 하고, 선장의 업무에 속하는 하역 작업을 감독하는 일을 대신하기도 했다. 따라서 항해사는 선주가 일방적으로 고용하기 보다는 선장이 추천하는 사람을 고용하는 것이 보통이었다. 선장으로서는 신뢰할 수 있고 충성심이 깊은 항해사를 대동하고 승선하는 것이 바람직했다. 따라서 선장은 항해사와 함께 짝을 이루어 배를 옮겨 타는 것이 보통이었다. 항해사는 보통선원에 비해 여러 가지 특혜를 누렸다. 우선 선박에 자기 침실이 있었고, 비행을 저질렀을 때 선원으로 강등되는 경우도 거의 없었으며, 긴급 징발령이 내려질 경우를 제외하고는 강제 징집되는 일도 드물었다. 게다가 승선 경력을 쌓으면서 선장으로 진급할 수 있었다.

선목도 항해사와 비슷한 경력과 숙련 기술을 갖춘 선원의 범주에 포함되

---

26) 1696년 Uring도 견습선원으로 승선하기 전에 런던에서 6개월 동안 개인교사로부터 교육을 받았고(Dewar, ed., *Nathaniel Uring*, p.1), 1711년 런던의 웨핑(Wapping)에 거주하는 Cutler와 Groom은 '쓰기, 수학, 천문학, 회계, 항해술, 포술, 천문학 등을 배울 사람을 모집한다'는 광고를 내기도 했다(PRO, HCA 15~30 ; 광고문안은 Davis, *Rise of English Shipping*, p.125에 전재되어 있다).

27) Davis, *Rise of English Shipping*, pp.125~126.

28) Fenton은 고대 이래 항해가들이 조류와 바람 등을 해석하고 이용하는 데 뛰어났으며, 그런 의미에서 항해가를 자연사학자(natural historian)로 명명하였다(Fenton, "The Navigator as Natural Historian"). 그러나 쿡 시대에 이르면 항해가들은 일종의 과학자였다고 할 수 있다.

었다. 그러나 선목은 육상의 조선업과 건축업에서도 일자리를 구할 수 있었기 때문에 장거리 항로에 승선하기를 꺼려하였고, 육상에 일자리가 많거나 임금이 높을 경우에는 구하기가 어려웠다. 선목의 부족으로 인해 연안 항로와 단거리 항로인 경우 선목을 아예 없애거나 항해사가 선목을 겸하는 경우도 있었다. 헨리 상사의 헨리*Henley* 호에 승선한 프란시스 윗슨 Francis Watson은 항해사와 선목을 겸하였으며, 후에 선장으로 진급하였다.29)

일단 선박이 항해를 시작하면 당직제로 일을 하였다. 선원의 반은 미뒤右舷 당직에, 그리고 나머지 반은 미앞左舷 당직에 할당되었다. 각 당직팀은 소형선이나 연안선에서는 선장과 1항사가 나누어 감독을 하지만, 대형선에서는 1항사와 2항사가 책임지게 된다. 당직은 네 시간씩 교대로 하게 되는데, 매일 같은 시간에 당직을 서는 일을 막기 위해 오후 4시부터 8시까지는 반 당직dog watch, half-watch30)이라 하여 4~6시, 6~8시까지 2시간씩 나누어 당직을 보도록 했다. 당직을 서는 동안 선원들은 주로 배가 잘 운항되고 있는지를 감시하고 통제하는 일을 했다.31)

보통선원 밑에 견습선원이 위치하고 있었다. 견습선원은 18세기가 경과하는 동안 간헐적으로 전쟁이 재발함에 따라 부족한 보통선원을 대체하는 일꾼으로서 선주들에게 환영받았다. 이들 풋내기 선원들이 처음으로 일자리를 얻게 되는 곳은 보통 석탄선에서였다. 연안 석탄 무역은 항로가 짧고 단순하고, 가장 많은 선원들이 고용되고 있었기 때문에 풋내기 선원들에게도 문호가 널리 개방되어 있었다. 1698년 우링Uring은 뉴캐슬에서 석탄 운반선에 처음으로 견습선원으로 승선하였고,32) 제임스 쿡James Cook(1728~1779)도 휘트비의 석탄선에서 승선 경력을 쌓았다.33) 미국 독립 전쟁기 5년 동안 약 1만 4000명의 소년선원이 석탄선에서 견습을 받았다.34)

---

29) Ville, *English Shipowning*, p.108.

30) Smith, *Sailor's Word-book*, p.256.

31) Rediker, *Between the Devil*, p.88.

32) Dewar, ed., *Nathaniel Uring*, p.1.

33) 김성준, 『유럽의 대항해시대』, p.192.

따라서 연안 석탄 무역은 오랫동안 '선원 양성소nursery for seamen'로 간주되어 왔다.[35]

프랑스전쟁기에 이르면 견습선원은 부족한 선원을 대체할 일꾼으로서 그 중요성이 더욱 커졌다. 헨리 상사는 프랑스전쟁기에 부족한 선원을 보충하기 위해서 런던, 뉴캐슬, 스코틀랜드, 아일랜드, 웨일즈 등지에서 견습선원을 모집하였고, 구빈원workhouse의 어린 소년들을 모집하여 견습선원으로 태우기도 했다.[36] 프랑스전쟁기의 견습선원은 이전과는 지위 면에서 차이가 있었다. 1814년 프리덤Freedom 호의 견습선원이 부당한 대우와 음식을 충분히 제공하지 않는다는 이유로 더글라스Douglass 선장을 고소하였다. 이에 대해 더글라스 선장은 "충분한 음식을 제공했음에도 불구하고 반항적으로 행동했다."고 주장하였으나, 헨리는 "소년선원은 단기간 동안 우리에게는 일반 선원과 마찬가지"라고 대답하였다.[37] 견습선원의 견습 기간은 나이에 따라 차이가 있었다. 14살 정도의 소년은 보통 7년 동안 견습을 받았고, 18살인 경우는 2~3년 정도 견습을 받은 뒤 정식 선원으로 고용되었다. 견습선원은 견습 기간 처음 3년 동안에는 징집에서 면제되었지만,[38] 긴급시에는 소용이 없었다.

II. 상선 선원의 근로 조건

선원의 배승 구조가 단순화되어감에 따라 선원의 근로 조건은 점차 개선되어 갔다. 선원의 근로 조건은 임금, 선박의 거주 환경, 선내 규율,

---

34) *Late Measures …in the Coal Trade*, 1786, p.43.

35) *Late Measures …in the Coal Trade*,, p.42.

36) 구빈원의 소년을 선장이나 선주에게 맡겨 그들을 구제하는 것이 당시의 일반적인 관례이기도 했다. Thomas, "The Old Poor Law and Maritime Apprenticeship," p.154.

37) NMM, HNL/59/102 ; cited by Ville, *English Shipowning*, p.110.

38) 37 Geo. III, c.73.

음식 등 다양한 요소들이 관련되어 있었다. 하지만 선박의 거주 환경은 범선의 경우 19세기까지 큰 변화가 없었고, 선내 규율은 선장의 개성에 따라 선박마다 천차만별이었다. 특히 선원이 되는 가장 큰 이유는 육상 근로자에 비해 임금이 높다는 것이었기 때문에 선원의 근로 조건에 가장 크게 영향을 미치는 것은 역시 임금 수준이라고 할 수 있다.

선원의 임금은 승선 경력, 직급, 항로 등에 따라 차이가 컸지만, 18세기가 경과하는 동안 점차 상승하였다. 데이비스는 17세기에서 18세기 사이의 평화기에 보통선원의 임금은 매우 안정적이었다는데 해운업의 특징이 있다고 지적하였다. 그는 17세기에 통상 한 달에 약 23실링이었던 선원의 임금이 1680년대에는 24실링, 18세기 중엽에는 25실링 정도였다고 추산하였다. 1737년 아프리카 항로에 취항하던 스피커Speaker 호의 경우 숙련선원이 한 달에 25실링을 받았다.[39] 물론 보통선원들은 이보다 덜 받았고, 직장급 선원과 항해사들은 이보다 더 많이 받았다. 1730년대 스티븐슨 클라크 해운Stephenson Clarke Shipping이 운항한 컬리어선의 선원들은 매달 약 19실링을 받았고,[40] 1737년 스피커 호의 조리수와 포수는 30실링, 갑판장은 40실링, 선목과 2항사는 60실링, 1항사는 80실링을 각각 받았다.[41] 동인도선의 경우는 일반 상선보다 훨씬 더 받았다. 1752~1753년 동인도선의 1항사는 한 달에 5파운드를 받았고, 2항사는 4파운드, 3항사는 3파운드, 사무장은 2파운드, 선의는 3파운드, 갑판장은 55실링, 포수는 55실링을 각각 받았다.[42]

미국독립전쟁 이후의 평화기에도 보통선원들의 급료는 크게 오르지 않았다. 이를테면 사무엘 켈리Samuel Kelly는 1782년에 보통선원으로서 한 달에 22실링 6펜스 미만을 받았고, 농부 출신 숙련선원ablebodied landsmen은 16~18실링 정도밖에 받지 못했다.[43] 1782~1789년 프랑스전쟁 직전 정부의

---

39) Davis, *Rise of English Shipping*, p.137.

40) Cox, *Link with Tradition*, p.17.

41) Davis, *Rise of English Shipping*, p.138.

42) Hope, *New History of British Shipping*, p.232.

43) Garstin ed., *Samuel Kelly*, pp.58, 69. Kelly는 당시의 직급에 대해서는 언급하지

수송 업무에 배선된 선박에 승선한 선원들은 일반 상선에 비해 급료를 약간 더 받았다. 정부의 수송선에 승선한 숙련선원은 한 달에 60실링, 보통선원은 40실링을 받았다.[44]

전쟁기에는 선원들의 급료가 크게 올랐다. 오스트리아왕위계승전쟁 중이던 1748년 서인도 항로에 취항한 드래곤*Dragon* 호의 경우 숙련선원·조리수·포수가 한 달에 55실링, 갑판장이 65실링, 선목이 90실링, 2항사가 70실링, 1항사가 90실링을 각각 받았다.[45] 이를 1737년 스피커 호의 경우와 비교하면 숙련선원급은 25~30실링, 초급 사관과 직장급은 10~30실링 정도 각각 상승한 것이다.

선원들의 임금은 1780년대에 안정된 이후 프랑스전쟁의 발발로 급격하게 상승하였다. 1795년에 켈리 선장은 자메이카에서 잉글랜드로 귀항하는데 소요된 12주 동안의 임금으로 선원 한 사람당 45기니*guinea*[46]를 지급해야 했다. 당시 그의 선박에는 보통선원 8명이 승선하고 있었으므로 이는 선원 한 사람이 한 달에 16파운드 17실링에 상당하는 급료를 받은 셈이다. 이에 대해 선장인 켈리의 급료는 전쟁 이전과 마찬가지로 한 달에 5파운드였다.[47] 연안선의 경우 평화기 선원들의 급료는 보통 50~60실링이었지만, 프랑스전쟁 초반에는 100~120실링, 1800년에는 230실링까지 치솟았다. 1800년 길레스피는 석탄무역위원회에서 "연안 석탄선의 선원들은 평화기 여름철에는 한 항차당 2파운드 10실링~3파운드 3실링, 겨울철에는 3파운드 3실링~3파운드 13실링 6펜스 정도를 받았고, 프랑스전쟁 중에는 여름철에는 5파운드 5실링, 겨울철에는 1798년까지는 6파운드 6실링이었으나 1800년

않고 있다. 그러나 그는 당시 18살로 견습 생활을 시작한 지 4년째 되는 해였고, 22s 6d이 우편선과 해군의 보통선원(seamen)의 임금이었다고 밝힌 점 등을 감안하면 아직 견습선원이었거나 최하위 보통선원이었던 것으로 보인다.

44) Fayle, *Short History of World's Shipping*, p.213.

45) Davis, *Rise of English Shipping*, p.138.

46) 1s=12d, £1=20s, 1guinea=21s임.

47) 그는 1789년에 처음 선장으로 진급했을 때에도 한 달에 £5를 받았다. Garstin, ed., *Samuel Kelly*, p.318.

즈음에는 11파운드 11실링까지 받았다."고 증언하였고, 리치먼드 선장은 "평화기에는 한 항차당 50실링~3파운드, 1792~1795년에는 5~7기니, 1796~1800년대 초까지는 8기니~11파운드 11실링을 선원들에게 지급했다."[48]고 답변하였다.

1항사는 보통선원들보다 1파운드~1기니 정도를 더 받았다. 1780년대 뉴캐슬 석탄선의 선원이 왕복 항해시 1파운드 10실링을 받았을 때 1항사는 3파운드 15실링을 받았고,[49] 1800년 초에 보통선원이 10기니($£$ 10 10s)를 받을 때 1항사는 11파운드 10실링~11파운드 15실링을 받았다. 2항사는 지위 면에서는 숙련선원에 가까웠고, 임금도 보통선원 보다 5~10실링 정도 더 받는 데 그쳤다. 1787년 7년간의 견습 생활을 마치고 2항사로 진급한 리처드슨Richardson은 매달 2파운드 5실링을 받았다.[50] 조리장은 숙련선원인 경우가 많았고, 임금도 보통선원 보다 5실링 정도 더 많았다.[51]

1770년대 말까지도 아무 대가도 받지 못한 견습선원들도 있었지만, 18세기 중엽에 이르면 견습선원도 약간의 보수를 받게 되었다.[52] 이를테면 1778년 견습선원으로 승선한 켈리는 임금을 한푼도 받지 못했을 뿐만 아니라 식비를 아버지가 치러야 했다.[53] 그렇지만 1780년대 이후에는 견습선원에게도 일정한 보수를 지급해야만 했다. 1781년 13살에 포리스터Forester 호의 견습선원으로 승선한 리치먼드는 7년간 25파운드를 받기로 계약했고,[54] 헨리 상사도 1780년대에 견습선원에게 7년간 총 25~30파운드를 지불하였다.

---

48) *Report … of Coal trade*, 1800, pp.46, 73.
49) Kelly가 1787년에 1항사로 승진했을 때 한 달에 $£$ 3를 받았다. Garstin, ed., *Samuel Kelly*, p.168.
50) Childers, ed., *Mariner of England*, p.34.
51) Ville, *English Shipowning*, pp.108~110.
52) 1750년대에 리버풀의 선주인 John Okill은 항해시에 견습선원에게 식비를 포함하여 주당 4실링을 지불하였다. Okill MSS., Liverpool Public Lib. ; cited by Davis, *Rise of English Shipping*, p.145 footnote.
53) Garstin, ed., *Samuel Kelly*, p.19.
54) Childers, ed., *Mariner of England*, p.6.

프랑스전쟁이 경과하는 동안 선원의 임금이 올라가고, 선원을 구하기가 어려워짐에 따라 견습선원의 보수도 올라갔다. 1790년대에는 견습선원의 보수는 다시 10파운드가 상승하였고, 1800년에는 견습 기간 동안 50파운드까지 지불되기도 했다. 1808년 토마스 도일Thomas Doyle은 견습 첫 해에 15파운드를 받고, 이후 2년 동안 항해를 마칠 경우 추가로 5파운드를 더 받는 것을 포함하여 매년 20파운드씩 받기로 하여 3년 동안 총 55파운드를 받기로 계약하였다.55) 어느 직급이건 선원들은 외국 항구에 정박碇泊하고 있을 때도 급료의 절반을 받았고, 북해나 발트해 항로의 경우 항구가 얼어 선박이 운항하지 못하는 경우에 '겨울 돈winter money' 명목으로 약간의 보수를 받았다.56)

〈표 10-2〉 각 항로별 선원의 월평균 임금, 1785~1815

연도	연안 항로	지중해 항로	발트해 항로	서인도 항로	구분
1785~1792	£2 18s 9d	£1 11s 10d	£2 0s 11d	£1 9s 0d	평화기
1793~1801	£6 12s 3d	£4 2s 8d	£4 17s 0d	£4 2s 6d	전쟁기
1802	£4 10s 6d	£2 0s 0d	£- -s -d	£2 5s 0d	휴전기
1803~1806	£8 0s 11d	£4 7s 9d	£5 4s 6d	£3 16s 6d	전쟁기
1807~1815	£7 6s 6d	£4 9s 9d	£4 8s 1d	£4 1s 13d	봉쇄기

자료 : Ville, *English Shipowning*, pp.164~167 Table A, B, C. E.
주 : 위의 자료를 바탕으로 해당 기간 동안의 월평균 임금으로 환산함.

마이클 헨리 상사의 예는 항로와 시기에 따라 선원의 임금이 어떻게 변했는지를 잘 보여주고 있다. 1785~1815년까지 헨리 상사가 운항한 선박에 승선한 선원들의 임금을 살펴보면 전쟁기가 평화기보다 약 2배 정도 높았고, 원양 항로보다는 연안 항로가 더 높았던 것으로 나타났다. 이는 다소 뜻밖의 결과이다. 왜냐하면 오늘날에는 외항선의 임금이 연안선 보다 월등히 높기 때문이다. 그러나 헨리 상사가 연안 항로에 투입한 선박이

---

55) NMM, HNL/28/12 ; cited by Ville, *English Shipowning*, p.109. 프랑스전쟁 종전 이후 7년생 견습선원의 보수는 다시 £30로 떨어졌다.
56) '겨울 돈'은 1720년대에 대략 30~50s 정도였다. Rediker, *Between the Devil*, p.126.

석탄을 운송하였다는 점을 감안하면 이는 이해할만하다. 당시 석탄선은 이른바 불결 화물dirty cargo인 석탄을 주로 운송했기 때문에 대부분 낡고, 컸던 데다가 항로가 짧아 입출항이 잦았다. 게다가 전쟁기에는 외항선에 비해 강제 징집될 가능성이 더 컸기 때문에 선원들은 연안 석탄선에 승선하는 것을 꺼려하였다. 그리고 다른 항로의 경우 임금이 매달 지불되었지만, 연안 석탄선에서는 매 항해마다 지불되었는데, 항해당 임금이 다른 항로의 매달 임금보다 많은 것이 보통이었다.[57] 이러한 요인들로 인해 연안 항로의 임금이 원양 항로에 비해 다소 높게 나타난 것이다.

선원들의 임금 수준은 당시 육상 노동자보다 높은 편이었다. 1670년대 페티Petty는 "잉글랜드의 농부들은 주당 4실링밖에 벌지 못했지만, 선원들은 급료와 식비 등을 포함하여 12실링을 벌었다."[58]고 썼다. 이는 다소 극단을 비교한 것이지만, 그렇다고 그렇게 심하게 과장한 것도 아니었다. 왜냐하면 17세기 말 숙련선원의 임금은 주당 7실링이었고, 여기에 식비가 3실링 정도 추가되었기 때문이다. 선원과 육상 노동자간의 임금 차이는 18세기 중엽까지 이어졌다. 1761년 매시Massie는 숙련 노동자의 경우 런던에서는 주당 10실링 6펜스~12실링, 지방에서는 7실링 6펜스~9실링을 벌었고, 일반 노동자의 경우 런던에서는 9실링, 지방에서는 8실링을 벌었다고 추산하였다. 18세기 중엽 정식으로 고용된 보통선원의 평균 임금은 식비를 포함하면 주당 10~12실링 정도였다.[59]

18세기 말에 이르면 선원과 육상 노동자 간의 임금 차이는 전쟁의 영향으로 더욱 커졌다. 닐Neale이 바스Bath 지역의 도로 노동자의 주당 임금을 계산한 바에 따르면, 1780년 8실링, 1790년 7실링 7펜스, 1795년 9실링 1펜스, 1801년 9실링 6펜스, 1809년 9실링 4펜스로 변했다.[60] 이와 비슷한

57) Ville, *English Shipowning*, p.102.
58) C.H. Hull, ed., *Economic Writings of Sir William Petty*(1899), Vol.I, p.259 ; cited by Davis, *Rise of English Shipping*, p.152.
59) 이상 Davis, *Rise of English Shipping*, p.152.
60) Neale, "Standard of Living," p.174 Appendix A.

기간 동안 헨리 상사의 연안선에 승선한 선원들은 매달 평균 1784년 2파운드 10실링, 1790년 4파운드 2실링 6펜스, 1795년 9파운드 5실링 9펜스, 1801년 4파운드 17실링 6펜스, 1809년 7파운드 10실링을 받았다.[61] 이를 주당 임금으로 환산하면 1784년 약 11실링, 1790년 약 19실링, 1795년 약 43실링, 1801년 약 22실링, 1809년 35실링에 상당한다. 물론 연안선의 경우 다른 항로에 비해 선원들의 임금이 높았기 때문에 선원과 육상 노동자간의 임금 차가 다소 크게 나타난 측면도 있다. 그렇지만 원양선의 선원들은 연안선의 선원들과는 달리 케빈 프레이트cabin freight를 통해 부수입을 올릴 수 있었기 때문에 전체적인 수입 면에서는 연안선의 선원과 큰 차이가 없었다고 보아도 좋다.[62] 여기에 선원들에게는 식비가 별도로 지급되었다는 점을 고려하면 선원과 육상 노동자간의 임금 차이는 더욱 커지게 된다.

육상에서의 취업 기회가 많지 않았다는 것, 임금이 육상직에 비해 많았던 것, 외국을 여행할 수 있다는 것 등이 젊은이들을 바다로 유인하는 요인이었다. 배를 타고 싶어했지만 아버지의 반대로 배를 타지 못하고 육상에서 장사를 배우던 니콜Nicol은 1776년 21살에 켄츠 리가드Kent's Regard 호에 견습선원으로 승선하여 다음과 같이 적었다. "나는 그때 너무 행복했다. 왜냐하면 내가 그토록 바랐던 배를 타고 바다에 있었기 때문이다. 나에게 떨어진 닻을 감아 올리라는 명령은 내게는 기쁨의 소리였다."[63] 1781년 포리스터Forester 호의 견습선원으로 승선한 리처드슨Richardson도 "승선 다음날 아침 거울 면같이 잔잔한 바다를 보기 위하여 갑판 위에 올라갔을 때 나는 놀랐다. 멋진 아침이었고, 배 주위는 한적했다. 이 모든 것이 나에게는

---

61) Ville, *English Shipowning*, p.164 Appendix A.
62) 선원들에게는 자신의 침실이나 화물창에 자기가 집화한 화물을 선적하여 그 운임을 챙기거나 자기 비용으로 구입한 화물을 운임을 내고 선적한 뒤 다른 지역에서 판매하여 그 차액을 챙기는 것이 관습적으로 인정되었는데, 이를 cabin freight라 한다. cabin freight에는 두 종류가 있었다. 선원들이 선내 공간을 할당받아 개인 화물을 선적할 수 있는 것을 privilege라 하였고, 운임을 내고 개인 화물을 선적하는 것을 venture라고 했다. Rediker, *Between the Devil*, p.132.
63) Flannery, ed., *Life and Adventures of John Nicol*, p.26.

완전히 딴 세상처럼 느껴졌다."고 적었다.[64]

그렇지만 선원들의 생활이 그렇게 안정적인 것은 아니었다. 급료는 매 항해가 끝난 뒤 운임이 지불되고 난 뒤에야 받을 수 있었고, 선내 정원은 갈수록 줄어들었으며, 상급자의 폭력, 악천후, 음주, 사고, 적국의 해군과 사나포선私拿捕船, privateer에 의한 나포 등의 위험에 노출되어 있었다. 1759년 존슨Johnson 박사는 "그 누구도 자신을 감옥에 갇힌 꼴인 선원이 되려고 하지 않을 것이다. 왜냐하면 배를 탄다는 것은 익사할 위험을 간직한 채 감옥에 갇혀 있는 꼴이기 때문이다. … 차라리 감옥에 갇힌 사람에게는 더 많은 공간more room과 더 나은 식사better food, 더 나은 동료들이 있다."[65]고 적었다.

게다가 미국독립전쟁과 프랑스전쟁이 계속 이어졌기 때문에 선원은 해군에 징집될 위험에 노출되어 있었다. 1790년 7월 마리아Maria 호의 선원 6명이 자메이카에서 징집되었고, 다시 10월에 영국해협에서 7명이 징집되었다. 1803년 3월에는 넵튠Neptune 호의 선원 6명은 징집면제증서를 제시했음에도 불구하고 징집되었다.[66] 미국독립전쟁기에 7만~9만명이 해군에 징집되었고, 프랑스전쟁기에 7만~13만명 정도가 징집되었다.[67] 강제 징집은 상선의 선원들이 가장 두려워하는 것 가운데 하나였다. 1776년 니콜은 닻을 감아 올리라는 선장의 명령이 "다른 선원들에게는 그야말로 고통의 소리sound of woe였다."고 적었다. "왜냐하면 닻을 감아 올려 출항하게 되면 강제 징집되는 것으로부터 벗어날 수 없었기 때문이다."[68]

해군에 징집되면 임금도 턱없이 낮았을 뿐만 아니라, 엄격한 규율, 장기 복무, 열악한 근무 조건, 교전시 죽을 가능성 등 어느 것 하나 상선에

---

64) Childers, ed., *Mariner of England*, p.4.
65) James Boswell, *The Life of Samuel Johnson*(1791), p.86 ; cited by Rediker, *Between the Devil*, p.258.
66) Ville, *English Shipowning*, p.100.
67) Lloyd, *British Seaman*, pp.288~289.
68) Flannery, ed., *Life and Adventures of John Nicol*, p.26.

비해 나을 것이 없었다. 프랑스전쟁기에 선원이 부족하였을 때 상선의 보통선원이 매달 2파운드 5실링을 받을 때 해군 수병은 매달 19실링을 받았다.[69] 그러나 강제 징집은 아주 급박한 시기에 단기간 실시되었기 때문에 상선에는 그렇게 큰 영향을 미치지 않았던 것으로 밝혀지고 있다.[70]

전쟁기 선원들의 사망률은 매우 높았다. 1782~1815년 사이에 질병이나 사고로 선원과 해군 수병 8만 4440명이 사망하였고, 좌초, 화재 등의 사고로 1만 2680명, 적과의 교전으로 6540명의 수병이 각각 사망하였다. 이와 같은 상황이었기 때문에 전쟁기에 탈주하는 수병들이 늘어나는 것은 어쩌면 당연한 일이었다. 넬슨은 프랑스전쟁기 초기 10년 동안 약 4만명의 수병이 도망했다고 추산하였고, 필립 패튼Phillip Patton 제독은 1803~1805년 사이에 1만 5319명이 달아났다고 밝혔다.[71]

1835년에 상선 선원 등록제가 도입되기 이전의 선원에 대한 기록은 남아 있지 않다.[72] 1696년에 제정된 '선원장려법'[73]에도 선원의 등록에 관한 조항을 두었으나, 이와 관련한 자료가 남아 있지 않다. 따라서 선원 수는 단편적으로 남아 있는 자료를 토대로 추산할 수밖에 없다. 현재 단편적으로 남아 있는 자료를 근거로 할 때 선원 수는 17세기 말에서 19세기 초까지 지속적으로 증가하였다. 1660년에 상선 선원의 수는 최소한 3만명 이상이었던 것으로 추정되고 있고,[74] 1688년에 잉글랜드와 웨일즈의 해군· 상선·어선의 선원 수는 15만명으로 나타나 있는데,[75] 이 가운데 상선과 어선의 선원 수는 대략 5만명 정도였다.[76] 1755년에는 잉글랜드와 웨일즈의

69) M. Lewis, *A Social History of the Navy*(London, 1960), p.10 ; cited by Ville, *English Shipowning*, p.100.

70) ref. McCord, "Impressive Service," pp.163~180.

71) cited by Lloyd, *British Seaman*, pp.263, 265~266.

72) 1835년 이전의 선원에 관한 사료에 대해서는 Kevin Smith et al, *Records of Merchant Shipping and Seamen*, pp.1~18 참조.

73) 7 & 8 William III, c.21.

74) Earle, *Sailors*, p.7.

75) Deane, 『영국의 산업혁명』, p.16 표 1 참조. 당시 총인구는 550만 520명임.

76) Davis, *Rise of English Shipping*, p.322.

선원은 약 7~8만명이었고[77] 이 가운데 6만명이 상선 선원이었다.[78] 1786년에는 영국G.B. 전체의 선원 수는 9만명,[79] 그리고 1792년에는 11만 8286명으로 증가하였다.[80] 프랑스전쟁기에도 선원 수는 지속적으로 증가하였다. 맥퍼슨Macpherson에 따르면, 1800년 10월 말 기준 영국 전체의 선원 수는 13만 8721명이었다.[81] 선원 수는 1815년에 17만 7000명으로 증가하였지만,[82] 프랑스전쟁의 종전과 더불어 해운 침체가 계속되면서 차츰 감소하였다. 이처럼 선원의 수는 지속적으로 증가했음에도 불구하고 선원이 전체 인구에서 차지하는 비중은 큰 변화가 없었다. 17세기 말에서 19세기 초 사이에 선원이 전체 인구에서 차지하는 비중은 대략 1% 내외였다.

〈표 10-3〉 선원 수의 추이, 1688~1815

연도	총 인구	선원 수	점유비
1688	550만명	5만명	0.9 %
1755	650만명	6만명	0.9 %
1786	1356만명	9만명	0.7 %
1792	1500만명	11만 8천명	0.8 %
1800	1590만명	13만 8천명	0.9 %
1815	1922만명	17만 7천명	0.9 %

자료 : 인구 - Mitchell, *Abstract*, pp.5, 8.
주 1. 1688~1755년까지는 잉글랜드와 웨일즈, 그 이후는 영국(G.B.) 전체의 통계임.
　　2. 1688년에는 어선 선원이 포함됨.

---

77) Hope, *New History of British Shipping*, p.232.

78) Rediker, *Between the Devil*, p.290.

79) 이 중 약 2만명은 석탄선에 승선하였다. *Late Measures ··· in the Coal Trade*, 1786, p.42.

80) B.L. Add. MSS. 38432 ; cited by Lloyd, *British Seamen*, p.286. 지역별로는 잉글랜드 8만 7569명, 스코틀랜드 1만 3491명, 아일랜드 6730명, 식민지 8389명, 기타 2107명 이다.

81) 각 지역별로는 잉글랜드 10만 5037명, 스코틀랜드 1만 3883명, 식민지 1만 2047명, 아일랜드, 건지, 만 섬 등이 7754명이다. Macpherson, *Annals of Commerce*, Vol.IX, p.535.

82) *Parliamentary Papers*, 1852, Vol.XLIX ; cited by Jones, "Blood Red Roses," p.442.

III. 선원 문제에 대한 선주들의 대응

척당 선원 수가 감소한 이유에 대해 노스는 "해적과 사나포선의 활동이 감소한 데 따라 선박을 무장할 필요성이 감소한 만큼 선원 수를 줄일 수 있었기 때문"이라고 주장하였고,[83] 데이비스도 대체로 이에 공감하고 있다.[84] 그러나 18세기 말에서 19세기 초까지 미국독립전쟁과 프랑스전쟁이 단속적으로 계속되었다는 점을 고려한다면 척당 선원 수가 감소한 원인을 해적 및 사나포선 활동의 감소로 설명하는 것은 적절하지 않다.

그보다는 선박과 장비의 개량이 척당 선원 수를 감소시킨 주된 원인이었다.[85] 17세기 말까지만 해도 키를 돌리는 일은 전적으로 사람의 힘에 의존해야 했지만, 1700년을 즈음해서 조타기steering wheel가 발명됨으로써 조타에 필요한 선원 수가 크게 감소하였다.[86] 닻을 감아 올리는 양묘기揚錨機, windlass는 1700년대에 점진적으로 개량되어 갔고, 돛을 고정시키는 각종 돛줄과 계류삭繫留索, mooring line 등을 감거나 잡아당기는데 이용되는 권양기捲揚機, capstan도 18세기에 이용되기 시작하여 1771년에는 기어gear가 장착된 권양기가 개발되기에 이르렀다.[87] 양묘기와 권양기의 사용은 선박에서의 일손을 크게 절감시켰다.

선박과 범장의 개량도 선원 수의 감소에 한몫 했다. 일반적으로 돛대의 수가 적으면 그만큼 적은 인원으로 조선할 수가 있다. 18세기가 경과하는 동안 두대박이two mast ship와 세대박이three mast ship를 구분하는 경계선이 점차

---

83) North, "Source of Productivity," p.960.

84) Davis, "Maritime History," pp.178~181.

85) Rediker, *Between the Devil,* pp.111~112.

86) 조타기가 발명되기 이전에는 키의 손잡이(tiller) 끝에 원형 고리를 끼워 만든 일종의 도르래인 whipstaff를 이용하였다. whipstaff는 키를 좌우 10도 정도밖에 돌리지 못했다. 이런 문제점을 개선하기 위해 조타기(wheel)가 발명되었는데, 현재 남아 있는 자료상으로는 영국의 경우 1706년, 프랑스는 1709년, 베네치아는 1719년경에 공식적으로 선박에 채용되었다. Harland, "Early History of the Steering Wheel," pp.47 & 65 footnote 1.

87) Harland, "Design of Winches," pp.154, 156.

커져 갔다. 1680~1720년 사이에 대체로 50~60톤을 경계로 그 이하는 두대박이였고, 그 이상은 세대박이였다. 이 구분선은 1730년대에는 80~90톤, 1740년대에는 100톤, 1760년대에는 140~150톤으로 점차 커져 갔다.[88] 18세기 말까지 잉글랜드 해운의 중심이었던 연안 항로와 북해 항로에서 주로 이용된 대형 브릭선brig과 원양용으로 널리 채택된 스노우선snow은 모두 두대박이였다.[89] 두대박이의 크기가 점차 커져갔다는 것은 적은 선원으로 더 큰 선박을 운항할 수 있었음을 뜻한다.[90]

전쟁도 척당 선원 수의 감소에 영향을 끼쳤다. 전쟁기에 상선 선원들은 1차적인 징집 대상이었고, 운항 도중 적의 해군이나 사나포선에게 나포당할 우려가 있었기 때문에 선원으로 승선하는 것을 꺼려했다. 1782/3~1800년 사이에 상선 선원의 수는 17% 가량 늘어난 데 불과했지만, 해군에 징집된 수병의 수는 70%나 증가하였다.[91] 이에 따라 전쟁기에는 선원들이 달아나는 일이 비일비재했고, 선원을 구하기가 어렵게 되었다. 1781년 350톤급 포리스터 호는 페테르부르크Petersburg에서 흘Hull로 항해하는 동안 1명은 달아나고, 9명은 병으로 앓아누워 11명만으로 악천후에 대처해야만 했다.[92] 헨리 상사가 40년 동안 운항했던 181톤급 선박인 헨리Henley 호의 경우 석탄 무역에 종사할 때에는 3~4명의 선원이 승선하였으나, 1790년에는 2~3명으로 줄어들었고, 1791~1792년에 다시 4명으로 증가했다가 1793년

---

88) Hope, *New History of British Shipping*, p.221 ; Davis, *Rise of English Shipping*, pp.76~77.

89) 브릭선과 스노우선은 돛대를 두 개 설치하고, 두 돛대에 모두 네모돛을 설치했다는 점에서 매우 유사하다. 다만 붐에 단 주돛(boom-mainsail)이 브릭선은 주돛대에 둘러져(hoop) 있는 반면, 스노우선은 주돛대 뒤에 단 보조돛대(trysail mast) 위에 걸쳐져 있는 것에 차이가 있다. Smyth, *Sailor's Word-book*, p.637.

90) Peter Earle은 선박의 척당 선원 수가 감소한 원인으로 선박의 대형화, 기술의 발전, 해적과 사나포선의 감소로 인한 무장 인력의 불필요 등 세 가지를 꼽고 있다. Earle, *Sailors*, p.7.

91) 상선 선원 수는 1792년 11만 8286명에서 1800년 13만 8721명으로 늘어났고, 해군수병의 수는 1793년 6만 9416명에서 1800년에 11만 8247명으로 늘어났다. Lloyd, *British Seaman*, pp.285, 288~289 ; Macpherson, *Annal of Commerce*, Vol.IX, p.535.

92) Childers, ed., *Mariner of England*, p.13.

에 전쟁 발발과 함께 2~3명으로 줄어들었다. 1794년에는 선목船木 1명과 보통선원 1명으로 운항하였고, 1797년에는 견습선원이 정식 선원으로 승진하여 다시 4명으로 증가하였으나 1803~1806년 사이에는 다시 2~3명만 승선했다. 물론 이 시기 동안 정규 선원 외에 견습선원 2~3명이 승선하였다.[93]

선원을 구하기가 어렵게 되자 소년선원을 승선시키는 한편, 외국 선원을 태우기도 했다. 항해법에 따르면 영국 선박에는 전 선원의 3/4 이상을 영국 선원을 태워야 했지만, 전쟁기에는 시행이 자주 유보되어 선원의 절반 이상을 외국인을 태울 수 있도록 허용했다.[94] 1805년 메멜Memel(현 리투아니아의 클라이페다)로 항해한 피트 호의 선원 6명 중 3명이 외국인이었고, 1807년 코펜하겐으로 출항할 때는 7명 중 3명이 외국인이었다.[95]

이처럼 선주들은 전쟁기 동안 고임금과 선원 부족으로 평화기 보다 적은 인원으로 선박을 운항하려고 하였고, 평화기가 되어도 전쟁기 이전으로 되돌아가려고 하지 않았다. 이는 선원들의 불만을 야기하였다. 1815년 런던, 흘, 야아머스Yarmouth 등의 석탄 운반선의 선원들이 연안 석탄선에 승선하고 있는 외국 선원의 축출과 승선 정원을 전쟁기 이전의 100톤당 6명으로 환원시켜 줄 것과 왕복 항해시 최소 5파운드의 임금을 줄 것을 요구하며 파업을 벌이기도 했으나, 실패하였다.[96]

18세기가 경과하는 동안 영국 상선의 척당 선원 수는 지속적으로 감소하였다. 그에 따라 선박의 직제도 단순화되어 18세기 초엽에는 선장, 항해사, 갑판장, 통쟁이, 조리원, 사무장, 뱃밥쟁이, 선목, 재봉쟁이, 선의, 보통선원, 상당수의 조수들이 존재했으나, 18세기 말에 이르면 통쟁이, 사무장, 뱃밥쟁이, 재봉쟁이, 선의, 대부분의 조수는 선박 직제에서 사라졌다. 이처럼 척당 선원 수가 감소하고, 선박의 직제가 단순화된 것은 조타기, 양묘기,

---

93) Ville, *English Shipowning*, p.95.

94) 이에 대해서는 Reeves, *Law of Shipping and Navigation*, pp.248~249, 461~462 참조.

95) Ville, *English Shipowning*, p.96.

96) McCord, "Seamen's Strike," pp.127~143.

권양기 등의 기계가 도입되고, 선박과 범장의 개량이 꾸준히 이루어졌기 때문이다. 게다가 18세기 내내 단속적으로 전쟁이 계속되었기 때문에 선주들로서는 적은 선원으로 선박을 운항할 수 있는 방법을 강구하지 않을 수 없었다. 이런 측면에서 보면 척당 선원 수가 감소하고 선박의 직제가 단순화된 것은 영국의 선주들이 급변하는 해운 환경에 적절히 대응한 결과였다고 할 수 있다.

영국의 선원 수는 전 기간에 걸쳐 전체 인구의 1% 내외에 지나지 않았다. 하지만 실질경제활동 측면에서 선원이 차지하는 중요성은 전체 인구에서 차지하는 비중보다 훨씬 컸음에 틀림없다. 게다가 선원은 영국의 국가 경제와 국방을 위해서는 없어서는 안될 존재였다. 선원은 해상 무역을 최일선에서 몸소 수행하는 사람들이었고, 해외 식민지와 본국을 연결해주는 통신원 역할을 했을 뿐만 아니라, 전쟁기에는 해군력의 원천이기도 했다. 트레벨리안이 지적한 것처럼, "영국의 운명은 언제나 선원boat-crew에 의해 좌우되어 왔다."[97] 따라서 영국 정부도 선원을 구하기 어렵게 되었을 때는 전 선원의 3/4을 영국인으로 태워야 한다는 항해법의 시행을 자주 유보하였던 것이다.

---

97) Trevelyan, *History of England*, p.xix.

제11장
산업혁명기 영국 상선 선장의 지위와 임금 수준

해운업은 자화운송自貨運送에서 타화운송他貨運送으로 발전하여 왔고, 운송 주체도 상인 운송인merchant carrier, private carrier에서 공공 운송인public carrier, common carrier으로 변천해 왔다고 보는 것이 통설이다.[1] 상인 운송인이 자기 화물을 운송하던 시기에는 화물의 매입, 운송, 판매 등 일체의 무역 행위를 상인이자 선주가 도맡아 했다. 따라서 엄밀하게 얘기한다면 상인 운송인은 해운업을 영위한 것이 아니라 무역업을 영위했다고 할 수 있다. 해운업의 견지에서 보았을 때 선주 자신이 선박에 직접 선장으로 승선할 경우 상인 운송인은 상인이자 선주, 그리고 선장으로서 선박 운항과 무역 행위 일체를 관할해야만 한다. 그런 만큼 상인 선주 시대의 선장은 선박의 운항과 관련한 전권을 장악하고 있었다.

오늘날에도 선장은 선박 지휘권, 선원 감독권, 이해 관계인을 위한 화물 처분권과 선박 경매권, 선주 대리권, 선하증권의 발행권 등에 이르기까지 선박 운항과 관련한 많은 권한을 행사할 수 있도록 법적으로 보장되어 있다.[2] 하지만 오늘날의 선장들이 이러한 권한을 실질적으로 행사하는

---

1) 佐波宣平, 『海運理論體系』, p.134 ; 민성규, 『해운경제학』, p.193 ; 윤상송, 『신해운론』, p.334 ; 박현규·이원철, 『해운론』, p.39.
2) 박현규·이원철, 『해운론』, pp.126~127.

것은 아니다. 선박 지휘권과 선원 감독권은 선박의 총책임자로서 선장이 행하는 일상적인 업무를 선언적으로 명시한 데 불과하고, 선하증권의 발행권은 이미 선사에서 작성한 서류를 최종 확인하는 차원에서 날인하는 데 그치고 있으며, 선주 대리권은 통신이 발달한 오늘날에는 유명무실화된 상태이다. 이러한 권리들은 상인이 선주이자 선장으로서 선박에 승선하여 해상 무역을 전개하던 상인 선주 시대에 행해지던 관례가 유습으로 남은 것에 불과하다. 그럼에도 불구하고 오늘날에도 선주가 파산하여 선원들의 임금이나 항비港費 등 선박의 운항비를 지불하지 못하는 경우에 선장은 해당 선박을 경매로 처분할 수 있으며, 화주가 운임을 지불하지 않은 경우에도 선적한 화물을 처분하여 운임을 변제할 수 있다.

이제까지 해운업이 자기 화물을 운송하던 데서 벗어나 타인의 화물을 운송하고 운임을 받거나, 선박을 대선함으로써 수익을 올리는 전문 산업으로 성장한 것은 19세기 이후의 일이었다고 보는 것이 일반론이었다.[3] 하지만 필자는 영국 해운업의 경우 17세기 말부터 해운 활동이 무역업에서 분화되기 시작하여 18세기 중엽에 선박을 단독으로 소유하는 단독 선주가 등장하였고, 18세기 말에 선박을 전문적으로 운항하는 전문 선주specialized shipowners가 대두하였음을 밝혀낸 바 있다.[4] 이들 전문 선주가 선박의 운항에만 전업함으로써 해운업은 하나의 전문산업으로 성장할 수 있었다. 이들 전문 선주의 대두는 필연적으로 선장의 지위와 권한을 하락시켰다.

이 논문에서는 세계경제사와 해운사에서 변혁기라고 할 수 있는 산업혁명기 영국 상선 선장들의 지위와 임금 수준을 살펴본 것이다. 이는 해운업이 전문산업으로 독립한 이후 현재에 이르기까지 지속적으로 하락해 온 선장의 지위와 역할을 역사적인 맥락 속에서 조명해 본다는 데 의의가 있다.

---

3) 東海林滋, 『海運經濟論』, p.9 ; 佐波宣平, 『海運理論體系』, pp.90~91 ; 豊原治郎, 『アメリカ海運通商史研究』, pp.171~173 ; 민성규, 『해운경제학』, p.198 ; 윤상송, 『신해운론』, p.26 ; 박현규·이원철, 『해운론』, p.39.
4) 김성준, 「영국 해운업에서의 전문 선주의 대두와 경영성과, 1770~1815」 ; 본서 제9장.

I. 선장의 지위와 자격

19세기까지 상선의 선장들은, 그가 공동 소유자이냐 또는 관리 선주로 임명된 선장이냐 아니면 단순히 임금을 받는 고용 선장에 불과하냐에 따라 그가 행사할 수 있는 권한에 차이가 있기는 했지만, 선박 운항권, 선원 감독권, 선주 대리권 등을 실질적으로 행사했다. 18세기 중엽에 이르기까지 선박 소유자들은 대부분 단순 투자자에 지나지 않은 경우가 많았기 때문에 선박 운항은 관리 선주나 선박 관리인이 담당하는 것이 일반적이었다. 관리 선주나 선박 관리인들은 공동 선주들로부터 선박 운항에 관한 전권을 위임받은 만큼 매우 광범위한 일을 처리했다. 그러나 통신수단이 발달하지 않았던 당시로서는 관리 선주 또는 선박 관리인ship's husband과 선장의 업무를 명확하게 구분한다는 것은 불가능했다.

선장이 광범위한 업무를 처리해야 했기 때문에 선장을 임명할 때는 반드시 공동 소유자들의 동의를 받아야 했다.[5] 또한 선주로서는 선박이 일단 출항하고 나면 전적으로 선장의 지휘하에 들어가기 때문에 선장을 통제할 적절한 수단을 강구할 필요가 있었다. 선장을 통제할 수 있는 가장 소극적인 방법은 항해지시서sailing instruction를 이용하는 것이었다. 선주는 항로와 화물 등에 관한 정보를 적은 항해지시서를 선장에게 보내어 다음 항해를 수행하도록 지시하였다. 만약 선박이 타인에게 대선되었다면 용선자 측이 항해지시서를 작성하여 선장에게 보내었다. 항해지시서는 오늘날에도 이용되고 있지만, 다음 항해의 목적지와 선적할 화물에 대한 정보를 선장에게 제공하는 선에 그치고 있다.

이보다 적극적인 방법으로는 화물 감독supercargo을 선박에 동승시키는 것이다. 오늘날 화물 감독이라고 하면 화물의 적재 및 하륙과 관련된 일을 처리하는 화주의 대리인을 뜻하는 경우가 보통이지만, 본래는 선박 운항 및 화물과 관련한 상업적인 일을 처리해 주는 선주의 대리인이었다.[6] 17세기

---

5) Davis, *Rise of English Shipping*, p.160.

말에 등장한 화물 감독은 선박에서의 무역 행위, 해외에서의 화물 확보와 사업 관리 등의 업무를 처리하였다.[7] 보통 용선계약서에도 화물 감독이 선장에게 공선空船 상태로 귀항 화물을 확보할 수 있는 항구로 항해하도록 요구할 권리를 갖고 있는 것으로 명시되어 있을 만큼 그들의 업무 범위나 권리는 해상 무역업계에서 오래 전부터 관행적으로 인정되어 오고 있었다.[8] 그러나 화물 감독이 선박에 동승하게 되면 선주로서는 추가 비용을 부담해야만 했고, 선장과 화물 감독간에 서열상 다툼이 발생할 염려가 있었기 때문에 18세기 말에 이르면 화물 감독은 거의 사라져 가는 추세에 있었다.[9]

선주가 선장을 통제할 수 있는 또 다른 방법으로는 선박이 기항하는 항구에 대리인을 지정하여 선박의 운항과 관련한 상업적인 업무를 처리하도록 하는 것이다. 대리인 제도가 성장함에 따라 17세기 말에서 18세기 초에 이르면 유럽의 대부분의 항구에는 선주의 대리인들이 활동하고 있었다. 18세기가 경과하는 동안 대리인 체제가 발전하고 있었지만,[10] 그들의 역할은 항로와 선주들의 영향력에 따라 차이가 컸고, 선박이 항구에 있을 때로 한정되었다. 따라서 선장이 대리인으로부터 지시를 받았다기보다는 화물 처리와 다음 항해에 관하여 여러 가지 업무와 관련한 조력을 받았다고 보는 편이 타당하다. 이처럼 선장은 항해지시서, 화물 감독, 대리인 등으로부터 선박의 운항과 관련한 정보와 조력을 받을 수 있었고, 해외에서 선주의 통제로부터 완전히 벗어나 있지도 않았다.

그럼에도 불구하고 항해의 성패는 결국 선장의 수중에 달려 있었다. 선박의 운항과 관련하여 선주가 할 수 있는 일은 화주와의 관계, 해외

---

6) Ville, *English Shipowning*, p.68.

7) 옥스퍼드 영어사전에 따르면, 화물 감독(supercargo)이란 용어는 1697년에 담피어 (Dampier) 선장의 『항해기』(*Voyages*, 1729)에 처음 사용된 것으로 나타나 있다. OED2 on CD-Rom Ver. 1.13, OUP, 1994.

8) Fayle, *Short History of World's Shipping*, p.202 ; Davis, *Rise of English Shipping*, p.171.

9) Ville, "James Kirton," p.149 ; Davis, *Rise of English Shipping*, pp.130, 172 ; OED2 CD-Rom Ver. 1.13.

10) Westerfield, *Middlemen in English Business*, Chap. 4, 7 참조.

대리인의 능력 등에 의해 한정되어 있었고, 항해 일수 절감, 정박 기간의 단축, 선박과 화물의 손상 방지 등과 같은 일은 전적으로 선장의 능력에 따라 좌우될 수밖에 없었다. 해외 항구에 입항하여 바로 접안接岸하고, 접안하자마자 화물을 하륙하도록 하는 일, 항해하는 동안 선원을 관리하고, 선용금을 절약하는 일도 선장의 소관이었다.

이처럼 선박 운항의 성패와 항해의 수익성을 좌우하는 것은 결국 선장이었다. 따라서 선장을 임명하는 일은 선박의 확보와 배선配船 등과 함께 해운업의 성패에 영향을 미치는 가장 중요한 경영상의 결정 사항 중의 하나였다. 따라서 선장은 일정한 능력을 갖추고 있어야 했다. 18세기 동안 항해와 해운 경영과 관련한 책자들이 급속도로 늘어나고 있었고,[11] 선주로부터 선박 운항과 관련한 선주의 지시를 항해지시서를 통해 받아야 했기 때문에 문자 해독 능력은 선장이 갖추어야 할 최소한의 능력이었다.[12] 또한 항해 경비를 정산할 수 있는 간단한 회계 능력과 선하증권을 발행하는 데 필요한 기본적인 지식도 갖추고 있어야 했다.[13] 당시 선장들이 어느 정도 정규 교육을 받았는지는 불분명하다. 그렇지만 18세기가 경과하는 동안 항해사를 양성하는 교육기관이 늘어나고 있었다는 사실을 감안해 보면, 시일이 경과함에 따라 정규 교육을 받은 항해사들이 늘어나고 있었고, 그에 따라 일정한 지식을 갖춘 선장의 수효도 증가하는 추세에 있었음은

---

11) 당시 선장들을 위한 지침서에 대해서는 Craig, "Printed Guides for Master Mariners," pp.23~35 참조.

12) 1700~1750년 사이에 선원의 3/4이 자기 이름을 서명할 수 있었으며, 선장, 항해사, 선의는 거의 모두 문자 해독 능력이 있었던 것으로 밝혀지고 있다. Rediker, *Between the Devil*, p.158.

13) 선장들이 회계 장부를 정리하는 데 애를 먹었던 것으로 보인다. 조셉 헨리가 고용한 Haden 선장은 1821년 운수성이 수송 업무를 담당할 서기를 임명하는 것을 고려하기로 한 데 대해 "선장들은 장부를 정리하는 데 익숙하지 않기 때문에 서기를 임명하게 되면 우리 선장들에게도 이득이 될 것입니다. 나는 많은 선장들이 회계에 대해 잘 모르기 때문에 선주들이 상당한 손해를 보고 있다고 생각하고 있습니다."라고 조셉에게 써 보냈다. NMM, HNL/114/17 ; cited by Ville, *English Shipowning*, p.69.

분명하다.[14]

18세기 말에 이르러 선장에 대한 수요가 증가함에 따라 일부 낮은 계층 출신의 선장들도 출현하였다. 그러나 선장은 특정한 능력과 어느 정도의 교육을 받아야 했고, 선주의 대리인으로서 선원을 관리하는 위치에 있었기 때문에 대체로 일반 선원들보다는 사회적으로 상위 계층에 속하는 것이 일반적이었다. 선장은 소상인이나 선장, 기타 해사산업海事産業, maritime industry 에 종사하는 사람들의 자제인 경우가 많았다. 이와 같은 사회적 배경을 가진 소년들은 어린 나이에 견습선원으로 배를 타는 것을 선장이 되기 위해 당연한 것으로 받아들였다. 19세기 중엽에 1780년대 사관이 될 당시를 회고한 이스트윅Eastwick 선장은 다음과 같이 회고하였다. "당시에는 선원이 되는 데 4년 동안 견습을 받는 것이 관례였다. 견습생이 선내에서 존중받기는 하지만, 소년들은 견습 사관이 아니라 일반 견습선원으로 상선에 승선하였다. 견습선원은 선수루에서 보통선원들과 함께 식사를 했고, 잡다한 일을 해야 하는 것으로 여겨졌다."[15]

선장은 사회적으로 신분을 상승시킬 수 있는 통로이자 일종의 특권층으로 여겨졌기 때문에 연줄이 있는 사람들은 자기 자식을 선장으로 만들기 위해 어린 시절부터 배에 태웠다. 전직 선장의 아들이었던 우링Uring은 1697년 열네 살에 견습선원으로 승선하여 4년간 견습 기간을 마치고 1701년에 2항사로 승진하였다.[16] 해군에 복무한 뒤 상선의 선장으로 활동한 마이클 켈리Michael Kelly의 아들이었던 사무엘Samuel Kelly은 15살 때인 1779년에 견습선원으로 승선했지만 2항사와 3항사와 함께 식사를 했고, 사우스 쉴즈의

---

14) 1716년 해군 장병의 고아들에게 수학과 항해학을 가르치기 위해 그리니치에 Royal Hospital School이 개설되었고, 18세기 중엽에는 휘트비의 Charlton's Mathematical School이 유명했으며, 그밖에 수학과 항해학을 가르치는 개인교사들도 증가하였다(Davis, *Rise of English Shipping*, pp.125, 127). 1787년에는 Hull에 Trinity House School이 항해술을 가르칠 목적으로 개교하였다. Jackson, "Foundation of Trinity House" 참조.

15) Compton, ed., *Master Mariner*, p.21.

16) Dewar, ed., *Nathaniel Uring*, pp.1, 22.

선장의 아들이었던 리처드슨Richardson은 1781년 열세 살에 견습선원이 되었는데, 그의 동생 세 명도 선원이 되었다.[17] 웨핑Wapping의 유력한 상인의 자제였던 리처드 하덴Richard Haden은 1809년 폴리Polly 호에 견습선원으로 승선하였으나, 선주인 조셉으로부터 항해사mate가 될 수 있도록 특별히 교육시키라는 지시를 받은 프링글Pringle 선장의 보살핌으로 곧 항해사로 승진하였다. 1821년 스타Star 호의 선장으로 승선하게 된 하덴Haden은 프링글 Pringle 선장의 동생을 견습사관으로[18] 받아들였다.

18세기가 경과하는 동안 선박량이 증가하여 사관에 대한 수요가 늘어났고, 또 연줄에 따라 고속으로 승진하는 경향이 있었기 때문에 선장의 평균 연령은 그들이 하는 역할에 비하면 매우 낮았다. 18세기 초 우링은 비록 해군의 소형 우편선이었지만 스무 살에 선장으로 임명되었고, 열여덟 살에 견습선원으로 승선한 제임스 쿡James Cook은 스물여덟 살에 연안 석탄선의 선장으로 승진하였다.[19] 사무엘 켈리는 견습선원을 시작한 지 꼭 10년째인 1789년 스물다섯 살에 필라델피아 항로에 취항하는 존John 호의 선장으로 임명되었고, 1808년 경 존 보우즈John Bowes는 스무 살에 선장이 되었다.[20] 1819년 238톤급 포경선인 에섹스Essex 호의 선장으로 승선한 폴라드George Pollard II는 스물일곱 살이었다.[21]

II. 선장의 직무와 역할

선박의 운항은 결정해야 할 일들의 연속이라고 해도 지나친 말이 아니다. 선박이 항구를 떠나자마자 항해와 상업상의 업무 사이의 구분이 바로

17) Garstin, ed., *Samuel Kelly*, p.19 ; Childers, ed., *Mariner of England*, pp.1, 6, 40.
18) Ville, *English Shipowning,* p.71.
19) Dewar, ed., *Nathaniel Uring,* p.58 ; 김성준, 『유럽의 대항해시대』, p.192.
20) Garstin, ed., *Samuel Kelly*, p.166 ; Ville, *English Shipowning*, p.72.
21) Philbrick, 『바다 한 가운데서』, p.39.

나타나게 된다. 항해와 관련된 직무는 불가피하게 선장의 소관이지만, 상업상의 업무는 수많은 문제가 얽혀 있다. 화물을 하륙하고 난 뒤의 항해 일정이 정해져 있지 않고 화물도 확보되어 있지 않다면 다음 항해의 목적지를 정해야 했고, 화물을 찾아야만 했다. 화물을 특정인에게 운송하도록 정해져 있다면 하륙하여 수화인에게 양도한 뒤 운임을 받으면 그만이었지만, 자기 화물을 선적한 경우라면 화물을 처분해야만 했다. 흔히 화물은 선장이 선주나 용선자를 위해 매각해야 할 경우가 많았다. 운임도 받아야 했고, 수령한 운임을 어음이나, 정금正金 또는 다른 화물을 구입하여 선주에게 보낼 방법도 찾아야 했다. 선주로서는 선장의 능력과 신뢰도 등을 고려하여 이와 같은 일들을 어느 정도나 선장에게 맡겨야 할 것인지를 미리 정해야 했다.

선장의 직무는 취항하는 항로의 성격에 따라 차이가 있었지만, 공동 선주들이 선장을 어느 정도 신뢰하느냐에 따라 크게 좌우되었다. 일반적으로 말해서 화물이 비싸지 않고 해외에서 처리해야 할 상업상의 역할이 단순하고 항로가 짧은 연안 항로와 유럽 및 발트해 항로에서는 선장은 단순히 항해 기술자 내지는 선원들의 우두머리foreman에 지나지 않는 경우가 많았고, 대서양과 지중해 등의 항로에서는 모든 상업상의 기능을 담당하는 관리 선주인 경우가 많았다.[22] 그렇지만 단순한 선원에 불과했다고 하더라도 선장은 항해에 관한 한 전권을 행사하였고, 일단 출항하고 나면 선박은 전적으로 그의 지휘하에 들어갈 수밖에 없었기 때문에 선주로서는 믿을 수 있는 선장을 선임하고 그에게 상업상의 여러 업무를 맡기는 편이 관리 측면에서 편리하였다.

따라서 대개의 경우 단순한 고용 선장에 불과했을지라도 선장이 항해, 상업, 법률, 재정, 인사 등에 이르기까지 광범위한 업무를 처리하는 것이 일반적이었다. 선장은 선원들을 임명하고 지휘하는 것 이외에 선박의 항해에 대해 책임을 져야 했고, 화물의 선적과 하륙을 감독하고, 선하증권을

---

22) Ville, *English Shipowning*, p.85 ; Davis, *Rise of English Shipping*, pp.160~161.

발행했으며, 새로운 용선계약을 체결하고, 화주의 대리인들과 상인들을 상대해야 했다. 이밖에도 선박 수리, 식료품 보급, 항해 경비 등도 선장이 관할하였다.

전쟁기에 선장의 직무는 확대되었다. 선장은 대포를 장비하고 관리해야 했고 화약을 안전하게 보관해야 했으며, 만약 공격을 받을 경우 선박을 방어해야 했다. 선장은 선원들이 징집되는 것을 막아야 했고, 시간을 허비하지 않고 호송 선단과 함께 안전하게 항해해야 했으며, 전쟁기에 급변하는 시장의 상업적인 문제들도 처리해야 했다. 이와 같은 업무의 상당 부분은 관리 선주나 선박 관리인이 행하는 업무와 중복되었지만, 이는 불가피한 일이었다.

18세기 말까지도 선장은 선원의 고용 및 관리, 항해의 완수, 화물 및 선박 관리 등 선박 운항과 관련한 실질적인 권한을 행사했다. 하지만 상인 선주 시대와 비교하면 선장은 이제 항해와 관련된 직무로 그 역할이 크게 축소되었다고 할 수 있다. 선주는 항해지시서, 화물 감독, 대리인 등을 활용하여 선박 운항에 필요한 상업상의 업무를 처리할 수 있었다. 그에 따라 18세기 말에 이르면 선장은 연안 항로, 유럽 및 발트해 항로에서는 선원들의 우두머리나 항해 기술자의 지위로 전락했고, 대서양과 지중해 항로에서도 관리 선주나 고용 선장으로서 선주의 지시에 따라 일부 상업상의 역할을 대리하는 데 그쳤다.

III. 선장의 임금 수준

선장의 보수는 사관이나 일반 선원에 비해 월등히 많았고, 외항선에서는 매달, 그리고 연안선에서는 항차 단위로 지급되는 것이 보통이었다. 선장의 급료는 다른 선원들의 급료가 큰 폭으로 상승한 것과 비교하면 그렇게 크게 변하지 않았다. 1737년 아프리카 항로에 취항하던 스피커*Speaker* 호의 선장은 한 달에 120실링을 받았는데, 오스트리아 왕위계승전쟁 중이던 1748년 서인도 항로에 취항한 드래곤*Dragon* 호의 선장도 120실링을 받았다. 전쟁기에 운항한 드래곤 호의 보통선원들은 평시에 운항한 스피커 호의 선원 보다 각 직급별로 1.5배~2.2배 정도 더 많이 받았다. 그리고 동인도선의 선장은 일반 상선의 선장보다 더 받았다. 1752~1753년 동인도선에 승선한 존 뉴톤*John Newton* 선장은 당시 일반 상선의 선장들이 한 달에 6파운드를 받을 때 10파운드를 받았다.[23] 취항 항로와 선박에 따라 차이가 있었지만, 18세기 초에서 18세기 중엽에 이르기까지 대체로 일반 상선의 선장은 런던의 외항선인 경우 한 달에 120실링, 기타 외항의 경우는 한 달에 100실링 정도를 받았다고 할 수 있다.[24]

선장의 급료는 선원들의 급료처럼 전쟁기와 같은 단기적인 경기 변동에 크게 영향을 받지 않았고, 그보다는 항로와 개인적인 능력에 따라 크게 좌우되었다. 헨리 상사에 고용된 선장 가운데 숙련된 선장은 1780년대에 연안 석탄 무역에서 항차당 7파운드를 받았고, 이보다 덜 숙련된 선장은 약 6파운드를 받았다.[25] 1789년 필라델피아 항로에 정기적으로 취항하고 있는 존*John* 호에 선장으로 승선한 사무엘 켈리는 한 달에 5파운드를 받았고, 1795년에는 12주 급료로 15파운드를 받았다. 켈리는 이에 대해 "선장의 의무, 고민, 책임 등을 고려할 때 이는 비참한 수입*miserable income*이었다."고[26] 심정을 토로하였다.

프랑스전쟁이 발발하면서 선장의 급료도 상승하였다. 프랑스전쟁이 경과하는 동안 선장의 임금은 평균 한 달에 7파운드에서 9파운드로 올랐고, 일부 석탄 무역이나 외항선의 경우 10파운드까지 올랐다. 1805년 5월 앤드류 카*Andrew Carr* 선장은 외항선에서는 매달 10파운드, 석탄 무역선에서는 매달 5파운드, 그리고 연안선에서는 매 항차당 5파운드의 급료를 받기로 하고,

---

23) Hope, *New History of British Shipping*, p.232.

24) Davis, *Rise of English Shipping*, pp.138~139.

25) Ville, *English Shipowning*, p.81.

26) Garstin, ed., *Samul Kelly*, pp.168, 318.

선박이 계선 중일 때에는 매달 5파운드를 받기로 계약했다.[27]

　선장의 급료에는 선박의 상태도 영향을 미쳤다. 1786~1789년까지 181톤급 노후선인 헨리*Henley* 호를 지휘했던 키어튼*Kirton* 선장은 매달 6파운드를 받았고, 1791년에는 5년 된 319톤급 홀더니스*Holdernes* 호에 승선했을 때는 8파운드를 받았다. 1792년 신조선인 318톤급 프리덤*Freedom* 호에 승선했을 때 키어튼의 임금은 매달 10파운드로 인상되었다. 선박의 중요성과 키어튼의 승선 경력이 그의 임금이 꾸준히 인상되도록 한 주된 요인이었다. 항로에 따라 선장의 임금이 약간 차이가 있었던 것으로 보이지만, 그렇게 큰 것은 아니었다. 1789~1790년 사이에 똑같이 발트해 항로와 석탄 무역에 종사했던 제임스 키어튼*James Kirton*과 존 앳킨슨*John Atkinson* 선장은 각각 매달 8파운드와 6파운드를 받았다.[28]

〈표 11-1〉 선장과 선원의 월평균 임금[29]

연대	선장	직장급 선원	비고
1748	£6	55~65s	전쟁기
1780's	£5~6		전쟁기
1790	£6~8	60s	평화기
1795~1800	£7~10	£5~11	전쟁기

주 : £1는 20s임.

　선장은 급료 이외에도 프리미지primage와 애버리지average 등의 프레이트 머니freight money와, 캐빈 프레이트cabin freight를 통해 부수입을 올릴 수 있었다. 프리미지는 본래 화주가 선원들이 하역 작업을 한 데 대해 지급하던 일종의 '하역 보상금'이었기 때문에 선장과 선원이 함께 나누는 것이 관례였고, 애버리지는 선장이 운송 도중 화물을 잘 관리해 준 대가로 지급하는 사례금이었기 때문에 전적으로 선장의 몫이었다.[30] 17세기 말 200톤급 선박의

---

27) Ville, *English Shipowning*, pp.80~81.
28) Ville, *English Shipowning*, p.83.
29) 김성준, 「전문선주의 대두와 경영성과」, pp.151~153, 167~168.
30) Smyth, *Sailor's Word-book*, pp.63, 543.

경우 프리미지는 약 5파운드 내외, 애버리지 등의 기타 부수입은 4-6파운드 정도였다.[31] 그러나 18세기가 경과하는 동안 선장의 급료에 비해 선원들의 급료가 상대적으로 크게 올라가자 선장들이 프리미지를 선원들과 나누는 것을 꺼려했기 때문에 프리미지도 선장의 몫이 되어 갔다. 이에 따라 프리미지는 애버리지와 통합되었고, 그 성격도 화물 보상금에서 운임에 대한 환불금rebate 형태로 변질되었다.[32] 프리미지는 상인들이 지불한 운임의 비율에 따라 선장에게 지불되었는데, 때로 선장의 급료보다 많은 경우도 있었다. 예를 들면 1813~1814년까지 애나Anna 호의 선장으로 승선한 존 브랜드John Brand는 매달 7기니(약 £7 7s)를 기준으로 총 102파운드 18실링의 정규 급료와 180파운드 15실링 1펜스의 프리미지를 받았다.[33]

하지만 프리미지는 일정하지가 않았다. 1802~1806년까지 서인도의 마호가니 무역에서 활동한 프리덤 호의 경우 프리미지는 전체 운임에서 단지 0.5~1%를 차지한 데 불과했다. 서인도 항로의 경우 프리미지는 운임의 1% 정도가 보통이었지만, 전쟁기에, 특히 커피, 코코아, 럼 등의 고가 화물을 싣고 귀항하는 경우에는 다소 증가하였다. 이를테면 1807년 프리덤 호가 수리남Surinam에서부터 출항할 당시 프리미지는 총 운임의 4.5%에 달하였다.[34]

선장의 부수입 가운데 캐빈 프레이트도 상당한 액수에 이르렀다.[35] 동인

---

31) Davis, *Rise of English Shipping*, p.147.
32) Ville은 primage란 용어가 1816년 이후 선주가 항세와 도선료를 지불하고 난 뒤 그 총 비용의 5%를 선장에게 지급하는 사례금에도 사용되었다고 밝히고 있다. Ville, *English Shipowning*, p.81.
33) Ville, *English Shipowning*, p.80.
34) Ville, *English Shipowning*, pp.80~81.
35) 선원들에게는 자신의 침실이나 화물창에 자기가 집화한 화물을 선적하여 그 운임을 챙기거나 자기 비용으로 구입한 화물을 운임을 내고 선적한 뒤 다른 지역에서 판매하여 그 차액을 챙기는 것이 관습적으로 인정되었는데, 이를 cabin freight라 한다. cabin freight에는 두 종류가 있었다. 선원들이 선내 공간을 할당받아 개인 화물을 선적할 수 있는 것을 privilege라 하였고, 운임을 내고 개인 화물을 선적하는 것을 venture라고 했다. Rediker, *Between the Devil*, p.132.

도회사는 1674년에 선원들이 용선 톤수chartered tonnage의 5%까지 자기 화물을 실을 수 있다고 허용할 정도로 캐빈 프레이트는 이미 17세기 중엽에 선원들의 권리로 확고하게 자리잡았다.[36] 18세기 초에는 용선자와 계약을 체결할 때 선원들이 외항 항로인 경우는 5톤, 귀항 항로인 경우는 10톤까지 캐빈 프레이트를 실을 수 있도록 허용되었다.[37]

캐빈 프레이트는 항로와 선주에 따라 차이가 있었다. 1744년 레반트 회사는 자사 소속의 선장들에게 승선한 선박의 재화톤당 2파운드까지만 자기 화물을 선적할 수 있다고 명령하였고, 동인도회사는 1772년 외항 항로인 경우는 25톤, 귀항 항로인 경우 15톤까지 캐빈 프레이트를 실을 수 있도록 허용했다. 아메리카 항로에서는 선장은 200톤급 선박의 경우 약 2톤 정도를 캐빈 프레이트로 선적할 수 있었고, 여객 1인당 5~6파운드를 고정률로 받았다. 노예선의 선장은 자기 비용으로 구입한 노예 1~2명을 태울 수 있었다. 18세기 중엽에 노예 한 사람을 매매하여 얻을 수 있는 수입은 25~30파운드에 이르렀다.[38] 1811~1814년까지 4년 동안 세인트 빈센트St. Vincent까지 왕복 항해를 한 프리덤 호의 캐빈 프레이트는 해마다 101파운드, 97파운드, 93파운드, 43파운드에 달하였다.[39]

이밖에도 선장은 선주를 대신하여 해외에서 용선계약을 체결할 경우에는 '선장의 쌈지 돈master's cloak, master's hat'이라는 명목으로 수수료를 받았고, 또 해외에서 선주나 용선자 대신에 화물을 수배하거나 매각했을 경우에도 약간의 수수료를 받았다. 발트해 항로의 경우 '선장의 쌈지 돈'은 'caplaken' 이란 이름으로 운임에 정규적으로 덧붙여지기도 했으나, 선박이 해외에서 용선되는 경우를 제외하고는 드문 경우에 속했다.[40] 그리고 선장이 화물을

---

36) Rediker, *Between the Devil*, p.132.

37) Dewar, Introduction, in *Nataniel Uring*, p.xvi.

38) Davis, *Rise of English Shipping*, pp.148~149.

39) Ville, *English Shipowning*, p.81.

40) 1723년 *Nathaniel and John* 호의 선장은 caplaken으로 £15~£20를 받았다. Davis, *Rise of English Shipping*, p.147.

수배하거나 매각하는 일은 19세기까지도 드물지 않게 나타나기는 하지만, 그 업무 자체가 선장의 통상적인 업무의 하나로 간주되었고, 18세기 중엽 이후 전문 선주가 등장하면서 자기 화물이 아닌 타인의 화물을 운송하는 예가 많아지면서 점차 줄어드는 추세에 있었다.

선장은 다른 선원들과는 구별되는 지위에 있었고, 선박 운항의 성패를 좌우할 수 있는 위치에 있었다. 따라서 선주로서도 선장을 단순히 고용 선장에 머물러 있게 하기보다는 공동 지분 소유자로 만들던가 관리 선주 내지는 선박 관리인을 겸하도록 하는 편이 유리했다. 선장이 자기가 승선한 선박의 지분을 갖게 되면 더 효율적으로 업무를 처리할 것으로 기대할 수 있었고, 선주와 선장간에 우호적인 관계를 유지할 수 있었다. 선박을 단독으로 소유하는 경향이 강했던 헨리 상사도 소유 선박 가운데 11척을 선장과 공유하였다.[41]

선박의 지분을 소유하는 것은 선장에게는 일종의 투자였고, 육상에 정착할 수 있는 기회를 확보하는 길이기도 했다. 선박의 지분을 소유한 선장은 일반 선장들보다 더 많은 재량권을 갖고 선박을 운항할 수 있었고, 이 과정에서 선박 소유 및 운항에 대한 지식을 습득할 수 있었다. 이로써 선박의 지분을 소유한 선장은 나이가 들어 승선 생활을 하기가 어렵게 되었을 때는 자연스럽게 선박 관리와 선박 소유 쪽으로 전업할 수 있었다.[42] 이는 선장에서 선주로 변신해 가는 자연스러운 과정이었다. 선장은 여전히 선박의 운항과 관련한 여러 권한을 실질적으로 행사할 수 있었고, 또 급료 이외에 프리미지와 캐빈 프레이트 등을 통해 목돈을 벌 수 있었으며, 신분 상승을 꾀할 수도 있었다. 선장은 선원 중의 우두머리로서 관리자였을 뿐만 아니라 항해 전문가이자 해운업의 전문가로 인정받는 존재였고, 또한 선박 관리 및 선박 소유에 전업함으로써 사회적으로 신분을 상승시킬

---

41) Ville, *English Shipowning*, p.84.
42) 가장 전형적인 예가 Stephenson Clarke Shipping의 제1대 선주인 Ralph와 Robert Clarke 형제와, Michael Henley 상사의 대리인으로 활동한 James Kirton이다. 김성준, 「전문선주의 대두와 경영성과」, 제3장 제3절 참조.

수도 있었다.

선장이 선박 내에서 막강한 권한을 행사했고, 사회적 지위도 보통선원들에 비해 월등히 높았던 것은 사실이었지만, 레디커Rediker처럼 선원들을 무자비하게 착취하고 탄압하는 '악마devil'와 같은 존재로 그리는 것은 지나치게 단순화한 것이다.[43] 선박의 안전 운항, 무역 업무의 완수, 선내의 기율 유지 등을 떠맡아야 했던 선장들은 책임의 막중함과 바다 고유의 위험으로 인한 어려움 등을 이겨내지 못하고 음주벽에 빠지거나 정신 이상에 시달리기도 했다. 헨리 상사가 소유한 선박 5척에 승선한 로버트 피어슨Robert Pearson 선장과, 키어튼이 소유한 선박에 승선한 래터Latta 선장과 터너Turner 선장 등은 정신질환에 시달려야 했다.[44] 바다에 내쳐진 나약한 인간이었다는 점에서는 선장도 다른 선원들과 마찬가지였다.

전문 선주의 대두와 더불어 선장의 지위는 점차 하락했다. 상인 선주 시대의 선장은 자신이 선주로서 화물의 구입, 운송, 판매 등 선박의 운항과 무역 행위를 모두 관할하였지만, 전문 선주 시대의 선장은 선원의 고용 및 관리, 항해의 완수, 화물 및 선박 관리 등 항해와 직접적으로 관련된 업무로 그 역할이 축소되었다. 대서양과 지중해 등 원양 항로에서 선장이 화물의 매매와 관련한 상업상의 업무를 처리하는 경우도 있었다. 하지만 이 경우에도 선장이 독단적으로 처리하기보다는 항해지시서에 따라 선주의 지시 사항을 그대로 이행하거나 선주가 지정한 대리인의 조언과 지시를 받아야 했다.[45]

이상에서 살펴본 바와 같이, 선장은 상인 선주 시대에 비해 그 지위와

---

43) Rediker, *Between the Devil,* 참조. 이 책에 대한 서평에 대해서는 김성준, 「자본주의 세계 일군 뱃사람들의 일상과 문화」, p.21 참조.

44) Ville, English Shipowning, p.70.

45) 18세기 말 고용 선장이었던 Samuel Kelly 선장은 필라델피아에서 소금을 매입하여 선적한 일이 있지만, 이도 선주의 지시에 따른 것이었다. Garstin, ed., Samuel Kelly, p.183.

역할이 축소되어 갔고, 유럽 항로와 발트해 항로에서는 항해 기술자 내지는 선원들의 우두머리에 지나지 않게 되었다. 선장의 급료도 선원의 급료가 큰 폭으로 상승한 것과 비교하면 그렇게 크게 변하지 않았다. 18세기 중엽 5~6파운드였던 선장의 임금은 18세기 말 프랑스전쟁기에는 7~10파운드로 상승한 데 그쳤다. 이에 대해 일반선원의 급료는 직장급 선원의 경우 18세기 중엽 55~65s에서 18세기 말 프랑스전쟁기에는 5~11파운드로 크게 올랐다. 선장의 지위와 권한이 축소되어 가고, 보통선원들의 보수가 크게 상승한 것에 비해 선장의 보수가 상대적으로 적게 상승한 것은 전문 선주들이 급변하는 시황에 탄력적으로 대응하도록 만든 원인이자 그 결과였다.

제12장
17~19세기 유럽 상선 선장의 지위 변화

　선장은 상법상 선박 소유자의 대리인으로서 '선적항 외에서 항해에 필요한 재판상 또는 재판 외의 모든 행위를 할 권한'(대한민국 상법 제749조)을 행사할 수 있을 뿐만 아니라 이해관계인을 위한 적하 처분권(상법 752조)과 선적항 외 수리 불능시 선박 경매권(상법 제753조) 등을 행사할 수 있다. 나아가 선박 및 적하 등 물건에 미치는 가택권적 지배권(선원법 제11조), 선원과 여객에 대한 명령권(선원법 제6조, 25조, 26조), 그리고 선박을 영토의 연장으로 이해하여 일부국권一部國權의 행사권[1] 등 이른바 선박권력 Schiffsgewalt까지도 선장에게 부여하고 있다. 그밖에 선원법에는 해원감독의 의무(제6조), 감항능력검사의무(제7조), 선박서류비치의무(제20조), 재선의무(제10조), 항해성취의무(제8조), 구조의무(제13조), 선박운항에 관한 보고의무(제21조), 수장水葬 의무(제17조) 등도 선장에게 부여하고 있다.

　이와 같이 선박 운항과 관련한 거의 모든 행위가 망라되어 있다는 점을 감안한다면, 선장은 막강한 권한을 통해 임금 노동자인 뱃사람들을 착취하는 '악마'와 같은 존재였다는 마티스 레디커의 주장이 일견 타당해 보이기도

---

[1] 사법 경찰관리의 직무를 행하는 자와 그 직무범위에 관한 법률 제7조에 "선장은 선상에서 발생하는 범죄에 관하여는 사법경찰관으로서의 직무를 행한다"고 정하고 있다.

하다.[2] 그러나 이미 필자가 그의 책에 대한 서평에서 지적한 바와 같이, 레디커는 두 가지 측면에서 오류를 범하고 있다. 첫째는 그가 해사법원의 재판기록을 사료로 활용하였다는 점이다. 그는 뱃사람과 선장이 반대 입장에서 진술한 내용을 분석함으로써 선주의 대리인인 선장과 임금노동자인 뱃사람을 대립시킬 수 있었다. 둘째는 18~19세기에 선장도 점차 임금노동자로 전락해가는 과정에 있었기 때문에 선장과 뱃사람을 이분법적으로 구분하여 선장을 '악마'로 단순 치환했다.[3] 나아가 레디커는 1700~1750년대의 잉글랜드와 아메리카 뱃사람들의 노동과 문화를 분석하였기 때문에 그의 주장을 16~18세기 말까지 해당하는 대항해시대에 통시대적으로 적용할 수 없다는 것은 너무나 자명하다. 그러나 일부에서는 레디커의 주장을 대항해시대에 일반적으로 적용할 수 있는 것처럼 서술하고 있기도 하다.[4]

선장의 지위가 선주에서 공동 선주이자 선박 관리인, 그리고 선주의 피고용인으로 지위가 하락해 왔다는 것은 주지의 사실이다.[5] 문제는 선장이 어느 시점에서 선주의 피고용인 내지는 임금노동자가 되었는가 하는 점이다. 이 논문에서는 선장이 막강한 권한을 지닌 공동 선주 내지는 선박 관리인에서 선주의 단순 피고용인이 되어가는 과정을 추적해 볼 것이다. 그렇게 함으로써 선장이 선주의 피고용인, 즉 단순 임금노동자가 된 시점을 명확하게 제시해 볼 수 있을 것이다. 이를 논증하기 위해 두 가지 차원, 즉 당대의 법전과 안내서 등에 명시된 선장의 권한과 의무를 살펴보고,

---

2) 레디커, 박연 옮김, 『악마와 검푸른 바다 사이에서』, 까치, 2001. 물론 레디커는 1700~1750년 경 영국과 아메리카 상선을 대상으로 하였다는 점은 상기할 필요가 있다.

3) 김성준, 「자본주의 세계 일군 뱃사람들의 일상과 문화 : 악마와 검푸른 바다 사이에서」, p.21.

4) 주경철은 15~18세기에 주목한다고 하면서도 '선원들의 삶'을 서술하는 장에서는 레디커의 주장을 그대로 인용하여 소개하고 있다. "근대 초 선원의 실제 생존 양태는 늘 죽음 앞에서 고통받는 비참한 존재였다. 레디커는 이에 대해 다음과 같이 설명한다. '평선원은 악마와 검푸른 바다 사이에 끼여 있다. 한편에는 선장이 있다.'" 주경철, 『대항해시대』, p.148.

5) 김인현, 『해상법연구』, pp.234~235.

실제 선박에 승무했던 선장들의 사례를 분석할 것이다. 이 연구는 선주 내지는 공동선주의 지위에 있었던 선장이 선주의 대리인으로서 선박 관리 및 운항의 책임자로, 나아가 단순한 임금노동자로 그 지위가 변화되어 가는 과정을 해명함으로써 선장이 뱃사람들의 대척점에 서 있었다는 레디커의 시각을 교정하는 데 이바지할 것이다.

I. 법전과 안내서에 나타난 선장의 지위

프랑스에서는 이미 1681년에 해사칙령을 제정하여 시행하였고, 1807년 나폴레옹이 대법전을 제정하면서 해상법전을 체계적으로 정리한 바 있다. 1681년 해사칙령은 15년에 걸쳐 영국계 판례와 네덜란드계 판례, 대서양 연안 해항 도시의 관습 등을 상세히 수집하고 연구한 끝에 루이 14세 치하의 재상(宰相) 콜베르의 주도로 제정되었고, 1807년 나폴레옹 상법전 해상편은 1807년 해사칙령을 모태로 하여 그 동안의 시대적 변화상을 반영하여 집대성한 것이다.[6]

19세기 초까지도 영국에서는 선장의 직무에 대해 명시적으로 규정한 법전은 없었다. 관습법 전통이 강한 영국에서는 로도스 해법Sea Law of the Rhodian이나 올레롱 해법Judgement of Oleron, 비스비 해법Sea law of Wisby이 중세 이래 유럽 전역에서 통용되어 왔기 때문에 성문법을 성안할 필요성이 적었기 때문이다.[7] 1849년까지 존속했었던 항해법은 영국의 해상무역을 조장하는 것이 주된 목적이었기 때문에 선장의 직무에 대해서는 구체적으로 적시하지 않고 있다.[8] 따라서 영국에서는 선박 조종, 항해, 화물 관리, 해상보험 등에 대해서는 전문가들이 편찬한 안내서 내지는 지침서가 보완적

---

6) 『프랑스 해사칙령』, pp.11 & 284.

7) 1749년에 입법을 시도하였으나 채택되지 못하였다. 채이식, 「1681 프랑스 해사칙령의 소개」, in 『프랑스 해사칙령』, p.8 각주 11.

8) Reeves, *Law of Shipping and Navigation*.

역할을 했다. 이미 1676년 찰스 몰리Charles Molley가 『해사·무역론De Jure maritimo et navali』을 간행한 바 있고, 1788년에는 데이비드 스틸David Steel이 『선장과 선주를 위한 지침서Shipmaster's Assistant and Owner's Manual』를 출간하였다. 1837년에는 조셉 블런트Joseph Blunt가 『선장 안내서 및 상업 집성Shipmaster's Assistant and Commercial Digest』을 뉴욕에서 출판하여 각국의 항해법, 세관, 보험, 선원의 직무, 운임 등에 대해 종합적으로 소개하여 널리 보급되었다.

해상 무역은 국제간 무역이고, 중세 이래 유럽 전역에 걸쳐 로도스 해법과 올레롱 해법이 널리 통용되어 왔다는 점에서 프랑스 해사법에 명시된 조항 중 특수한 일부 조항을 제외하고 선장의 직무와 같은 일반적 조항들은 유럽 전역에 걸쳐 통용된 것으로 보아도 무방할 것이다. 따라서 여기에서는 1681년 프랑스 해사칙령, 1807년 나폴레옹 대법전 해상편, 1837년 존 블런트의 지침서를 분석할 것이다.

1. 프랑스 해사칙령(1681)

1681년 프랑스 해사칙령[9]은 (1) 해사청의 조직과 권한, (2) 해상에서의 인원과 선박, (3) 해사 계약, (4) 항만, 연안, 정박장 및 해안의 안전, (5) 해상 어업 등 총 5편으로 구성되어 있으며, 선장의 직무에 대해서는 제2편 해상에서의 인원과 선박 편에 상세하게 규정되어 있고, 제3편의 해사 계약에도 부분적으로 언급되어 있다. 여기에서는 해사칙령의 조문의 순서상 선장의 직무와 연관된 조항을 정리해 볼 것이다. 1681년 프랑스 해사칙령에서는 선장의 직무를 <표 12-1>과 같이 규정하고 있다.

<표 12-1>에서 정리해 본 바와 같이, 17세기 말 선장은 선원 고용, 선박 운항, 용선계약 체결, 모험대차 등 선박 운항은 물론 해상 사업의 상당 부분을 떠맡았다고 할 수 있다. 물론 선장의 행위에 대해 궁극적으로 책임을 져야 할 사람은 선박 소유자이고,[10] 선박 소유자는 선박이 어디에

---

9) L'Ordonnace de La Marine, Du Mois d'Août 1681.
10) 프랑스 해사칙령, 제8장 선박 소유자, 제2조, in 『프랑스 해사칙령』, p.109.

직무	규정	주체
·출항 신청 및 귀항 보고	1편 5장 6조	·maitre
·항해 보고	1편 9장 27조	·maitre & capitaine
·선원 고용(선적지에서는 선주와 협의)	2편 1장 5조	· maitre
·발라스트와 적화의 적정 선적 여부와 닻, 선구, 항해 장비 등 확인	2편 1장 8조	· maitre
·모든 선적 화물의 책임	2편 1장 9조	· maitre
·갑판적 금지	2편 1장 12조	· maitre & patron
·출항시 선내 재선	2편 1장 13조	· maitre
·선박의 필요 경비를 선박 공유자가 지급 거절시 그 소유지분만큼 모험대차 가능	2편 1장 18조	· maitre
·범죄를 저지른 선원에 대해 처벌	2편 1장 22조	· maitre
·정오 위치 확인	2편 1장 25조	· maitre & capitaine
·다른 이해관계인들과 공동사업을 하는 항해의 경우 그들만의 별도 계산으로 사업하지 못함	2편 1장 28조	· maitre & patron
·출항 전 선주에게 사업계산서 제출	2편 1장 30조	· maitre
·귀항 후 잔존 물자 등 선주에게 반환	2편 1장 34조	· maitre
·계약은 선장이나 선주와 타방으로서 화주 사이에 체결	3편 1장 1조	
·항해 중 용선계약서나 선적 증서 구비	3편 1장10조	· maitre
·선하증권, 선적증서에 날인	3편 2장 1조	· maitre or ecrivain
·투하 시 선원 및 화주와 상의	3편 8장 1조	· maitre
·사망자 유품 목록표 작성 및 보관	3편 11장 5조	· maitre

있든 임의로 선장maitre을 해고할 수 있었다[11]는 점에서 선장은 선박 소유자의 피고용인의 지위에 있었다는 점을 부정할 수는 없다.

그러나 17세기 말 선장이 선박 소유자의 피고용인으로서 임금노동자에 불과했다고 단정하기에는 여러 가지 무리가 따를 것으로 보인다. 왜냐하면 선장이 선주의 대리인으로서 선박 운항을 책임진다는 관념이 매우 희박했고, 그에 따라 선박 소유자는 선장의 권한을 통제하기 위해 관리인patron(Latin : patronus)이나 서기ecrivain(Latin : scribanus)를 동승시켜 선장maitre(영어의 master)의 권한을 대행할 수 있도록 되어 있었기 때문이다. 관리인과 서기를 동승시키는 관습은 아말피 해법Table of Amalfi에 기원을 둔 것으로, 관리인은

---

11) 프랑스 해사칙령, 제8장 선박 소유자, 제2조, in 『프랑스 해사칙령』, p.111.

선주, 상인, 선원 등으로 구성된 모험 조합에 의해 조합원 중에서 임명된 사람으로 모험 사업을 전반적으로 관리하는 권한을 행사하였고, 서기는 각종 사업 장부를 기록하고 보관하는 것을 주된 임무로 하고 있었다.[12] 또한 이 시기는 여전히 사무역이 해상 무역의 일정 부분을 차지하고 있었다.[13] 선장뿐만 아니라 선원들도 운임을 내고 개인적으로 집화하여 선적할 수 있었고,[14] 선장이나 관리인은 공동 사업이 아닌 경우에는 개인 무역을 할 수 있었으며, 서기도 개인 사업의 경우 개인 선적 화물에 대한 선하증권을 별도로 발행할 수 있었다.[15]

이상에서 살펴본 바와 같이, 1681년 해사칙령의 규정을 기준으로 할 경우 17세기 말 선장은 법적으로 선박 소유자의 피고용인의 지위에 있었기는 하지만, 공동 선주 내지는 선박 관리인의 지위도 겸하고 있는 경우가 보다 일반적이어서 선원의 고용은 물론, 선박 운항과 용선 계약, 모험 대차 등 선박의 운항과 해상 무역의 실질적 권한을 행사하는 지위에 있었다고 평가할 수 있다.

2. 나폴레옹 대법전 상법전 해상편(1807)

나폴레옹 대법전 상법전 해상편[16]은 상법 전반을 규율하면서 제2편에

---

12) Fayle, 『서양해운사』, p.84.
13) 선원들에게는 자신의 침실이나 화물창에 자기가 집화한 화물을 선적하여 그 운임을 챙기거나 자기 비용으로 구입한 화물을 운임을 내고 선적한 뒤 다른 지역에서 판매하여 그 차액을 챙기는 것이 관습적으로 인정되었는데, 이를 cabin freight라 한다. cabin freight에는 두 종류가 있었다. 선원들이 선내 공간을 할당받아 개인 화물을 선적할 수 있는 것을 privilege라 하였고, 운임을 내고 개인 화물을 선적하는 것을 venture라고 했다. 레디커, 박연 옮김, 『악마와 검푸른 바다 사이에서』, pp.126~127.
14) 『프랑스 해사칙령』, p.131.
15) 제2편 제3장 제7조 서기가 자기 부모를 위해 서명하여 발행한 선하증권은 외국에서는 관할 영사가, 국내에서는 중요 선주가 확인을 한 경우에 비로소 그 효력이 생긴다. 『프랑스 해사칙령』, p.97.

해상편을 두었는데, 1) 선박과 여타 해상구조물, 2) 선박의 압류 및 매매, 3) 선박소유자, 4) 선장, 5) 선원 및 여타 해원의 고용과 급료, 6) 용선계약, 7) 선하증권, 8) 운임, 9) 모험대차계약, 10) 보험, 11) 해손, 12) 투하와 분담, 13) 시효, 14) 소멸사유 등 총 14개장으로 구성되어 있다. 나폴레옹 상법전은 근대적 의미의 최초의 상법전으로서 이후 독일 상법전의 기초가 되었고, 이것이 다시 일본 해상법에 채택되어 우리나라 상법에 전수되었다는 점에서 해상 무역 및 운송업계의 역사적 발전 과정을 보여주는 본보기라고 할 수 있다.

나폴레옹 상법전 해상편이 1681년 해사칙령을 기본으로 하였기 때문에 <표 12-1>의 내용과 중복되기는 하지만, 1807년 나폴레옹 대법전 상법전 해상편에 규정된 선장의 직무를 정리해 보면 <표 12-2>와 같다.

〈표 12-2〉 1807년 나폴레옹 상법전 해상편 상의 선장의 직무

직무	규정	주체
· 선적한 적하 책임 및 선하증권 교부	4장 222조	· Il
· 해원 고용	4장 223조	· Il
· 인수 전 선박 검사	4장 224조	· capitaine
· 선내 서류 비치	4장 226조	· capitaine
· 입출항시 재선	4장 227조	· capitaine
· 선박 및 적하의 사고 책임	4장 228조	· capitaine
· 동의 없는 갑판적 화물 사고 책임	4장 229조	· capitaine
· 선박의 필요 경비를 선박 공유자가 지급 거절시 그 소유 지분만큼 모험대차 가능	4장 233조	· capitaine
· 긴급시 선박이나 선체 담보로 금전 차용하고 적하를 담보로 제공하거나 매각 가능	4장 234조	· capitaine
· 귀항 전 계산서를 선주 또는 관리인에게 송부	4장 235조	· capitaine
· 항해 완료 의무	4장 238조	· capitaine
· 화물에 대해 이익 분배를 조건으로 항해하는 경우 자기 계산으로 암거래나 영리 활동 금지	4장 239조	· capitaine
· 항해 보고	4장 242조	· capitaine
· 선주의 허가와 운임 지불 하지 않고서는 화물을 개인 계산으로 선적 금지	4장 251조	· capitaine et les gens

---

16) Exposé des Motifs du Livre II du Code de Commerce, in CODE NAPOLÉON 1807.

표에서 정리해 본 바와 같이, 나폴레옹 대법전 상법전 해상편은 1681년의 해사칙령을 기본으로 하였다는 점에서 법규상 1681년 해사칙령과 대동소이하나 125년 동안의 시간의 경과를 반영한 듯 몇 가지 점에서 차이가 나는 것도 사실이다.

우선 1681년 해사칙령에서는 오늘날 선장의 역할을 할 수 있는 사람으로 maitre, capitaine, patron, ecrivain 등 4명이 적시되어 있으나, 1807년 나폴레옹 상법 해상편에서는 capitaine으로 단일화되었다. 물론 4장 선장 편에서는 221조에 "선박 또는 유사 구조물을 지휘해야 할 책임을 지고 있는 사람"을 "capitaine, maitre, ou patron"으로 그 범위를 명기하고 있으나,[17] 그 외의 조항에서는 모두 capitaine이란 단어만 사용하였다. 따라서 나폴레옹 대법전 상법전 해상편에 선장의 범위를 maitre, capitaine, patron으로 규정하고 있는 것은 이들 3인이 동승했던 과거의 관례가 유습으로 남은 선언적인 조항에 불과한 것이었다고 해석해도 좋을 것이다.

그밖에 1681년 해사칙령에서는 선하증권의 날인 및 교부를 서기ecrivain나 선장maitre이 할 수 있었으나, 1807년에는 선장이 하도록 되어 있다. 원어에는 3인칭 단수형인 'Il'(그)로만 되어 있는데, 전조인 221조에서 선장의 범위를 capitaine, maitre, patron으로 규정하고 있기 때문에 그 다음 조항인 222조의 'Il'은 221조에 규정된 3인 중 1인이 할 수 있다고 볼 수 있다. 그러나 화물의 책임 및 선하증권의 교부(222조)와 선원의 고용(223조)을 다룬 두 조항을 제외하고는 모두 capitaine이란 단어만을 사용하였다는 점을 고려한다면, 19세기 초의 선하증권의 교부 또한 capitaine이 했다고 추론할 수 있을 것이다. 이는 선하증권을 다룬 제7장 282조에 "선하증권은 송화인 chargeur 및 선장capitaine에 의해 서명되어야 한다."[18]는 규정에 의해 보다 분명해진다.

또한 1807년 나폴레옹 상법전 해상편과 1681년의 해사칙령 상의 선장의

---

17) 나폴레옹 상법전 해상편, 제221조, in 『프랑스 해사칙령』, p.337.
18) 나폴레옹 상법전 해상편, 제282조, in 『프랑스 해사칙령』, p.367.

직무에 약간의 차이가 있어 해상무역업계의 역사적 변화상을 감지할 수 있게 한다. 1681년 해사칙령에서는 포괄적 의미에서의 닻, 선구, 항해장비에 대한 확인 의무, 출항시의 재선 의무, 출항 전 사업계산서를 선주에게 제출할 의무를 선장에게 부여하였다. 그러나 1807년 나폴레옹 상법전에서는 인수 전 선박 검사의 의무와 입출항 시 재선 의무, 귀항 전 사업 계산서를 선주 또는 관리인에게 제출할 의무 등으로 규정이 약간 수정되었다. 우선 1681년의 포괄적 선박 검사 의무는 인수 전 선박 검사로, 출항시 재선 의무는 입출항시 재선 의무로, 사업계산서 제출 의무는 '출항 전 선주에게'에서 '귀항 전 선주 또는 관리인에게'로 변경되었다. 선박 검사 의무가 인수 전으로 그 시점이 바뀌었다는 것은 17세기 말에 비해 19세기 초 선장의 책임 시점이 선박 인수 전, 즉 승선 전으로 구체화되었음을 의미함과 동시에 선장의 지위가 17세기 말 공동 선주 내지는 선박 관리인의 지위에서 선박 운항자로서의 지위로 변해 가고 있음을 보여주며, 사업 계획서 보고 시점이 출항 전에서 귀항 전으로 바뀐 것은 17세기 말 여전히 모험 사업의 성격을 띠었던 해상 무역업이 보다 정규화된 해상 운송업으로 발전해 가고 있음을 보여주고 있다.

선장의 직무 범위가 다소 약화되어 갔음을 보여주는 또 다른 조항은 용선계약의 체결 주체에 관한 조항이다. 1681년 해사칙령에서는 용선계약을 선장이나 선주가 체결할 수 있는 것으로 규정되어 있으나, 1807년 나폴레옹 상법 해상편에서는 용선계약에 대해서는 "선박의 임차를 목적으로 하는 모든 계약은 반드시 서면에 의해 체결해야 한다"[19]고만 명시되어 있고, 계약의 당사자에 대한 언급이 없다. 이는 19세기 초에 이르면 이미 항해와 무역의 정규성이 어느 정도 확보되어 용선계약은 선주나 선주가 지명한 선박 관리인에 의해 체결하는 것이 관례화되었기 때문에 굳이 용선계약의 당사자를 명기할 필요가 없어졌기 때문으로 풀이된다.[20]

---

19) 나폴레옹 상법전 해상편, 제273조, in 『프랑스 해사칙령』, p.363.
20) 18세기 말에 이르면 해상 운송업은 이미 해상 무역업에서 분화되어 하나의 전문

이상에서 정리해 본 바와 같이, 1807년 나폴레옹 상법전 해상편에서 선장은 17세기 말 보다는 그 직무와 역할이 점차 공동 선주 내지는 선박 관리인에서 선박 운항자로 축소되어 가면서 점차 선주의 피고용인의 지위로 전락해가는 과정에 있었다. 물론 선장이 여전히 자기 비용으로 화물을 집화하여 운임을 내고 선적하여 이익을 취하는 사무역을 행할 수 있었고,[21] 긴급시 모험 대차를 하거나, 공동으로 항해 사업을 하는 경우도 여전히 존재했지만, 이는 과거의 전례로서 행해지던 해운 무역업계의 관례의 잔재로 법제화된 것이라고 할 수 있을 것이다.

3. 조셉 블런트Joseph Blunt의 『선장 안내서 및 상업 집성』(1837)

조셉 블런트가 편찬한 『선장 안내서 및 상업 집성』[22]은 찰스 몰리와 데이비드 스틸의 지침서 이후 새로 제정된 미합중국의 해상법을 반영하여 유럽 대륙과 신대륙에 걸쳐 해상무역업계의 법과 관행 등을 광범위하게 수록한 책이다. 이 책은 선박, 항해, 선주, 선장, 선원, 운임, 해상보험, 공동해손, 미국의 항만규칙, 주요 외국의 상업 관련 법규 등 총 28개 장으로 구분하여 해상무역에 종사하는 이해당사자들이 이해하기 쉽게 정리해 놓은 실무지침서라고 할 수 있다.

블런트의 『선장 안내서 및 상업 집성』이 1837년 당시 세계 해상운송업계에서 통용되는 법과 관습을 종합적으로 정리해 놓은 지침서인 만큼, 선장의 권한, 책임, 의무를 체계적으로 정리해 놓고 있다. 선장이 행할 수 있는 **권한**authority으로는 ① 사관과 선원의 지명, ② 선내 질서와 평화 유지를 위한 선내 질서 위반자 처벌, ③ 선내 건강 유지, ④ 긴급한 수리를 위해 선주 비용으로 해외에서 금전 차용, ⑤ 긴급시 이해관계인의 이익을 위해 선박 및 화물 처분, ⑥ 항해 중 화물 투하시 해난보고서 제출, ⑦ 급박한

산업으로 독립되어 있었음은 이미 밝혀진 바 있다. 김성준, 『산업혁명과 해운산업』.
21) 나폴레옹 상법전 해상편, 제344조, in 『프랑스 해사칙령』, p.401.
22) Blunt, *Shipmaster's Assistant*.

필요시 선박 매각, ⑧ 선박 운항과 관련하여 선주를 구속할 계약 체결, ⑨ 해외에서 용선계약 체결, ⑩ 운항 자금 확보할 수 없을 경우 선박, 운임, 화물을 담보로 모험대차[23] 등을 행사할 수 있고, 선장의 **책임**responsibility 으로는 ① 계약 완수, ② 충돌 사고시 모든 손해에 대해 선주와 함께 공동 책임, ③ 화물 적재 불량 등으로 야기된 화물 손해, ④ 선체의 결함으로 인한 화물 사고시 선주와 함께 공동 책임, ⑤ 선내 비품과 선용품 공급[24] 등이 적시되어 있다. 마지막으로 블런트는 선장의 **의무**duty로 ① 선내의 질서와 규율 유지, ② 적절한 서류의 비치, ③ 입항국 항만 법규 준수, ④ 각국의 보건 및 세법 준수, ⑤ 발라스트 배출 시 관련 법규 준수, ⑥ 불필요한 이로 없는 직항, ⑦ 항해일지 기록 유지, ⑧ 여객 사망시 유품목록 작성 및 보관[25] 등을 열거하고 있다.

이상에서 살펴본 바와 같이, 1837년 당시 선장은 "해외에서 용선계약을 체결할 권한"을 제외하고는 오늘날의 선장과 거의 동일한 선박 운항자의 지위에 있었다. 즉 1807년 나폴레옹 대법전 상법 해상 편에서의 선장은 여전히 사무역을 행하고, 선주와 공동으로 사업을 하는 경우가 있었다는 점에서 선박 관리인 겸 선박 운항자의 지위를 겸하고 있었으나, 1837년의 선장은 사업의 영역에서는 배제된 단순 선박 운항자의 지위로 그 권한과 역할이 축소된 것이다. 따라서 블런트는 선장의 법적 지위를 "선주의 법적 대리인legal agent or representative"으로 규정하고,[26] "선주들은 선박을 관리하고 운항하기 위해 선장을 대리인으로 고용할 것"일 뿐, 선장은 "단순히 선주의 피고용인servant to the owner"에 불과하다고 단정하였다.[27] 선장이 단순히 선주의 피고용인에 불과했기 때문에 선박을 의장할 책임은 선주에게 있었고,

---

23) Blunt, *Shipmaster's Assistant,* pp.151~154.

24) Blunt, *Shipmaster's Assistant,* pp.154~156.

25) Blunt, *Shipmaster's Assistant,* pp.156~158.

26) Blunt, *Shipmaster's Assistant,* p.151.

27) Blunt, *Shipmaster's Assistant,* p.148.

선장의 태만으로 화물이 손상될 경우, 선박과 화물 가액으로 한도 내에서 그 책임 또한 선주에게 있었다.[28]

II. 사례에 나타난 선장의 지위

I에서는 1681년, 1807년, 그리고 1837년의 해상법전과 해상 실무 안내서의 내용을 중심으로 선장의 지위가 공동 선주이자 선박 운항자→ 선박 관리인 겸 선박 운항자→ 선박 운항자로 변해가고 있음을 확인할 수 있었다. 그렇다면 선장은 어느 시점에서 선주의 피고용인이 되어 선박 운항자로 그 권한이 축소되었을까? 이는 당대 선장의 항해기를 분석함으로써 확인할 수 있을 것이다. 여기에서는 18세기 초의 나다니엘 우링, 18세기 말의 사무엘 켈리와 리처드슨의 사례를 분석해 볼 것이다.

1. 나다니엘 우링Nathaniel Uring(1702~1721)

1682년경 노포크에서 태어난 나다니엘 우링은 1697년 석탄 운반선에 선원으로 승선한 것을 시작으로 노예 무역선의 2항사, 해군의 사관 후보생, 우편선의 선장 등의 경력을 쌓은 뒤 두 차례 해군의 함장으로 복무하였고, 유럽, 서인도, 뉴잉글랜드, 지중해 등의 무역에 종사한 뒤 1721년 하선하여 세인트 루시아St Lucia의 부총독으로 활동하기도 한 18세기 초의 전형적인 선장이었다. 그의 항해기는 1726년 초판이 간행된 뒤 1727년과 1749년 2판과 3판이 출판되었으며, 1928년 제1판이 재간행되었다.[29]

여기에서는 우링의 항해기에 나타난 18세기 초 선장의 직무에 대해 정리해 보기로 한다. 우링이 견습선원과 항해사로 승선한 배의 경우 화물의 매입 및 매각은 화물 감독supercargo의 소관이었고, 화물 감독이나 선박 관리인

---

28) Blunt, *Shipmaster's Assistant,* pp.148~149.
29) Dewar, ed., *Nathaniel Uring.*

이 승선하지 않을 경우에 한해 선장이 관할하였다.[30] 1709년 우링은 처음으로 선장에 임명되어 보스턴과 서인도 무역에 종사했는데, 보스턴에서의 화물 매각과 화물 매입을 본인의 재량에 따라 행하였고, 배가 프랑스 사나포선에게 나포되자 "선주로부터의 구두 언질에 따라 배와 화물 값 400파운드를 치르고 나포된 자기 배와 화물을 되샀다."[31] 1711년 우링은 슬루프선의 선장으로 서인도 항로에 취항하였는데, 이 해역에 대한 항해 경험이 없었기 때문에 선주가 수로안내인을 동승시켰으나, 수로안내인도 이 해역에 대해 잘 알지 못해 결국 좌초하여 배를 포기하였다.[32] 1712년 자메이카에서 300톤급 해밀턴 호의 선장으로 승선한 우링은 선원들을 직접 고용하여 수로안내인의 안내에 따라 연안 항해를 하여 선주가 체결한 계약에 따라 목재를 선적하여 리스본에 하륙한 뒤 설탕을 싣고 이탈리아로 가서 영국 영사의 자문을 받아 리보르노에서 매각하였다. 선저 손상이 심각하다고 판단한 우링은 차항 후 선박을 매각할 생각으로 고임금 선원들을 하선시키고, 저임금 선원을 승선시켜 우링 자신의 판단에 따라 튀니스로 항해하여 제노바 향 올리브 기름을 운송하는 계약을 체결하였다.[33] 제노바와 리보르노에서 올리브 기름을 하륙한 우링 선장은 베네치아에서 밀을 싣고 카디스나 리스본에서 하륙하는 용선계약을 직접 체결하고, 리보르노로 먼저 항해하려고 했으나 바람이 좋지 않아 리스본에서 하륙한 뒤 "선령이 오래되어 완전히 낡아 더 이상 항해할 수 없다고 판단하여 포르투갈 해체업자에게 매각하였다." 우링이 공동 선주가 아니었음에도 불구하고 선박을 매각할 수 있었던 것은 "선주로부터 그렇게 할 수 있는 권한을 부여받았기 때문"이었다.[34]

영국으로 귀환하여 1년여를 쉰 우링은 1715년 공동 선주들과 함께 배를

30) Dewar, ed., *Nathaniel Uring*, pp.6, 22~24.
31) Dewar, ed., *Nathaniel Uring*, p.86.
32) Dewar, ed., *Nathaniel Uring*, pp.117~118.
33) Dewar, ed., *Nathaniel Uring*, pp.166~181.
34) Dewar, ed., *Nathaniel Uring*, pp.206~213.

건조하여 자신이 직접 선장으로 승선하여 용선계약에 따라 포르투갈 항로에 취항하였다. 런던에서 대기하던 우링 선장은 최대 지분 선주가 리스본향 대량 화물이 있는 것처럼 가장하며 출항을 미루자 선박을 매각할 것을 제안했으나 거절당하자, 본인의 지분을 다른 선장에게 팔아버리고, 방고 갤리*Bagor Galley* 호의 지분을 매입하였다. 35) 1719년부터 1721년까지 우링은 방고 갤리 호의 공동 선주이자 선장으로서 뉴잉글랜드 및 온두라스 항로에 취항하여 운임만 받고 화물을 운송하였으며, 그 사이 1720년에는 슬루프 선 전체와 브리겐틴 선의 절반을 용선하여 방고 갤리 호와 함께 목재를 운송하였다.36)

이상에서 정리해 본 것과 같이, 18세기 초 우링 선장은 자신이 선박의 지분을 소유하지 않은 피고용 선장이었을 때조차도 화물의 매입과 매각, 용선 계약, 선박 나포시 선박의 재매입, 선박 매각 등 오늘날의 견지에서 보았을 때 선주의 고유 권한을 거의 행사하였다. 뿐만 아니라 선장은 선박의 지분을 매입하여 공동 선주로 자신의 지위를 격상시킬 수 있었다. 따라서 우링의 시대인 18세기 초 선장은 선박 운항자였을 뿐만 아니라, 화물 감독과 선박 관리인으로서의 역할까지 겸하고 있었으며, 본인의 역량에 따라서 공동 선주의 지위라는 실로 막강한 권한을 행사할 수 있었다고 하겠다.

2. 사무엘 켈리Samuel Kelly(1778~1795)

1764년 선장인 마이클 켈리의 장남으로 태어난 사무엘 켈리는 14살 때인 1778년 우편선에 견습선원으로 승선한 것을 시작으로 1795년까지 17년 간 승선생활을 했다. 견습선원에서 항해사로 승선한 1778년에서 1789 년까지 켈리의 배는 선주의 지시에 따라 선박을 운항하였던 것으로 보인다. 그의 항해기에는 그가 선장으로 승진한 1789년까지 선장이 화물을 매입

---

35) Dewar, ed., *Nathaniel Uring*, pp.214~218.
36) Dewar, ed., *Nathaniel Uring*, p.246.

또는 매각에 관한 어떠한 언급도 하지 않고 있다. 그가 선장으로 승선하는 동안에도 한 차례를 제외하고는 선적할 화물을 매입 또는 용선계약을 체결하기 위한 업무를 수행했음을 보여주는 기록은 없다. 1789년 선장의 전선轉船으로 선장으로 승진하게 된 켈리는 브리스틀에서 "리버풀 향 화물을 찾아 시내를 돌아다녀야 했다."37) 선주의 지시에 따라 리버풀에서 존John 호로 전선한 켈리는 "선주로부터 운임을 받고 적당한 곳에서 화물을 선적할 재량권을 인정받아 바르셀로나 향 밀을 선적하는 용선계약을 체결했다."38)

   그 이후 켈리는 전적으로 선주들의 지시에 따라 화물을 선적하고 하륙하는 전형적인 일반운송인의 임노동 선장의 모습을 보여주고 있다. 간혹 유럽으로 오는 귀항 항해시 여객을 운임을 받고 태우기도 하고, 선주로부터 "유럽의 아무 곳으로 가는 화물을 실을 재량권을 인정"39)받기도 하지만, 대부분은 선주의 항해지시서에 따른 항해였다. 18세기 말 켈리 선장은 어드벤처adventure를 통해 약간의 사적 이익을 취하기도 했지만, 잦은 전쟁에 따른 강제 징집으로 선원이 모자라자 항해사와 함께 직접 페인트 칠을 하지 않으면 안될 상황에 처하기도 했다.40) 자메이카에서 선원들이 특별 항해 수당을 지불할 것을 요구하며 양묘작업을 거부하자 지불 각서를 써주고 영국으로 귀환하여 선원 1인당 45기네아(47파운드 5실링)를 지불한 켈리는 고작 15파운드의 월급밖에 받지 못하는 임노동 선장에 불과한 자신의 신세를 한탄하였다.41)

   이상에서 살펴본 바와 같이, 켈리 선장은 화물의 선적 또는 매각, 용선계약 체결에 대해서는 일부 선주들의 명백한 재량권 양허가 있는 경우를 제외하고는 극히 제한된 권한을 행사했고, 선박의 매각 처분은, 선주들의 자문에

---

37) Garstin, ed., *Samule Kelly*, p.166.
38) Garstin, ed., *Samule Kelly*, p.170.
39) Garstin, ed., *Samule Kelly*, p.209.
40) Garstin, ed., *Samule Kelly*, p.292.
41) Garstin ed., *Samule Kelly*, p.318.

응하는 경우는 있었지만, 일체 행사하지 못했다. 또한 우링은 선장에서 공동 선주로 그 지위가 상승해 갔지만, 켈리는 시종일관 선주의 단순 피고용인에 불과했다.

3. 윌리엄 리처드슨William Richardson(1780~1793)

1768년 더램 주 사우스 쉴즈South Shields에서 선장의 아들로 태어난 윌리엄 리처드슨은 39년 동안 승선 생활을 한 뒤 하선하여 항해기 초록을 남겼고, 그의 항해기 초록은 1908년 스펜서 칠더스Spencer Childers에 의해 편집되어 런던에서 출판되었다.[42] 리처드슨은 선장인 아버지의 지도하에 착실히 선원이 되기 위한 항해 교육을 받고, 부친과 몇 차례 동승한 뒤 전문적인 선원 생활에 뛰어들었다. 그는 1781년부터 1792년까지 유럽 항로, 북미 항로, 노예 무역, 인도 항로 등에 취역하여 선원 및 2항사로 승선하였고, 1793년부터 1819년까지는 영국 해군에 복무하여 포술장gunner과 함장으로 승무하였다.

리처드슨의 배는 1784년 몇 차례 석탄 운송에 취항한 뒤 운임을 받고 아르항겔에서 타르를 선적하였고, 1785년에는 선주의 항해지시서에 따라 메멜(현 리투아니아의 클라이페다)에서 목재를 선적하였다.[43] 1786년에는 지중해 항로에서 화물의 선적과 매각을 관장하는 화물 감독이 승선하였고,[44] 1787년에는 스페인에서 최저 등급의 소금을 선적하여 필라델피아로 항해하여 소금을 매각하였다. 당시 리처드슨이 승선한 포리스터Forester 호의 선장은 "아일랜드나 아메리카로 가려고 했으나 풍향을 고려하여 필라델피아로 향하였다."[45] 이를 감안하면 당시 포리스터 호의 선장은 소금의 선적과 매각에 대한 재량권을 행사했던 것으로 보인다.

---

42) Childers, ed., *Mariner of England*.
43) Childers, ed., *Mariner of England*, pp.17, 20.
44) Childers, ed., *Mariner of England*, pp.21~25.
45) Childers, ed., *Mariner of England*, p.27.

리처드슨은 1790~1791년 사이에 기네아 항로와 노예 무역에 종사한 뒤 1791~1792년 사이에는 인도 항로에 취역하였다. 인도 항로에 취역하는 동안 리처드슨은 몇 차례 전선하였는데, 그의 배는 쌀, 아편, 소금 등을 선적하였다. 1792년 캘커타에서 소금을 하륙하기 위해 대기하던 중 덴마크와 영국 간의 전쟁이 발발하자 영국 해군은 정박 중이던 덴마크 상선을 나포하였다. 엘리어트Elliot 선장이 이 나포선을 매입하여 엘리자베스 호로 명명하였고, 리처드슨은 엘리자베스 호의 2항사 겸 포술장으로 승선하였다.46) 리처드슨은 엘리자베스 호의 용선 활동에 대해 별다른 언급을 하지 않고 있으나, 엘리어트 선장이 선주였기 때문에 화물의 선적과 하륙, 용선 활동, 선박 운항에 관한 모든 권한을 행사했다고 보아도 무방할 것이다. 그러나 리처드슨은 1793년 해군에 징집되어 1819년까지 해군의 함정에 승선함으로써 그의 상선 경력은 끝이 났다.

이상에서 정리해 본 바와 같이, 18세기 말 리처드슨의 항해기에 나타난 선장은 켈리와 마찬가지로 화물의 매입 또는 매각, 용선 계약 등 상업 활동에 대해서는 제한적인 재량권을 행사했고, 주로 선주의 피고용인으로서 선박 운항자의 역할만 행하는 지위에 있었다고 할 수 있다.

이상에서는 17세기 말에서 19세기 초까지 상선 선장의 지위 변화 양상을 법적 제도적 측면에서는 프랑스의 1681년 해사칙령, 1807년 나폴레옹 대법전 상법전 해상편, 1837년 블런트의 『선장 안내서 및 상업 집성』을 분석해 보았고, 우링 선장, 사무엘 켈리 선장, 리처드슨 선장의 사례를 통해 실증해 보았다.

선장의 지위란 주로 선주 또는 선원과의 관계에 의해 결정된다. 선주와의 관계에서 선장의 지위는 선박의 운용operation과 관련한 권한, 즉 선박의 매각과 용선 계약 체결 등의 권한을 행사할 수 있느냐의 여부에 따라

---

46) Childers, ed., *Mariner of England*, p.92.

결정되고, 선원과의 관계에서 선장은 선박의 운항navigation과 관련한 권한, 즉 선원의 감독과 조선과 관련한 권한을 행사할 수 있느냐의 여부에 따라 결정된다. 이른바 상인 선주 시대에 선주이자 상인이 선장으로 직접 승선하는 극히 예외적인 경우를 제외하고, 선주들은 선장을 지분소유자로 끌어들여 선박의 운용과 운항을 맡기는 것이 일반적이었고, 지분소유자 중 선장이 없을 경우 선박 관리인을 지정하여 선박을 운항하거나 또는 선장을 선박 관리인으로 삼아 운항하기도 하였다. 또 다른 방식으로는 선장 외에 화물 감독을 승선시켜 화물의 매입과 매각 등을 전담시키고, 선장에게는 선박의 운항만을 책임지도록 할 수도 있었다. 공동 선주나 선박 관리인, 또는 화물 감독 중 어느 경우든 선장이 선박의 운용과 관련한 권한, 즉 선박 매매와 용선 계약, 또는 화물의 매입과 매각 등의 권한을 행사하고 있었다면 이는 선주가 행할 권한을 행사하고 있었다고 할 수 있고, 이와 같은 권한을 행하지 못하고 단순히 선박의 운항과 관련한 권한만을 행사하고 있었다면 선장은 단순한 선주의 피고용인으로서 선박을 운항하는 임금노동자의 지위에 있었다고 할 수 있다. 선박 운용과 선박 운항이라는 두 가지 차원에서 선장의 지위가 어떻게 변화해 왔는지를 정리해 보면 <표 12-3>과 같다.

〈표 12-3〉 17~19세기 선장의 지위의 변화

연 대	전 거	선장의 지위
1681	프랑스 해사칙령	선박 운용 : 공동 선주, 선박 관리인, 화물 감독 선박 운항 : 선박 운항자
1702~1721	우링 선장의 항해기	선박 운용 : 공동 선주, 선박 관리인, 화물 감독 선박 운항 : 선박 운항자
1778~1795	켈리 선장의 항해기	선박 운용 : 화물 감독 선박 운항 : 선박 운항자
1780~1819	리처드슨 선장의 항해기	선박 운용 : 화물 감독 선박 운항 : 선박 운항자
1807	나폴레옹 대법전 상법전 해상편	선박 운항 : 선박 운항자
1837	블런트의 『선장 안내서 및 상업 집성』	선박 운항 : 선박 운항자

표에 나타난 바와 같이, 18세기 초까지 선장은 공동선주이자 화물 감독, 선박 관리인, 선박 운항자로서 용선계약의 체결에서부터 화물의 매입과 매각, 선박 관리, 선박 운항을 자신의 재량권 하에서 행하는 실로 막강한 지위에 있었다. 그러나 18세기 말에 이르면 선장은 선박의 운용과 관련한 해상海商 활동에서 손을 떼고 선박의 운항과 선박의 유지·관리에만 집중하는 선주의 피고용인에 지나지 않게 되었다. 공동 선주나 선박 관리인을 겸하게 될 경우 선장은 일종의 자본가로 볼 수 있으나, 단순히 선박의 운항만을 책임지는 선주의 피고용인이 되었다는 것은 이제 선장도 임금노동자에 불과한 처지로 그 지위가 하락했음을 의미한다.

　　선장의 지위가 이렇게 선박 운항자의 지위로 축소된 근본적인 배경은 해상 무역의 정규성이 증가하고, 해운 전문인의 등장, 해사 언론의 대두, 그리고 각종 안내서의 출간 등을 통해 선주 자신이 선박의 운항을 직접 통제할 수 있게 된 시대적 상황 때문이었다.

　　결론적으로 레디커가 1700~1750년 사이의 선장을 보통선원의 대척점에 서 있는 악마로 본 것은 타당한 측면이 있다. 그러나 그의 주장을 범선 시대 선장과 선원의 관계로 일반화해 보는 것은 잘못이다. 적어도 1780년 대의 선장은 이미 선주의 피고용인에 불과한 임노동자의 지위로 전락하여 일반 선원이나 별반 다를 것이 없었기 때문이다.

해양 활동과 자본주의 발전간의 연관성

포스트모더니즘은 혁명·민족국가·자본주의와 같은 거대담론들을 해체하려고 시도하였고, 실제로 산업혁명이나 프랑스혁명에 관한 거대담론을 어느 정도 허물어트리는 데 성공하였다.[1] 포스트모더니즘이 기존 역사학에서 배제되어 왔던 여성이나 하층민의 역사를 복원시키고, 거대담론에 입각한 역사해석을 해체하는 등 학계에 적지 않은 영향을 미쳤다는 사실을 부정할 수 없다.[2] 하지만 포스트모더니즘이 현재 세계를 작동시키고 있는 자본주의 체제나 자본주의에 관한 담론 그 자체를 해체시키지는 못한 것 같다.

자본주의는 '근대'나 '근대성'이란 용어와 더불어, 인문·사회과학 분야의 거의 모든 분과학문에서 가장 중요한 연구주제가 되어 왔다. 근대와 자본주

---

1) 필자의 전공분야인 산업혁명으로 논의를 한정한다면, 토인비(Arnold Toynbee)가 1881~1882년 옥스퍼드 경제사 강의에서 처음 사용한 '산업혁명'이란 거대담론에는 '기계의 도입과 그로 인한 공업의 급격한 발전'이란 의미가 내포되어 있지만, 경제사가들은 18세기 말에서 19세기 초 사이의 이른바 산업혁명 시기에 영국 사회에 기계가 그렇게 광범위하게 도입되지도 않았고, 공업도 급격하게 발전하지 않았다는 사실을 확인해 내었다. 그 결과 현재는 산업혁명을 대문자 'Industrial Revolution'이라 쓰지 않고 소문자 'industrial revolution'이나 '산업화'(industrialization)라는 표현을 사용하는 예가 늘어나는 추세에 있다.
2) 김기봉, 『역사란 무엇인가를 넘어서』, pp.118~119.

의는 떼려야 뗄 수 없는 불가분의 관계에 있으며, 심지어 근대자본주의사회와 같은 용례에서처럼, 마치 한 낱말처럼 쓰이고 있기까지 하다. 그 기원이 어디건 간에, 인류의 역사가 고대노예제사회와 중세봉건제사회를 거쳐 근대자본주의사회로 발전해 왔다고 보는 거대담론이 역사발전의 일반론으로 받아들여지고 있는 것이 현실이다. 이는 각국사에도 그대로 적용되어 세계의 많은 나라들은 자국사를 고대→ 중세→ 근대로 구분하여 서술하여 왔고, 우리의 경우도 예외는 아니다. 식민지시대이래 우리 민족사 연구는 우리의 역사가 외세의존적·파당적·정체적이라는 식민사관을 극복하는 데 초점을 맞추어 왔다. 이는 우리 민족도 세계사적인 보편성에 따라 자체적으로 봉건왕조사회에서 자본주의사회로 발전할 수 있었다는 자본주의 내재적 발전론으로 구체화되었다. 실학, 도고, 광작 따위는 바로 그러한 주장을 입증하기 위해 발굴해 낸 국사학계의 연구성과였다.

필자는 역사에서는 보편성 못지않게 특수성도 작용하고 있다고 믿고 있다. 자본주의 발전론 역시 거시적인 관점에서 보편적인 당위성의 관점에서 접근하는 것보다는 미시적인 관점에서 자본주의와 특정 문명권이나 문화권, 내지는 개별국가와의 친화성 관점에서 연구하는 것이 문제의 본질에 접근하는 바른 길이라고 생각한다. 필자는 이 글에서 자본주의의 발전과 해양 활동 간의 연관성에 초점을 맞추어 하나의 시론을 제기하고자 한다. 그것은 '해양 활동과 자본주의 발전 간에는 밀접한 관계가 있었고 한 나라의 자본주의의 성패는 해양 활동의 성격과 어느 정도 영향관계에 있지 않은가' 하는 것이다.[3] 자본주의가 유럽, 그 중에서도 서유럽에서 발전하였다는 점에 대해서는 이론의 여지가 없다. 서유럽에서 자본주의가 막 발흥하기 시작한 시기에 종교개혁과 르네상스, 그리고 해양 팽창이 거의 동시에 이루어졌다. 따라서 자본주의의 역사를 서술할 때는 으레 시대적 배경으로

---

3) 여기에서 해양문화는 특정 국가나 민족의 문화의 성격을 큰 틀에서 규정하고자 할 때 사용하는 개념으로서 대륙문화, 유목문화, 해양문화와 같은 용법으로 사용할 것이다. 이에 대해서는 맺음말을 참고하라.

서 유럽의 해양 팽창과 그에 뒤이은 식민활동을 다루어왔다.[4] 그러나 종교개혁으로 인한 프로테스탄티즘 윤리나 상업활동이 자본주의 발전론의 핵심 주제로서 논의되어온 것과 비교하면, 해양 활동은 자본주의 성장의 시대적 배경으로 취급되어온 감이 없지 않다. 이러한 문제의식에서 필자는 자본주의의 발전과 해양 활동간의 연관론을 제기하고 이를 논증해 보고자 한다.

I. 자본주의의 정의와 이행논쟁

우리는 흔히 현재 사회를 자본주의사회라 일컫지만, 정작 '자본주의'란 무엇인가라는 물음에 대해서는 일반인들은 말할 것도 없고, 전문 역사가나 경제학자들도 명확하게 답변하지 못하고 있다. 이런 상황이다 보니 히튼Heaton 같은 학자는 "모든 ~ism이 붙는 말 중에 가장 소란스러운 것이 자본주의이다. 불행하게도 이 말은 제국주의라는 말이 그렇듯이 너무 많은 뜻과 정의가 섞여버린 잡탕이 되어서 이제 존경할만한 학술용어서로서는 배제해야 한다"고 주장했고, 페브르Febvre는 "자본주의라는 말이 너무 남용되고 있기 때문에 버려야 한다"고 생각했다. 하지만 우리들이 "자본주의라는 말을 계속하는 사용할 수밖에 없는 이유는", 쇼필드Schofield가 토로한 것처럼, "어느 누구도 이 말을 대체할 더 좋은 말을 제시하지 못하기 때문이다."[5] 어쨌든 자본주의라는 용어는 오늘날 가장 빈번하게 사용되는 용어 가운데 하나임과 동시에 가장 치열한 학문적 논쟁거리임에 틀림없다. 자본주의와 해양 활동간의 연관성을 논하고자 할 때에는 반드시 자본주의에 대한 정의를 명확하게 하지 않으면 안 될 것이다. 여기에서는 자본주의에

---

4) 애덤 스미스는 『국부론』에서 유럽팽창의 상징적 사건인 아메리카의 발견과 동인도 항로 발견을 "인류 역사에 기록된 두 가지 가장 위대하고 가장 중요한 사건"이었다고 평가하였다. Smith, 『국부론』 하, p.123 ; Beaud, 『자본주의의 역사』, 제1장 ; 월러스틴, 『근대세계체제』 I, 제1장 참조.

5) F. Braudel, 주경철 옮김, 『물질문명과 자본주의』 II-1, 까치, 1995, p.337 재인용.

대한 여러 정의들을 일별해 봄으로써 그 정의들에 나타난 공통점을 추출하여 필자의 시론적 정의를 제시해 보고자 한다.

1964년 도자Dauzat는 디드로Denis Diderot(1713~1784)와 달랑베르Jean le Rond D'Alembert(1717~1783)의 『백과사전』(1753)에 자본주의란 말이 "부유한 사람의 상태"라는 뜻으로 실려 있다고 적었지만, 브로델은 『백과사전』에서 자본주의란 항목을 찾지 못했다고 밝혔다.[6] 자본주의란 용어에 새로운 의미를 부여한 사람은 루이 블랑Louis Blanc(1811~1882)이었다. 그는 바스티야Bastiat(1801~1850)와 논쟁하면서 1850년 "자본주의라고 하는 것은 어느 한편의 사람들이 다른 사람들을 배제하고 자본을 독점하는 것"이라고 썼다. 프루동Pierre-Joseph Proudhon(1809~1865)도 이따금 자본주의란 용어를 사용하였다. 그는 자본주의란 "자본이 소득의 근원이지만, 일반적으로 자신의 노동을 통해서 자본을 움직이게 만드는 사람들이 그 자본을 가지고 있는 않은 사회경제적인 체제"라고 정의했다.[7] 『옥스퍼드사전OED』에 따르면, 영국에서 자본주의란 용어가 처음으로 사용된 것은 1854년의 일로서, 그 의미는 ① 자본을 소유한 상태 ② 생산을 위해 자본을 사용하는 상태 ③ 자본가가 존재하는 데 유리한 체계 등 세 가지로 풀이되어 있다.[8]

프랑스의 『정치과학사전Dictionnaire des sciences politiques』에는 1차대전 이후에 가서야 자본주의란 항목이 추가되었고, 『브리태니커백과사전』에는 1926년에야 자본주의란 항목이 처음 실렸으며, 『아카데미프랑세즈사전』에는 1932년에야 자본주의란 항목이 나타났다. 1932년판 『아카데미프랑세즈사전』에는 자본주의가 "자본가들의 총체ensemble des capitalistes", 그리고 1958년판에는 "생산재biens de production가 개인이나 개인 회사에 속하는 경제체제"라고 각각 풀이되어 있다.[9]

세계의 주요 사전류에 수록된 자본주의에 대한 개념을 정리해 보면

---

6) Braudel, 『물질문명과 자본주의』 II-1, p.336 각주 44.

7) Braudel, 『물질문명과 자본주의』 II-1, p.336.

8) OED CD-ROM ver. 1.13 ; *Shorter English Dictionary*, p.281.

9) Braudel, 『물질문명과 자본주의』 II-1, p.337.

다음과 같다. 1988년판『브리태니커백과사전』에는 자본주의를 "자유시장경제free economy market, 또는 자유기업경제free enterprise market라고도 불리며, 대부분의 생산수단이 사적으로 소유되고, 생산이 주로 시장의 작동을 통해 이루어지고, 소득income이 주로 시장의 작동을 통해 분배되는 경제 체제"라고 규정되어 있다.10) 일본의『코시엔廣辭苑사전』에는 자본주의를 "봉건제도의 뒤를 이은 인류사회의 생산양식. 상품생산이 지배적인 생산형태가 되며, 모든 생산수단과 생활자료를 자본으로 소유하는 유산계급이 자기의 노동력 이외에는 팔 것이 없는 무산계급에게서 노동력을 상품으로 사서, 그것의 가치와 그것을 사용하여 생산한 상품의 가치의 차액(잉여가치)을 이윤으로 손에 넣은 방식의 경제조직"으로 정의되어 있다.11)

자본주의에 대한 이와 같은 사전적 정의만으로는 자본주의의 본질을 제대로 파악할 수 없다. 그런 점에서 자본주의에 대한 선학들의 견해를 비판적으로 검토해 보는 일을 간과해서는 안 될 것이다. 자본주의를 마르크스주의자들처럼 생산양식으로 보는 측이 있는가 하면,12) 좀바르트나 베버와 같이 정신적 측면을 강조하는 측도 있고,13) 해밀턴과 피렌느처럼 상업적 측면을 강조하기도 한다.14) 그런가 하면 브로델은 자본주의를 인간 생활의 최상층에 자리 잡고 있으면서 그 아래의 시장경제와 물질문명을 조직하는 질서로 보았고,15) 월러스틴은 하나의 역사적 사회체제로 보았다.16)

이와 같은 견해들은 서로 배치되어 융합할 수 없는 것처럼 보인다. 하지만 좀바르트나 베버, 마르크스주의자, 해밀턴과 피렌느, 브로델, 월러스틴의

---

10) *Encyclopaedia of Britannica*, Vol.2, p.831.
11) 사와 타카미츠(佐和隆光),『자본주의의 재정의』, p.12 재인용.
12) Dobb,「자본주의의 개념」, in 김대환 편역,『자본주의이행논쟁』; 길인성,「자본주의」, 김영한 엮음,『서양의 지적운동』II.
13) Werner Sombart, *Der moderne Kapitalismus*, Verlag von Dunker & Humbolt, München und Leipzig,1921 ; Weber,『프로테스탄티즘 윤리와 자본주의 정신』.
14) Hamilton,「아메리카의 재보와 자본주의의 발흥, 1500~1700」, *Economica*, 1929, p.339/ Dobb,「자본주의의 개념」, p.13 재인용.
15) Braudel,『물질문명과 자본주의』I·II·III.
16) Wallerstein,『근대세계체제』I·II·III.

자본주의에 대한 정의를 종합해 보면, 자본주의에 대한 종합적 결론을 도출할 수 있다. 먼저 자본주의가 역사 속에서 통시대적으로 존재했던 것이 아니라, 15~16세기 이후 등장하여 현재에 이르기까지 지속되고 있는 하나의 사회체제로 볼 수 있다는 점에 대해서는 모든 학자들이 공감하고 있다. 물론 해밀턴이나 피렌느와 같이, 교환에 초점을 맞출 경우 자본주의가 통시대적으로 존재할 수 있었다고 주장할 수도 있지만, 상업론자들도 그리스나 로마 시대를 자본주의 시대로 보지는 않고 있다는 사실은 명백하다. 브로델 또한 세계-경제world-economy 개념에 입각하여 적어도 12세기 이후 세계-경제가 존재하였고, 그것이 자본주의적인 상층이 활동하는 단위가 되었다고 주장하고 있다.[17] 하지만 이러한 견해를 브로델이 자본주의가 12세기에 출현했다고 보는 것으로 이해해서는 안 된다. 12세기에도 유럽 경제나 동아시아 경제와 같은 세계-경제가 존재하여 그 상층에 자본주의가 자리 잡을 수 있는 터전을 마련했다는 것으로 이해해야 할 것이다. 이와 같은 점을 고려하면, 자본주의를 '근대산업체제'로 본 거센크론Alexander Gerschenkron18)이나, 근대 사회체제로 보는 월러스틴의 견해가 설득력이 있는 것으로 여겨진다.

그동안에는 자본주의가 유럽, 그 중에서도 서유럽에서 발전해 왔다는 것이 지배적인 견해였다. 따라서 베버와 같은 학자들은 자본주의가 다른 곳이 아닌 유럽, 그것도 서유럽에서 발전했는지에 대한 연구에 집중하였다. 하지만 이제는 자본주의를 특정 지역(유럽)이나 국가(영국이나 네덜란드) 차원에서 이해하는 것보다는 세계를 하나의 체제로 볼 때 더욱 잘 파악될 수 있다는 점 또한 학자들 사이에서 많은 공감을 얻어가고 있다. 자본주의는 또한 인간이 삶을 영위하는 여러 층위 가운데 하나이면서 동시에 이들 여러 층위의 상위에 위치하여 인간의 의식과 행동에 영향을 미쳤다는 브로델의 견해에도 주목할 필요가 있을 것이다. 무엇보다도 자본주의의

---

17) 주경철, 「브로델의 상층구조」, p.121.
18) Braudel, 『물질문명과 자본주의』 II-1, p.338.

본질은 끊임없는 자본축적에 있으며, 자본축적은 자유경쟁 또는 "시장의 보이지 않는 손"에 의해서라기보다는 독점 또는 국가의 역할에 크게 의존했다. 하나의 경제체제로서 자본주의가 성립할 수 있는 전제조건은 노동력이 상품화되어야 하고, 자본주의가 적절하게 유지 내지는 작동하기 위해서는 프롤레타리아가 지속적으로 공급되어야 한다는 것이다.

여기에서 간과해서는 안 될 사실은 자본주의가 15~16세기에 출현한 이래 고정 불변한 것이 아니었다는 점이다. 시간의 흐름에 따라 자본주의는 그 성격이 바뀌었고, 그 작동범위 또한 범지구적으로 확산되었다는 점이다. 레닌이 자본주의가 고도로 발전하여 제국주의화 된다는 점을 간파하였듯이,[19] 자본주의는 상업자본주의(15~17세기)→ 산업자본주의(18~19세기) → 금융자본주의(19세기)→ 제국주의(20세기 초반)→ 수정자본주의(20세기 중엽)로 그 성격이 바뀌어 왔으며, 그 작동 범위 또한 유럽에서 싹을 틔워 신대륙, 아시아, 아프리카 등지로 확산되어 갔다. 이와 같은 점을 고려한다면, 여러 학자들이 자본주의에 대해 서로 다른 견해를 갖게 된 것은 그들이 연구한 시기와 문제의식이 모두 달랐기 때문이었다고 할 수 있다.

그동안 학계에서는 자본주의 이행을 주제로 한 논쟁이 치열하게 전개된 바 있고, 아직 논쟁이 완전히 정리되지 않아 언제든지 재연될 가능성이 다분하다. 이 점에서 자본주의 이행문제는 앞으로도 학계의 주된 연구주제가 될 것임에 틀림없다. 여기에서는 자본주의 이행논쟁의 쟁점들을 비판적인 시각에서 정리해 본 뒤, 유럽의 자본주의 이행을 해양 활동과 관련지어 검토해 볼 것이다. 흔히 돕-스위지Dobb-Sweezy 논쟁으로 알려진 제1차 자본주의 이행논쟁은 내인론과 외인론 간의 대립이었다. 돕은 봉건제가 쇠퇴하게 된 주된 원인을 "지배계급의 수입증대 욕구와 더불어 생산체제로서의 봉건제가 안고 있는 비효율성, 그리고 그에 따른 직접 생산자에 대한 억압과 착취의 강화" 때문으로 보고, 봉건적 착취에서 부분적으로 해방된 소생산자

---

19) Lenin, 『제국주의론』, p.122.

층의 부의 축적과 그 내부에서의 사회적 분화과정을 통해 자본주의적 생산관계가 서서히 자리 잡게 되었다고 보았다. 그는 봉건제에서 자본주의로의 이행에서 내적 요인론을 견지하면서도 상업자본이 초기 단계에서 자본주의적 생산양식에 진보적인 역할을 수행했다는 주장을 부정하였다.[20] 이에 대해 봉건제를 "사용을 위한 생산체제"라고 본 스위지는 상업의 발달이라는 외적 요인에 의해 봉건제가 붕괴되고, 자본주의적 생산양식이 전개되기 이전의 15~16세기의 기간은 봉건적이지도 자본주의적이지도 않은 '전자본주의적 상품생산pre-capitalist commodity production' 단계였다고 보았다. 스위지는 또한 자본주의로 이행하는 두 가지 길, 즉 생산자가 상인인 동시에 자본가 역할을 하는 길과 상인이 생산을 지배하는 길 가운데 후자에 무게 중심을 두었다.[21]

1976년부터 약 6년간 *Past and Present* 지를 중심으로 전개된 제2차 자본주의 이행논쟁(브레너논쟁)은 인구론과 계급관계론간의 대립이었다. 봉건제에서 자본주의로의 이행의 동력을 계급관계에서 찾았던 브레너는 동유럽에 비해 서유럽이, 그리고 같은 서유럽에서 프랑스에 비해 잉글랜드가 농업 부분에서 자본주의가 발달한 이유를 농민의 계급투쟁의 차이에서 비롯된 것으로 파악하였다.[22] 이에 대해 아벨, 포스탄, 라뒤리와 같은 인구론자들은 브레너가 자신들의 주장을 인구 결정론적이라거나 계급문제를 도외시한다고 주장하지만, 자신들은 인구요인을 주기적인 운동이나 경기 변동과 연관지을 뿐이며, 계급문제도 등한시하지 않았다고 반박하였다.[23]

자본주의 이행논쟁은 이후에도 프랭크-라클라우 논쟁, 브레너-월러스틴 논쟁 등으로 이어지며 더욱 격렬해진 감이 없지 않다. 이들 논쟁을 이

---

20) Dobb, 「봉건제의 붕괴와 자본주의 성립」, 『자본주의 이행논쟁』, p.53 & passim.
21) Sweezy, 「돕의 소론에 대한 비판」, 『자본주의 이행논쟁』, pp.101~128.
22) Brenner, 「전 산업시대 유럽 농업 부문의 계급구조와 경제발전」, 이영석 외 옮김, 『신 자본주의 이행논쟁』, pp.23~81.
23) Postan·Hatcher, 「봉건사회의 인구와 계급관계」, pp.83~99 ; Ladurie, 「브레너 교수에 대한 논평」, pp.127~132, in 『신 자본주의 이행논쟁』.

짧은 글 속에서 모두 다룬다는 것은 필자의 관심과 능력 밖의 일이다. 다행히도 고트립이 계급관계를 중시하는 마르크주의자의 견해와 국가의 역할을 중시한 페리 앤더슨의 견해, 그리고 세계체제론의 견지에 서있는 월러스틴의 견해를 종합해야 한다는 주장을 펼친 바 있어 그의 견해를 살펴보는 것으로써 자본주의 이행논쟁에 대한 검토를 마칠까 한다. 고트립의 전체적인 논지는 봉건제에서 자본주의 이행을 적절하게 설명하기 위해서는 마르크스주의자들의 계급투쟁론과 앤더슨의 정치에 대한 강조, 월러스틴의 세계-체제론적인 측면에서의 국제적인 상업관계를 종합적으로 결합하여야 한다는 것이다. 이는 언뜻 보기에는 그럴듯하게 들릴 수도 있다. 그러나 그의 논지는 상이한 분석틀과 범주를 갖고 출발한 여러 이론들을 자신의 논지에 맞게 흩어 모아 짜깁기 한 엉성한 모자이크가 되어버린 것으로 보인다. 고트립은 뚜렷한 이론적인 틀을 갖고 출발하지 못했기 때문에 돕, 브레너, 브와, 스위지를 마르크스를 전거로 들어 비판하지만 월러스틴을 비판할 때는 마르크스를 전거로 하여 비판할 수 없었던 것이다. 왜냐하면 월러스틴의 세계-체제론은 마르크스와는 완전히 다른 분석틀을 사용하고 있기 때문이다.

II. 자본주의로의 이행과 해양 활동

자본주의로의 이행의 동인을 봉건사회 내부, 계급관계, 인구모델, 정치적 관계, 또는 세계체제, 그 어디에서 구하던 간에 자본주의의 기원을 15~16세기 유럽으로 본다는 데 대해서는 학자들 간에 이견이 없다. 그렇다면 서유럽의 봉건제에서 자본주의로의 이행을 설명하기 위해서는 관념적 이론이 아니라, 역사적 사실에 근거를 두어야 할 것이다. 이를 위해서는 무엇보다도 15~16세기 유럽에서 어떤 일이 일어나고 있었는지를 살펴보아야 한다. 유럽 13개국 역사학자들이 공동으로 집필한 『유럽의 역사*Histoire de l'Europe*』에는

〈표 13-1〉 14~16세기 주요 사건과 자본주의 발전과의 연관성

연관성 있음	중립	연관성 없음
1300년 즈음 북해와 지중해 간 해상로 개통		1309~-77년 아비뇽 유수
	1337~1453년 영불 백년전쟁	1347~74년 흑사병 창궐
		1378~82년 농민봉기 빈발
1420~1460년 엔리케의 아프리카 탐사	1400년 즈음 이탈리아에서 르네상스 개막	1414~18년 콘스탄츠 공의 회로 교회의 대분열 일단락
		1453년 콘스탄티노플 함락
	1488년 디아스의 희망봉 도착	
1492년 콜럼버스의 서인도제도 도착		
1498년 다 가마의 인도 도착		
		1517년 루터의 종교개혁
		1524년 독일 농민전쟁
1519~22년 마젤란 함대의 항해		
	1536년 칼뱅의 종교개혁*	
	1566년 네덜란드의 봉기	
	1571년 레판토 해전	

*는 베버의 논지를 비판적으로 수용한 것임.

14~15세기를 '위기와 르네상스', 그리고 15~18세기를 '세계와의 만남으로'라는 제목 하에 서술하고 있다.[24] 이 책에 정리되어 있는 14~16세기 유럽의 주요 사건들을 자본주의 발전과의 연관성을 기준으로 정리하면 <표 13-1>과 같다.

다소 직관적으로 정리해 본 것이긴 하지만, 대체로 독자들의 공감을 얻지 않을까 생각한다. 다만 르네상스와 자본주의 발전과의 연관성을 중립으로 구분한 데는 이의가 있을지 모르겠다. 르네상스는 이탈리아를 중심으로 전개된 고전문화의 부흥을 뜻한다. 르네상스는 건축, 회화, 조각, 문학, 음악 등 예술의 모든 영역에 걸쳐 그 모습을 드러내게 되었으며, 그 사상적 바탕은 인문주의였다.[25] 따라서 르네상스 자체가 자본주의 발전에 영향을 주었다기보다는 르네상스를 촉발시킨 이탈리아 도시들의 경제적 번영이 자본주의 발전과 연관성이 있다고 보는 것이 타당할 것이다.

---

24) Delouche 편, 『새유럽의 역사』.

25) Nauert, 『휴머니즘과 르네상스 유럽문화』 참조.

그렇다면, 14~16세기까지 유럽에서 자본주의가 성장하는 데 유리한 상황을 조성했던 개연성이 있는 역사적 조건들로서는 14세기 초엽에 형성된 북해와 지중해 간의 해상로 개통과 이탈리아 도시의 경제적 번영, 그리고 포르투갈과 스페인의 해양 활동을 꼽을 수 있을 것이다. 역사에서는 단절이 있을 수 없는 것처럼, 자본주의 또한 15~16세기 어느 한 순간에 돌발적으로 발전할 수는 없다. 따라서 자본주의의 자궁이라고 할 수 있는 중세 사회에서 부터 그 발전의 싹을 찾는 것이 역사가의 올바른 책무일 것이다. 그러므로 여기에서는 역사적 순서에 따라 중세의 해상무역의 발전 양상과 이탈리아 도시의 경제적 번영의 배경, 그리고 유럽 해양 팽창의 전개 과정을 중심으로 이들이 자본주의 발전에 어떻게 영향을 미칠 수 있었는지를 검토할 것이다.

10~11세기에 걸쳐 이민족의 침입이 종식된 뒤 중세 유럽은 11~13세기에 이르기까지 인구가 증가하여 도시가 발달하고, 육로와 해상 교역로가 개설되어 상업이 부활하였다. 국제무역에서 일어난 주요한 변화 가운데 하나는 운송방식이 변했다는 것이다. 1300년경 지중해와 지브롤터 해협, 그리고 대서양 연안을 통한 해상로가 제노바와 베네치아를 북해와 직접 연결시키게 되었다.[26] 샹파뉴 정기시장의 몰락을 초래한 것이 바로 이 해상무역의 발달이었다. 이 당시 가장 값싸고 안전한 운송수단은 배였다. 뤼벡에서 그다니스크까지 배와 마차의 운송효율을 비교해 보면, 해상교역의 중요성을 인식할 수 있을 것이다(표 13-2). 나침반의 사용,[27] 선미 중앙타의 채용,[28] 해도의 활용[29] 등으로 항해는 이전의 연안 항해에서 벗어나기 시작하였다.

---

26) 1297년 이후 제노바의 대형 범선들이 처음으로 브뤼주까지 직항로를 열었다. 브로델, 『물질문명과 자본주의』, I-2, p.581.
27) 나침반이 유럽에서 항해에 처음 이용된 것은 문헌상 확인된 바로는 12세기 말이다. 김성준 외, 「항해 나침반」, p.420.
28) 한자의 cog 선에 중앙타가 처음 장착된 것은 12세기 경으로 보고 있다. Kemp, *History of the Ship*, p.61.
29) 유럽에서 해도가 처음 사용된 것은 포르톨라노 해도(Portolano Chart)가 제작되기 시작한 1300년 경 이후로 밝혀져 있다(이희연,『지리학사』, p.80). 그러나 포르톨라노 해도에 방향표시판인 풍배도(Wind-rose)가 삽입된 것은 1375년에 이르러서였다 (김성준 외, 「항해 나침반」, p.421).

<표 13-2> 뤼벡 ↔ 그다니스크 간 운송수단별 비교

	해로	육로
운송수단	배	마차
소요기간	4일	14일
적재량	120톤	2톤
승무원	선원 25명	마부 1명, 호송인 약간

자료 : 들류슈, 『새유럽의 역사』, p.176.

남북 유럽을 연결하는 주요 해상로 주변에 마요르카, 세비야, 보르도, 라 로셀, 안트베르펜 등의 항구도시가 요충지로 발돋움했다. 이러한 해상 무역을 주도한 상인들은 이탈리아 도시 상인들과 한자 상인들이었다. 아말피 해법과 라구사 해법이 지중해의 해사법을 집대성한 것이라면, 올레롱 해법과 로도스 해법은 북해의 해사법을 총망라한 것이었다.[30] 피렌체의 페루치 가는 런던, 피사, 나폴리, 아비뇽, 브뤼헤(안트베르펜 서쪽 항구), 키프로스 등을 거점으로 중개무역을 수행했고, 60여 개의 상업도시들이 모인 한자 동맹의 상인들은 노브고로드에서 그다니스크(독일명 단치히)를 거쳐 뤼벡까지, 그리고 이어 육로를 통해 함부르크까지, 거기서 다시 강과 바다를 통해 캄펜(네덜란드 북동부 도시)이나 브루헤까지 곡물, 밀랍, 발트해 산 호박 따위를 운송해 오고, 반대 방향으로 모직물과 소금을 실어 날랐다. 이러한 해상교역에 사용된 수단은 현금이었다. 각 나라에서 주조된 금화와 은화를 현금화하기 위해서는 환전상의 도움을 받아야 했고, 14세기 중에는 환어음이 출현했다. 이 같은 금융거래를 통해 이탈리아의 메디치Medici 가家, 페루치Peruzi 가, 신성로마제국의 푸거Fuggers 가, 프랑스의 자크 쾨르Jacques Coeur(1395~1456) 가와 같은 대은행가들이 나타나 정치·경제적 영향력을 발휘하였다.[31] 이들은 모두 상인 제조업이나 금융업으로 시작하여 원료를 제조업자에게 공급하고, 그들이 제작한 완제품을 매입하여 판매하는 선대제putting-out system를 통해 막대한 부를 축적하였다.

---

30) Fayle, 『서양해운사』 제2장 참조.
31) 들르슈, 『새유럽의 역사』, pp.178~180.

상업의 부활과 도시의 성장이 자본주의의 내적 씨앗이었고, 대상업 가문의 성장과 농민들의 저항은 그것의 싹틔움이었다면, 해상교역의 발달은 외적 거름이었다. 유럽의 여러 지역에서 자본주의가 성장할 가능성은 잠재하고 있었지만, 그 필요충분조건을 갖춘 곳은 이탈리아였다. 르네상스 전문사가인 퍼거슨은 이탈리아 르네상스의 경제적 배경을 다음과 같이 설명하고 있다.

13세기 이전 이탈리아의 중북부에서는 봉건제도가 자취를 감추고, 정치적으로 독립된 도시 국가 내에서 강력한 시민사회가 형성되었다. 이탈리아가 부를 축적하고 가장 일찍 도시의 발달을 보게 된 데는 무엇보다도 동방과 서방 간의 자연적 집산지에 위치하고 있었다는 지리적 이점에 힘입은 바 크다. 이탈리아 상인들은 레반트, 흑해 연안, 프랑스, 영국 등지에 상관을 개설하고, 근대적인 부기법을 개발하였으며, 거래 방식도 현찰 거래에서 신용장과 차용증서를 사용하였다. 13세기가 끝나기 이전에 이탈리아 상인들은 상업 자본주의의 기본적인 방법을 완성하였다. 이탈리아의 대외 상업은 초창기부터 수출 산업의 육성을 수반하였다. 이탈리아 상인들은 제품을 수출하고, 공업 생산을 위해 원료를 수입해 옴으로써 이익을 본 것이 아니었다. 그들은 기회를 잘 이용하고 자기 자본을 잘 운용함으로써 이탈리아 내에서 대규모 공업, 특히 의류공업과 피혁공업을 완전 장악할 수 있었다. 14세기 중엽 피렌체에서는 전 인구의 2/3에 해당하는 약 3만명의 주민들이 생계를 모직물 공업에 의존하고 있었고, 정도의 차이는 있었지만 피사, 밀라노, 제노바의 경우에도 비슷한 상황이었다. 상인들은 이익을 찾아 잉여자본으로 대금업과 은행업을 영위하였다. 13세기에 중엽에 대금업과 은행업은 단순한 고리대금업의 한계를 넘어서 발전하여 국제무역과 공공 재정에서 없어서는 안될 중요한 부분이 되었다. 자본의 성장은 이탈리아에서만 특수하게 나타난 현상은 아니었지만, 유럽의 다른 어떤 나라도 이탈리아만큼 자본주의가 그렇게 일찍 발전된 것은 아니었고, 경제생활에 큰 영향을 준 것도 아니었다. 중세 사회를 변질시키고 끝내는 붕괴시킨 역동적인 힘은 이탈리아에서부터 작용하기 시작하였던 것이다.[32]

퍼거슨은 이탈리아에서 르네상스가 성장할 수 있었던 경제적 토대를 대외 상업의 발달과 그에 수반된 금융업과 제조업의 성장에서 찾고 있다고 할 수 있다.

르네상스 시기에 이루어진 또 하나의 거대한 흐름은 유럽의 해양 팽창이라고 할 수 있다. 그러므로 해양 팽창을 선도한 국가로서 포르투갈과 스페인이 어떠한 배경에서 해양 활동에 나서게 되었는지를 살펴볼 필요가 있다. 이와 관련하여 필자는 월러스틴의 견해에 주목하고자 한다. 이베리아 반도 국가들의 해양 팽창과 관련하여 세계-체제론적 시각에서 분석하고 있는 월러스틴의 견해가 설득력이 있다는 것이 필자의 생각이다. 따라서 여기에서는 유럽의 해양 팽창에 대한 월러스틴의 견해를 살펴보고, 그것이 자본주의의 역사 전개에 어떠한 의미가 있었는지를 정리해 볼 것이다.

월러스틴은 자본주의, 정확하게는 자본주의적 세계-경제는 15세기 후반과 16세기 초에 탄생했다고 보았기 때문에 세계-경제의 이전 역사인 유럽의 봉건사회에 대해 언급하지 않을 수 없었다. 따라서 그의『근대 세계체제』I권[33]의 제1장은 '중세적 전조Medieval Prelude'가 되었다. 월러스틴은 자본주의적 세계-경제가 성립하기 위해서는 첫째, 세계가 지리적으로 팽창해야 했고, 둘째, 세계-경제의 다른 지역과 다른 생산물을 위한 상이한 노동통제 방식이 개발되어야 했으며, 셋째, 강력한 국가가 건설되어야 했던 것이 필수적이었다고 주장한다.[34] 이 가운데 둘째와 셋째 측면은 첫째 측면, 즉 지리적 팽창의 성공 여부에 크게 좌우되었기 때문에 월러스틴은 유럽 팽창을 선도한 포르투갈이 해외로 팽창하게 된 동기를 분석하고 있다. 그는 포르투갈이 이 시기에 해외로 팽창하게 된 동기를 다음과 같이 정리하고 있다. 지리적으로 포르투갈은 대서양 연안과 아프리카에 바로 인접해 있어 대서양으로 팽창하는 데 유리하였고, 이미 원거리 무역에서 많은

---

32) Ferguson,『르네상스』, pp.59~65.
33) Wallerstein, *Modern World-System* I. 이하 *MWS* I로 약함.
34) *MWS* I, p.38.

경험을 얻고 있었으며, 베네치아의 경쟁자인 제노바인들의 경제적인 지원을 받을 수 있었다는 것이다.[35]

그러나 이러한 요인들은 포르투갈이 해양으로 팽창하는 데 필요조건은 될 수 있지만 근본적인 동기였다고는 할 수 없다. 그리하여 월러스틴은 여기서 한걸음 더 나아가, 당시 포르투갈만이 팽창하려는 의지와 그 가능성을 극대화할 수 있었다고 주장한다.[36] 당시 유럽은 금, 식량, 향료, 섬유를 처리하기 위한 원료, 그리고 노동력 등 많은 것을 필요로 했다. 포르투갈의 경우, '발견 사업discovery enterprise'으로부터 발생하는 이익은 귀족과 부르주아지, 심지어는 도시의 반半 프롤레타리아 등에게 고루 분배되었다. 포르투갈과 같이 영토가 작은 국가에게 그러한 이익은 대단히 중요한 것이었으며, 대외적인 팽창은 국가의 수입을 확대하고 영광을 축적하는 지름길이기도 했다. 포르투갈은 당시 유럽의 많은 국가들 가운데서 내적인 정치적 투쟁을 겪지 않았던 곳이었으며, 식량을 경작할 토지도 부족하였다. 그리하여 포르투갈인들 사이에서는 해양으로 진출하는 것에 대한 공감대가 형성되었으며, 젊은이들도 기꺼이 탐험에 나서게 되었다는 것이다. 한편, 부르주아지의 이익이 귀족의 이해와 상충되지 않았다는 이유도 있었다. 부르주아지들은 포르투갈의 좁은 시장이 갖는 한계에서 벗어나고자 노력했고, 자본이 부족하였던 그들은 다행히도 베네치아와 경쟁 관계에 있었던 제노바인들로부터 자본을 얻어 쓸 수 있었다는 것이다.[37]

월러스틴은 봉건제에서 자본주의로의 이행의 가장 중요한 원동력을 봉건제의 위기에 직면한 지배계급의 생존전략과 결국 그 위기의 해결책을 마련해 준 유럽의 지리적 팽창으로 보았던 셈이다. 월러스틴은 당시 유럽이 영주 수입의 감소를 보상하고 격렬한 계급투쟁의 가능성을 차단하고, 귀금속, 식량, 향료, 원료와 노동력을 제공해 줄 새로운 지역을 필요로 하였으며,

---

35) *MWS* I, p.49.
36) *MWS* I, p.51.
37) *MWS* I, pp.51~52.

이 당시 항해사업이 뛰어들 충분한 동기와 역량을 겸비한 나라는 포르투갈이 유일하였다고 보았다.[38]

　15세기에 해양으로 팽창한 것은 유럽 전체가 아니라 포르투갈이었으며, 포르투갈 또한 해외 팽창사업을 국가가 주도하기 이전에는 엔리케라는 한 왕자의 실천력에 의해 해양 팽창 사업이 주도되었다는 점은 주지의 사실이다. 그렇다면 엔리케 왕자가 해양 탐사를 주도했던 이유를 살펴보는 것 또한 간과해서는 안 될 것이다. 엔리케 왕자의 연대기를 쓴 아주라라는 엔리케 왕자가 해양 탐사를 열성적으로 후원했던 이유를 다섯 가지로 설명하고 있다. 첫째, 엔리케는 카나리아제도와 보자도르 곶 너머에 무엇이 있는지 알고 싶어 했다. 둘째, 아프리카 금광업자들과 거래함으로써 경제적인 이익을 얻을 수 있을 것으로 생각했다. 셋째, 이교도인 무어인 세력을 잠식시키기를 원했다. 넷째, 미개인을 기독교도로 개종시키고자 했다. 다섯째, 만약 전설로 전해 내려오는 선교사 존의 왕국을 발견한다면 이와 연합하여 이슬람교도를 협공할 수 있으리라 생각했다.[39]

　이와 같은 생각들은 사제 요한Prestor John이 다스린다는 전설상의 기독교 왕국이 아프리카 어딘가에 있다는 풍문이 전해짐으로써 더욱 증폭되었다. 엔리케는 선교사 존의 왕국을 찾는다면 동맹을 맺어 이슬람교도를 협공할 수 있을 것이라고 생각했던 것이다. 이러한 생각은 십자군원정 이래 유럽 기독교권에서 지속되고 있었던 목표이기도 했다. 이처럼 엔리케가 아프리카 탐험을 조직하고 후원했던 것은 어떤 새로운 이념이나 기대에서 시작한 것이 결코 아니었다. 오히려 중세적인 동기와 지식을 바탕으로 아프리카 탐험에 나섰던 것이다.[40]

　유럽, 아니 포르투갈과 스페인의 해양 팽창과 그에 뒤이은 식민지 사업은

---

38) 하지만 성백용은 월러스틴의 견해에 대해 인과적 필연성이 막연하고 결과론에 가까울 따름이라고 비판적 견해를 제시하였다. 성백용, 「봉건제에서 자본주의로의 이행과 세계체제론」, p.145.

39) Azurara, *Chronicle of the Discovery and Conquest of Guinea*, vol.I, pp.27~30.

40) Parry, 『약탈의 역사』, p.17.

유럽이 자본주의로 나아가기 위한 긴 여정의 첫 단계였다. 미셸 보는 자본주의로의 긴 여정의 첫 단계를 아메리카의 정복과 약탈(16세기)로, 두 번째 단계를 부르주아지의 등장과 그 기반의 확립(17세기)으로 각각 특징짓고 있다. 그는 디아스의 희망봉 일주, 콜럼버스의 서인도 도착, 다 가마의 인도 도착으로 시작된 '유럽의 거대한 부의 사냥(교역과 약탈)'으로 아메리카의 귀금속이 유럽으로 유입되고, 그로 인해 물가가 상승하여 유럽은 낡은 것과 새로운 것의 충돌의 장이 되었다고 보았다. 1521~1660년 사이에 1만 8천톤의 은과 200톤의 금이 아메리카로부터 스페인으로 운송되었고, 그로 인해 16세기 중엽에서 17세기 초 사이에 유럽 각국에서 소맥의 가격이 2~4배가량 올랐고, 실질임금은 50%가 하락하였다. 이 시기에 자본 축적은 국가에 의한 축적과 부르주아적 축적이라는 낡은 방식과, 아메리카에서 발견된 보물과 금은광 혹은 식민지 농장에서의 생산을 통한 축적이라는 새로운 방식으로 이루어졌다. 미셸 보는 16세기를 상업자본주의 시대로서 미래의 자본주의 발전을 위한 조건이 생겨나고 전개된 자본주의의 맹아기였다고 보았다.[41] 유럽 팽창과 그로 인한 식민지 사업으로 유럽이 이른바 '상업혁명'을 겪고, 이로 인해 자본주의로 발전할 수 있는 기틀이 되었음은 주지의 사실이다.[42]

이상에서 살펴본 바와 같이, 해상 교역과 지리상의 해양탐험, 그리고 식민지 사업은 유럽이 봉건사회에서 자본주의 사회로 성장하는 기나긴 여정에서 결코 빼놓을 수 없는 역사적 전제조건이었다. 왜냐하면 해양 활동을 통한 원재료의 획득, 해외 판매 시장의 확보, 금은의 대량 유입을 통한 국부의 축적 등은 자본주의 성장에 우호적인 배경이 되었다는 것은 의심의 여지가 없기 때문이다.[43] 그런데 한 가지 의문이 드는 것은 해양

---

41) Beaud, 『자본주의의 역사』, pp.16~28.
42) Packard, 『상업혁명』 참조.
43) Smith, 『국부론』 상, pp.206~214 참조.

팽창을 선도했던 포르투갈이나 스페인이 아닌 영국이 자본주의를 발전시킬 수 있었는가 하는 점이다. 이는 해양 활동이 곧 자본주의 성장으로 귀결되는 것이 아니라는 사실을 반증한다.

III. 해양 활동과 자본주의의 발전

역사상 해양 활동을 활발히 벌여온 민족들이 동시대의 다른 민족에 비해 앞선 문화와 문명을 창출하였다는 것은 주지의 사실이다. 고대 페니키아와 그리스, 중세의 노르만 민족과 이탈리아 도시국가, 근대의 포르투갈과 스페인, 그리고 네덜란드와 영국이 바로 그러한 예의 대표적인 본보기들이다. 자본주의가 출현하기 시작한 15세기 이후만을 비교해 본다면, 유럽의 포르투갈, 스페인, 네덜란드, 영국, 동양의 중국이 활발한 해양 활동을 벌인 바 있다. 여기에서는 스페인과 영국, 그리고 중국의 해양 활동을 비교해 봄으로써 해양 활동이 자본주의 발전으로 이어지게 되는 연결고리를 찾아볼까 한다.

먼저 이 세 나라 가운데 시기적으로 가장 일찍 그리고 경이적인 해양 활동을 한 중국의 예를 살펴보기로 하자. 2005년은 정화의 하서양下西洋 600주년이 되는 기념비적인 해이다. 명의 3대 황제 영락제는 1405년부터 1421년까지 총 6차례에 걸쳐 대함대를 파견하여 인도, 페르시아만, 아프리카의 말린디까지 항해하도록 했다. 정화 함대의 일부는 아메리카 대륙까지 항해하였다는 주장도 있다.44) 명의 5대 황제 선종 선덕제도 1430년(선덕 5)에 대함대를 파견하였다. 7차에 걸친 명의 대함대를 지휘한 사람이 정화였는데, 그의 항해는 인류 역사상 가장 경이적인 항해로 손꼽히고 있다. 그의 함대의 구성과 항로를 살펴보면 <표 13-3>과 같다.

---

44) Menzies, *1421 : The Year China Discovered America*.

〈표 13-3〉 명의 정화 함대의 구성과 항로

항차	목적	출발	귀환	함대와 승무원	최종 기항지
1차	조공·교역	1405년 겨울	1407년 9월	62척/ 2만 7800명 또는 3만 7000명	캘리컷
2차	조공·교역	1407년 겨울	1409년 늦여름	?	캘리컷
3차	조공·교역	1409년 10월	1411년 6월	48척/ 2만 7000명 또는 3만명	캘리컷
4차	조공·교역	1413년 겨울	1415년 7월	63척/ 2만 7670명	말린디
5차	조공·교역	1417년 겨울	1419년 7월	?	말린디
6차	사신 귀환	1421년 봄	1422년 8월	?	?
7차	조공·교역	1430년 12월	1433년 7월	61척/ 2만 7550명	말린디

자료 : 미야자키 마사카쓰, 『정화의 남해대원정』, 제6-8장.

놀라운 것은 정화 함대 원정에 동원된 보선寶船은 세계해양사에서 유례를 찾아볼 수 없을 정도로 거대한 목선이었다는 사실이다. 『영애승람』에는 정화 함대 가운데 가장 큰 배는 길이가 44장 4척, 너비 18장이라고 기록되어 있다. 미야자키 마사카쓰는 명대 조선造船에 사용된 1준척准尺을 34.2cm로 환산하여 보선 가운데 가장 큰 것은 길이 151.8m, 너비 61.6m에 이르는 것으로 계산해 내었다.[45]

보선의 최대 크기에 대해 8000톤이라는 주장도 있으나, 오늘날에는 대체로 1000톤 내외로 보는 것이 일반론이다. 이를테면 대만 해양대학의 수밍양은 길이 74m, 너비 12.8m 정도로, 상해교통대학의 故 신웬어우 교수는 600톤 내지 800톤급으로, 중국 해군 공정학원의 탕즈바는 정화 보선을 명대 2000료 해선으로 보아 길이 55.5m, 선폭 15.3m, 배수량 1500톤급으로 각각 추정하였다.[46]

명이 대외적으로 해금정책을 유지하면서도 대규모 해양 원정을 감행한 배경은 무엇 때문이었을까? <표 13-3>에 나타나 있는 것처럼, 항해의 목적은 건국 초기 명의 대외적 위신을 드높이고, 해외의 여러 나라들을 명의 조공체제에 편입시키는 한편, 국영 무역을 도모하고자 하는 것이었

---

45) 미야자키 마사카쓰(宮崎正勝), 『정화의 남해대원정』, pp.143~144.
46) 허일 외 편역, 『정화의 배와 항해』, pp.124, 143, 187.

다.[47] 유럽의 해양 탐사대들이 아시아로 가는 항로를 찾아 경제적 이익을 추구하고자 했던 것과는 다소 상이한 원정 목적이었던 셈이다. 원정대에 참가한 사람들 또한 능동적인 참여자라기보다는 황제의 명을 수행하는 관리와 군사 등이 주류를 이루었다. 미야자키가 정리한 바에 따르면, 정화 함대 승무원은 크게 1) 환관, 2) 관료로서 외교와 교역에 종사한 자, 3) 조선操船, 군사, 의장 등에 종사한 군인, 4) 음양관, 의사 등 네 그룹으로 나뉘어져 있었다.[48]

이처럼 인류역사상 최대 규모로 해양 사업을 추진했던 중국이 갑자기 그 활동을 중단한 이유는 어디에 있을까? 월러스틴은 중국이 해양 팽창을 지속하지 못한 원인에 대한 여러 학자들의 견해를 다음과 같이 소개하고 있다. : 중화사상, 관료집단의 환관에 병적인 증오심, 해외활동을 준비하는 데 따른 국고의 고갈(윌리엄 윌리츠), 육식 위주의 유럽의 목축과 곡물 생산을 위해 공간이 더 필요했던 반면, 쌀 위주의 중국은 노동력이 부족했다는 점(피에르 쇼뉘), 제국의 구조를 해체하는 경향이 있는 유럽의 봉건제와 제국을 유지하는 경향이 있는 중국의 녹봉제(베버, 레븐슨), 내부의 봉기를 두려워하여 총포 기술과 장인 수의 증가를 억제했던 중국(치폴라), 왕명학파의 세례를 받은 관료들과 주자학을 이어받은 환관들간의 이념 대립(무니에). 이어 월러스틴은 중국과 유럽의 차이를 다음과 같이 정리하고 있다.

로마제국의 골격은 희미한 기억으로 잔존했으며, 그 기억은 주로 하나의 교회에 의해 중세로 이어졌다. 이와는 달리 중국인들은 약화되기는 했으나, 제국의 정치구조를 유지할 수 있었다. 이것이 봉건체제와 녹봉제적 관료체제에 입각한 세계제국 사이의 차이였다. 그 결과 중국은 여러 면에서 유럽보다 더 발전된 경제를 유지해 나갈 수 있었다. … 또한 두 지역에서 추진된 농업경영의 차이, 즉 유럽은 가축 사육과 밀 경작 쪽으로, 중국은 쌀 경작쪽으로 나아간 점을 덧붙여야 할 것이다. 쌀 경작에는 공간이 덜 필요했지만,

---

47) 미야자키 마사카쓰, 『정화의 남해대원정』, pp.131, 197.
48) 미야자키 마사카쓰, 『정화의 남해대원정』, p.136.

더 많은 노동력을 필요로 했고 … 유럽은 중국 보다 지리적으로 팽창하는 것이 더욱 절실했다. 중국에서는 팽창을 수지맞는 일로 생각했을 만한 집단들이 더러 있었지만, 또 그만큼 그들에 대한 제약이 뒤따랐다. 이는 제국의 틀 안에서 세계체제의 정치적 안정을 유지하는 것이 최우선 과제였다는 사정에서 연유한다. 그러므로 중국은 이미 광범위한 관료기구를 유지하고 있었다는 점에서 자본주의로 나아가는 데에 좀더 유리한 처지였고, 화폐 경제화라는 면에서, 그리고 기술 면에서 더 앞서 있었음에도 불구하고 그렇게 썩 유리한 처지가 아니었다. 중국은 제국이라는 정치적 구조로 인한 부담을 안고 있었다. 중국의 그 가치체계의 합리성으로 인한 부담을 안고 있었던 것이다.[49)]

스페인의 경우를 살펴보면, 1492년 콜럼버스의 서인도 항해를 후원함으로써 해양사업에 뛰어들었다. 오예다, 핀손, 라 코사 등은 콜럼버스 항해의 성과를 바탕으로 신대륙 쪽에서 아시아로 가는 항로를 탐사하였고, 식민지 정착민이었던 발보아는 유럽인으로서는 최초로 태평양을 목도하였으며, 마젤란은 스페인 왕실의 후원을 받아 향료제도까지 항해하려고 시도하였다. 코르테스는 멕시코에서 아즈텍 문명을, 피사로는 잉카 문명을 약탈하였다. 1560년대에는 필리핀이 스페인령으로 편입되었고, 1580년에는 포르투갈을 합병하는 등 스페인은 세계 최대의 제국을 건설하였다.[50)] 16세기에 전성기를 구가했던 스페인은 17세기에 쇠퇴의 길로 접어들어 유럽의 주변부로 전락하고 말았다. 스페인사가인 엘리엇은 스페인 쇠퇴의 원인을 다음과 같이 설명하고 있다.

> 17세기 중반 유럽의 많은 지역에서 예외적으로 급속한 지적, 행정적 진보가 나타났던 시기에 스페인에서는 정치적, 지적 침체가 극대화되었다. 특히 카스티야에서는 17세기 중반의 위기로 인해 나타난 도전에 응전하는 데

---

49) Wallerstein, 『근대세계체제』 I, pp.93~106.
50) Parry, 『약탈의 역사』, 제4장.

실패하고 패배의 무력감에 빠지고 말았다. 이 실패의 직접적인 원인은 여러 재난들, 그 중에서도 전쟁의 패배에서 찾아야 할 것이다. … (카스티야가 실패한 원인을) 단순히 한 사람만의 실수로 돌릴 수는 없다. 그것은 그보다는 한 세대와 전체 지배계층의 실수를 반영한다. … 제국이 파국을 모면할 수 있기 위해서는 최고의 능력을 갖춘 정치가가 필요했던 시점에 카스티야의 지배자들은 구제불능일 정도로 평범했기 때문에 자유는 결국 상실되고 말았다. … 이 실패에는 왕조의 퇴화도 분명히 한몫 했다. … 17세기 스페인인들은 의견의 차이로부터 비롯되는 힘을 상실한 사회에 속했고, 더 이상 과거와 단호하게 단절할 수 있을만큼 강한 결단력과 폭넓은 비전도 없었다. … 유럽을 이끌어나갔던 스페인은 생존의 가장 본질적인 요소, 즉 변하고자 하는 의지를 가지지 못했던 것이다.[51]

엘리엇은 스페인 제국이 17세기의 위기에 적절히 대응하지 못하고 쇠퇴한 원인을 일련의 정치적 사건(주로 전쟁의 패배), 지배계층의 무능력, 사회 전반의 보수성에서 찾고 있다.

이와 같은 요인들에 덧붙여 필자는 해양 활동에 종사한 사람들의 사회적 분포와 그들에 대한 직업적 위상에도 관심을 가질 필요가 있다고 생각한다. 왜냐하면 해양 활동에 능동적으로 참여하느냐 수동적으로 참여하느냐 또는 선원들에 대한 사회적 위상에 따라 외적 변화에 대응하는 양상이 달라질 것이기 때문이다. 페레스-마야이나는 일반적으로 선원이 되는 이유를 가난, 세계에 대한 동경, 부친의 직업 계승, 납치 또는 부모의 매매, 부와 사회적 성공 등 다섯 가지로 들고, 16세기 스페인의 경우 항구나 연해 지역의 가난한 사람들과 항해나 군인, 활동적인 직업을 선호하는 사람들이 선원이 되었다고 보았다. 그는 스페인 선원들의 사회적 계층을 보통선원과 실습선원, 수로안내인pilot, 선장으로 대별하고, 보통선원들은 흑인과 뮬라토mulatto, 심지어 노예들을 포함한 최하층이 유입되었고, 수로안

---

76) Elliott, 『스페인제국사』, pp.430~434.

내인은 목수나 뱃밥장이caulker, 통장이copper와 같이 배의 의장과 관련된 전문 직업인과 장인의 아들들이 다수 종사했으며, 최상층인 선장은 고임금을 받을 수 있고, 선주로 성장할 가능성이 있었지만, 결코 상인처럼 부를 축적하는 데 성공한 예는 흔치 않았다는 점을 밝혀내고 있다. 뮬라토나 흑인, 해방 노예들도 수로안내인 자격시험에 응시할 수 있었고, 일부는 수로안내인으로 승진한 경우도 있었지만, 몰락한 하층귀족이 선원이라는 직업을 선택하여 귀족으로서의 품격nobility을 되찾을 수는 거의 없었다. 결론적으로 페레스-마야이나는 16세기 스페인의 선원들의 사회적 위상은 매우 낮았으며, 선원들이 단체를 결성하여 직업적 위신prestige을 얻고자 노력하였으나 여의치 않았다고 밝히고 있다.[52] 이상에서 살펴본 것처럼, 스페인이 콜럼버스의 선도 하에 해양사업에 나섰지만, 신대륙으로 건너간 스페인인들은 정착민이 아니라 지배계층인 군인, 선교사, 관리들과 같은 정복자들이었다.[53]

영국의 해양 활동은 앞에서 살펴본 중국이나 스페인의 경우와는 크게 차이가 있었다. "영국의 첫 번째 특성은 섬나라이며, 이것의 영국의 역사를 근본적으로 조건지었다."[54] 그런 만큼 영국인들은 역사 전면에 부각되기 이전부터 해양 활동을 해 왔지만, 해양 활동을 통해 세계사의 무대에 본격적으로 등장하게 된 것은 1497년 존 캐봇의 뉴펀들랜드로의 항해 이후의 일이다. 이후 영국인들은 인도양과 대서양의 포르투갈과 스페인의 세력권을 잠식해가며 지속적으로 해양 활동을 전개하였다. 영국인들의 해양 활동은 그 성격에 따라 몇 단계로 나누어 볼 수 있다. 스페인과 포르투갈이 토르데시야스 조약에 따라 세계를 확고하게 양분하고 있었던 16세기에는 북동·북서 항로를 통해 아시아로 가는 새로운 항로를 개척하려고 시도하였다. 북미 북동해안을 탐사한 마틴 프로비셔, 배핀, 데이비스, 허드슨이

---

52) Pérez-Mallaína, *Spain's Men of the Sea*, pp.23~45.
53) Parry, 『약탈의 역사』, p.126.
54) 박지향, 『영국사』, p.12.

바로 북동·북서항로를 찾아 나섰던 영국의 항해가들이었다. 항로 탐사가 진행되는 한편에서 롤리, 길버트, 드레이크와 같은 사나포선장들은 스페인의 식민지와 보물선을 약탈하고, 한 걸음 더 나아가 미대륙과 서인도제도에 식민지를 개척하려고 시도하였다. 이들의 식민개척 시도에 이어 17세기에 버지니아, 바베이도스, 메릴랜드, 뉴잉글랜드, 매사추세츠 등이 영국인들에 의해 식민지로 개척되었다.[55]

항로 탐사와 식민 사업에 이어 영국은 해양과학탐사라는 새로운 길을 열었다. 캡틴 쿡의 항해에 과학자들이 동승함으로써 미지의 동물과 식물에 대한 연구를 진행시킴으로써 영국인들은 항로탐사에 해양과학탐사의 성격을 덧붙였다. 다윈이 1831~1836년 해군조사선 비글*Beagle* 호를 타고 갈라파고스 섬을 조사하고, 1872~1876년까지 챌린저*Challenger* 호가 세계의 해양을 탐사하게 된 것은 이러한 전례에 따른 것이었다. 더 이상 미지의 해역이 사라지게 된 20세기에 이르러서도 스콧과 새클턴과 같은 영국인들은 남극점에 최초로 도달하겠다는 열망 하나로 남극 탐험을 시도하였다.

영국인들이 항해와 해양사업에 뛰어든 목적은 단순한 항로 탐색에서 새로운 섬과 대륙의 발견, 식민, 사나포 활동, 과학탐사, 도전심 등 실로 다양했고, 해양 활동의 성격 또한 일회적이거나 단기적인 것이 아니라 지속적·반복적·능동적이었다. 해양 활동의 주체 또한 평민, 젠틀맨, 향사, 귀족, 과학자 등 영국의 거의 모든 계층이 참여했고, 이들은 해양 활동을 통해 자신들의 사회적 신분을 상승시킬 수 있었다. 롤리와 드레이크, 헨리모건과 같은 사나포선장들은 'Sir'로 존칭되었고, 가난한 마름의 아들이었던 쿡은 포스트 캡틴post-captain에까지 진급하고 왕립협회의 정회원이 되었으며, 선원의 아들이었던 우링Uring은 상선의 선원으로 진급하고 마침내 선주로 입신하기도 하였다.[56] 데이비스가 밝혀낸 것처럼, 영국에서 선원이 되고자 하는 주된 동기는 "세계에 대한 동경심, 많은 보수, 구직, 가업의 계승"이었

---

55) Parry, 『약탈의 역사』, 제9장 참조.
56) Dewar, ed., *Nathaniel Uring*.

다.57) 보수와 구직을 위해 선원이 되는 경우는 선원세계의 공통된 현상이라고 할 수 있으므로, 영국의 선원세계가 다른 나라와 뚜렷이 구별되는 동기는 가업의 계승과 동경심이라고 할 수 있다. 스페인이나 중국의 경우도 아버지의 직업을 이어받아 선원이 되는 경우가 있었겠지만, 그것은 하나의 사회적 신분상승의 수단으로 가업을 잇는 영국과는 분명히 구분된다. 우링도 선원인 아버지의 뒤를 이어 선원이 되었고, 커티 삭*Cutty Sark* 호의 선주로서 유명했던 윌리스*Willis* 부자 역시 모두 선장으로 승선한 바 있었다.

미지의 세계에 대한 동경심 또한 영국인이 선원이 되는 주요 동기 중 하나였다. 배를 타고 싶어 했지만 아버지의 반대로 육지에서 장사를 배우던 니콜은 1776년 21살에 캔츠 리가드*Kent's Regard* 호에 견습선원으로 승선한 뒤 "나는 지금 너무 행복했다. 왜냐하면 내가 그토록 바랐던 배를 타고 바다에 있었기 때문이다. 나에게 떨어진 닻을 감아 올리라는 명령은 내게는 기쁨의 소리였다."58)고 적었다. 1781년 포리스터*Forester* 호의 견습선원으로 승선한 리처드슨도 "승선 다음날 아침 거울 면같이 잔잔한 바다를 보기 위하여 갑판 위에 올라갔을 때 나는 놀랐다. 멋진 아침이었고, 배 주위는 한적했다. 이 모든 것이 나에게는 완전히 딴 세상처럼 느껴졌다."59)고 적었다.

이와 같은 영국인들의 해양 활동은 말 그대로 해양을 무대로 한 활동에 그친 것이 아니라 문화로 승화되었다. 리처드 해클류트*Richard Hakluyt*(1553~1616)가 1589~1600년 사이에 『항해교통및발견기*The Principal Voyages Traffiques & Discoveries*』를 통해 영국인들의 해양활동사를 집대성하였고, 롤리나 드레이크와 같은 저명한 사나포선장들은 말할 것도 없고, 수많은 선원들이 자신들의 항해기를 출판하였다. 선원으로 승선생활을 한 바 있는 존 메이스필드와 같은 시인이 주옥같은 해양시를 써서 바다와 선원 생활에 대한 긍정적

---

57) Davis, *Rise of the English Shipping*, p.153.
58) Flannery, ed., *Life and Adventures of John Nicol*, p.26.
59) Childers, ed., *Mariner of England*, p.4.

	중국	스페인	영국
기간	1405~1433	1492(Columbus)~1714(스페인왕위계승전쟁 종전)	1497(Cabot)~20세기
성격	단기적·일회적·수동적	중단기적·수구적	지속적·반복적·능동적
목적	국위선양·외교·공무역	탐사·황금향·약탈·보물선 호송	탐사·발견·식민·사나포·과학 탐사·도전
주체	관리·군인	외국의 항해가·하층귀족	평민·젠틀맨·향사·귀족·과학자
선원의 사회적 위상	낮음	낮음	中上 이상
선원의 신분 상승 가능성	거의 불가능	어려움	가능
해양문화	없음	약함	융성
귀결	반식민지화	반주변부화	자본주의화·제국화

인식을 심어주는 데 일조하였다. 문학뿐만 아니라 경제, 과학, 여가활동 등 모든 면에서 영국은 해양국가라는 명성에 걸맞게 바다를 연구하고, 이용하고, 즐겨왔다. 결론적으로 영국이 중국이나 스페인과 다른 점은 영국인들은 해양 활동을 해양문화로 승화시켰다는 것이다.

자본주의가 발전하는 데는 폐쇄적 국민경제체제나 자급자족경제체제로는 한계, 조금 더 나아가면 불가능하다고까지 말할 수 있을 것이다. 그렇다면 자본주의 경제체제가 제대로 작동하기 위해서는 적어도 국민경제의 테두리를 넘어야 한다는 기본전제가 충족되어야 한다. 그럴 경우 원료의 수급과 재수출, 완제품의 판매를 대량으로 하기 위해서는 저렴하게 대량으로 운송할 수 있는 배를 이용하지 않으면 안 된다. 이 점에서 해양 활동은 그것 자체만으로도 민족이나 국가의 발전에 필수불가결한 요소라고 할 수 있다. 하지만 15세기 이후의 역사전개를 고려해 본다면, 해양 활동이 곧 자본주의 발전으로 이어진 것이 아니었다는 사실 또한 명백하다.

해양국가로서 영국이 스페인이나 포르투갈 보다 늦게 해양사업에 뛰어들었음에도 불구하고, 자본주의화에 성공할 수 있었던 것은 영국인들이 타 국가에 비해 해양 활동의 본질을 제대로 이해하고 실천하였음과 동시에 해양 활동을 해양문화로 승화시켰다는 데서 그 동인을 찾아볼 수 있지 않을까 하는 것이 필자의 시론적 결론이다. 인간이 바다로 나아가는 것은 바다 그 자체에 머물러 있기 위한 것이 아니다. 인간이 해양 활동을 하는 데는 두 가지 목적이 내재되어 있는데, 그 하나는 교역이고, 다른 하나는 약탈이다. 같은 문명권이나 비슷한 정도의 문화를 갖고 있는 문명권을 대상으로 해양 활동을 하는 민족은 주로 교역을 하게 되지만, 다른 문명권이나 하위 문화권에 대해서는 처음에는 교역을 가장하지만 결국은 약탈을 감행하게 된다. 이를테면 포르투갈은 엔리케 당시에는 아프리카의 하급 문화권과 접촉하면서 노예 무역과 사금 채취 등 약탈에 치중하였고, 인도 항로 개척 뒤에는 이질문명권인 인도와 교역을 추구하였으나, 그들의 힘의 실체를 파악한 뒤에는 결국 약탈로 이어졌다. 스페인의 경우는 콜럼버스의 서인도 도착 이후 하급 문화권인 서인도제도를 약탈하였고, 결국 고급문명권이지만 이질문명권이었던 잉카와 아즈텍 문명 마저 유린하기에 이르렀다.

물론 이에 대한 반례를 얼마든지 찾을 수 있을 것이다. 이를테면 유럽의 경우 노르만 족이 같은 유럽 문명권을 약탈한 경우와 일본의 경우 같은 문명권인 중국과 한반도를 침략한 예를 떠올릴 수 있을 것이다. 그러나 노르만 족이 9~12세기 유럽을 유린하였을 당시 아직 기독교로 개종하기 이전이었다는 점에서 노르만이 유럽 기독교 문명권에 포함된다고 얘기할 수 없고, 일본의 경우도 같은 유교문명권이라고 생각할 수 있겠으나 지리적으로 중국이 대륙, 우리나라가 반도이자 산악국가였던 데 반해, 일본은 해양국가였다는 점에서 분명 이질적인 문명권이었다고 할 수 있을 것이다.

이와 같은 교역과 약탈은 거의 모든 민족과 국가의 해양 활동에 나타나는 공통된 특성이다. 영국이 이들 나라의 해양 활동과 달랐던 점은 해양 활동의 주체들이 주류 사회의 한 축을 형성하였고, 왕실 내지 정부 또한 국가의 정체성을 해양국가로 설정하고 정책을 추진하였다는 점이다. 영국의 경우 거의 모든 계층이 선원이 되었고, 선원이라는 직업을 통해 사회적 신분을 상승시킬 수 있었으며, 해양문학, 해양과학, 해양경제, 해양전략, 해양탐험 등을 통해 해양을 무대로 한 활동이 사회의 주류 문화를 형성하였다. 이 점에서 트레벨리안이 "영국의 운명은 언제나 선원boat-crew에 의해 좌우되어 왔다."[60]고 적었던 것은 아주 적절했다고 할 수 있다.

여기에서 해양 활동과 해양문화와의 관계를 정리할 필요성이 제기된다. 여기에서는 해양 활동이 한 국가의 해양문화로 승화되는 이념형적 과정을 제시해 보고자 한다. 역사상 바다에 연한 민족들은 바다에서 수산, 해운, 해전, 탐험, 여가활동을 벌여왔다. 이와 같은 해양 활동이 특정 국가나 민족의 주류 해양문화로 승화되기 위해서는 최소한의 조건이 충족되어야 한다.

첫째, 바다를 무대로 전개되는 여러 활동 분야가 고르게 발달해야 한다. 즉 바다를 무대로 전개되는 여러 분야 가운데 한두 분야에 나타난 해양 활동과 문화적 양상을 토대로 그 민족의 문화적 성격을 해양문화라고 칭해서는 안 된다. 즉 수산문화, 해운문화, 해군문화, 해양여가문화 등이 한 데 어우러져 이루어진 해양문화가 특정 국가나 민족 문화의 주류를 형성하였을 경우에 한하여 그 국가 또는 민족의 문화를 해양문화라 칭할 수 있을 것이다.

둘째, 해양 활동의 주체, 곧 선원직과 해양산업 경영직을 선택하게 만드는 유인력이 있고, 사회 내에서 선원직과 해양산업에 대한 사회적 위상이 나쁘지 않아야 한다. 금전적 보상이나, 사회적 입신, 또는 미지의 세계에 대한 동경심 충족, 탐험이나 탐사를 통한 명예 획득 따위의 유인력으로 사회 내에서 창의적이고 유능한 사람들을 선원직과 해양산업으로 끌어들일 수 있어야 하며, 이들이 해양 직업과 사회 내에서 진급할 수 있는 길이 열려있어 지위상승을 꾀할 수 있어야 한다. 나아가 선원 경력이나 해양산업 경영자들이 사회의 최상층부로 진출할 수 있어야 한다. 이 점에서 영국은 포르투갈, 스페인, 중국과는 판이했다. 이와 관련하여 해상 관련 직업에

---

60) Trevelyan, *History of England*, p.xix.

종사하는 사람들의 비율이 얼마나 많은가는 문제가 되지 않는다. 영국의 경우 1688~1830년에 이르기까지 선원이 전체 인구에서 차지하는 비율은 1%에도 미치지 못했다.[61]

셋째, 해양 활동이 일회적이거나 단속적이어서는 안 되고 지속적이어야 한다는 것이다. 해양 활동이 최소한 3세대 동안은 지속되어야 해양문화를 창출할 여건을 갖추게 된다는 것이 필자의 생각이다. 우리나라의 경우 9세기 장보고가 동북아시아의 해상권을 장악하였고 중국도 15세기 정화가 경이적인 해양 활동을 한 바 있지만, 그것이 한 세대도 채 이어가지 못함으로써 해양 활동이 문화로 승화될 기회를 상실하였다.

넷째, 해양 활동의 주체들이 배와 바다 위에서 창출한 노동과 일상, 그리고 그들의 체험이 사회 전반에 소개되고 일반 대중으로부터 호응을 얻어야 한다. 선원들의 항해기, 조난기, 미지의 지역 탐방기, 모험기, 해양역사, 선원의 생활을 다룬 해양시와 소설 등이 지속적으로 출판되고, 대중들로부터 호응을 얻는다는 것은 해양 활동이 해양문화로 승화되기 위한 마지막 단계이다. 여기서 한 걸음 나아가 문화로 승화된 해양 활동이 해당 민족이나 국가의 정체성에 영향을 미치기 위해서는 해양 전략 내지 철학과 같은 이론적 뒷받침이 있어야 한다. 이를 도식화해 보면 <표 13-5>와 같다.

〈표 13-5〉 해양 활동의 해양문화로의 승화 과정

각 분야의 해양 활동	수산문화·해운문화·해군문화 등 부분 문화 창출	• 해양산업 종사자들의 사회적 위상 • 지속성 • 해양 역사·문학·철학화	해양문화가 해당 민족이나 국가의 주류 문화 형성	해양 문화

동양 3국의 근대화 과정은 위와 같은 필자의 논지를 뒷받침해 주고 있다. 일본은 해양국가로서 비록 서구에 의해 자본주의 체제에 편입되었지만, 이를 재빨리 흡수하여 자본주의를 발전시킬 수 있었다. 결과론적으로

---

61) 김성준, 「영국 해운업에서의 전문선주의 대두와 경영성과」, p.159.

대륙국가였던 중국은 반식민지로, 반도국가로서 대륙 지향적이었던 조선은 식민지로 전락한 반면, 해양국가였던 일본은 자본주의화에 성공하였다. 극동아시아 3국의 역사적 경험은 해양문화가 자본주의 발전에 우호적 영향을 미친다는 필자의 시론을 확인시켜줄 수 있는 좋은 본보기이다.

우리나라는 2013년 현재 해운업 세계 5위, 조선업 1위, 수산업 13위를 차지하여 그야말로 명실상부하게 해양강국이라고 얘기해도 지나친 말이 아니다. 해방 이후 현재에 이르기까지 우리나라가 이만큼 경제성장을 이룩할 수 있었던 배경에는 해운, 조선, 수산 등 해양산업에 창의적인 사람들이 유입되고, 이들이 제 능력을 발휘했기 때문이었다는 사실은 흔히 간과되어 왔다. 그러나 해방 이후 2세대가 흘러가고 있는 현 시점에서 보면, 창의적인 사람들을 해양산업으로 유인할 수 있는 요인들이 감소되어 가고 있다. 게다가 해운사, 조선사, 수산사 등 해양의 각 분야의 역사서들이 우후죽순 격으로 간행되고 있지만, 이것들이 대중으로부터 아무런 반향을 불러일으키지 못하고 있다. 뿐만 아니라 해양문학이라는 미명하에 출판된 해양소설들이 해양에 대한 긍정적 인식을 부각시키기는커녕, 해양사고, 선원들의 방종, 선내의 갈등 등 부정적 인식을 확산시키는 데 이바지하고 있다. 해방 이후 2세대가 흘러가고 있는 현 시점에서 보았을 때, 우리나라가 현재 보다 한 단계가 더 발전하기 위해서는 해양활동에 창의적인 사람들을 유인할 수 있어야 하고, 해양활동의 지속성을 견지해야 하며, 해양문화를 창출하여 대중들로부터 호응을 얻어야 한다는 것이 필자의 생각이다.

참고문헌

1. 참고서지

『경제학대사전』, 박영사, 1999.

『뉴월드영한대사전』, 시사영어사, 1982.

『동아프라임영한사전』 3판, 동아출판사, 1993.

『두산세계대백과사전』 27권, 두산동아출판사, 1996.

고려대학교 경제연구소 편, 『신경제학대사전』, 대학당, 1980.

『학원사 세계대백과사전』, 학원사, 1971.

『해운물류큰사전』, 한국해사문제연구소, 2002.

水運技術辭典編輯委員會, 『水運技術辭典』, 北京 : 人民交通出版社, 1980.

Encyclopaedia of Britannic, 1988.

New International Webster's Comprehensive Dictionary of the English Language, Deluxe Encyclopedic Edition, Trident Press International, 1996.

OED2 on CD-Rom Ver. 1.13, OUP, 1994.

Oxford English Dictionary, 2nd ed., Clarendon Press : Oxford, 1989.

Random House Dictionary of the English Language, 2nd ed., 시사영어사, 1987.

The New World Comprehensive English-Korean Dictionary, 시사영어사, 1973.

The Oxford Latin Dictionary, Oxford : Clarendon Press, 1983.

The Shorter English Dictionary on Historical Principles. OUP, 1993.

Bes, J., *Chartering and Shipping Terms*(1972), 민성규 감수, 『해운실무사전』, 국제해운, 1974.

Hinkelman, Edward G., *Dictionary of International Trade*, 1994.

Kerchove, Ren de, *International Maritime Dictionary*, New York ; D. Van Nostrand Company, 1961.

Layton, C.W. T., *Dictionary of Nautical Words and Terms*, Glasgow : Brown, Son & Ferguson, 1982.

Smyth, W.H., *The Sailor's Word-book*, Conway Maritime Press, 1991.

Sullivan, Eric, *Eric Sullivan's Marine Encyclopaedic Dictionary*, sixth ed., London : LLP, 1999.

2. 사료

채이식 옮김, 『프랑스 해사칙령과 나폴레옹 상법전 해상편』, 고려대학교 출판부, 2005.

한국정신문화연구원 편, 『譯註經國大典』, 주석편, 1986.

『鬼谷子』謀篇 第10卷, 陶弘景 注, 臺北 : 臺灣商務印書館, 民國57(1968).

『二十五史·宋史』上, 上海古籍出版社, 1986.

徐兢, 정용석·김종윤 역, 『宣和奉使高麗圖經』, 움직이는 책, 1998.

沈括, 최병규 역, 『몽계필담』, 범우사, 2002.

王充, 『論衡』, 上海 : 涵芬樓(商務印書館), 民國18(1929).

趙汝适, 楊博文 校釋, 『諸蕃志』卷下, 海南條, 上海 : 中華書局, 1996.

周達觀 撰, 『眞臘風土記』, 總捷, 台北 : 廣文書局有限公社, 民國58(1969).

朱彧, 『萍洲可談』, 上海 : 古籍出版社, 1989.

曾公亮 等撰, 『武經總要』前集 卷15, 「嚮導」篇, 欽定四庫全書. 子部. 兵家類, 國立中央圖書館籌備處
            編, 上海 : 商務印書館, 民國24(1935).

『韓非子』, 臺灣中華書局, 民國71(1982).

『海道經』, 北京 : 中華書局, 1985.

Anon, *A Brief History of the Trade of England*, 1702.

Journals of House of Commons, Vol.XXII, 1732~37.

Late Measures …in the Coal Trade, 1786.

London Directory, London, 1815.

PRO, BT 107-1-33, Registration Books of the Port of London, London.

Report from the Select Committee on Marine Insurance(1810), reprinted, 11 May, 1824.

Report … of the Coal Trade, June 23, 1800.

*The World Encompassed and Analogous Contemporary Documents concerning Sir Francis
            Drake*(1628), rep. ed., Argonaut Press, 1926.

Azurara, Gommes Eannes de, *The Chronicle of the Discovery and Conquest of Guinea*, Vol.I.

Casas, Las, 박광순 옮김, 『콜럼버스항해록』, 범우사, 2000.

Columbus, Ferdinand, trans. & annotated by Benjamin Keen, *The Life of the Admiral Christopher
            Columbus by his son Ferdinand*, Rutgers, 1959.

Compton, H., ed., *A Master Mariner, being the Life and Adventure of Captain Robert Eastwick*,
            1891.

Corporation of London Records Office, *Common Council Journals*, Vol.48, 1694.

Corporation of London Records Office, *Aldermen Repertory*, Vol.101, 1697.

Chaucer, Geoffrey, ed. by Walter W. Skeat(1872), *Treatise on the Astrolabe*, N. Trübner & Co., p.6, in www.hti.umich.edu/cgi, 2003. 5. 25.

Childers, Spencer, ed., *A Mariner of England ; An Account of the Career of William Richardson ··· 1780-1819*, Conway Maritime Press, 1970.

Curtis, W.E., ed. by, *The Existing Autographs of Columbus*, American Historical Association : Annual Report, 1895.

Dewar, A., ed. by, *The Voyages and Travels of Captain Nathaniel Uring*(1726), Cassel and Company, 1928.

Dunn, Oliver and Kelly, James E., trans. by, *The Diario of Christopher Columbus's First Voyage to America 1492-1493*, Univ. of Oklahoma Press, 1989.

Fuson, Robert H., trans. by, *The Log of Christopher Columbus*, International Marine Publishing Company, 1987.

Garstin, Crosbie, ed. by, *Samule Kelly : An 18th Century Seaman*, Frederick A. Stocks Company, 1925.

Herodotos, 박광순 역, 『역사』 상, 범우사, 1987.

Homeros, 천병희 역, 『오뒤세이아』, 단국대 출판부, 1996.

Lucretius Carus, Titus, *On the Nature of the Things*, Book VI, "Extraordinary and Paradoxical Telluric Phenomena," trans. by William Ellery Leonard, in http://www.fordham.edu/halsall/ancient/lucretius-natureot.txt. 2003. 5. 21.

Macpherson, David, *Annals of Commerce, Manufactures, Fisheries, and Navigation*, 4 Vols, London, 1800.

Markham, Clements, ed. & trans. by, *The Journal of Christopher Columbus*, Hakluyt Society, 1893, reprinted. 1971.

Polo, Marco, 정운용 역, 『동방견문록』, 을유문화사, 1992.

Reeves, John, *The Law of Shipping and Navigation,* 2nd ed., 1807.

T.B., A Letter to a Member of Parliament by a Merchant, British Library, 357 B.3.62.

Dewar, Alfred, ed. by, *The Voyages and Travels of Captain Nathaniel Uring*(1726), rep. In the Seafarers' Library, 1928.

3. 연구논저

강종희, 『현대해운물류 이해』, 두남, 2002.

구옥회, 「해군력이 해양개발에 미친 영향」, 『해양전략』 79호, 해군대학, 1993.

기회원, 『해운경영학』, 부산 : 해문당, 1995.

길인성, 「자본주의」, 김영한 엮음, 『서양의 지적운동』 II, 지식산업사, 1998.

김기봉, 『역사란 무엇인가를 넘어서』, 푸른역사, 2000.

김성준, 「알프레드 마한의 해양력과 해양사에 관한 인식」, 『한국해운학회지』 26호, 한국해
운학회, 1998. 7.

김성준, 「산업혁명기 영국 해운업에서의 전문 선주의 대두」, 『史叢』 52집, 2000. 12.

김성준, 「자본주의 세계 일군 뱃사람들의 일상과 문화 : 악마와 검푸른 바다 사이에서」,
『출판저널』 제304호, 2001. 6. 20.

김성준, 「18세기 영국에서의 해운 전문인의 대두와 해상보험의 발전」, 『韓國海運學會誌』
제32호, 한국해운학회, 2001. 6.

김성준, 『유럽의 대항해시대』, 신서원, 2001 ; 개정판『해양탐험의 역사』, 신서원, 2007.

김성준, 「산업혁명기 영국 상선 선장의 지위와 임금 수준」, 『韓國海運學會誌』 제34호,
2002. 4.

김성준, 「근대 영국 해운업에서의 전문선주의 대두와 경영성과」, 『西洋史論』 75호, 서양사
학회, 2002. 12. 30.

김성준 외, 「해운업 발전 단계론에 대한 비판적 고찰」, 『해운물류연구』 제37호, 한국해운물
류학회, 2003. 4.(2인 공저)

김성준 외, 「배의 크기 단위에 대한 역사지리학적 연구」, 『한국항해항만학회지』 제28권
5호, 한국항해항만학회, 2004. 6.(3인 공저)

김성준 외, 「배의 톤수측정법의 역사적 변천」, 『해운물류연구』 제42호, 한국해운물류학회,
2004. 9.(2인 공저)

김성준, 『영국 해운업에서의 전문선주의 대두와 경영성과 1770-1815』, 고려대학교 박사학
위논문, 2002 ; 『산업혁명과 해운산업』, 혜안, 2006.

김성준 외, 「항해 나침반의 사용 시점에 관한 동서양 비교 연구」, 『한국항해항만학회지』
제27권 4호, 2003.(3인 공저)

김성준, 「바이킹과 유럽의 역사」, 『바다』 제11호, 해양연맹, 2003. 1.

김성준, 「타인의 역사로 빌려 쓴 항해 없는 대항해시대」, 『역사와 문화』 16, 문화사학회,
2008. 9.

김성준 외, 「메르카토르 해도의 항해사적 공헌」, 『한국항해항만학회지』 제38권 제2호,
한국항해항만학회, 2014. 4.(2인 공저)

김성준, 「해양서평 : 주경철『크리스토퍼 콜럼버스』」, 『해양담론』 창간호, 문현, 2014.
4.

김성준, 「콜럼버스는 종말론적 신비주의자인가?」, 『서양사론』 제121호, 2014. 6.

김세웅, 「1890년대 미국의 팽창주의에 관한 고찰 – 마한의 해상권을 중심으로」, 고려대학

교 석사학위논문, 1982. 8.

김영무, 「국적 외항해운업계의 현안 문제와 대응방안」, 『해운연구 : 이론과 실천』, 한국해
운학회, 2001년 봄호.

김인현, 『해상법연구』, 삼우사, 2002.

김재근, 『배의 역사』, 서울대조선공학과 동창회, 1980.

김종길·박경현, 『선박행정의 변천사』, 한국선급·선박검사기술협회, 2003.

김주식, 『서구의 해양기담집』, 연경문화사, 1995.

김효록, 『해운경제론』, 서울 : 장왕사, 1954.

미야자키 마사카쓰, 이규조 역, 『정화의 남해대원정』, 일빛, 1999.

민성규, 『해운경제학』, 한국해양대학교 해사도서출판부, 1973.

민성규, 「대학교재를 통해 본 해운학 연구의 회고와 전망」, 『韓國海運學會誌』 제35호,
2002.

박지향, 『영국사 : 보수와 개혁의 드라마』, 까치, 1997.

박현규·이원철, 『해운론』, 해사문제연구소, 1991.

방희석, 『무역학개론』, 중앙대학교 출판부, 1992.

성백용, 「봉건제에서 자본주의로의 이행과 세계체제론」, 『근대세계체제론의 역사적
이해』, 까치, 1996.

송종극, 『교통지리학』, 동국문화사, 1963.

윤상송, 『신해운론』, 해사문제연구소, 1975.

이선호, 「해상세력과 해전 무기의 발전체계」, 『제해』 35호, 해군사관학교, 1981.

이영석 외 옮김, 『신 자본주의 이행논쟁』, 한겨레, 1985.

이주천, 「알프레드 마한의 제국의 전략과 미서 전쟁」, 『미국사연구』 15호, 2002.

이희연, 『지리학사』, 법문사, 1991.

임봉택·이철영, 「해양력 평가를 위한 해양력의 개념과 속성에 관한 연구」, 『한국항만학회
지』 11권 제2호, 1997.

임인수, 「해양전략의 기본개념연구」, 『해양전략』 88호, 해군대학, 1995.

조덕운, 「해군력과 국가발전」, 『해군전략』 72호, 해군대학, 1991.

조정제·강종희, 「해운과 신해양력」, 『해운산업연구』 141호, 해운산업연구원, 1996.

주경철, 「브로델의 상층구조」, 한국서양사학회 편, 『근대세계체제론의 역사적 이해』,
까치, 1996.

주경철, 「바다는 민주주의의 유모 : 악마와 검푸른 바다 사이에서」, www.issuetoday.co.kr,
2001. 10.

주경철, 『대항해시대』, 서울대학교 출판부, 2008.

주경철, 『크리스토퍼 콜럼버스 : 종말론적 신비주의자』, 서울대학교 출판문화원, 2013.

전성우, 『막스 베버 역사사회학 연구 ― 서양의 도시시민계층 발전사를 중심으로』, 사회비

평사, 1996.

정수일, 『씰크로드학』, 창작과비평사, 2001.

정진술, 「장보고 시대의 항해술과 한중항로에 대한 연구」, 『장보고와 미래 대화』, 해군사관
　　학교, 2002.

진형인, 「해운과 해상안보」, 『해양전략』 96호, 해군대학, 1997.

최근식, 「9세기 장보고 무역선의 指南器 사용 가능성에 대하여」, 『국제고려학회서울지회논
　　문집』 제2호, 2000.

최근식, 「장보고 무역선과 항해기술 연구―신라선 운항을 중심으로」, 고려대학교 박사학위
　　논문, 2002. 7.

崔云峰, 「중국 宋代의 조선기술 및 海船 유형에 관한 연구」, 한국해양대학교 석사학위논문,
　　2002.

최재수, 「편의치적선의 역사적 배경과 현황」, 『해운연구 : 이론과 실천』, 한국해운학회,
　　2001년 봄호.

허일·강상택·정문수·김성준·추위원평, 『세계해양사』, 한국해양대학교출판부, 2004.

허일·김성준·崔云峰 편역, 『중국의 대항해자 정화의 배와 항해』, 심산, 2005.

해군본부, 『해양력과 국가경제』, 해군본부, 1996.

汶江, 『古代中國與亞非地區的海上交通』, 四川省社會科學院出版社, 1989.

白壽彜, 『中國交通史』, 臺灣 : 商務印書館, 1969 ; 최운봉·강상택 옮김, 「隋唐宋 時代的 交通」,
　　『장보고연구』 제3집, 한국해양대학교 부설 장보고연구실, 2000.

謝世輝, 손승철 외역, 『유럽중심사관에 도전한다』, 지성의 샘, 1997.

席龍飛, 『中國造船史』, 湖北教育出版社, 2000.

孫光圻, 『中國古代航海史』, 海洋出版社, 1989.

孫光圻, 『中國古代航海史』(수정판), 海洋出版社, 2005.

孫光圻, 『中國航海史綱』, 大連海運學院出版社, 1991.

劉熙, 『釋舟摘要(註解)』, 최운봉·허일 역, 『장보고연구』 제4집, 한국해양대학교 부설 장보고
　　연구실, 2002.

劉明金, 「沒有指南針就只能靠岸行船嗎?」, 『島嶼文化』 제20집, 목포대학교 도서문화연구소,
　　2002. 8.

王冠倬, 『中國古船圖譜』, 生活讀書新知三聯書店, 2000.

王振鐸, 「司南指南針與羅經盤-中國古代有關靜磁學知識之發現及發明-」上, 『中國考古學報』 第3
　　冊, 商務印書館, 1948.

王振鐸, 「司南指南針與羅經盤-中國古代有關靜磁學知識之發現及發明-」中, 『中國考古學報』 第4
　　冊, 商務印書館, 1949.

王振鐸, 「司南指南針與羅經盤-中國古代有關靜磁學知識之發現及發明-」下, 『中國考古學報』 第5

冊, 中國科學院, 1951.

王振鐸, 「中國古代磁針的發明和航海羅經的創造」, 『文物』 第3期(總262期), 1978.

中國航海學會, 『中國航海史-古代航海史』, 人民交通出版社, 1988.

陳希育, 『中國帆船與海外貿易』, 厦門大學出版社, 1991.

韓振華, 「論中國船的船料及其計算法則」, 『海交史研究』 第1期, 1988.

航運史話編寫組, 『航運史話』, 上海科學技術出版社, 1978.

宮崎正勝(미야자키 마사카쓰), 이규조 옮김, 『정화의 남해대원정』, 일빛, 1999.

東海林滋, 『海運經濟論』, 東京 : 成山堂, 1962.

佐波宣平, 『海運理論體系』, 有斐閣, 1949.

佐波宣平, 이현종 역, 『교통경제학』, 단국대학교 출판부, 1981.

佐和隆光(사와 타카미츠), 홍성태 역, 『자본주의의 재정의』, 푸른숲, 1996.

小島昌太郎, 「海運に於ける企業及び經營の分化發達」, 『海運』 87號, 1929.

小島昌太郎, 『海運論』, 東京 : 千倉書房, 1938.

石井謙治, 『江戶海運と弁才船』, 財團法人日本海事弘報協會, 1988.

靑木榮一, 『シ-パウの 世界史 I』, 東京 : 出版合同社, 1982 ; 최재수 역, 『시파워의 세계사 I』,
　　　　한국해사문제연구소, 1995.

澤喜司郎, 「15世紀ブリストルにおけるカニング家の 海運貿易活動」, 『海運經濟研究』 Vol.12, 日本海
　　　　運經濟學會, 1978.

豊原治郎, 『アメリカ海運通商史研究』, 東京 : 未來社, 1967.

黑田英雄, 『世界海運史』, 東京 : 成山堂, 1972.

Aldcroft, D.H. & Freeman, M.J., eds., *Transport in the industrial revolution*, Manchester Univ.
　　　　Press : Manchester, 1983.

Almond, Pat, "Mercator : The Man who straightened out the World," *Sea Frontier*, July-August,
　　　　1980.

Armstrong, J. and Bagwell, P.S., "Coastal shipping," in D.H. Aldcroft & M. Freeman, ed.,
　　　　Transport in the industrial revolution, Manchester, 1983.

Ashton, T.S., *An Economic History of England : The 18th Century*, Barnes & Noble, 1961.

Bagwell, P.S. and Armstrong, J., "Coastal shipping," in *Transport in Victorian Britain*, 1988.

Barty-King, Hugh, *The Baltic Story : Baltick Coffee House to Baltic Exchange, 1744-1994*,
　　　　Quiller Press, 1994.

Beaud, Michel, 김윤자 역, 『자본주의의 역사』, 창작과 비평사, 1987.

Blunt, Joseph, The Shipmaster's Assistant, and Commercial Digest, N.Y., E. & G. W. Blunt,
　　　　1837, reprinted by Macdonald and Jane's, 1970.

Braudel, Fernand, 주경철 역, 『물질문명과 자본주의』 I·II·III, 까치, 1995.

Bunk, Lutz, 안성찬 역, 『역사와 배』, 해냄, 2004.

Burwash, Dorothy, *English Merchant Shipping, 1460-1540*, Univ. of Toronto Press, 1947.

Carter, C.J.M., "Stephenson Clarke Story," *Sea Breeze*, Vol.XXV, 1958.

Carter, C.J.M., *Stephenson Clarke Shipping*, The World Ship Society, 1981.

Casson, Lionel, *Ships and Seafaring in Ancient Times*(1994), 김훈 역, 『고대의 배와 항해이야기』, 가람기획, 2001.

Chapman, Stanley D., *The Early Factory Masters*, Newton Abbot, 1967.

Chapman, Stanley D., "Fixed Capital Formation in the British Cotton Industry, 1770-1815," *Economic History Review*, 2nd ser., Vol.XXII, no.2, 1970.

Cohat, Yves, 김양미 옮김, 『바이킹 : 바다의 정복자들』, 시공사, 1997.

Collinder, Per, trans. by Maurice Michael, *A History of Marine Navigation*, London : B.T. Batsford Ltd., 1954.

Condon, M.E., The Administration of the Transport Service during the War against Revolutionary France, 1793-1802, Ph.D. Thesis, Univ. of London, 1968.

Corkhill, Michael, *The Tonnage Measurement of Ships,* London : Fairplay Publications, 1980.

Cox, Peter, *A Link with Tradition : The Story of Stephenson Clarke Shipping Limited 1730-1980*, Plymouth : Oakfield Press, 1980.

Crafts, N.F.R., *British Economic Growth during the Industrial Revolution*, Oxford Univ. Press, 1985.

Craig, R., "Capital Formation in Shipping," in J.P.P. Higgins & Sidney Pollard, eds., *Aspects of Capital Investment in Great Britain, 1750-1850*, Methuen & Co., 1971.

Craig, R., "Printed Guides for Master Mariners as a Source of Productivity Change in Shipping, 1750-1914," *Journal of Transport History*, 3rd ser., Vol.III, 1982.

Crane, Nicholas, *Mercator : the Man who mapped the Planet*, Henry Holt and Company, 2002.

Christen, A.E., *Dutch Trade to the Baltic about 1600,* Einar Munksgaard : Copenhagen, 1941.

Crosse, John, "John Willis & Sons, Shipowners, 1830-1899," *Mariner's Mirror*, Vol.58, 1972.

Cuyvers, Luc, *Sea Power ; A Global Journey*, Naval Institute Press : Maryland, 1993 ; 김성준 옮김, 『역사와 바다 : 해양력의 세계 여행』, 해사문제연구소, 1999.

Cuyvers, Luc, 武部俊一·石田裕貴夫 공역, 『*The Blue Revolution-海洋の世紀*』, 東京 : 朝日新聞社, 1990.

Cuyvers, Luc, *Into the Rising Sun*, TV Books, 1999.

Cuyvers, Luc, *Setting Sail*, Tide-Mark Press, 2004.

Dash, Mike, 김성준·김주식 옮김, 『미친 항해 : 바타비아호 좌초 사건』, 혜안, 2012.

Davies, C.S.L., "The Administration of the Royal Navy Under Henry VIII ; the Origins of the Navy Board," *English Historical Review,* Vol.LXXX, No.315, April, 1965.

Davis, Ralph, *The Rise of the English Shipping Industry in the 17th and 18th Century*, Macmillan & Co. Ltd., 1962.

Davis, Ralph, "Maritime History : Progress and Problems," in S, Marriner, ed., *Business and Businessmen*, Liverpool, 1978.

Davis, Ralph, *The Industrial Revolution and British Overseas Trade*, Leichester Univ. Press, 1979.

Deane, Phyllis and Habakkuk, H.J., "The Take-off in Britain," in W.W. Rostow, ed. by, *The Economics of Take-Off into Sustained Growth*, Macmillan Press, 1963.

Delouche, Frédéric 편, 윤승준 역, 『새유럽의 역사』, 까치, 1995.

Dobb, Maurice, 「자본주의의 개념」, 김대환 편역, 『자본주의이행논쟁』, 동녘, 1984.

Driel, A. Van, *Tonnage Measurement : Historical and Critical Essay*, Hague : Government Printing Office, 1925.

Dyos, H.J. and Aldcroft, D.H., *British Transport*, Leicester Univ. Press : Surrey, 1971.

Earle, Peter, *Sailors : English Merchant Seamen 1650-1775*, Methuen, 1998.

Elliott, J.H., 김원중 옮김, 『스페인제국사, 1469-1716』, 까치, 2000.

Fayle, E., *A Short History of the World's Shipping Industry*, George Allen and Unwin, 1933 ; 어니스트 페일, 김성준 역, 『서양해운사』, 혜안, 2004.

Fayle, E., "Employment of Shipping," in C.N. Parkinson, ed., *The Trade Winds*, George Allen and Unwin, 1948.

Feinstein, C.H., "Capital Formation in Great Britain," in P. Mathias & M. Postan, eds., *Cambridge Economic History of Europe*, London, 1967.

Fenton, P.C., "The Navigator as Natural Historian,"*Mariner's Mirror*, Vol.79, no.1, 1993.

Ferguson, F.K., 김성근·이민호 공역, 『르네상스』, 탐구당, 1993.

Flannery, Tim, ed., *The Life and Adventures of John Nicol*, Canongate, 2000.

Freeman, M.J. and Alderman, D.H., ed., *Transport in Victorian Britain*, Manchester Univ. Press : Manchester, 1988.

Frits, Jean, 이용인 옮김, 『세계 탐험 이야기』, 푸른숲, 2003.

Gibb, D.E.W., *Lloyd's of London : A Study in Individualism*, Lloyd's, 1972.

Goff, Jacques Le, 유희수 역, 『서양중세문명』, 문학과지성, 1992.

Gorshkov, Sergei, *The Sea Power of the State*, Pergamon Press, 1979 ; 국방대학원 역, 『국가의 해양력』, 1987 ; 임인수 역, 『국가의 해양력』, 책세상, 1999.

Gregg, E.S., "A Case Against Discriminating Duties," *Journal of Political Economy*, Vol.30, 1922.

Grey, Michael, 「해상수송 : 세계무역의 동맥」, *Science and Culture*, Vol.162(UNESCO), 『과학

과 문화』, 한글판 4호, 한국과학기술진흥재단, 1992.

Harland, John H., "The Early History of the Steering Wheel," *Mariner's Mirror*, Vol.58, no.1, 1972.

Harland, John H., "The Design of Winches used at Sea in the 1800s," *Mariner's Mirror*, Vol.77, no.2, 1991.

Harley, C.K. "Ocean Freight Rates and Productivity 1740-1913 : The Primacy of Mechanical Invention Reaffirmed," *Journal of Economic History*, Vol.XLVIII, No.4, 1988.

Harley, C.K., "Reassessing the Industrial Revolution : A Macro View," in J. Mokyr, ed., *The British Industrial Revolution : An Economic Perspective*, Boulder, 1993.

Hartwell, R.M., "The Cause of the industrial revolution ; an essay in methology," in R.M. Hartwell, ed. by, *The Cause of the Industrial Revolution*, Methuen, 1967.

Hausman, W.J., "Size & Profitability of English Colliers : Reply to A Reappraisal," *Business History Review*, Vol.58, 1984.

Hausman, W.J., "The English Coastal Trade, 1691-1910 : How rapid was productivity growth," *Economic History Review*, 2nd ser., Vol.XL, No.4, 1987.

Haws, Duncan & Hurst, Alex, *The Maritime History of the World*, vol.I, II, Teredo Books Ltd., 1985.

Hewson, J.B., *A History of the Practice of Navigation*, Glasgow : Brown, Son & Ferguson, 1983.

Hill, Carol, "The Kirkcudbirght Shipping Company, 1811-1817," *International Journal of Maritime History*, Vol.IX, No.1, June, 1997.

Hope, R., *A New History of British Shipping,* John Murray Publishers, 1990.

Jackson, G., "The Foundation of Trinity House School, Kingston-upon-Hull : An Experiment in Marine Education," *Durham Research Review*, Vol.21, 1968.

Jackson, G., *British Whaling Trade*, London, 1978.

Jarvis, R., "18th Century London Shipping," in A.E.J. Hollaender and W. Kellaway, eds., *Studies in London History*, Hodder and Stought, 1969.

John, E.R. et. al., *History of Domestic and Foreign Commerce of the United States,* Vol.1, Washington, 1915.

Johnson, Emory R. et. al., *History of Domestic and Foreign Commerce of the United States*(1915), rep., Washington, 1922.

Jones, Stephen, "Blood Red Roses ; The Supply of Merchant Seamen in the Nineteenth Century," *Mariner's Mirror*, Vol.58, 1972.

Kay, Bernhard, 박계수 옮김, 『항해의 역사』, 북폴리오, 2006.

Kemp, Peter, *The History of the Ship*, London : Book Club Associates, 1978.

Lane, Frederic C., "The Economic Meaning of the Invention of the Compass," *American Historical Review*, Vol.LXVIII, No.3, April, 1963.

Lane, Frederic C., "Tonnage, Medieval and Modern," *Economic History Review*, 2nd ser., Vol.XVII, no.2, 1964.

Lenin, V.I., 남상일 역,『제국주의론』, 백산서당, 1988.

Larner, John, "The Certainty of Christopher Columbus ; Some Recent Studies," *History*, Vol.73, no.237, February, 1988.

Lloyd, C., *The British Seaman, 1200-1860*, Collins, 1968.

MacDonald, Malcom Ross, *Beyond the Horizon*, Reader's Digest Association, 1971.

MacInnes, C.M., "The Slave Trade," in C.N. Parkinson, ed., *The Trade Winds*, George Allen and Unwin, 1948.

McCloskey, Donald, "Industrial Revolution 1780-1860 : A Survey," in R. Floud and D. McCloskey, eds., *The Economic History of Britain since 1700*, Vol.I, Cambridge Univ. Press, 1981.

Major, R.H., ed. by, *Four Voyages to the New World*, 3rd ed., Corinth Books, 1969.

Mahan, Alfred T., *The Influence of Sea Power upon History, 1660-1783*, 12th ed., Little, Brown, and Company : Boston ; 김주식 역,『해양력이 역사에 미치는 영향』1-2, 책세상, 1999 ; 北村謙一 譯,『海上權力史論』, 原書房, 1982.

Mahan, Alfred T., *The Influence of Sea Power upon French Revolution and Empire, 1793-1812*, Little, Brown, and Company : Boston.

Mahan, Alfred T., *Naval Strategy Compared and Contrasted with the Principles and Practice of Military Operations on Land*(1911) ; 이윤희·김득주 역,『해군전략론』, 동원사, 1974.

Marcus, C.J., "The Mariner's Compass : Its Influence upon Navigation in the Later Middle Ages," *History*, The Journal of the Historical Association, new ser., Vol.XLI, 1956.

Marshall, A., *Principles of Economics*, 8th ed., Macmillan & Co., 1959.

Martens, Jos & Cuyvers, Luc, "Gerard Mercator : Measuring Heaven and Earth,"『해양평론』, 해양문화정책연구센터·한국항해항만학회, 2012.

May, W.E., *A History of Marine Navigation*, Oxfordshire : G.T. Foulis & Co. Ltd., 1973.

McCord, Norman, "Impressive Service in North-East England during Napoleonic Wars," *Mariner's Mirror*, Vol.LIV, 1968.

McCord, Norman,"The Seamen's Strike of 1815 in North-East England," *Economic History Review*, Vol.XXI, no.1, 1968.

McCusker, J.J., "Notes : Colonial Tonnages Measurements - Five Philadelphia Merchant ship as a Sample," *Journal of Economic History*, Vol.XXVII, no.1, 1967.

McCusker, J.J., "The Tonnage of Ships Engaged in the British Colonial Trade during the 18th century," *Research in Economic History*, Vol.VI, 1981.

Menzies, Gavin, *1421: The Year China Discovered America*, Harper and Collins, 2002.

Mitchell, B.R., *Abstract of British Historical Statistics*, Cambridge Univ. Press, 1962.

Modelski, George & Thompson, William, *Seapower in Global Politics, 1494-1993*, Macmillan, 1988.

Mokyr, Joel, "The Industrial Revolution and the New Economic History," in Joel Mokyr, ed. by, *The Economics of the Industrial Revolution*, Rowman & Allanheld : New Jersey, 1985.

Monmonier, Mark, 손일 옮김, 『지도전쟁 : 메르카토르도법의 사회사』, 책과 함께, 2006.

Morison, Samuel E., *Admiral of the Ocean Sea*, Little, Brown and Company, 1942.

Naish, F.C. Prideaux, "The Mystery of the Tonnage and Dimensions of the Pelican-Golden Hind," *Mariner's Mirror*, Vol.34, no.1, 1948.

Nauert, Charles, 진원숙 옮김, 『휴머니즘과 르네상스 유럽문화』, 혜안, 2002.

Neale, R.S., "The Standard of Living, 1780-1844 : A Regional and Class Study," in A.J. Taylor, ed., *The Standard of Living in Britain in the Industrial Revolution*, Methuen & Co., 1975.

Needham, Joseph & Wang, Ling, *Science and Civilization in China*, Vol.4 Part 1 ; 海野一隆 3人譯, 『中國の科學と文明』 第7卷, 東京 : 思索社, 1979.

Needham, Joseph & Wang, Ling, *Science and Civilization in China*, Vol.4 Part 3, Caves Books Ltd : Taipei, 1985.

North, D.C., "Source of Productivity Change in Ocean Shipping, 1600-1850," *Journal of Political Economy*, Vol.76, 1968.

Nunn, George, "The Imago Mundi and Columbus," *American Historical Review*, 40.4, July, 1935.

Oppenheim, M., *A History of the Administration of the Royal Navy and of Merchant Shipping in relation to the Navy from 1509 to 1660(1896)*, Temple Smith, 1988.

Packard, L.B., 최문형 역, 『상업혁명』, 탐구당, 1985.

Palmer, Sarah, "John Long ; A London Shipowner," *Mariner's Mirror*, Vol.72, 1986.

Parkinson, C. N., ed. by, *Trade Winds,* George Allen and Unwin Ltd., 1948.

Parry, J.H., *The Establishment of the European Hegemony 1414~1715*, 3rd. ed.(Harper & Row, Publishers, 1966) ; 김성준 역, 『약탈의 역사─유럽의 헤게모니 확립』, 신서원, 1998.

Pérez-Mallaína, Pablo E., trans. by Carla Rahn Phillips, *Spain's Men of the Sea*, John Hopkins Univ. Press, London, 1998.

Philbrick, Nathaniel, *In the Heart of The Sea : The Tragedy of the Whaleship Essex*, 2000 ; 한영탁 역, 『바다 한 가운데서』, 중심, 2001.

Pirenne, Henri, 강일휴 옮김, 『중세유럽의 도시』, 신서원, 1997.

Rediker, Marcus, 박연 옮김, 『악마와 검푸른 바다 사이에서』, 까치, 2001.

Rodger, N.A.M., ed. *Naval Power in the 20th Century*, Macmillan, 1996.

Russel, Jeffrey Burton, 박태선 역, 『날조된 역사』, 모티브, 2003.

Salisbury, W., "Answers : Tonnages, Divisor of 94," *Mariner's Mirror*, Vol.54, no.1, 1959.

Salisbury, W., "Early Tonnage Measurement in England," *Mariner's Mirror*, Vol.52, no.1, 1966.

Salisbury, W., "Rules for Ships Built for, And Hired by, The Navy," *Mariner's Mirror*, Vol.52, no.2, 1966.

Salisbury, W., "Early Tonnage Measurement in England, Part III. H.M. Customs, and Statutory Rules," *Mariner's Mirror,* Vol.52, no.4, 1966.

Schmidl, Petra G., "Two Early Arabic Sources on the Magnetic Compass," *Journal of Arabic and Islamic Studies*, Vol.1, 1997-1998.

Sheridan, R.B., The sugar trade of the British West Indies, 1660-1756, unpublished Ph.D. thesis, Univ. of London, 1951.

Shulman, Mark R., *Navalism and the Emergence of American Sea Power, 1882-1893*, Naval Institute Press, 1995.

Skelton, R.A., 안재학 역, 『탐험지도의 역사』, 새날, 1995.

Smith, Adam, 김수행 역, 『국부론』 하, 동아출판사, 1992.

Spooner, F., *Risks at sea : Amsterdam insurance and maritime Europe, 1766-80*, Cambridge, 1983.

Tao, Hua, "Ibn Khurdadhbah's Description about the Maritime Route to China and its Position in the Arab-Islamic Geographical Literature," 『中國與海上絲綢之路』, 福建城人民出版社, 1991.

Taylor, E.G.R.,"Idée Fixe ; The Mind of Christopher Columbus,"*Hispanic American Historical Review*, XI.3, August, 1931.

Taylor, Andrew, 손일 옮김, 『메르카토르의 세계』, 푸른길, 2007.

Thomas, E.G., "The Old Poor Law and Maritime Apprenticeship," *Mariner's Mirror*, Vol.LXVIII, 1977.

Thomas, R.P. & McCloskey, D.N., "Overseas Trade and Empire, 1700-1860," in Roderick Floud & D. McCloskey, ed. by, *The Economic History of Britain since 1700*, Vol.I, Cambridge Univ. Press, 1981.

Trevelyan, G.M., *History of England*, Longmans, Green and Co., 1926.

Venzke, Andreas, 윤도중 옮김, 『콜럼버스』, 한길사, 1998.

Ville, Simon, Michael Henley and Son, London Shipowner, 1750-1830, Ph.D. thesis, Univ. of London, 1984.

Ville, Simon, The Deployment of English Merchant Shipping ; Michael and Joseph Henley of Wapping, Shipowners, 1775-1830," *Journal of Transportation History*, 3rd ser., Vol.5, no.2, 1984.

Ville, Simon, "Total factor Productivity in the English Shipping Industry : The North-east Coal Trade, 1700-1850," *Economic History Reviw*, Vol.XXXIX, no.3, 1986.

Ville, Simon, "Defending Productivity Growth in the England Coal Trade during the 18th and 19th Centuries," *Economic History Review*, 2nd ser., Vol.XL, No.4, 1987.

Ville, Simon, *English Shipowning during the industrial revolution*, Manchester Univ. Press, 1987.

Ville, Simon, "James Kirton, Shipping Agent," *Mariner's Mirror*, Vol.67, 1981.

Ville, Simon, "The Problem of Tonnage Measurement in the English Shipping Industry, 1780-1830," *International Journal of Maritime History*, Vol.1, no.2, 1989.

Ville, Simon, *Transport and the Development of the European Economy, 1750-1918*, Macmillan, 1990.

Ville, Simon, "The Growth of Specialization of English Shipowning, 1750-1850," *Economic History Review*, Vol.XLVI, no.4, 1993.

Wallerstein, Immanuel, *The Modern World-system I*, Academic Press, 1977.

Wallerstein, Immanuel(이매뉴엘 월러스틴), 나종일 외 옮김, 『근대세계체제』 I·II·III, 까치, 1999.

Walton, Gary M., "Colonial Tonnage Measurement : A Comment," *Journal of Economic History*, Vol.XXVII, no.3, 1967.

Walton, G.M., "Source of Productivity Change in American Colonial Change, 1675-1775," *Economic History Review*, Vol.XX, No.1, 1967.

Watts, Pauline, "Prophecy and Discovery ; On the Spiritual Origin of Christopher Columbus's Enterprise of the Indies,"*American Historical Review*, Vol.90, 1985.

Weber, Max, 「사회과학적 및 사회정책적 인식의 객관성」, 임영일 외 편역, 『막스베버선집』, 까치, 1991.

Weber, Max, 박성수 역, 『프로테스탄티즘 윤리와 자본주의 정신』, 문예출판사, 1992.

Westerfield, R.B., *Middlemen in English Business 1660-1760*, New Haven : Conneticut, 1915.

White, Lynn, *Medieval Technology and Social Change*, Oxford University Press, 1962.

Williams, William Appleman, 박인숙 역, 『미국외교의 비극』, 늘함께, 1995.

Winter, Heinrich, "Who invented the Compass?," *Mariner's Mirror*, Vol.XXIII, No.1, 1937.

Wright, C. & Fayle, C.E., *A History of Lloyd's*, Macmillan, 1928.

출전

서장 알프레드 마한의 해양력과 해양사에 관한 인식(『한국해운학회지』26호, 한국해운학회, 1998. 7, pp.331~370)

1부 배와 항해

제1장 배의 크기 단위에 관한 역사 지리학적 연구(『한국항해항만학회지』제28권 5호, 한국항해항만학회, 2004. 6, pp.339~345, 허일·崔云峰 공저)

제2장 톤수 측정법의 변천에 관한 역사적 고찰(『해운물류연구』제42호, 한국해운물류학회, 2004. 9, pp.211~229, 고재용 공저)

제3장 항해 나침반의 사용 시점에 관한 동서양 비교 연구(『한국항해항만학회지』, 제27권 4호, 한국항해항만학회, 2003, pp.413~424, 허일·崔云峰 공저)

제4장 콜럼버스는 종말론적 신비주의자인가?(『서양사론』제121호, 한국서양사학회, 2014. 6, pp.95~119)

제5장 항해 없는 『대항해시대』(『역사와 문화』16호, 문화사학회, 2008. 9, pp.287~304)

제6장 메르카토르 해도의 항해사적 공헌(『한국항해항만학회지』제38권 제2호, 한국항해항만학회, 2014. 4, pp.185~191. Luc Cuyvers 공저)

2부 해운업과 선원

제7장 해운업 발전 단계론에 대한 비판적 고찰(『해운물류연구』제37호, 한국해운물류학회, 2003. 4, pp.31~49. 오세영 공저)

제8장 영국에서의 해운전문인의 대두와 해상보험의 발전(『한국해운학회지』제32호, 한국해운학회, 2001. 6, pp.181~207 ;『산업혁명과 해운산업』, 제2장 요약)

제9장 근대 영국 해운업의 발전과 전문 선주의 성장(『西洋史論』75호, 서양사학회, 2002. 12. 30, pp.101~127 ;『산업혁명과 해운산업』제3장과 제5장의 요약)

제10장 18세기 영국 상선 선원의 배승 구조와 근로 조건(『韓國航海港灣學會誌』26권 1호(통합1호), 한국항해항만학회, 2002. 3, pp.55~65 ;『산업혁명과 해운산업』, 제4장의 1절)

제11장 산업혁명기 영국 상선 선장의 지위와 임금 수준(『韓國海運學會誌』제34호, 한국해운학회, 2002. 4, pp.1~14 ;『산업혁명과 해운산업』제4절 2절)

제12장 17~19세기 유럽 상선 선장의 지위 변화(『해운물류연구』제25권 제4호, 한국해운물류학회, 2009. 12, pp.845~863)

종장 해양활동과 자본주의 발전간의 연관성(『해양과 이슈』제16권 1호, 한국해양대학교 국제해양문제연구소, 2004. 11, pp.131~169)

지은이 **김 성 준**

한국해양대학교 항해학(공학사), 고려대학교 서양사학과 문학사, 고려대학교 사학과 문학석사와 문학박사학위를 받았다. 네덜란드국제물류대학 조교수를 거쳐 현재 국립목포해양대학교 교양과정부 교수로 일하고 있으며, 해양수산부 정책자문위원(2013.5 ~ 현재)으로 활동하고 있다. 바다를 소재로 한 역사, 즉 해양사를 주로 연구하고 있으며, 항해사, 선박사, 해운경제사 등에 관하여 다수의 논문을 집필했다. 현재 『해양담론』과 International Journal of e-Navigation and Maritime Economy의 편집주간으로 활동하고 있다.

주요 저서 『해양탐험의 역사』(신서원), 『산업혁명과 해운산업』(혜안), 『배와 항해의 역사』(혜안), 『영화에 빠진 바다』(혜안), 『해양과 문화』(문현), 『한국항해선박사』(문현), 『교양자본주의의 역사』(신서원)

주요 역서 『역사와 바다』(한국해사문제연구소), 『약탈의 역사』(신서원), 『전함 포템킨』(서해문집), 『서양해운사』(혜안), 『미친 항해』(혜안)

이메일 s-junekim@daum.net

서양항해선박사

김 성 준

초판 1쇄 발행 2015년 2월 10일

펴낸이 오일주
펴낸곳 도서출판 혜안

등록번호 제22-471호
등록일자 1993년 7월 30일

주소 ⓤ 121-836 서울시 마포구 서교동 326-26번지 102호
전화 3141-3711~2
팩스 3141-3710
이메일 hyeanpub@hanmail.net

ISBN 978-89-8494-524-1 93920

값 26,000 원